Vera Lengsfeld

Von nun an ging's bergauf ...
Mein Weg zur Freiheit

Für meine Söhne Jacob und Jonas

Inhalt

III Volkskammer und Bundestag

Vorwort

Ein Photon, habe ich neulich in einem wissenschaftlichen Buch gelesen, das durch einen Versuchsaufbau aus Glasflächen und Spiegeln geschickt wird, geht einen ungewissen Weg. Genauer, es schlägt jeden verfügbaren Weg ein, bis die Beobachtung durch einen bewusst wahrnehmenden Betrachter das Teilchen dazu zwingt, sich zu entscheiden, welchen Weg es genommen hat. Dann ist die Ungewissheit rückwirkend ausgeräumt und das Photon scheint sich von Anfang an entschieden zu haben.

So geht es mir, wenn ich auf mein Leben zurückblicke. Ich fühlte mich lange im Ungewissen, wusste manchmal nicht, warum ich etwas tat, war aber zugleich meist ziemlich sicher, was ich zu tun hatte. Ist der Mensch festgelegt und bleibt er der Gleiche, egal wie sich die äußeren Lebensumstände ändern? Meine Freundin Christiane ist davon überzeugt, und sie liefert gleichzeitig einen Beleg dafür, wie wenig wir uns auf die Bruchstücke aus unserer Vergangenheit, auch auf unsere Erinnerungen, verlassen können. Als ich sie spontan anrief, weil ich gerade in meinem alten Tagebuch gelesen hatte, dass Christiane als Einzige in unserer Klasse im September 1968 leidenschaftlich widersprach, als die Mutter einer Mitschülerin, damals Mitglied der Bezirksleitung der SED und deshalb von den Lehrern als Verstärkung vor die Klasse geholt, uns erklärte, dass in der ČSSR eine Konterrevolution niedergeschlagen wurde und jeder ein Feind des Sozialismus sei, der gegen den Einmarsch der Armeen des Warschauer Paktes protestierte. Christianes Widerspruch war tollkühn: Zwei Schülerinnen unserer Schule waren bereits verhaftet worden, weil sie gemeinsam mit einer Gruppe um die Söhne des Regimekritikers Robert Havemann Flugblätter gegen die Zerschlagung des Versuches, einen Sozialismus mit menschlichem Antlitz zu errichten, verteilt hatten.

Mein Anruf kam für Christiane gerade zum richtigen Zeitpunkt. Sie hatte eben ihre Wohnung aufgeräumt, und dabei war ihr ein alter Schulaufsatz in die Hände gefallen, den zu lesen ihr äußerst peinlich war. Sie hatte begründen müssen, warum sie Journalistin werden wollte. Natürlich konnte sie nur so tun, als wäre es ihr höchstes Bestreben, den sozialistischen Arbeiter- und Bauernstaat mit spitzer Feder zu verteidigen. Sie musste auch eine selbstkritische Passage bieten, um den Lehrern weiszumachen, dass sie aus ihren »Fehlern«, die höhere Weisheit der Partei- und Staatsführung ab und zu öffentlich in Zweifel gezogen zu haben, gelernt hatte. Bin ich wirklich so eine Opportunistin gewesen, hatte sich Christiane gerade gefragt, als ich ihr bewundernd von ihrem früheren Mut berichtete. Sie selbst konnte sich an diese Stunde im September 1968 nicht mehr erinnern. Ich hatte sie auch vergessen, aber in meinem Tagebuch war sie festgehalten. So konnte ich Christiane von ihren Zweifeln erlösen. Wir sprachen noch lange über die Besonderheiten unserer Generation, was uns geprägt und was uns bewegt hat, und es war, als redeten wir über ein Leben, dass zwar zu uns gehörte, aber gleichzeitig ganz verschieden von dem war, welches wir jetzt führten. Nur die Personen waren auf geheimnisvolle Weise dieselben geblieben. Als ich nach Jahrzehnten mein Tagebuch wieder las, konnte ich erleichtert feststellen, dass mir das Mädchen, dass sich seitenlang in ihrem Tagebuch mit seinen Zweifeln quält, gefällt. Ungewissheiten und Zweifel haben mein Leben geprägt und das in einer Gesellschaft, die sich ihrer gewiss und ohne Zweifel war. Das konnte auf die Dauer nicht gut gehen.

I

Jugend im realen Sozialismus

Wurzeln

Die Ungewissheiten begannen in meiner Kindheit. Ich wuchs in einer großen Familie auf, die nur aus den Verwandten meiner Mutter bestand. Angehörige meines Vaters Franz existierten einfach nicht. Weder meiner Schwester noch mir fiel es jemals ein zu fragen, wo denn die Eltern meines Vaters waren, ob er Geschwister hatte. Wir wussten, wo meine Mutter Ursula geboren war, wo sie mit ihren Eltern überall gelebt hatte, kannten etliche Familiengeschichten. Mein Vater schien nirgends hinzugehören, außer zur Familie meiner Mutter. Ich wusste nichts über sein Leben, bevor er meine Mutter kennen gelernt hatte. So dachte ich mir nichts dabei, als meine Eltern Ende der Siebzigerjahre begannen, häufig in die ČSSR zu fahren und dort plötzlich »Freunde« besuchten. Ich nahm an, es handle sich um Urlaubsbekanntschaften, die meine Eltern auf ihren ausgedehnten Reisen in die sozialistischen Bruderländer gemacht hatten. Irgendwann gab es außer Freunden auch Verwandte in der ČSSR, weil, wie wir jetzt erfuhren, mein Vater dort geboren worden war. Genaueres wusste ich immer noch nicht. Erst nach dem Fall der Mauer begann mein Vater über seine Kindheit und Jugend zu erzählen. Er nahm meine Schwester mit in seine Heimat, um die Orte seines früheren Leidens wieder zu sehen. Als er schon tot war, fuhr auch ich ins Adlergebirge, wo die Vorfahren meines Vaters seit Jahrhunderten ansässig gewesen waren. Ich kam in eine Landschaft, die fremd und doch vertraut war, in der die Spuren meiner Vorfahren aber fast beseitigt sind. Ich musste an die Umrisse der bronzezeitlichen Felder von Wiltshire denken, die jahrtausendelang die Konturen Südenglands geprägt hatten und die seit den Siebzigerjahren unseres Jahrhunderts mit den neuen Methoden des Tiefpflügens für immer verschwunden sind. So ist auch die Geschichte der

Sudetendeutschen mit ihrer Vertreibung 1946 weggepflügt worden.

Der Hof meines Großvaters Franz in Mittel-Lipka bei Grulich im Adlergebirge, den mein Vater, als er 15 Jahre alt und bereits Vollwaise war, innerhalb von 20 Minuten mit dem geringen Gepäck, dass ein Junge in der Eile zusammenraffen konnte, verlassen musste, steht nicht mehr. Er wurde erst noch von Zigeunern bewohnt und dann angezündet, nachdem weder Haus noch Stallungen mehr etwas Brauchbares enthielten. Mit dem Anwesen meiner Großeltern verschwand auch ihre Geschichte. Das Wenige, was ich von ihnen weiß, hat mir eine Cousine meines Vaters erzählt, die einen Tschechen geheiratet hatte und deshalb von der Vertreibung verschont blieb.

Das einzige Foto, das von meinem Großvater erhalten geblieben ist, zeigt ihn als Kavallerieleutnant der Königlichen und Kaiserlichen Armee Österreichs. Er soll in Wien gedient haben, wo wohl auch meine Großmutter zeitweise als Dienstmädchen arbeitete. Das Foto zeigt einen selbstbewussten, gut aussehenden Mann. Meine Großmutter Frieda war das, was man in heutigen magersüchtigen Zeiten vollschlank nennt, damals aber als drall und begehrenswert galt. Wie sich die beiden kennen gelernt und wann sie geheiratet haben, weiß ich nicht. Ihr erstes Kind war nicht nur im Dorf eine Sensation. Wenn mein Großvater die Dorfkneipe besuchte, brachte er jedes Mal einen Toast auf die Schönheit seiner Tochter Gertraud aus. Die Männer stimmten begeistert ein. Auch mein Vater war ein schönes Kind. Das Foto von der Hochzeit seiner Schwester zeigt ihn als 13-jährigen blond gelockten Engel. Seine knapp 16-jährige Schwester ist hochschwanger, was ihre Schönheit nur verstärkt. Der junge Ehemann ist schon in Uniform. Kurz nach der Trauung musste er ins Feld und seiner kindlichen, hochschwangeren Frau die Verantwortung für den Hof überlassen. Sie bekam als Hilfe einen tschechischen Knecht, von dem sie schwanger war, als sie 1946 mit ihrem Bruder und ihren ersten beiden Kindern vertrieben wurde. Da war das Leben längst zum Albtraum geworden. Ein Jahr zuvor hatten die Sowjets das Sudetenland besetzt und tschechische Verwaltungen eingesetzt.

Als in der Nähe von Mittel-Lipka ein Zug, der Lebensmittel transportierte, verunglückte und die Nahrungsmittel breit gestreut auf der Wiese lagen, holten sich die Dorfbewohner, was sie wegtragen konnten, denn es war Frühsommer und der Hunger hatte einen vorläufigen Höhepunkt erreicht. Mein Großvater war dabei. Zwei Tage später wurde er denunziert, verhaftet und unter der Beschuldigung, der Anführer beim Lebensmittelraub gewesen zu sein, entsetzlich gefoltert. Ob mein Großvater die Beschuldigung schließlich akzeptierte, weiß ich nicht. Er muss sie jedenfalls lange zurückgewiesen haben, denn wegen seiner Folterwunden konnte er nur auf allen vieren durchs Dorf zu seinem Hof zurückkriechen. Aus Scham über diese Demütigung erhängte er sich noch in der gleichen Nacht an einem Dachbalken in seiner Scheune. Meine Großmutter begrub ihn und starb bald darauf an den Folgen des Typhus, den Sowjetsoldaten ins Dorf eingeschleppt hatten. Ihr schneller, stiller Tod lässt aber wohl auch auf mangelnden Lebenswillen schließen. Dabei hätten ihre Kinder sie gerade besonders gebraucht.

Mein Vater, 15 Jahre alt, wurde, nachdem sich mein Großvater der irdischen Ungerechtigkeit entzogen hatte, auf dem Weg von der Schule nach Hause auf einer Brücke am Bahnhof verhaftet und ohne viel Umstände in einen Steinbruch zur Zwangsarbeit gesteckt. Sein noch kindlicher Körper war dem Hunger, den Strapazen und den täglichen Schlägen nicht gewachsen. Er wäre gestorben, wenn ihn Tschechen nicht ab und zu beiseite genommen, medizinisch versorgt und mit Essen aufgepäppelt hätten. Schließlich wurde mein Vater nach zwei Monaten wieder entlassen, wahrscheinlich weil seine Peiniger von der bevorstehenden Vertreibung wussten.

Mein Vater war kaum zu Hause angekommen, als der Befehl zum Packen kam. Angeblich sollte es nur zu einer Übung auf den Anhöhen hinter dem Dorf gehen. Diese Übung zog sich über den ganzen Tag hin, aber am Abend durften die erschöpften Dorfbewohner nicht in ihre Häuser zurück, sondern wurden in Baracken getrieben, wo sie die nächsten Tage verbrachten. Damit ihnen die Zeit nicht lang wurde, mussten sie täglich »Übungen« absolvieren. Meine damals 19-jährige Tante Traudl absolvierte diese Übungen mit einem Kind im Bauch und einem auf dem Arm. Mein Vater hatte schmerzhafte Rückenverletzungen, die von den Schlägen im Steinbruch zurückgeblieben waren. Als sie schließlich losmarschieren mussten, wussten sie lange Zeit nicht, wohin. Nach wochenlangem Fußmarsch landeten die Bewohner von Grulich und Umgebung im nordthüringischen Rottleben. Mein Vater wurde bei einem Bauern als Pferdeknecht einquartiert, seiner Schwester wurde ein Zimmer in einem anderen Haus zugewiesen.

Mein Vater, der eine sehr schöne Stimme und noch mehr Lebenslust hatte, wurde bald gern gesehenes Mitglied des Kirchenchors der Gemeinde. Dort lernte er meine Mutter kennen, die nach einem Neulehrer-Kursus, wie sie in der Sowjetzone abgehalten wurden, um die alten Nazilehrer zu ersetzen, ihre erste Stelle als Lehrerin angetreten hatte. Ihr Gehalt war schmal, aber es war geradezu üppig im Vergleich zu dem, was Traudl und ihre Kinder zum Leben hatten. Und so brachte meine Mutter ihr immer einmal etwas zum Essen. Meine Tante war in ihrem Unglück von ihrem Mann verlassen worden, der ihr das »Tschechenbalg« nicht verzeihen konnte. Ihre Schönheit wurde auch in ihrer neuen Heimat bald zur Legende und eine Zeit lang pilgerten junge Männer aus der Umgebung ins Dorf, nur um sie zu sehen. Doch hat ihre Schönheit ihr kein Glück gebracht. Sie erhörte schließlich die Werbungen eines Bauern aus dem Nachbardorf, der sich als Tyrann entpuppte, sobald sie ihn geheiratet hatte. Er schlug sie und ließ sie schuften, auch als sie hochschwanger war. Sie gebar ihm noch zwei Kinder und musste zusehen, wie er ihren »Tschechenbalg« bei jeder Gelegenheit prügelte, einmal so stark, dass der Junge ins Koma fiel und nur mühsam dem Leben zurückgegeben werden konnte. Als sich eine Hoffnung für ihn abzeichnete, informierte der Arzt meine Tante, dass ihrem Sohn entweder das Augenlicht oder das Gehör erhalten werden könnte. Sie sollte entscheiden. Sie entschied sich für das Augenlicht. Mein taubstummer Cousin Werner, so erfuhr ich Jahrzehnte später, wäre lieber blind gewesen. Aber vielleicht hätte er umgekehrt genauso gedacht.

Bald danach wurde meine Tante selbst krank, eine seltene Form von Leukämie. Sie sah aus wie das blühende Leben und wurde einfach immer schwächer. Jeder Arzt verliebte sich in sie, der letzte, als sie schon im Sterben lag. Niemand konnte an ihren Tod glauben, sie war einfach zu schön dafür. Am Vorabend ihres Todes besuchte sie mein Vater das letzte Mal, ohne zu ahnen, was ihr bevorstand. Sie wurde in Bad Frankenhausen, wo sie die letzten Wochen ihres Lebens verbracht hatte, begraben.

Ich habe lange nichts von dieser Tante gewusst. Meine Eltern haben ihr Grab nie besucht. Als ich es suchte, war es bereits eingeebnet. Den Grabstein soll mein unbekannter Cousin Uwe, der noch auf dem Hof seines Vaters lebte, mitgenommen haben. Inzwischen ist auch dieser Cousin tot. Er erhängte sich wie sein Großvater, den er nie gesehen hatte, auf seinem Hof in Thüringen. Er hatte zu DDR-Zeiten illegal versucht, zu seiner Stiefschwester in den Westen zu gelangen. Er wurde verhaftet, verurteilt und nach ein paar Jahren freigekauft. Nach dem Mauerfall kehrte er nach Thüringen zurück, um endlich Wurzeln zu schlagen. Es gelang ihm nicht. Wurzellosigkeit scheint das Schicksal meiner väterlichen Familie zu sein. Vertreibungsschicksale, wie sie heute lieber verdrängt als erzählt werden.

Bei der Hochzeit meiner Eltern war meine Tante Traudl wohl dabei. Auf dem Hochzeitsfoto schauen mich zwei ernste junge Menschen an: Franz Emil, der Behördenangestellte, und Ursula, die Junglehrerin. Die typische Aufbaugeneration der DDR. Als meinem Großvater klar wurde, dass es sich bei meinem Vater um seinen zukünftigen Schwiegersohn handelte, sagte er zu ihm: »Junge, wenn du nicht ewig Pferdeknecht bleiben willst, hast du hier in der Gegend nur zwei Möglichkeiten: die Grube oder die Polizei.« Eine Arbeit im Kali-Bergwerk bei Sondershausen kam für meinen Vater wegen seines kaputten Rückens nicht infrage. Also ging er zur Freiwilligen Grenzpolizei. Er bewachte im Harz die

Grenze der SBZ, der Sowjetisch Besetzten Zone, und später die der DDR. Es gibt ein Foto aus dieser Zeit, das ihn in einer schwarzen Uniform zeigt, die sichtbar neuen Zwecken zugeführt worden war, und eine Anekdote. Anfangs ging er seine Runden allein und begegnete ab und zu den Posten der anderen Seite. Ohne sich abzusprechen, richteten es beide irgendwann so ein, dass sie gemeinsam gingen, jeder auf seiner Seite. Schließlich begannen sie miteinander zu plaudern und Zigaretten zu tauschen, gegen den Bergmannsschnaps, den er über seinen Schwiegervater bekam. Die gemeinsamen Ost/West-Grenzgänge endeten, als die Doppelstreifen eingeführt wurden.

Mein Vater nutzte die neue Stelle als Chance vor allem, um zu lernen. Er machte seine Schulabschlüsse nach und begann viel später noch ein Jurastudium. Aber zwischendurch musste er ein ganz anderes Problem bewältigen. Sobald es seine Ersparnisse erlaubten, hatte er sich ein Motorrad, eine MZ gekauft. Damit fuhr er täglich zur Arbeit und machte am Wochenende mit meiner Mutter lange Ausflüge. Dass mit ihm irgendetwas nicht stimmte, merkte er, als es ihm immer schlechter gelang, die MZ abends in den Schuppen zu schieben. Schließlich musste ihm meine Mutter dabei helfen. Nachdem klar war, dass es sich nicht um eine vorübergehende Unpässlichkeit handelte, bestand meine Mutter darauf, dass sich mein Vater im Erfurter Klinikum untersuchen ließ. Dort diagnostizierte man an den nie richtig verheilten, tiefen Wunden am Rücken meines Vaters Knochenmarktuberkulose. Die Ärzte behielten meinen Vater gleich da. Er kam in einen Saal mit 50 anderen Patienten. Da zwei Wirbel schon im fortgeschrittenen Verfall begriffen waren, sollte mein Vater operiert werden, als Erster nach einer neuen Methode. Die Operation misslang, mein Vater starb klinisch, wurde wiederbelebt und aufgegeben. Als meine Mutter ihn besuchen kam, lag er in einer Besenkammer. Man wollte auf diese Weise den Mitpatienten den Anblick eines Sterbenden ersparen.

Mein Vater war bei Bewusstsein, wusste aber nicht, was mit ihm los war, und wollte rauchen. Als meine Mutter den Arzt ansah, sagte der, dass er ruhig rauchen könne. Später erklärte er meiner Mutter, dass keine Hoffnung mehr sei, da mein Vater, selbst wenn er noch eine Weile weiter leben sollte, keinesfalls je wieder sitzen, geschweige denn laufen könnte. Medikamente könnte man ihm unter diesen Umständen keine mehr geben, die wären rar und nur in Fällen einzusetzen, wo noch Hoffnung bestände. Vater war 23 und meine Mutter schwanger.

Weder wollte mein Vater sterben, noch meine Mutter ihren Mann verlieren. Die beiden beschlossen zu kämpfen. Als Erstes quartierte sich meine Mutter ebenfalls in die Besenkammer ein und trotzte den Ärzten Medikamente zur Behandlung meines Vaters ab. Als sich sein Zustand stabilisiert hatte, setzte sie durch, dass er in ein Gipsbett gelegt wurde, damit der Rücken möglichst wenigen Belastungen ausgesetzt war. Nach einer Weile kapitulierten die Ärzte vor dem unbedingten Lebenswillen meines Vaters und er wurde zurück in den großen Saal geschoben. Allerdings ließen sie keinen Zweifel daran aufkommen, dass mein Vater nie mehr ein selbstständiges Leben außerhalb des Gipsbettes, in das auch sein Kopf fest gesteckt war, führen könnte. Aber sie hatten weder mit der Energie meines Vaters noch mit seinem Charme gerechnet, mit dem er jede Frau, wenn er wollte, um den Finger wickeln konnte. So überredete er, als er sich kräftiger fühlte, eine Krankenschwester, heimlich die Kopfstütze abzusägen. Sobald das getan war, begann er mit Übungen, um die Hals- und Nackenmuskulatur zu stärken. Anfangs konnte er nur wenige Minuten ohne die Kopfstütze auskommen, bald wurde sie nur noch wenn Ärzte kamen von der Schwester oder seinen Mitpatienten unter seinen Kopf gelegt. Dann begann ein wochenlanges hartes Training der Rückenmuskulatur. Mein Vater sah nur diese Möglichkeit, seine Rückenmuskulatur so zu stärken, dass die geschwächten Wirbelknochen ausgeglichen werden konnten. Er hatte keine Ahnung, ob das gelingen würde, er konnte niemanden fragen. Nach einer Weile war er in der Lage, sich mit den Armen abzustützen und vom Gipsbett hochzustemmen. Ein Foto aus diesen Tagen zeigt ihn seitlich abgestützt im Bett liegend, die blonde Lockenpracht etwas wirr von der Anstrengung, mit glücklichem Gesicht. Als er meine Mutter sitzend empfangen konnte, natürlich heimlich, denn die Ärzte ahnten immer noch nichts von seinen Aktivitäten, wussten sie, dass sie es geschafft hatten. Wochen später genoss mein Vater neben meiner hochschwangeren Mutter die Frühlingssonne auf einer Bank im Krankenhauspark. Er war inzwischen nicht mehr sonderlich vorsichtig und so kam es, dass ein Arzt ihn bemerkte. Es war jener Mediziner, der meiner Mutter gesagt hatte, dass sie meinen Vater ruhig rauchen lassen sollte, weil er ihn aufgegeben hatte. Nun saß derselbe Mann auf einer Parkbank, die er mit den eigenen Füßen erreicht hatte. Die Ärzte waren fassungslos, ja schockiert, und schickten meinen Vater umgehend nach Hause. Das war es wohl, was er gewollt hatte. Er sehnte sich nach dem normalen Leben, das er auch bald wieder aufnahm. Von seiner Krankheit blieb eine leicht nach hinten geneigte Wirbelsäule und ein kaum merklich watschelnder Gang. Seiner Beweglichkeit tat das keinen Abbruch, allerdings konnte er nie mehr im Stechschritt marschieren, was ihm wehtat, denn er war Militär durch und durch und hätte gern bei einer Parade eine Kompanie angeführt.

Als ich am 4. Mai 1952 in Sondershausen/Thüringen zur Welt kam, war ich für das Leben, das mich erwartete, bestens gerüstet. Ich hatte schon im Mutterleib erfahren, dass man selbst in aussichtslosen Situationen nicht aufgeben darf. Ich war mit Nikotin traktiert worden und später mit Rotwein, weil meine Mutter ihre Schwangerschaft satt hatte und mit heißen Bädern plus Alkohol abzukürzen suchte. Ich habe wenig von der kühlen Eleganz meiner Mutter, umso mehr von der unbändigen Lebenslust meines Vaters, den starken Willen der Männer meiner Familie, der die Anlage zum Unglück, der sich bei den Frauen findet, dämpft.

Meine Eltern hatten kaum Neigung, sich mit mir abzugeben. Sie bezogen endlich ihre erste eigene Wohnung und genossen ihr neu gewonnenes Leben. Für mich war das ein Glück, denn ich kam in die Obhut meiner Großmutter Ella. So wuchs ich die ersten knapp sechs Jahre meines Leben als behütetes, verhätscheltes Kind in einem riesigen, verwunschenen Garten auf, mit einer Großmutter, die all ihre Liebe großzügig an ihre Enkel verschwendete. Da ich sie nur als alte Frau in Erinnerung habe, fällt es mir schwer, sie mir vorzustellen, wie sie damals war, 1952, und mit 46 Jahren jünger, als ich heute bin. Ihr Leben war bis dahin nicht einfach gewesen. Sie war 1906 in der Rhön als uneheliche Tochter meiner unbekannten Urgroßmutter Wilhelmine Caroline zur Welt gekommen und litt heftig unter ihrem Status als Bastard. Sie wurde selbst sehr jung Mutter des unehelichen Sohnes eines Porzellanmalers und musste froh sein, als mein Großvater Ernst, Sohn einer uralten, geachteten, wenn auch durch die Trunk- und Renommiersucht des Urgroßvaters verarmten Bergmannsfamilie, sie zur Frau nahm. Dass mein Großvater sich in meine Großmutter verguckt hat, wird verständlich, wenn man ihr Bild sieht. Sie hatte unglaublich lange schwarze Haare, die sie zu Zöpfen geflochten und kunstvoll aufgesteckt trug, dunkle, lebhafte Augen und einen Porzellanteint. Da es sich um ein »gefallenes« Mädchen handelte, wird mein Großvater nicht gleich ans Heiraten gedacht haben. Als seine Angebetete aber schwanger wurde, zog er als anständiger Kerl die Konsequenzen und heiratete sie. Sie waren sich ein Leben lang treu, ob sie auch glücklich waren, bezweifle ich manchmal. Mein Großvater war zu kühl, zu zurückhaltend für ihr warmherziges Temperament. Sie hatten immer wieder mit der Armut zu kämpfen und mussten oft, bedingt durch den Beruf meines Großvaters, voneinander getrennt leben.

Der war der Tradition seiner Familie treu geblieben. Etwas anderes als das Bergwerk ist für ihn nie infrage gekommen. In den Zwanzigerjahren musste er sich und seine Familie allerdings durch Gelegenheitsjobs ernähren, weil er als Bergmann keine Arbeit fand. In dieser Zeit hat die kleine Familie oft gehungert. Meine Mutter hat uns später manchmal von dieser prägenden Erfahrung erzählt. Um die größte Not zu lindern, half meine Großmutter bei einem Bauern aus – oft nur für Essen. Oder sie ging Waldbeeren pflücken, um sie auf dem Markt zu verkaufen. Sie hat mir einmal erzählt, wie sie mit ihrer jüngsten Tochter auf dem Rücken einen Tag lang im Wald schuftete, um am Abend ein paar Groschen in der Hand zu haben. Kurz nach der Machtergreifung der Nazis bekam mein Großvater endlich Arbeit; ein ausscheidender Bergmann bestimmte ihn zu seinem Nachfolger. Der Preis dafür war allerdings sein Eintritt in die NSDAP. Er war über zehn Jahre nicht in der Grube gewesen, wurde aber schon 1936 Sieger des Reichswettbewerbes der Bergleute. Das sagenhafte Preisgeld von 10 000 Reichsmark nutzte er, um mit über 30 Jahren noch ein Studium an der Bergakademie Freiberg aufzunehmen.

Gleich nach dem Studium wurde er Werkleiter des Bergwerkes von Bochnia, im damals so genannten Generalgouvernement. Zum ersten Mal ging es der Familie auch materiell gut. Meine Mutter hatte sogar ein Reitpferd und erfreute sich an langen Ausritten mit Freunden. Später, in der DDR, war an Reiten für sie nicht mehr zu denken. Natürlich hatte die Familie auch Probleme. Eines Tages war meine Tante Monika, die zehn Jahre jüngere Schwester meiner Mutter, verschwunden. Nach langer ergebnisloser Suche teilte eine jüdische Frau, die in der Küche der NS-Frauenschaft als Hilfskraft beschäftigt war, meiner Großmutter mit, dass Monika wohl im Getto sei. Sie wollte dort ihre Freundin besuchen, die seit Wochen immer zum Spielen aus dem Getto gekommen war. Nun wollte Monika einen Gegenbesuch machen. Meine Großmutter war außer sich – selbst konnte sie nicht ins Getto, um sie zu holen. Sie bat also die Frau, Monika sofort nach Hause zu schicken. Das Abenteuer endete glimpflich, Monika kam ebenso unbeschadet durch das Schlupfloch zurück, wie sie hineingekommen war. Die Freundschaft zu dem unbekannten jüdischen Mädchen war damit allerdings zu Ende. Ich habe meine Großmutter oft gefragt, wie sie mit der Nachbarschaft des Gettos gelebt hat, aber wenig darüber erfahren. In besagter Küche der NS-Frauenschaft wurde für das Getto gekocht, warum, das konnte sie mir nicht mehr sagen. Einmal hätten sie auf dem Bahnhof eine Deportation beobachtet, erzählte mein Großvater. Als ein SS-Mann einen kleinen Jungen verprügelte, weil er nicht schnell genug einstieg, schritt mein Großvater ein. Er schrie den SS-Mann an und es kam zu einem kurzen Handgemenge, das mein Großvater für sich entschied. Den Stock, den er dem SS-Mann abgenommen hatte, bewahrte er in seinem Büro auf, wo er auch blieb, als mein Großvater es zwei Jahre später fluchtartig verlassen musste. Irgendwelche Folgen hat der Vorfall für meinen Großvater nicht gehabt, was für mich immer ein Beispiel gewesen ist, dass der Handlungsspielraum, den jeder hat, meistens größer ist, als man glaubt.

Als Leiter des Bergwerkes war mein Großvater auch für die dort beschäftigten Zwangsarbeiter verantwortlich. Zumindest, solange sie in der Grube arbeiteten, im Lager unterstanden sie natürlich der SS. Mein Großvater setzte in regelrechten Kampfbesäufnissen mit dem Hauptscharführer durch, dass die Zwangsarbeiter anständige Betten und das gleiche Essen wie ihre deutschen Kollegen bekamen. Was er tat, blieb den Polen nicht verborgen. Noch nach Jahrzehnten bekam mein Großvater Post aus Bochnia, man schickte ihm Fotos vom »Gerberwald«, den er angelegt hatte. Heute hängen zwei Fotos aus jener Zeit über meinem Schreibtisch: Skispuren in einer tief verschneiten Landschaft. Die Schatten der Wintersonne sind kurz, es ist also Mittag. Und eben ist mein Großvater hier langgefahren, um seine Anpflanzungen zu inspizieren. Sehr wahrscheinlich ist es der Winter 1944/45, denn die Bäumchen sind schon ein paar Jahre alt. Mein Großvater hat nicht nur Spuren hinterlassen, er hat auch Vertrauen gewonnen, das ihm wahrscheinlich das Leben gerettet hat. Als die Wehrmacht Bochnia räumen musste, war mein Großvater unter den Letzten, die die Stadt verließen. Seine Familie hatte er längst nach Thüringen geschickt, wo sie ein Bergwerkshaus besaßen, in dem sie Anfang der Dreißigerjahre schon gewohnt hatten. »Wir treffen uns in Sondershausen!«, war die Parole, die an die ganze Familie ausgegeben worden war. Er konnte nicht mehr sicher sein, ob auch er Thüringen erreichen würde: die Wehrmacht in vollem Rückzug, Transportmöglichkeiten sehr eingeschränkt – wahrscheinlich würde er von der Roten Armee eingeholt werden. Da tauchte am

Abend vor der Abreise ein polnischer Bergmann auf, um ihm Lebwohl zu sagen. Als Abschiedsgeschenk überreichte er meinem Großvater einen Geleitbrief der polnischen Partisanen, abgefasst in Polnisch und Russisch, den mein Großvater präsentieren sollte, wenn er in Schwierigkeiten geriete. Ein zweischneidiges Geschenk, denn was auf der einen Seite sein Leben retten konnte, würde auf der anderen Seite bei Entdeckung seinen sicheren Tod bedeuten. Ich bedauere sehr, nie die Gelegenheit gehabt zu haben, meinen Großvater nach den Einzelheiten seines abenteuerlichen Fluchtweges befragen zu können. Natürlich hat er auch nie etwas aufgeschrieben. So ist ein Stück Familiengeschichte für immer verloren. Warum sich die Familie meiner Mutter in Sondershausen traf, aber in der Rhön wohnte, als die Amerikaner im Juni 1945 abzogen, kann nur damit zu tun haben, dass mein Großvater zum Schacht in Springen geschickt wurde.

Jedenfalls war der Hausrat fast unversehrt in der Rhön gelandet, einschließlich des Klaviers meiner Mutter, das mühsam durch das enge Treppenhaus in den ersten Stock gehievt wurde. Als die Amerikaner abzogen und die Sowjets einrücken sollten, wurde in diesem Klavier der Familienschmuck versenkt und später einfach vergessen, als man dann beim Auszug das Klavier stehen ließ. Ich kann nur hoffen, dass ihn jemand gefunden hat, der es wert gewesen ist. Das Klavierspiel hat meine Mutter offenbar aufgegeben, als das Instrument zurückgelassen wurde. Als ich viele Jahre später den Wunsch äußerte, Klavierspielen zu lernen, lehnten meine Eltern dies ab mit der Begründung, es handle sich um ein veraltetes bürgerliches Instrument. Folgerichtig hat meine Mutter, solange sie lebte, nie zugegeben, dass sie konnte, was ich so gern gelernt hätte.

So fand ich in meiner Kindheit lauter Instrumente auf dem Stallboden, die niemand mehr spielte. Eine Zither lag da herum, eine Geige, ein Akkordeon. Letzteres gehörte meinem Vater, der nicht nur gut singen, sondern auch ausgezeichnet Akkordeon spielen konnte. Leider habe ich das nie hören können und muss mich auf die Urteile der Verwandtschaft verlassen. Mein Großvater erzählte ab und zu begeistert von den Musikabenden mit der Familie und Freunden. Er war ein wahrer Teufelsgeiger vor dem Herrn, seine Augen leuchteten auch Jahrzehnte später noch vergnügt, wenn er von seinen Improvisationen erzählte. Warum diese Art Geselligkeiten in der Verwandtschaft nach 1945 völlig aufhörte, ist mir nicht recht erklärbar. Vielleicht lag es einfach am Vormarsch von Radio und Fernsehen, dass die Leute sich lieber unterhalten ließen, als sich selbst zu unterhalten.

Meine frühe Kindheit in dem großen verwunschenen Garten in Sondershausen in Thüringen war paradiesisch. Außer meiner Großmutter wohnte noch die jüngste Tante Edda im Haus, zweieinhalb Jahre später kam meine Schwester Evelyn dazu. Diese Frauenidylle wurde nur an den Wochenenden unterbrochen, wenn mein Großvater nach Hause kam. Er war inzwischen Leiter eines Gipswerkes im Harz und schlief während der Woche in einem Kabuff neben seinem Büro. Vor dem Bürofenster gackerten seine Hühner, die er für unverzichtbar erklärte, weil der Umgang mit ihnen nicht nur entspannte, sondern ihm beim Füttern der Hühner die besten Ideen kamen. Natürlich hatten auch wir zu Hause Hühner, dazu Kaninchen, Katzen, Hunde, zeitweilig sogar ein Schwein, das aber nicht mehr ersetzt wurde, als es gegessen war. Sonntags vormittags wurde ich fein gemacht, mit meinem besten Kleid, und zu meinen Eltern geschickt, die ganz in der Nähe wohnten. Ich ging gern zu ihnen, denn mir gefiel das große Aquarium mit den Goldfischen, das das Wohnzimmer beherrschte. Leider kam ich eines Tages gerade dann, als das Aquarium mit einem singenden Ton barst, das Wasser den Fußboden überschwemmte und die Goldfische auf dem Teppich zappelten. Die Goldfische verschwanden, das Aquarium wurde zu meinem Bedauern nie wieder ersetzt. Sonntagnachmittags kamen meine Eltern dann zum Kaffeetrinken und es wurde ausgiebig über die Ereignisse der Woche geplaudert.

Kindheit und Jugend in Berlin

Ich erinnere mich genau an den Nachmittag, an dem angekündigt wurde, dass meine Eltern nach Berlin gehen und meine Schwester und mich mitnehmen würden. Wir jubelten, denn es schien ein riesengroßes Abenteuer zu werden. Eines Tages im Februar 1958 war es dann so weit. Unser Handgepäck wurde im F8 verstaut, dessen stolze Besitzer meine Eltern inzwischen waren, meine Schwester und ich kamen auf den Rücksitz und dann fuhr ich zum ersten Mal die Strecke Sondershausen–Berlin, die ich seither so häufig wie keine andere in meinem Leben gefahren bin. Nach sechs Stunden kamen wir in Berlin-Lichtenberg an. Der Schock, den ich erlebte, ist mir heute noch gegenwärtig. Ich sah mich von ungeheuer hohen Häusern umstellt, fand alles unbeschreiblich grau und schmutzig. Noch Monate später hatte ich die Vorstellung, in einer Stadt ohne Bäume und Tiere zu leben. Vor allem fehlten mir die Vögel, die mich in Sondershausen jeden Morgen mit ihrem Gezwitscher geweckt hatten. So saß ich eines Tages am Fenster meines Zimmers und warf Klopapierblätter in die Luft, die mir die Vögel ersetzen sollten. Eine empörte Nachbarin hatte gar kein Verständnis für meine Bedürfnisse und sorgte dafür, dass meine Mutter mir strikt verbot, noch einmal eigenmächtig für die Belebung der Steinwüste sorgen zu wollen. Das Haus in Lichtenberg, das wir beziehen sollten, war gerade fertig gebaut worden. Es war Teil eines Ensembles, das für Armeeangehörige errichtet worden war. Die steinerne Baubaracke stand noch und beherrschte den Platz. Der Boden war schlammig und voller Pfützen. Springend versuchten wir einigermaßen trockenen Fußes unseren Hauseingang zu erreichen. Herumstehende Kinder kommentierten unsere Bemühungen mit Bemerkungen, die ich nicht verstand. Unsere Wohnung war im dritten Stock, hatte drei Zimmer, eine kleine Küche, einen Balkon und ein Bad, was mir als unglaublicher Luxus erschien, denn im großelterlichen Haus mussten wir Wasser in Eimern herbeischleppen, wobei ich mich immer mit einer Milchkanne beteiligt hatte, in einem großen Topf erwärmen und konnten dann in einer Zinkbadewanne baden. Nun kam warmes Wasser aus der Wand und die Wohnung hatte keine Öfen. Das Zimmer, das meine Schwester und ich bekamen, war das kleinste in der Wohnung und ging nach hinten raus, aber es war das erste eigene Zimmer, das wir besaßen. Bald fand ich es ungerecht, dass meine Eltern im zweitgrößten Südzimmer schliefen, weil mir das wie eine Verschwendung vorkam. Aber ich konnte mich damit trösten, dass alle Kinder dieser Blocks in dem kleinsten Zimmer wohnten, selbst wenn sie zu dritt waren. Als eine Familie nach der Geburt ihres dritten Kindes das Schlafzimmer zum Kinderzimmer umfunktionierte, war das eine viel besprochene Sensation, die aber keine Nachahmer fand. Selbst als ich viel später mit Mann und Kind bei meinen Eltern wieder einzog, mussten wir uns mit dem kleinen Zimmer begnügen. So stark war die Tradition noch in den Siebzigerjahren.

Der große Vorteil meiner neuen Lebensumstände waren die vielen Spielgefährten. Alle Familien, die in die neuen Blocks einzogen, hatten Kinder in etwa dem gleichen Alter. In jeder Wohnung wohnten mindestens zwei Kinder – ein wunderbares Feld für Bandenspiele aller Art. Was uns zusätzlich zusammenschweißte, war der Umstand, dass die Kinder der alteingesessenen Familien auf der anderen Seite des Platzes nicht mit uns spielten. Sie benutzten nicht einmal den großen Spielplatz in der Mitte des Platzes, der angelegt wurde, nachdem die letzten Bauarbeiten beendet waren. Wir machten uns keine Gedanken darüber, sondern hatten aneinander genug. Bald beherrschten wir den ganzen Platz und mit unseren Rollschuhen auch die umliegenden Straßen.

Ich kam später doch mit einem Mädchen von der anderen Straßenseite in Kontakt. Das war, als ich ab der dritten Klasse eine Russisch-Spezialschule in Berlin-Karlshorst besuchte. Ich musste jeden Morgen bis zum U-Bahnhof Stalinallee laufen, von dort bis

U-Bahnhof Lichtenberg fahren und dann die Straßenbahn nehmen. Mein Vater fuhr mit der S-Bahn nach Berlin-Schöneweide, wo er in der Schnellerstraße im Ministerium für Verteidigung arbeitete. Es ergab sich, dass wir bald den Weg gemeinsam mit Vater und Tochter aus dem Haus gegenüber zurücklegten. Beide fuhren nach Westberlin. Der Vater zur Arbeit, das Mädchen zur Schule. Was sie mir vom Unterricht in ihrer Schule erzählte, fand ich unglaublich reaktionär: nur Mädchen in der Klasse, Religionsunterricht, Hauswirtschaft. Warum tat sie sich so etwas an? Es gab dort keine Pioniere, keinen Hort und keine Arbeitsgemeinschaften. Was machte sie nachmittags? Und wieso fuhr sie freiwillig nach Westberlin, das doch eine Verbrecher-Hochburg war und wo man auf Schritt und Tritt Gefahr lief, von früheren Kriegstreibern ermordet zu werden?

Meine Eltern fuhren nie nach Westberlin und so blieb viel Raum für meine Fantasien. Natürlich kam ich manchmal ins Grübeln, wenn mir beim Steckbildertauschen die »Glitzernden« und »Echt-Lack«-Steckbilder von »drüben« unter die Augen kamen. Ich begehrte diese Bildchen, die im Westen wohl Stammbuchbilder hießen, heftig und tauschte mir nach und nach viele ein. Obwohl ich für ein »Glitzerndes« zehn Oststeckbilder hergeben musste. Das war in etwa der Kurs, den die DDR am Ende ihrer Tage bei ihrem Geld erreichte.

Eines Tages wartete ich vergeblich auf meine Schulgefährtin. Auch ihr Vater kam nicht. Sollten sie beide krank sein? Sie blieben für immer weg. Nach ein paar Tagen fand ich beim Nachhausekommen auf der Straße allerlei Hausrat, Möbel, Geschirr, Bücher. Da wusste ich, dass sie »abgehauen« waren. Ich nahm mir ein paar Bücher aus dem Haufen. Meine umfangreiche Kinderbibliothek stammte zum Teil von solchen Gelegenheiten. Es war damals üblich, den Hausrat von Abgehauenen einfach an den Straßenrand zu stellen. Kurze Zeit später war das Entsorgungsproblem gelöst. In meiner Klasse kamen solche »Abgänge« nicht vor. Die Eltern meiner Klassenkameraden waren alle in der SED, mit Ausnahme des Vaters von unserem Klassensternchen Monika, der im Vorstand der Bauernpartei war, was mir sehr exotisch vorkam.

Was in anderen Klassen passierte, darüber wurde nicht gesprochen. Der Schulalltag war streng geregelt, regelmäßige Fahnenappelle, die ich besonders hasste, wenn sie vor der ersten Stunde stattfanden. Bei diesen Appellen wurde ritualisiert der DDR die Treue geschworen und gelobt, den Aufbau des Sozialismus mit ganzer Kraft zu unterstützen. Bevor die Reden losgingen, musste jede Klasse Meldung machen. Dabei mussten wir stillstehen und die Augen nach links richten, bis die Meldung beendet war und wir uns »rühren« durften. Beim Flaggenhissen waren wieder Stillstehen und Pioniergruß angesagt. Das Ganze zog sich oft über eine halbe Stunde hin, was im Winter besonders unangenehm war. Bei den Appellen erfuhren wir von den Sputniks, die von der UdSSR in das All geschickt wurden, von den Machenschaften der Klassenfeinde, stets verbunden mit Mahnungen zur Wachsamkeit, und von den Ergüssen der Partei- und Staatsführung. Auch der Unterricht wurde immer mit Stillstehen und einer Meldung begonnen. Natürlich wurden wir auch hier indoktriniert, wobei ich aber keinen Lehrer als besonders eifrig in Erinnerung habe. Als wir noch jünger waren, verstanden wir oft nicht, was mit gewissen Floskeln eigentlich gemeint war. So malte einmal meine Freundin Gabi nach einer Belehrung, dass wir den RIAS-Enten auf keinen Fall auf den Leim gehen sollten, einen hübschen Teich mit Seerosen und niedlichen Entchen und schrieb eine Verpflichtung dazu, Entchen niemals etwas zu tun. Unsere Pionierpflichten sahen wir eher als Spiel an, bei den theoretischen Nachmittagen trieben wir allerlei Blödsinn, um der Langeweile zu entgehen. Dabei waren wir durchaus klassenbewusst: unsere Spiele organisierten wir als »RMT« (»Rot-Mädchen-Trupp«) und »RJT« (»Rot-Jungen-Trupp«) gegen eine bedauernswerte Minderheit, die es nicht einmal zu einem revolutionären Namen brachte. Sie löste sich auch bald auf und ließ nur uns übrig, was das baldige Ende von »RMT« und »RJT« bedeutete: Denn als der Feind abhanden gekommen war, hatte niemand mehr Lust, sich vor der Schule in Reih und

Glied aufzustellen und als geschlossene Formation in die Klasse zu marschieren.

Einmal allerdings gab es eine starke Erschütterung. Als ich morgens am U-Bahnhof Stalinallee ankam, waren die Stationsschilder abmontiert. Im Zimmer der Freundschaftspionierleiterin war das Stalinbild verschwunden. Einen Appell gab es nicht, aber auf Nachfrage erklärten unsere Lehrer, es hätte sich nunmehr herausgestellt, dass Stalin ein Verbrecher gewesen sei. Genaueres erfuhren wir nicht. Wir kannten die legendäre Reiterarmee des Marschalls Budjonnyj aus Filmen und aus Büchern. Nach unserer Vorstellung war die Oktoberrevolution ein spannendes Ereignis, der Beginn von aufregenden Kämpfen der guten Roten gegen die bösen Weißen, wobei die Roten immer edel und hilfreich waren, manchmal den schurkischen Weißen zum Opfer fielen, meistens aber siegreich blieben. Und nun war der legendäre Führer der Roten, der verehrte Staatsmann des Sowjetparadieses ein Schurke? Ich entschied mich nach kurzem Nachdenken dafür, Vertrauen zu den Erwachsenen zu haben, auch wenn ich längst nicht alles von ihrer geheimnisvollen Welt verstand.

Als ich ein paar Tage später nach Hause kam, fand ich meine ratlose Mutter vor dem Bücherregal im Wohnzimmer. Sie hatte alle roten und blauen Lederbände mit dem Golddruck herausgenommen und sortierte sie in solche, die wegmussten, und solche, die bleiben konnten. Bleiben konnten Marx, Engels und Lenin, Stalin musste weg. Ein Problem bildeten die Bände mit den vier Köpfen. Wogen die »Klassiker« schwerer oder der neue Paria? Schließlich entschloss sich meine Mutter, auf Nummer sicher zu gehen, und sortierte auch diese Bände aus. Ich musste die Bücher in das Heizhaus schaffen, wohin wir immer unser Altpapier brachten. Oberhalb der vier Öfen waren eiserne Stege gebaut, über die man zu den Feuerklappen gehen konnte. Man musste den Heizer rufen, der dann kam und alles in die Flammen schmiss. An diesem Tag sah ich, dass dort bereits Bücher brannten. Der Heizer erzählte nur, dass eben meine Freundin Gabi da gewesen sei. Auf dem Rückweg sah ich den Sohn des ZK-Mitgliedes Schumann mit einem Sack auf den Schultern zum Heizhaus gehen. Vor der Haustür traf ich meine Mutter, die sich gedämpft mit Frau Schumann unterhielt. Sie gestanden sich, beide bei Stalins Tod geweint zu haben, und wussten nun nicht recht weiter.

Mit der Zeit schwanden die Zweifel meiner Eltern und Lehrer an der Sowjetunion wieder. Nicht zuletzt trug eine spektakuläre Kette von Siegen der UdSSR im Wettkampf um den Kosmos dazu bei. Als Jurij Gagarin die erste Runde im Weltraum drehte, gab es keinen Appell, sondern unser aufgeregter Direktor informierte uns ganz formlos in der großen Pause, indem er die Nachricht einfach über den Hof schrie. Sie verbreitete sich wie ein Lauffeuer. An Unterricht war an diesem Tag nicht mehr zu denken. Auch in den nächsten Tagen war Gagarins Heldentat der Hauptgesprächsstoff und es wurde viel spekuliert, was er von oben wohl gesehen haben könnte. Das DDR-Fernsehen verbreitete, Gagarin hätte auf eine entsprechende Frage des Reporters gesagt, als er über Berlin geflogen sei, hätten in Ostberlin die Sirenen ihn gegrüßt und in Westberlin die Hunde gebellt. Ich fand das seltsam und irgendwie unglaubwürdig.

Aber Gagarin gab uns allen das Gefühl der Überlegenheit. Uns war klar, dass wir in einer Mangelgesellschaft lebten. Butter gab es nur auf Zuteilung, Eier, Zwiebeln und Äpfel waren Mangelware, nach denen ich extra geschickt wurde, wenn das Gerücht verbreitet wurde, dass es sie im HO-Geschäft gerade zu kaufen gab. In den Sechzigerjahren war es noch üblich, ab und zu Äpfel über die Schulen zu verteilen, damit die Kinder genug Vitamine bekamen. Bananen gab es höchstens zu Weihnachten. Als mir eine Lehrerin erzählte, sie hätte als Kind eine Bananenkur machen müssen, um wieder gesund zu werden, kam mir das vor wie ein Märchen aus Tausendundeiner Nacht. Eine Welt, in der es so viele Bananen gab, müsste doch das Paradies sein. Wie passte das in die finstere Vergangenheit? In Westberlin gab es alles im Überfluss. Doch dafür lebten die Menschen dort auf dem absteigenden Ast und uns gehörte die Zukunft. Wenn ich im Pionierchor »Mit uns zieht die neue Zeit« sang, war ich zutiefst von der Wahrheit dieser Textzeile überzeugt. Unser Chorleiter, der im Krieg sein linkes Auge verloren hatte, wusste, dass schon die Hitlerjugend dieses Lied bei ihren Märschen auf den Lippen hatte, sagte es uns aber nicht. Er hätte damit am antifaschistischen Mythos des Arbeiter- und Bauernstaates gerüttelt, was er selbstverständlich nicht wagte. Die Ruinen ausgebombter Häuser, die es in meiner Kindheit in Berlin noch gab, die Fassaden mancher Häuserzeilen, die von Einschusslöchern aus Maschinenpistolen gezeichnet waren, erinnerten uns an die Vergangenheit, der man knapp, aber glücklich entronnen war. Mängel waren noch nicht überwundene Kriegsfolgen, die bald beseitigt sein würden. In der Tat ging es in meiner Familie und in den Familien unseres Blocks bergauf. Wenige Jahre nach unserer Ankunft in Berlin hatte mein Vater unseren alten F8, der liebevoll »Fridolin« genannt wurde und den noch eine Brockenhexe, Souvenir aus seiner Grenzschutzzeit, beschützte, gegen einen blau-weißen Moskwitsch eingetauscht. Das Auto war riesig, wir liebten es von der ersten Stunde an. Aber das sentimentale Verhältnis, das wir zum alten »Fridolin« gehabt hatten, wollte sich nicht mehr einstellen. Von nun ab blieben alle Autos namenlos. Wir waren die Ersten im Block, die ein brandneues Auto hatten. Das weckte Neidgefühle, und nun begann ein Konkurrenzkampf, wer denn als Erster die Statussymbole glücklichen sozialistischen Lebens eroberte: neue Möbel, einen Fernseher, einen Kühlschrank, eine Waschmaschine, das Wochenendgrundstück, die nächste Beförderung, schließlich die Orden.

Meistens schlug meine Familie die anderen um Längen. Meine Eltern, die beide große Armut kennen gelernt hatten, setzten erheblichen Ehrgeiz daran, sich zu beweisen, dass sie den mageren Zeiten entronnen waren. Es war ein Fest, als die schweren, dunklen Fünfzigerjahre-Möbel, mit denen wir eingezogen waren, gegen neue ausgetauscht wurden. Meine Mutter hatte ein beträchtliches Talent, auf dem Mangelmarkt ausgesucht elegante Stücke zu ergattern: helle Vollholzmöbel im leichten sachlichen Stil der Moderne. Die Schalensessel in vier sorgfältig aufeinander abgestimmten Farben würden heute, wenn sie noch existierten, meiner

Wohnung zur Ehre gereichen. Leider machten es sich meine Eltern zur Gewohnheit, ihre Möbel in Abständen vollständig auszutauschen. Jedes neue Stück wurde gebührend gefeiert. Die elementare Freude meiner Eltern über jede Anschaffung übertrug sich auf uns Kinder. Jede Errungenschaft der volkseigenen Industrie, die in unsere Wohnung Einzug hielt, war ein Beweis dafür, dass wir eines Tages, gemäß dem Motto unseres Staatsratsvorsitzenden und Ersten Sekretärs der SED Walter Ulbricht, den Westen überholen würden, ohne ihn je einholen zu müssen.

Gegen Ende der Sechzigerjahre entspannte sich auch die Lebensmittellage: Die Butterrationierung wurde aufgehoben, Eier und Zwiebeln gehörten zum Standardangebot und Äpfel gab es nun fast immer. Abgesehen davon, dass sich die Versorgungslage stetig verbesserte, waren wir dem Kapitalismus souverän überlegen, denn wir hatten die »sozialistische Menschengemeinschaft«. Ich erlebte sie vor allem in der Form unserer Hausgemeinschaft. Wir teilten uns nicht nur die Arbeit bei der Säuberung des Treppenhauses und bei der Pflege der Vorgärten, wir machten auch freiwillige Aufbaustunden, »Subbotnik« genannt, weil sie am Sonnabendnachmittag, später mit Einführung des arbeitsfreien Wochenendes am Sonnabendvormittag stattfanden. Wir verschönerten unermüdlich unser Wohnumfeld, und tatsächlich war nach ein paar Jahren unser einst so leerer Platz wirkungsvoll bepflanzt – bis viele Jahre später die Anpflanzung dem neuen Bedarf an Parkplätzen weichen musste. Aber ich hatte noch das Privileg, in einer grünen Oase zu wohnen.

Die Hausgemeinschaft feierte auch zusammen – nicht nur zu Silvester, wo alle Wohnungen allen offen standen. In den früheren Jahren unternahmen wir sogar gemeinsame Ausflüge mit einem gemieteten Bus, mit gemeinsamem Picknick und Besichtigung landschaftlicher und historischer Besonderheiten. Ein glücklicheres und harmonischeres Zusammenleben aller Hausbewohner schien kaum vorstellbar. Wie dünn die Schicht der Harmonie war, bekamen meine Eltern wegen ihrer ältesten Tochter ab und zu drastisch zu spüren. In den Ferien 1964 war mir für fleißige Mitarbeit im »Freundschaftsrat« der Pioniere in unserer Schule ein Aufenthalt in der »Pionierrepublik Wilhelm Pieck« am Werbellinsee in Brandenburg gewährt worden. Diese »Pionierrepublik« war ein straff organisiertes, internationales Ferienlager, in das auch Mitglieder der kommunistischen Parteien Westeuropas ihre Kinder zur Erholung schickten. Meinem Lagertagebuch, das wir damals alle führen mussten, entnehme ich, wie wenig der streng eingeteilte Tagesablauf – Wecken, Frühsport, Frühstück, Beschäftigung (z.B. Bohnen pflücken auf den benachbarten Feldern), Mittagsruhe, Wanderung oder organisiertes Spiel, dann individuelle Freizeit – mir gefiel und wie trickreich ich versuchte, dem Zwang immer wieder zu entgehen. Aber eines genoss ich: den Umgang mit den vielen Kindern aus anderen Ländern. Ich schloss schnell Freundschaft mit den Franzosen, den Westberlinern, den Holländern, aber besonders mit einer Norwegerin, mit der ich, so oft es ging, zusammen war.

Als ich wieder zu Hause war, begann ich eine rege Korrespondenz mit meinen neuen Freunden. Bald fiel es aufmerksamen Hausbewohnern auf, dass ich ungewöhnlich viel Post bekam und die Umschläge so anders als die in der DDR üblichen aussahen. So passte ein wachsamer Genosse kurzerhand den Briefträger ab und hatte den Beweis. Ich stand mit dem Klassenfeind in Verbindung. Meine Eltern wurden vor die Hausgemeinschaftsleitung geladen und erlebten die erste inquisitorische Befragung zu den Machenschaften ihrer Tochter, der noch viele folgen sollten. Diese erste endete glimpflich. Es konnte schließlich nichts Unrechtes sein, wenn ich Briefe mit Kindern wechselte, die offiziell von unserer Regierung in die DDR eingeladen worden waren, auch wenn sie im feindlichen Ausland lebten. Schließlich handelte es sich um die Sprösslinge vertrauenswürdiger Kampfgefährten.

Von da an wusste ich, dass ich mich in Acht nehmen musste. Schon ein Jahr später hatte ich allen Grund, vorsichtig zu sein. Es begann die Zeit der Beatmusik, die auch die DDR im Sturm eroberte. Meines Wissens ist niemals der Anteil von Beat und Rock an der Unterminierung des sozialistischen Systems untersucht worden. Er dürfte jedoch erheblich gewesen sein. Die Kommunisten hatten jedenfalls die subversive Kraft westlicher Rhythmen immer instinktiv erahnt und – beim Tango angefangen – verbissen bekämpft. Allerdings auf die Dauer erfolglos. Bei den »Beatles« erlag »unsere Partei- und Staatsführung« anfangs dem Irrtum, dass die Musik von Jungs aus den Liverpooler Slums, also englischen Abkömmlingen der revolutionären Kraft des Proletariats, für den Sozialismus vorteilhaft, jedenfalls ungefährlich sei. Deshalb wurden die ersten Songs der »Beatles« noch von »Amiga«, der staatlichen Schallplattenfabrik der DDR, herausgebracht. Damit ließ man einen Geist aus der Flasche, den man nie wieder loswurde. Es half wenig, dass bald keine Platten mit westlicher Beatmusik mehr produziert, dass sie im DDR-Rundfunk nicht mehr gespielt wurden. Die Jugend, einschließlich staatsbraver SED-Elternkinder wie ich, wichen auf das Westradio aus. Anfangs war das mit Schwierigkeiten verbunden. Ich musste immer darauf achten, das Familienradio wieder auf den »Berliner Rundfunk« zu stellen, den meine Eltern gewöhnlich hörten, wenn sie zu Hause waren.

Dann bekam ich zur Jugendweihe, die unsere Klasse im Frühjahr 1966 geschlossen absolvierte, ein Kofferradio geschenkt, ein »Micky«, groß wie ein Mobiltelefon und batteriebetrieben. Nun konnte ich immer und überall RIAS und SFB hören, notfalls auch abends unter der Bettdecke, denn die Sendung »Schlager der Woche« startete montags um 20 Uhr, zu einer Zeit also, wo ich mit Rücksicht auf meine jüngere Schwester schon im Bett sein musste. Ich achtete darauf, dass die Mitbewohner unseres Hauses nichts hören konnten, weihte nur meine Freundin Gabi ein, die mit ihrem »Kosmos« den gleichen Missbrauch trieb wie ich mit meinem »Micky«. Glücklich war ich immer, wenn wir zu meinen Großeltern fuhren, denn in Sondershausen konnte man den »Soldatensender« hören, der ein paar Stunden täglich angeblich für die Soldaten der Bundeswehr sendete, dessen hauptsächlicher Zweck aber war, in den Grußsendungen für die »Jungs vom Bund« Nachrichten für die Spione im Westen zu lancieren. Da wir immer pünktlich nach dem Mittagessen um zwölf Uhr aus Sondershausen nach Berlin zurückfuhren, bestürmte ich meinen Vater, den »Soldatensender« einzustellen, der mittags für eine Stunde zu senden begann. Das wurde unser Abschiedsritual von Sondershausen. Der »Soldatensender« begleitete uns eine halbe Stunde oder, wenn wir Glück hatten, länger, bis wir sein Sendegebiet verließen. Auf den »Soldatensender« konnte ich mich berufen, wenn ich gefragt wurde, woher ich diesen oder jenen Titel kannte.

In der Klasse waren solche Legitimationen nicht nötig. Alle hörten RIAS und wir tauschten uns offen darüber aus. Bald war unser »Kollektiv« wieder gespalten, diesmal in Anhänger der Beatles und in Stones-Fans. Ich war die erste »Stones-Käthe« der Schule und trug mein blondes glattes Haar als schulterlangen Pilzkopf, um den mich alle Jungs beneideten. Die hatten es schwer, denn sie mussten sich jeden Zentimeter Haarlänge schwer erkämpfen. Immer wieder wurden Jungs nach Hause geschickt, weil ihre Haare für den Besuch einer sozialistischen Schule zu lang waren. Die Lehrlinge hatten es besser. In den Betrieben wurden lange Haare in der Regel toleriert und so liefen die Jungarbeiter stolz und von den Schülern beneidet mit langen Zottelmähnen herum. Nur vor gelegentlichen Razzien der Volkspolizei mussten sie auf der Hut sein, denn es kam immer wieder vor, dass Langhaarige von der Straße weggefangen und auf dem Volkspolizeirevier zwangsgeschoren wurden. Probleme machten auch die in Mode gekommenen Schlaghosen – selbstverständlich waren weite Hosenbeine in der Schule verboten. Andererseits waren sie das, was jeder Junge für unverzichtbar hielt, um »fetzig« zu sein. Also wurden Knöpfe und Kettchen am Hosenbein befestigt, um die vorgeschriebene Enge zu erzeugen, wenn es unabdingbar war, und um die geliebte Weite zu haben, wenn man sich frei bewegen konnte. Natürlich wollten die Jungs mit ihren Bands die heiß geliebten Westtitel spielen. Da es für Funktionärskinder ohne Westverwandtschaft schwierig war, an die Texte zu kommen, verlegte ich mich bald darauf, Texte nach Gehör mitzuschreiben. Wo ich das Gesungene nicht genau verstand, musste ich raten oder erfinden, und bald entwickelte ich ein beträchtliches Geschick in der Ergänzung von Texten, die immerhin wirkten, als könnten sie im Original so geschrieben worden sein. Gesungen wurde nach Gehör, und fertig war der Titel. Es machte Spaß, und die Anstrengung, die das kostete, erhöhte wohl auch den Genuss. Eine Platte (oder heute CD) einfach kaufen zu können, ist dagegen vergleichsweise langweilig, was mich trotzdem nicht dazu verleitet, unseren damaligen Lebensumständen etwas abgewinnen zu können. Wir haben nur einfach das Beste daraus gemacht.

Abgesehen von dem Ärger mit Haaren, Beat und Hosen war die sozialistische Welt zur Zeit meiner Jugendweihe noch in Ordnung. Das Buch »Weltall – Erde – Mensch«, das Generationen von Jugendweihlingen in der DDR überreicht bekamen, zeigt in meiner Ausgabe noch ein gigantisches Atomkraftwerk, das bald das ganze Land mit Unmengen an Energie versorgen würde, und prognostizierte für das Jahr 2000 Laufbänder in den sozialistischen Städten und individuelle Flugmobile, mit denen man seine Wohnung in einem Riesenhochhaus erreichen konnte. Selbstverständlich würde es alles im Überfluss geben. Davon war die Wirklichkeit noch weit entfernt. Bei meinem Jugendweihe-Essen im »Haus des Lehrers« gab es Steak mit Büchsenspargel – in der besten Spargelzeit Ende April, am Rande eines der besten Spargelanbaugebiete Deutschlands, das aber fast ausschließlich den Westen belieferte –, der für uns der Gipfel der erreichbaren kulinarischen Genüsse war, übertroffen höchstens noch von Büchsenananas, die das abschließende Eis begleitete. Dafür hatte ich nicht nur ein Jugendweihe-Kleid, sondern gleich drei, ein von der Schneiderin genähtes, ein Lurex-Kostüm, das ich bei einem Einkaufsfeldzug mit meiner Mutter neben einem Schaumgummi-Mantel erstand – beide der allerletzte Schrei –, und ein selbst genähtes Kleid von meiner Patentante, die nicht sicher gewesen war, ob wir im Konsum-Kaufhaus etwas Passendes finden würden, und die eines ihrer kostbaren Burda-Schnittmuster aus dem Westen für mich verschwendet hatte. Überhaupt hatte meine Mutter wieder bewiesen, dass sie weder Zeit noch Mühe noch dunkle Kanäle scheute, um ihre Tochter auszustatten. So fand ich unter meinen Geschenken einen der hochbegehrten Nylonmäntel, die es nur im Westen gab, weil die volkseigene Industrie an einer vergleichbaren Produktion scheiterte. Wie meine Mutter das gemacht hatte, habe ich nie erfahren. Fragen wäre zwecklos gewesen, aber es kam mir gar nicht in den Sinn zu fragen, weil mich die Freude über das Geschenk ganz ausfüllte. Ein Geschenk meiner Tante fand ich ganz und gar reaktionär: Was sollte ich mit Handtüchern und Bettwäsche für meine Aussteuer? Dass ein Mädchen früher oder später verheiratet werden musste, spielte für meine Eltern und mich keine Rolle. Wir sprachen nie darüber und ich bekam keine der Fertigkeiten vermittelt, die man im Eheleben braucht. So war ich, als es so weit war, völlig unvorbereitet.

Abgesehen von den Geschenken war die Jugendweihe ein Fest der Erwachsenen, bei dem sich die »Hauptperson« möglichst bald unauffällig verdrückte: So lief ich, während meine Eltern mit Freunden und Verwandten feierten, mit meiner Clique durch die Straßen und hörte Westradio. Das hätte der Festredner vom Vormittag, der uns zu sozialistischen Persönlichkeiten, die sich nun in der Welt der Erwachsenen beim Aufbau des Sozialismus bewähren mussten, ganz sicher missbilligt. Auf dem Jugendweihe-Foto der Klasse, das am nächsten Tag in der Schule gemacht wurde, tragen alle ihre Jugendweihe-Sachen und sind schick frisiert, mit einer Ausnahme: Unser Klassenrüpel, Peter Schönherr, trug Alltagskluft. Er demonstrierte damit seine Unangepasstheit. Das hatte ihn schon den Platz an der Oberschule gekostet und führte zu weiteren Problemen. Es gab das Gerücht, dass er und sein Freund Alex von der Schule verwiesen werden sollten. Angeblich aus Leistungsgründen, aber jeder wusste, dass das nicht stimmte. Ich hatte keine Sympathien für Schönherr, schon weil er mich hasste, denn er hatte in der Grundschule in der zweiten Klasse bei meiner Mutter Mathematik gehabt und seine Abneigung gegen sie auch auf mich übertragen. Trotzdem fand ich ungerecht, dass er aus »Leistungsgründen« von der Schule verwiesen werden sollte, denn Peter Naumann, dessen Vater damals Mitglied der Bezirksparteileitung und später Kandidat des Politbüros war, hatte mit Abstand die schlechtesten Noten in der Klasse, war jedoch nicht versetzungsgefährdet. Ich schrieb damals in mein Tagebuch, dass es nicht sein könne, dass jemand bevorzugt würde, nur weil sein Vater ein hohes Tier in der Partei sei. Heute bin ich sehr erleichtert über den Beweis, dass ich schon gegen Privilegien für Parteibonzen war, als es mir noch ganz fern lag, das System infrage zu stellen. Es hat dann auch entsprechenden Unmut in der Klasse gegeben und schließlich war die Relegierung für Schönherr vom Tisch.

So blieb die Klasse in den letzten Monaten ihres Bestehens geschlossen zusammen. Ab September gingen wir an verschiedene Schulen. Ich kam in die Zweite Erweiterte Oberschule in Berlin-Mitte. Früher hatte sie Gymnasium zum Grauen Kloster geheißen, bis der Abiturjahrgang, zu dem u.a. der spätere RAF-Terrorist Jan Carl Raspe und der Sohn des berühmten DDR-Wissenschaftlers Jürgen Kuczynski, Thomas, gehörten, durch ständige Proteste in der Schulpause und danach durchsetzten, dass die Schule ihren »reaktionären« Namen ablegte. Das eigentliche Schulgebäude neben der Klosterkirche war in einer Bombennacht im Winter 1944/45 zerstört worden, sodass die Schule ins Gebäude der ehemaligen »Hausvogtei« verlegt wurde, einst ein Gefängnis, in dem laut Schullegende Bismarck kurzzeitig gesessen haben sollte. Auf diese Weise lernte ich die alte Gefängnisarchitektur kennen und fühlte mich Jahre später, als ich in den alten Knast auf dem Stasihauptgelände in der Magdalenenstraße gebracht worden war, an meine Schule erinnert.

Einige wenige alte Gymnasiallehrer waren noch da und sorgten dafür, dass Teile der klassischen humanistischen Bildung überlebten. Unser Musiklehrer Herr Plüschke verlangte kategorisch, dass jeder zumindest Flöte spielen lernte. Er warb auch immer wieder dafür, dass wir Latein lernen sollten, wozu die meisten von uns wenig Neigung verspürten. Unser Englisch- und Französischlehrer Herr Dr. Busse hatte beide Sprachen in ihren Ursprungsländern gelernt. Er erzählte uns viel über London und Paris und seine Reisen durch Westeuropa. Als ich dort ankam, bemühte sich die

Schule gerade wieder um einen Namen. Sie wollte »Herder-Schule« heißen. Aber da sie nicht begehrte, den Namen eines Antifaschisten zu tragen, wurde das Gesuch nach jahrelangem Gezerre abgelehnt. Aber immerhin hieß der schuleigene Klub am Hackeschen Markt »Herderklub«.

In unserer Klasse waren überwiegend Töchter der staatstragenden Schicht der DDR. Einige Klassenkameradinnen waren mit ihren Eltern ein paar Jahre im Ausland gewesen, wie Doris, die Tochter von Gerhard Leo, dem bekannten Korrespondenten des Zentralorgans der SED »Neues Deutschland«, die uns immer wieder mit ihren Erlebnissen in der Schweiz nervte. Das Klima war aber auch aus einem anderen Grund ganz anders als in meiner früheren Schule in Berlin-Karlshorst. Die Gegend dort war von den vielen sowjetischen Offizieren und ihren Familien geprägt. Auf der Straße traf man die Schülerinnen der Sowjetischen Schule in ihren schwarzen Schulkleidern mit weißen Rüschenschürzen und riesigen Schleifen in den Zopffrisuren. Im Kaufhaus gab es viele russische Produkte, etwa die exotische lila Tinte, mit der alle sowjetischen Schüler und unsere Russischlehrerin schrieben.

In Berlin-Mitte war man an der Grenze. Im Jahre 1966 war das Gebiet der Leipziger Straße noch ein Wildacker, auf dem Hasen hoppelten. Vom Schulhof und von den oberen Fenstern der Westseite unseres Schulgebäudes konnte man bis zur Mauer sehen. Auf der anderen Seite stand das Springer-Hochhaus, damals als einsamer Fels in der Brandung. Auf dem Dach war eine Riesenkamera montiert, die permanent das Geschehen in Ostberlin zu filmen schien. Im Herbst, wenn es früher dunkel wurde, konnte ich die Leuchtschrift verfolgen, mit der die täglichen Nachrichten in den Osten gesandt wurden.

Im Herbst 1969 sollte das Springer-Hochhaus eine überragende Rolle spielen. Wie das Gerücht aufkam, die Rolling Stones würden am 20. Jahrestag der DDR auf dem Dach des Springer-Hochhauses ein Konzert geben, kann keiner mehr sagen. Ein DDR-Schriftsteller, der Jahre später für ein Buch die Ereignisse recherchierte, um die Quelle zu finden, hatte keinen Erfolg. Das

Gerücht, wohl nicht von RIAS gestreut, war hartnäckig und durchschlagend. Aus allen Teilen der Republik machten sich Jugendliche auf nach Berlin, um dem Ereignis beizuwohnen. Viele wurden schon abgefangen, als sie die Züge besteigen wollten, noch mehr wurden aus dem Zug geholt, aber Hunderte kamen durch und versuchten sich in Berlin irgendwie nach Mitte durchzuschlagen. Wer so naiv gewesen war, die U- oder S-Bahnen zu besteigen, wurde von der Transportpolizei, die aus der ganzen DDR nach Berlin geholt worden war, mitgenommen. Ein Teil der aufgegriffenen Jugendlichen kam in die Ruine der Klosterkirche, wo sie tage- und nächtelang ohne Dach über dem Kopf und ohne sanitäre Einrichtungen verharren mussten. Wer es irgendwie bis zur Leipziger Straße geschafft hatte, wurde dort abgefangen und in die Baugruben getrieben, die bereits für die zukünftigen Hochhäuser der Leipziger Straße ausgehoben worden waren. Auch dort mussten die Festgenommenen tagelang warten, bis man sie schließlich laufen ließ. Studenten oder Oberschüler wurden in der Regel relegiert. Angeblich sollen auch die Söhne eines hohen Parteifunktionärs unter denjenigen gewesen sein, die in den Baugruben festgehalten wurden. Der Funktionär war über das Schicksal seiner Söhne genauso im Ungewissen wie alle anderen Eltern. Er hatte nicht gewusst, dass sie zu dem Konzert wollten, konnte also nichts verhindern. Für die Mitschüler der Jungen hatte das den Vorteil, dass an dieser Schule niemand relegiert wurde. Unsere Schule, die gewissermaßen einen Logenplatz für die Ereignisse darstellte, war in den entscheidenden Tagen für uns gesperrt – angeblich zur Einquartierung von FDJlern, die aus Betrieben der ganzen Republik für die Feierlichkeiten des Jahrestages nach Berlin geholt worden waren. Es gelang uns auch nicht, die Zerberusse, die unsere Schultür bewachten, zu überreden, uns mal eben in unsere Klasse zu lassen, von wo wir uns einen guten Überblick über die Sachlage erhofften. Selbst der Sportplatz unserer Schule, der normalerweise von der Straße aus zugänglich war, war durch einen Bauzaun abgesperrt worden. Immerhin konnte man von der Straße aus das Dach des Springer-Hochhauses sehen. Es sah so aus wie immer;

nichts deutete darauf hin, dass dort Vorbereitungen für ein Konzert getroffen wurden.

Natürlich kamen die Rolling Stones nicht. Alle Mühe und Aufregung waren umsonst gewesen, selten ist so viel für nichts riskiert worden. Jahrzehnte später traf ich im ehemaligen Stasigefängnis Hohenschönhausen Charly Rau, der damals wegen dieses Konzertbesuches erstmals verhaftet wurde und dem diese Verhaftung später als »Rückfalltäter« 17 Jahre DDR-Knast einbrachte. Heute ist er ein Mann Anfang 50 mit ruinierter Gesundheit, der von gelegentlichen ABM-Maßnahmen lebt, ehrenamtlich Gruppen durch das Gefängnis führt und miterleben muss, wie seinen Peinigern per Verfassungsgerichtsbeschluss die Renten nachgezahlt werden. Damit wurde der Versuch des Einigungsvertrages, dafür zu sorgen, dass die ehemaligen Verfolger wenigstens in der Rente nicht besser gestellt sein sollten als diejenigen, die sie verfolgt haben, konterkariert. Menschen wie Charly Rau sind die einzigen wirklichen Verlierer der deutschen Einheit. Wenn ein Gerücht eine solch magische Kraft entfalten konnte – was bedeutete das für die Stabilität des Systems? Eine Frage ist damals meines Wissens nicht gestellt worden. Die »Mauer-muss-weg!«-Rufe, die 20 Jahre später bei den legendären Konzerten am Brandenburger Tor zu hören waren, gab es damals noch nicht, trotz des eben in der ČSSR gescheiterten Versuchs, einen Sozialismus mit menschlichem Antlitz zu errichten. Meine Frage damals und heute ist, ob die Rolling Stones jemals von dem Aufruhr erfahren haben, den sie damals in Ostberlin verursachten und der die ganze DDR erschütterte.

Die Jahrestagsfeiern 1969 wurden in der DDR mit besonderem Nachdruck zelebriert. Nicht nur, weil die Republik 20 Jahre alt wurde, sondern weil sie zu zeigen hatte, dass die Turbulenzen des Prager Frühlings und der gewaltsamen Niederschlagung des tschechischen Experiments überwunden waren. Die »Freie Deutsche Jugend« hatte rund um die Uhr Einsatz: zum Jubeln, Demonstrieren und öffentlichen Amüsieren. Es sollte der Eindruck erweckt werden, das Volk feiere seinen Staat. Im April 1969 hatte es eine Volksabstimmung über die Verfassung gegeben, in der das

Recht auf Ausreise, das vorher wenigstens noch verfassungstheoretisch existiert hatte, gestrichen worden war. Bürgerliche Rechte und Freiheiten sollten in der entwickelten sozialistischen Gesellschaft keinen Platz mehr haben. Erstmals mussten die DDR-Bürger nicht einfach nur den Wahlzettel falten und in die Urne werfen. Sie mussten Ja oder Nein ankreuzen. Der Ablauf vom Empfang des Zettels bis zur Stimmabgabe war so organisiert, dass man an einem von Wahlhelfern besetzten Tisch vorbeigehen musste. Wer die entfernt in einer Ecke stehende Wahlkabine besuchen wollte, konnte das nur, indem er sichtbar aus der Reihe ausscherte. Trotzdem mussten mehr Nein-Stimmen zugegeben werden, als bei Wahlen allgemein üblich waren.

So waren die Feiern zum 20. Jahrestag auch als Bekräftigung der neuen Verfassung gedacht. Dass diese Verfassung auf so viel Widerstand stieß, wunderte mich damals. Wir waren wochenlang im Einsatz gewesen, um die Verfassungskampagne zu unterstützen, zuletzt am Tag der Abstimmung. Wir hatten in der Schule viel über die »Weiterentwicklungen« des neuen Grundrechts diskutiert, die Ausreiseproblematik allerdings nicht berührt. Ich glaubte ernsthaft, dass mit dem Volk der DDR wirklich diskutiert worden sei und dass Änderungsvorschläge angenommen worden seien. Das jedoch passte nicht zu der hohen Zahl der Ablehnungen. Aber viele Gedanken machte ich mir nicht darum, denn am Tag der Abstimmung war mir der abendliche Kinobesuch wichtiger als das politische Großereignis. Als ich dann ein halbes Jahr später mit meinen Freundinnen den 20. Jahrestag absichern half, war ich längst nicht mehr so blauäugig. Vor einem Jahr hatten wir den Prager Frühling erlebt und in seiner ganzen Tragweite zwar nicht begriffen, aber gespürt, dass sich etwas ereignet hatte, das die Grundfesten des Systems erschütterte. Wieso waren Verbesserungen nötig, wenn sich der Sozialismus sowieso zur besten aller wirklichen Welten entwickelte? Dass sich ganze Familien, ja Dörfer im August 1968 den sowjetischen Panzern mit bloßen Leibern entgegengeworfen hatten, war auch uns nicht verborgen geblieben. Die DDR-Medien versuchten, das Phänomen mit fanatischer

Aufhetzung zu erklären. Die Sowjetunion hätte handeln müssen, denn die westlichen Truppen wären kurz davor gewesen, die ČSSR »aufzurollen«. Die Intellektuellen glaubten das noch eher als die Vertreter der angeblich herrschenden Arbeiterklasse. Die Lehrlinge und jungen Arbeiter, mit denen sie heftig diskutierten, fanden den Einmarsch der Sowjets infam und die Erklärungen eine bloße Propaganda.

An unserer Schule gab es mehrere Schüler, die nicht bereit waren, die offizielle Lesart so ohne weiteres zu akzeptieren. Es gab erhebliche Diskussionen um die Verhaftung und bevorstehende Verurteilung unserer Mitschülerinnen Erika Berthold und Rosita Huntzinger, die den Mut gehabt hatten, öffentlich zu protestieren. Erika war Tochter eines Parteifunktionärs. Ich kannte sie näher, obwohl sie eine Klasse höher war, weil wir in den Herbstferien 1967 gemeinsam einen Ernteeinsatz absolviert hatten. Von Rosita wusste jeder, wer sie war. In einer Zeit, als noch diskutiert wurde, ob ein Minirock auf der Hälfte des Knies, kurz oberhalb des Knies oder gar eine Handbreit darüber enden durfte, trug sie ihre Röcke knapp Po-bedeckend, ein an sich schon sensationeller Anblick, der noch dadurch gesteigert wurde, dass die Spitzen ihres langen, blonden Haares den Saum ihres Rockes berührten. Dass diese Exotin nun im Gefängnis saß, konnte man sich schwer vorstellen. In der Klasse der beiden Mädchen wurde tatsächlich ihre Freilassung gefordert und verlangt, dass sie an die Schule zurückkehren durften. Man wolle sich auch intensiv um sie kümmern und vor zukünftigen Abwegen bewahren. Ob die Direktorin, wie versprochen, das Gesuch tatsächlich weiterleitete, ist ungewiss. Klar wurde dagegen bald, dass eine Art Schauprozess gegen die Jugendlichen vorbereitet wurde, der sich vor allem auch gegen Robert Havemann richten sollte. Er wäre der geistige Anstifter seiner Söhne und ihrer Freunde gewesen, ihn träfe die Schuld an diesen »Verbrechen«. Es wurde tatsächlich als Verbrechen betrachtet, Flugblätter verfasst und verbreitet zu haben. Paragraf 27 der neuen Verfassung, der zusicherte, dass jeder Bürger der Deutschen Demokratischen Republik das Recht habe, seine Meinung frei und öffentlich zu äußern, wurde so schon im Jahr seines In-Kraft-Tretens ad absurdum geführt. Daran hatte sich auch 20 Jahre später nichts geändert, als ich vom Recht auf freie Meinungsäußerung öffentlich Gebrauch machen wollte. Die DDR-Machthaber dachten gar nicht daran, sich an ihre eigenen Gesetze zu halten.

Dass bloße Willkür das herrschende Prinzip im realen Sozialismus war, wird von vielen bis heute nicht begriffen. Im Herbst 1969 war ich noch lange nicht so weit, das alles zu durchschauen, es hatten sich aber erhebliche Zweifel in meinem intakten Weltbild eingeschlichen, die sich fortan immer mehr verstärkten. Je mehr sich mein Aktionskreis erweiterte, desto stärker wurde ich damit konfrontiert, dass die sozialistische Wirklichkeit, an die ich glaubte, nicht mit der Realität übereinstimmte. In Lichtenberg und Karlshorst hatte ich mich in einem homogenen Umfeld bewegt. Die Eltern meiner Freunde und Klassenkameraden wohnten in Wohnungen mit ähnlichen Standards und verfügten über den gleichen bescheidenen Luxus. Nun lernte ich ganz andere Teile der Stadt kennen. In Prenzlauer Berg sah ich die verkommenen Hinterhäuser mit Toiletten auf der halben Treppe und einem Waschbecken in der Küche. Ich traf Jugendliche, die weniger behütet aufgewachsen waren als ich und Erfahrungen mit Polizei und Jugendwerkhöfen hatten. Eine eigene Welt lernte ich in meiner Lehre kennen. Mein Jahrgang war der letzte, der neben dem Abitur noch eine Berufsausbildung machen musste. Das war in der DDR nach sowjetischem Vorbild eingeführt worden, um die Intellektuellen von vornherein mit der Praxis bekannt zu machen. Wir gingen von Montag bis Donnerstag, später von Montag bis Freitag in die Schule und am Freitag und Sonnabend in die Berufsschule oder in den Betrieb. Ich hatte mich für den Beruf der Köchin entschieden, weil außer einer Ausbildung zum Gasmonteur, wozu ich keinerlei Neigung verspürte, nichts anderes zur Verfügung stand.

So bekam ich einerseits eine klassische Kochausbildung, was die Grundtechniken dieses Berufes betrifft. Ich lernte, alles ohne hinzusehen in jede Form zu schneiden, Geflügel und Fisch fachgerecht auszunehmen und zu dressieren, bekam Küchenfranzösisch beigebracht und lernte in der Theorie die Herstellung der großen klassischen Gerichte Europas kennen. In der Praxis mussten uns unsere Lehrausbilder beibringen, wie die DDR-Variante dieser oder jener Gerichte aussah oder warum es nahezu unmöglich war, eine Speise hier herzustellen, weil entscheidende Zutaten fehlten. Gewürze waren Mangelware. Als ein Koch sich einmal ein Säckchen weißen Pfeffer aus dem Westen kommen ließ, war das ein Grund für neidvolle Gespräche unter den Kollegen und die Ehrgeizigeren schickten uns Lehrlinge los, um dem Glücklichen ein bisschen von seinem Schatz abzuschwatzen. Es gab damals nicht viele gute Restaurants in Ostberlin. Ich lernte sie fast alle kennen. Am bemerkenswertesten war das Hotel Adlon, das sich in den Überresten des ehemaligen weltberühmten Hotels in der Nähe des Brandenburger Tores befand. Der Wirtschaftshof grenzte direkt an die Mauer. Wenn das Wetter schön war, setzten wir uns zum Gemüseputzen nach draußen und bewarfen die Grenzer auf beiden Seiten mit Kartoffelschalen. Wenige Jahre später wurde das Adlon geschlossen, weil eine zweite Mauer gebaut wurde, um das Grenzgebiet tiefer zu staffeln. Hinter der zweiten Mauer verschwanden auch die Reste des Führerbunkers, die sonst jedem ins Auge gefallen waren, der den U-Bahnhof Thälmannplatz durch den Westausgang verließ. Wenn der junge Küchenchef im Adlon zufrieden mit uns war, überließ er uns den Schlüssel zum Gemüsekeller; von dort kamen wir in die unterirdischen Säle und Gänge, die das Adlon mit den umliegenden Gebäuden verbunden hatte. Es wurde gemunkelt, dass es auch einen Gang nach Westberlin gab, den das Personal des Adlon benutzte. Einmal kamen wir an eine Tür, die verhältnismäßig neu aussah. Wir wähnten uns schon in Westberlin und drehten lieber um.

Später bin ich dem Westen noch ein zweites Mal unterirdisch nahe gekommen. Wenn wir aus der Schule kamen und die U-Bahn Richtung Alexanderplatz gerade abgefahren war, fuhren wir aus Langeweile mit dem Gegenzug bis zum Thälmannplatz, von wo er dann in der Regel nach kurzem Aufenthalt zurückfuhr. Einmal fuhr der Zug aber weiter in Richtung Westen und hielt am Potsdamer Platz. Der Bahnsteig wies alle Anzeichen von Verlassenheit und Verwahrlosung auf. Es gab nur eine Art Notbeleuchtung, die uns die Umgebung mühsam erkennen ließ. Das Zugpersonal war nirgends zu sehen. Wir liefen zum nächstgelegenen Ausgang, der aber mit einem Gitter geschlossen war. Wir gerieten in Panik: Wenn nun Grenzer auftauchten und uns wegen versuchter Republikflucht erschossen? Der U-Bahnhof war eindeutig in Westberlin. Aber gehörte die U-Bahn wie die S-Bahn dem Osten? Ich glaube, wir liefen dann den Weg auf den Schienen zurück und gelangten am Thälmannplatz wieder in die U-Bahn.

Meine nächste klare Erinnerung ist, wie meine Freundin und ich zitternd in der U-Bahn saßen und nicht fassen konnten, was mit uns geschehen war. Die Mauer rückte immer mehr in den Mittelpunkt meiner Betrachtungen. Jahrelang hatte ich sie kaum zur Kenntnis genommen. Als sie errichtet wurde, war ich neun Jahre alt und in den Ferien bei meinen Großeltern. An der Nachricht interessierte mich vor allem, was sie für meinen Vater bedeutete. Da er nie über seine Arbeit sprach, hatte ich auch die Urlaubssperre nicht mitbekommen, die seit Wochen über ihn verhängt war. Als ich Anfang September nach Berlin zurückkam, hatte sich alles normalisiert. Unsere Familie hatte Westberlin nie betreten, mit einer Ausnahme, von der meine Mutter erst in späteren Jahren erzählte. Als meine kleine Schwester krank war und im Klinikum Berlin-Buch lag, was eine stundenlange Fahrt um Westberlin herum bedeutete, fuhr sie mit mir einmal, als die Zeit knapp war, über Gesundbrunnen, wo man in den Zug direkt nach Buch steigen konnte. Ich entdeckte eine Eisbude auf dem Bahnsteig und wollte unbedingt ein Eis, was meine Mutter mir verwehrte, ohne mir den wahren Grund – fehlendes Westgeld – sagen zu können. Ich quengelte, sie hatte noch wochenlang Angst, ich könnte irgendeinem Nachbar etwas über die Fahrt erzählen, was meine Eltern in Schwierigkeiten gebracht hätte, denn sie hatten unterschreiben müssen, unter keinen Umständen das Territorium des Klassenfeindes zu betreten.

Von Westberlin hatte ich keine Vorstellung, lange Zeit war mir nicht richtig klar, dass ich in einer Halbstadt lebte. Als ich im Sommer 1969 beim Fernsehfunk in Adlershof arbeitete, mit der Tochter eines bekannten Sportreporters, zeigte die mir beim Nachhausefahren die Silhouette von Gropiusstadt und sagte, dass sie davon träumte, dort zu wohnen. Dass die Stadt ihrer Träume von einem renommierten Architekten entworfen und dennoch eher ein Slum war, konnte sie nicht ahnen. Mich überraschten solche Sehnsüchte, aber ich fand sie faszinierend und fuhr seitdem diese Strecke nie ohne Richtung Westen auf die ferne Skyline zu starren. Trotzdem spielte Westberlin oder der Westen Deutschlands für mich keine Rolle. Die Rede von den Brüdern und Schwestern fand ich albern, mir fehlten die entsprechenden Gefühle vollkommen. Wenn ich über unser Eingesperrtsein nachdachte, das ich langsam als Problem empfand, dann schmerzte es mich, Paris, London, Wien und Rom nicht sehen zu dürfen. München oder Köln standen nicht auf meiner Wunschliste.

Meine erste große Reise machte ich mit 15 Jahren nach Budapest und an den Plattensee. Heute staune ich, mit welcher Selbstverständlichkeit mich meine Eltern damals einfach losfahren ließen. Als meine eigenen Kinder in dem Alter waren, hatten sie glücklicherweise nicht den Wunsch, allein ins Ausland zu fahren, was mir den Konflikt ersparte, es ihnen verbieten zu müssen. Im Jahre 1967 waren Privatreisen ins Ausland für DDR-Bürger noch ganz unüblich. Man fuhr im Allgemeinen mit dem Staatlichen Reisebüro. Dazu musste man 18 sein, und auch mit Jugendtourist war ein Mindestalter von 16 verlangt. Über meine vielen Brieffreundschaften, die ich in alle Himmelsrichtungen pflegte, war es mir gelungen, eine Einladung an den Balaton zu erhalten. Auch in Budapest hatten meine Freundin Sigrid und ich eine Adresse, die wir ansteuern konnten. Die nötigsten Papiere für die Reise zusammenzubekommen, dauerte mehr als ein Vierteljahr. Wir brauchten nicht nur ein Visum für Ungarn, sondern auch ein Transitvisum für die ČSSR. Erst dann konnten wir die Fahrkarten kaufen.

In Ungarn beeindruckte mich die relative Freiheit, die die Jugend dort genoss. Während wir heimlich Westradio hören mussten, um uns über die neusten Hits auf dem Laufenden zu halten, war in Budapest im Park der Jugend am Gellertberg eine große Tafel aufgestellt mit der aktuellen Reihenfolge der Tophits. Schallplatten mit den neuesten Titeln waren frei zu kaufen. Allerdings hatten wir von der Volkspolizei einen Merkzettel mitbekommen, dass die Einfuhr ausländischer Tanzmusik in die DDR verboten sei. Wir verzichteten also schweren Herzens darauf, uns mit den begehrten Scheiben einzudecken. Es gab zahlreiche Jugendklubs und sogar in unserem Dorf am Balaton spielte jeden Abend eine Beatband, passend zu ihrem Äußeren »The woodmen« genannt. Mit langen Haaren schienen die Jungs keine Probleme zu haben, sie orientierten sich an der neuesten Mode statt an polizeilichen Vorgaben. In zahlreichen Privatgeschäften gab es schicke Kleidung, tolle Taschen, jede Menge Accessoires. In den Lebensmittelläden sahen wir den ersten Kaviar unseres Lebens und in der Markthalle von Budapest den ersten Hummer. Nach den drei Wochen fiel es mir schwer, in den heimatlichen Mief zurückzukehren. Ungarn wurde das Land meiner Träume. Ich begann, Ungarisch zu lernen, und konzentrierte meine ganze Kraft darauf, wieder hinfahren zu dürfen. Leider sollte das drei Jahre dauern.

Reise in die Sowjetunion

Erst einmal musste ich auf Wunsch meiner Eltern die Sowjetunion kennen lernen. In den Februarferien 1969 fuhr unsere ganze Familie nach Moskau und Leningrad. Ich wäre lieber in Berlin geblieben, aber meine Eltern waren unerbittlich. Wir fuhren mit dem Zug von Berlin nach Moskau. Obwohl wir aus dem befreundeten sozialistischen Ausland kamen, wurden alle Passagiere an der sowjetischen Grenze aus dem Zug geholt und alle Abteile gefilzt. Vorher hatten wir auf die strenge Frage der Gesundheitsoffizierin verneint, dass wir Obst oder Gemüse mitführten. Jetzt wurde alles entdeckt, was nicht abgeliefert worden war, und konfisziert. Soldaten mit Hunden suchten unter dem Zug nach verborgenen Waffen. Kurz zuvor hatte ein Attentat in Moskau stattgefunden, dessen nähere Umstände nicht bekannt waren, nur, dass es ein Geistesgestörter verübt haben sollte. Ich fragte mich, ob die Kontrollen immer so streng waren oder ob die Schärfe etwas mit dem Attentat zu tun hatte.

In Brest hatten wir drei Stunden Aufenthalt, die ich nutzte, um mich umzuschauen. Mein erster Eindruck von der Sowjetunion schockierte mich. Das Bahnhofsgebäude war im berühmten Zuckerbäckerstil gebaut und voller Menschen, die in den schmuddeligen Warteräumen und den beiden Restaurants standen, saßen und lagen. Die Männer trugen dicke Jacken, Tschapkas und Schaftstiefel – so wie unsere Bauern im Winter auf dem Feld. Die Frauen waren fast alle in Pelzmäntel gekleidet, die sie mit dicken, blumengemusterten Strickstrümpfen und Stiefeletten kombinierten. Die etwas Eleganteren trugen Dederon-Strümpfe mit blumengemusterten Wollkniestrümpfen darüber. Nur die Kinder fand ich niedlich: Sie waren so dick angezogen, dass sie wie Kügelchen aussahen. Um den Bahnhof herum standen unzählige

Bretterbuden, in denen teure und schlechte Waren abgeboten wurden. Mit einer Ausnahme: Die in jeder dritten Bude angebotenen Bücher waren sehr billig. In den Bahnhofsvorplatz mündeten ein paar schlecht gepflasterte Straßen. Die Häuser der Umgebung waren alle unverputzt. Unter dem grauen Einerlei fiel mir ein altes, etwas baufällig wirkendes Holzhaus auf, das die 4. Apotheke der Stadt beherbergte. In traditioneller Holzarchitektur gebaut, war es einmal schön gewesen. Nun sah es genauso trostlos aus wie seine Umgebung. In der Ferne machte ich eine graue Gruppe von Zwiebeltürmen aus, die wie eine triste Karikatur der Basilius-Kathedrale in Moskau wirkten.

Ich hatte mir fest vorgenommen, nach dem Motto zu handeln, das ich meinem Reisetagebuch für meine Freundin vorangestellt hatte: I'll take it easy. Beim Anblick von Brest ahnte ich, dass mir das nicht leicht fallen würde. Moskau empfing mich mit 20 Grad Kälte und vermittelte den gleichen Grundeindruck wie Brest: Der gleiche Grauschleier über allem, die gleichen Bretterbuden, die Unmengen von Menschen, die alle irgendwie gleich gekleidet waren. Nur selten sah man modern gekleidete Jungen und Mädchen. Dafür stanken alle förmlich nach Parfüm. Die Stadt machte trotz ihrer gigantischen Ausmaße den Eindruck einer kleinen Provinzstadt. Außerhalb der Stalinschen Prachtstraßen herrschten niedrige Steinhäuser und enge Straßen vor. Die Geschäfte waren eng, meist ohne Schaufenster, und wenn sie eines hatten, war es wie in den Fünfzigerjahren dekoriert. Das Angebot war ausgesprochen schlecht, Kleidung und Schuhe von einer Hässlichkeit, die ich nicht für möglich gehalten hätte. Dafür traf man auf Schritt und Tritt auf Losungen wie »Ruhm unserer sowjetischen Heimat«, »Ruhm der Partei«, »Es lebe die Sowjetrepublik«, als selbst gemaltes Plakat oder Transparent, als Poster, sogar als Leuchtreklame auf den hohen Häusern oder über den Toren. Restaurants, Kneipen, Cafés schienen unbekannt zu sein. Später erfuhren wir, dass es doch welche gab, das Café Prag, in dem sich die Dissidenten trafen, und ein Jugendcafé für 100 Personen – in einer Stadt von sechs Millionen Einwohnern! Wo hielten sich die

Moskauer auf? Anscheinend im Freien, und zwar bei jeder Temperatur.

Die Wohnungsmiete betrug vier bis 13 Kopeken pro Quadratmeter, Flur, Bad und Küche waren mietfrei. Allerdings handelte es sich überwiegend um so genannte Gemeinschaftswohnungen, in denen eine Familie ein Zimmer bewohnte und sich Bad, Flur und Küche mit den anderen Familien teilte. Wohngemeinschaften, wie sie im Westen gerade entdeckt wurden, waren in Moskau gang und gäbe. In Moskau hätten die Kommunen ihre Toilettentür nicht auszuhängen brauchen: Sie wäre sowieso nicht verschließbar gewesen. Der Kontrast zwischen dem kommunistischen Protz auf der einen Seite und dem Alltagsleben auf der anderen konnte nicht größer sein. Dieser Unterschied wurde nur relativiert, wenn man auf die Reste des alten Russland stieß, die immer Schönheit und Reichtum ausstrahlten.

Allerdings war das Warenangebot im Moskau von 1969 noch vergleichsweise gut. Ich besuchte im Abstand von zehn Jahren das Land noch zwei Mal und musste einen unglaublichen Niedergang selbst dieses ärmlichen Niveaus feststellen. Dabei war ich schon 1969 entsetzt gewesen. Mit meiner Nylonkutte, den Silastik-Hosen und dem Silastik-Pulli war ich auf den Straßen Moskaus eine exotische Erscheinung. Ich wurde ununterbrochen angesprochen: Meist ging es um Kaugummi, bei den Kindern sowieso, aber auch bei den Erwachsenen. Im GUM, dem berühmten Kaufhaus Moskaus, wurde ich regelrecht bedrängt, ich solle Kutte, Hose, Pullover und Stiefel verkaufen. Man bot mir Schaffellmantel, Kognak und immer wieder Gold, das so etwas wie ein zweites Zahlungsmittel zu sein schien. Ich ging einmal scheinbar auf das Angebot ein und wurde in die Kellerräume gebeten, weil man Angst vor den Kaufhausdetektiven hatte, die solche Geschäfte unterbinden sollten. So sah ich, was den Touristen verborgen blieb. In den drei Kellergeschossen gab es eine Art Aufenthaltsraum, wo ganze Familien aus der Provinz lagerten, die zum Einkauf nach Moskau gekommen waren. Manche hatten sich Lager auf dem Boden eingerichtet, wo sie tagelang kampierten. Gekocht wurde auf einer

Art Spirituskocher. Es stank entsetzlich nach Schweiß, Parfüm, Alkohol und Urin. Mein Fluchtreflex war schier unbezwinglich.

Am Abend, als ich im Hotel Tagebuch schrieb, fragte ich mich, warum ein Land mit so reichen Vorkommen an Bodenschätzen aller Art, einer guten Industrie und einer ausgezeichneten Landwirtschaft (das dachte ich damals noch) nicht in der Lage war, seine Bevölkerung ordentlich zu versorgen. Warum musste die Sowjetunion Millionen (das war damals für mich das Höchste) für Rüstung, Wirtschaftshilfen und Raumfahrtprogramm ausgeben und ihre eigenen Menschen so verkommen lassen? Ich fand, dass es egal war, ob die SU ihren Wimpel 1968 oder 1998 auf der Venus abwerfen würde, aber dass es nicht egal war, wie die Menschen jetzt leben mussten. Sie hatten ein Recht darauf, ihr Leben zu genießen. Von Genuss konnte unter diesen Umständen keine Rede sein, nicht bei den hohen Preisen für Lebensmittel und dem jämmerlichen Angebot. Ich verabschiedete mich von den kosmischen Heldenträumen meiner Kindheit, denn Helden kann man nicht anziehen und in Raumschiffen nicht wohnen. Ich fand nun, dass man mit der Eroberung anderer Welten erst beginnen sollte, wenn man in seiner eigenen Welt alle Voraussetzungen für ein glückliches und schönes Leben geschaffen hatte.

Ich konnte zu der Zeit fließend Russisch sprechen und ging oft ohne die Reisegruppe durch die Stadt. Einmal besichtigte ich die Leninbibliothek. Eine junge Frau gab mir eine Privatführung durch das ganze Haus; ich durfte viele bibliophile Kostbarkeiten bewundern. Unser Gespräch wurde allmählich persönlicher. Ich erzählte von meinen Erlebnissen im GUM und fragte, wie denn die vielen Losungen auf Menschen wirken würden, deren Realität so trostlos aussah. Sie sagte, dass besonders den jungen Menschen die Losungen auf die Nerven gingen. Auf meine naive Frage, wieso sie denn dann überall hingen, schaute sie mich erst überrascht an, merkte aber dann doch, dass sie es mit einer Unwissenden zu tun hatte. Diese junge Frau war die Erste, die mit mir über Verbrechen der Kommunisten sprach. Sie sagte mir, dass es unter Stalin mindestens 17 Millionen Todesopfer gegeben hätte. Eine Zahl, die mich ins Mark traf, denn sie entsprach in etwa der damaligen Einwohnerzahl der DDR. Ich stellte mir vor, alle die ich kannte, alle die ich je bei uns gesehen hatte, wären tot. Ich konnte das nicht fassen. Dem Tagebuch für meine Freundin wagte ich die Zahl nicht anzuvertrauen, ich schrieb nur allgemein, dass hier schreckliche Dinge geschehen seien, von denen wir keine Ahnung gehabt hätten.

Meinen Eltern erzählte ich von dem Gespräch und stellte ihnen die Frage, ob sie das gewusst hätten. Beide reagierten betreten, ja verlegen. Es hätte da allerlei gegeben, murmelte meine Mutter. Nicht umsonst wäre man ja von Stalin abgerückt. Mit Kommunismus hätte das alles nichts zu tun gehabt und es würde nie wieder vorkommen. Die Sowjetunion hätte es schwer und wir sollten froh sein, dass wir diese Last nicht zu tragen hätten. Ob es bei uns so etwas nicht gegeben hätte? Nicht direkt. Nicht so. Aber es wären schon auch Menschen bei uns verschwunden, damals in den Fünfzigerjahren, zum Beispiel der Mann ihrer Sekretärin. Er wurde von den »Freunden«, wie die Sowjets von den Genossen vorzugsweise genannt wurden, einfach mitgenommen und kam nie wieder. Sein Sohn, den ich flüchtig kannte und der etwas älter war als ich, war noch nicht geboren worden. Mein Vater, dem sichtlich unbehaglich zumute war, beendete die Diskussion. Ich hätte mich sehr wahrscheinlich verhört oder die Zahlen hätten im Russischen eine andere Bedeutung. Ein paar Tausend ja, vielleicht sogar 17 000, aber Millionen? Kaum. Woher wollte die Frau das wissen? Und dann empfahl er mir, lieber nicht mehr daran zu denken. Diese Zeiten seien vorbei und kämen nicht wieder. Vor allem dürfe man dem Klassenfeind nicht den nackten Arsch zeigen. Ich wusste, dass es keinen Zweck hatte, das Thema noch einmal anzusprechen.

Am Tag darauf kamen wir auf der Rückfahrt von der Ausstellung der Errungenschaften der UdSSR, die seit 1938 in 72 Ausstellungshallen mit wechselnden Exponaten präsentiert wurde, an der Skulptur der Sowjetmacht vorbei: ein Arbeiter und eine Bäuerin, die Hammer und Sichel in der Hand gemeinsam vorausstürmen. Ich kannte sie bereits aus dem Vorspann aller sowjetischen Filme.

Wir erfuhren von unserer Reiseleiterin, dass dieses monumentale Werk 1938 entstanden war und im gleichen Jahr in New York auf einer Ausstellung eine Goldmedaille erhalten hätte. Aber das war doch auf dem Höhepunkt des stalinistischen Terrors? Wusste man in Amerika nichts davon? Ich kannte niemanden, mit dem ich darüber reden konnte. Am letzten Abend unseres Moskau-Aufenthaltes gingen meine Schwester und ich mit zwei Moskauer Studenten aus. Nein, die sowjetische Jugend hatte keine Lust, die Steppe zu bewässern, Industriegiganten zu bauen und Kraftwerke zu errichten. Sie wollte wie wir tanzen, sich vergnügen, ihr Jungsein genießen. Da die offizielle Politik dem nicht Rechnung trug, griffen viele zur Selbsthilfe. Kleine Jugendklubs waren überall in der Stadt meist in Kellerräumen entstanden. Die Haare der Jungen wurden trotz Polizeiaktionen lang und länger. Man bildete sich seine eigene Meinung, die oft von der der Regierung erheblich abwich. Äußerlich war vielleicht wenig zu spüren, denn die Langhaarigen waren noch in der starken Minderheit, was allerdings in den Köpfen vor sich geht, ist weitaus wichtiger. Und so lernte ich in diesem Moskauer Winter, dass die Gedanken überall frei sein können. Die Besichtigung der Schauplätze der Oktoberrevolution in Leningrad und Umgebung absolvierte ich bereits mit großer Distanz. Ich interessierte mich im ehemaligen St. Petersburg mehr für Peter den Großen und Zarin Katharina als für die Führer des größten, revolutionärsten Umsturzes der Weltgeschichte. Dass ich nie Gefahr lief, eine gläubige Marxistin-Leninistin zu werden, verdanke ich meinen Eltern, die mich zu dieser Reise zwangen.

Erste Zweifel am System

Ich kehrte nur äußerlich in mein altes Leben zurück. Tatsächlich erlebte ich zum ersten Mal, dass man lauter vorher verborgene Dinge sieht, sobald man sich für ein Problem oder eine Frage geöffnet hat. Meine Eltern hatten mir die gute Überzeugung vermittelt, dass es Korruption, Machtmissbrauch und Privilegien bei uns nicht gäbe. Jedenfalls nicht bei den Verantwortlichen in unserem Staat, allenfalls bei den politischen Gegnern. Von denen es bedauerlicherweise auch einige im eigenen Lande gab. Durch eine Klassenkameradin lernte ich den Machtmissbrauch unserer kommunistischen Elite kennen. Dieses Mädchen war die Tochter des stellvertretenden Stadtkommandanten von Berlin. Als Sohn eines bei den Nazis inhaftierten Widerstandskämpfers war ihr Vater, nachdem er als Parteisekretär eines großen Magdeburger Betriebes untragbar geworden war, weil er zu innige Diskussionen mit der Gewerkschaftschefin auf seinem Schreibtisch führte, ohne einen Tag Militärdienst absolviert zu haben zum Oberst ernannt und mit dem Stadtkommandantenposten versehen worden. Sein Haus war bis unters Dach mit allen westlichen Gütern gefüllt, die ich nur vom Hörensagen kannte. Doch am meisten beeindruckte mich ein Kühlschrank im Keller, der immer randvoll mit Bananen gefüllt war, die an den Affen des Hauses verfüttert wurden, den der Hausherr in Vietnam geschenkt bekommen hatte. Großzügig, wie sie war, gestattete mir Nadia immer, mich zu bedienen. Sie zeigte mir auch die vielen Geldscheine, Ost- und West-, in der Schublade ihres Vaters und ermunterte mich, mir etwas davon zu nehmen.

Mit dem häuslichen Überfluss mitten in einer Mangelgesellschaft kam Nadia sichtlich nicht zurecht. Sie war die geschickteste Kleptomanin, die mir je begegnet ist. Nicht weit von unserer Schule befand sich ein Kaufhaus für Jugendmode. Manchmal ging sie in der großen Pause hinüber und kam dann mit einem oder mehreren Kleidungsstücken zurück, die sie sofort weiterverschenkte. In Lebensmittelkaufhallen schmuggelte sie nicht einzelne Dinge, sondern ganze gefüllte Körbe an der Kasse vorbei und ließ sich anschließend noch Papier zum Einwickeln geben. Jeder in der Schule, einschließlich der Lehrer, wusste davon. Sie wurde nie erwischt. Weil die Schule sie aber loswerden wollte, wurde ihr einmal, als sie mit einer gefälschten Unterschrift das Lehrlingsgeld für ihre kranke Banknachbarin abholte, um es dem Mädchen nach Hause zu bringen, unterstellt, sie hätte das Geld stehlen wollen, und es wurde ein Verfahren eingeleitet. Ich konnte mit gutem Gewissen bezeugen, dass Nadia nie die Absicht gehabt hatte, sich das Geld anzueignen; es handelte sich um das Mädchen, das sie am häufigsten beschenkte, weil sie die Ärmste in der Klasse war. Aus dem Rausschmiss wurde nichts. Ihr Vater nahm selbstverständlich an, ich hätte gelogen, um seine Tochter zu schützen, und belohnte meinen Vater mit seiner Gunst. Der wusste nicht, wie ihm geschah, als der Genosse Oberst ihn in aller Öffentlichkeit mit sichtbarer Aufmerksamkeit bedachte.

Ein enger Freund des Obersten war der Chef der Sozialistischen Einheitspartei Westberlins, einem Ableger der SED. Abends pflegte der SEW-Chef sich gerne in Ostberlin zu entspannen, wo der Oberst auch Befehlsgewalt über die Volkspolizeieinheiten der Stadt hatte. An solchen Abenden wurden minderjährige Mädchen, die wegen eines Vergehens oder nur des Verdachts, eine Straftat begehen zu wollen, festgenommen worden waren, vor die Wahl gestellt, dem SEW-Chef Liebesdienste zu leisten und dafür belohnt oder aber festgenommen zu werden. Als ich meinem Vater davon erzählte, bekam er es sichtlich mit der Angst zu tun. Er gab zu, dass der Oberst in der Truppe keinen guten Ruf hatte, und irgendwelche Gerüchte über solche Orgien schienen auch schon zu ihm gedrungen zu sein. Vielleicht wusste er auch mehr, als er zuzugeben bereit war. Er beschwor mich, die Sache zu vergessen, nicht mehr zu Nadia nach Hause zu gehen und am besten die Beziehung zu ihr abzubrechen. Es stellte sich heraus, dass es nicht so leicht war, sich von Nadia fern zu halten. Als ich nichts ahnend meine Sommerferien bei meinen Großeltern verbrachte, traf ich sie unverhofft im Schwimmbad: Eine ihrer Großmütter lebte auch in der Stadt. Ob Nadia hier war, weil sie nichts Besseres zu tun hatte oder weil ihre Eltern annahmen, sie könnte in der Thüringer Provinz weniger anstellen, weiß ich nicht. Wenn zweiteres der Fall war, hatten sich ihre Eltern gründlich getäuscht. Wir kamen schon nach den ersten paar Sätzen überein, dass es langweilig war und wir einen Beitrag zum Sondershäuser Jugendleben zu leisten hätten. Eine Fete wollten wir organisieren, aber nicht irgendeine, sondern eine ganz große. Ich machte Nadia erst einmal mit meinen Sondershäuser Freunden bekannt, die sie zum Mitmachen bewegen sollte. Die Jungs waren der Meinung, dass in Sondershausen sowieso nichts möglich sei, sich die Anstrengung also gar nicht lohne. Sie hatten nicht mit unserer Energie gerechnet. Erst einmal mussten wir für die Musik sorgen. Das war das Einfachste. Schon die erste Gruppe, die wir ansprachen, war bereit auf dem Fest zu spielen. Nur war ihnen gerade der Lead-Gitarrist abhanden gekommen. Einen möglichen Ersatzmann hatten sie schon im Auge, der musste aber noch benachrichtigt werden. Das übernahmen wir. Da für Nadia Geld kein Problem war, fuhren wir mit dem Taxi zu dem Werk, in dem der Junge als Elektromonteur arbeitete. Nadia überzeugte den Pförtner, dass sie eine dringende Nachricht für ihren Cousin hätte, die sie ihm sofort mitteilen müsste. Er sagte nur, wo wir langzugehen hätten, und ließ uns durch. Als wir die Werkhalle betraten, war das eine kleine Sensation. Der junge Mann war geschmeichelt, dass der unerwartete Besuch ihm galt, und sagte sofort zu, bei der Band einzuspringen und noch am gleichen Abend zur Probe zu kommen. Nun brauchten wir einen Raum. Wir fuhren zuerst zur FDJ-Kreisleitung der Stadt. Die waren von unserem Ansinnen, die Schirmherrschaft über unsere Fete zu übernehmen und den Raum zur Verfügung zu stellen, so überrascht, dass sie uns nicht rauswarfen, sondern scheinbar ernsthaft die Möglichkeiten erörterten. Einen Raum hätten sie nicht, denn der Jugendklub wäre bereits belegt, aber wir könnten es ja beim Kali-Kombinat versuchen. Die wären Eigentümer des Kali-Klubhauses, das zwar kleiner war als das Jugendkulturhaus, aber doch ausreichend sein dürfte. Im Kali-Klub wäre auch gleich für die Gastronomie gesorgt, und wenn wir die Werkleitung überzeugen könnten, uns das Haus zu überlassen, würde die FDJ die Schirmherrschaft übernehmen. Eine Stunde später saßen wir im Büro des Direktors des Kali-Kombinates. Wir trugen ihm unser Ansinnen ohne Umschweife vor und erwähnten die Bereitschaft der FDJ-Kreisleitung zur Schirmherrschaft. Was ihn überzeugte, ob unser Konzept, die FDJ-Schirmherrschaft oder beides, ist schwer zu sagen. Er sah uns die ganze Zeit leicht amüsiert an und überließ uns dann sein Klubhaus mit der Auflage, anschließend die notwendigen Reinigungsarbeiten zu übernehmen. Wir riefen von seinem Apparat die FDJ-Kreisleitung an und er bestätigte ohne Umstände, dass das Kali-Werk wirklich bereit wäre, die Jugendarbeit der Stadt zu unterstützen. Er würde gern als Ehrengast auf der Fete erscheinen.

Als wir am Abend triumphierend über unsere Erfolge berichteten und ankündigten, dass wir am Sonnabend unsere Fete feiern könnten, war die Überraschung groß, die Skepsis aber noch größer. Sollte wirklich alles so einfach sein? Natürlich war es das nicht. Die FDJ hatte sich außerstande erklärt, noch Einladungen zu verschicken. Bedauerlicherweise sah auch die Lokalredaktion von »Das Volk« keine Möglichkeit, eine Meldung über das bevorstehende Ereignis zu drucken. Trotzdem strömte die Jugend von Sondershausen und Umgebung am Sonnabendnachmittag in der Stadt zusammen. Wir hatten auf die Schnelle eine Ordnungstruppe gebildet, die das Umräumen, die Aufbauten für die Band und andere notwendige Arbeiten übernehmen sollte. Als wir mit ihnen um 15 Uhr vor dem Kali-Klubhaus erschienen, wurden wir von Volkspolizisten in Empfang genommen. Wir wurden darüber belehrt, dass wir vorgehabt hätten, eine illegale Veranstaltung zur Störung der öffentlichen Sicherheit zu organisieren, und dass wir, wenn wir nicht sofort einzeln auseinander gehen würden, festgenommen und »zugeführt« würden. Dem Adlerblick eines Polizisten war nicht entgangen, dass ich hastig etwas in meiner Tasche verstaut hatte, als wir der Polizisten ansichtig wurden. Er nahm mir die »Bravo« ab, die mir ein Junge eben geliehen hatte, und machte mich ernst darauf aufmerksam, dass ich mich des Besitzes verbotener Druckschriften schuldig gemacht hätte, was er ausnahmsweise nicht verfolgen wolle. Uns blieb nichts anderes übrig, als den Rückzug anzutreten. Den ganzen Nachmittag und Abend kreisten Einsatzwagen der VP in der Stadt und trieben alle Jugendlichen auseinander, die mehr als zu zweit waren. Die Polizei kontrollierte auch alle Grundstücke, die dafür bekannt waren, dass dort ab und zu Feten von Jugendlichen stattfanden. Gegen Abend trafen sich etwa 30 verhinderte Fetenbesucher auf einem Heckenweg oberhalb der Stadt. Hier gab es nur ganz vereinzelte Wohnhäuser und keine befestigten Straßen mehr. Die Polizei vermutete uns hier nicht. Wir wollten unbedingt den Abend gemeinsam verbringen. Aber wie? Schließlich klingelten Nadia und ich bei einem einsam hinter hohen Hecken gelegenen Haus mit großem Garten. Die Hausbewohner ließen uns ein. Wir erklärten ihnen unsere Situation und fragten, ob wir uns auf die Wiese in ihrem Garten setzen dürften. Erstaunlicherweise willigten sie ein. Wir durften uns Tische und Bänke aus dem Schuppen holen und bekamen sogar Geschirr. Ein paar Jungen besorgten aus der Stadt noch Getränke, einige hatten wir auch dabei. Dann brachten die Hausbesitzer Wurst vom letzten Schlachtfest, Brot, Schmalz und Eier, sodass wir ein richtiges Fest feiern konnten. Die Jungs von der Band holten ihre Konzertgitarren und wir sangen unter dem schönsten Sternschnuppenhimmel, den ich bis dahin gesehen hatte, leise Scherz- und Spottlieder, während uns die Polizei immer noch suchte, aber erfolglos blieb. Gegen Morgen räumten wir den Garten wieder auf, der, als wir ihn verließen, aussah, als wären wir nie da gewesen. Ich habe die Leute nicht wieder gesehen, nur viele Jahre später, als das Haus längst verwaist war, erfahren, dass sie in die Schweiz ausgewandert sind. Ich finde noch heute ihren Mut und ihre Großzügigkeit bemerkenswert. Wenn die Polizei uns gefunden hätte, wäre es auch für die Hausbesitzer, die uns Zuflucht gewährt hatten, unangenehm geworden.

Nadia wurde wenige Stunden, nachdem sie bei ihrer Großmutter angekommen war, aus dem Bett geholt und mit dem Dienstwagen ihres Vaters nach Berlin gebracht. Nun wurde auch ihr der Umgang mit mir verboten. Mein Vater wurde zum ersten Mal dienstlich verwarnt wegen der bedenklichen Aktivitäten seiner Tochter. Ich konnte meine Eltern schließlich überzeugen, dass alles ganz harmlos gewesen sei, und durfte, da Nadia nicht mehr da war, bis zum Ferienende in Sondershausen bleiben.

Im September konnte ich erleichtert feststellen, dass der Schule von unseren Missetaten nichts berichtet worden war. Es begann die Zeit der Bewerbungen für Studienplätze. Ich hatte mich, nachdem mir meine Mutter rechtzeitig die Idee, Lehrerin werden zu wollen, ausgeredet hatte, für Geschichte entschieden. Es gab außerhalb des Pädagogik-Studiums nur die Fächer Alte Geschichte oder Geschichte in Verbindung mit Geschichte des Marxismus-Leninismus und der Arbeiterbewegung. Ich ließ mich überreden, mich für zweiteres zu bewerben, fühlte mich aber deklassiert. Ich bekam problemlos einen Studienplatz an der Leipziger Karl-Marx-Universität. Das Abitur nahm ich danach nicht mehr so ernst. Mir genügte es, mit Zwei abzuschließen. Das schaffte ich, ohne mich anstrengen zu müssen.

»Informantin Lengsfeld«

Mir blieb viel Zeit für meine Streifzüge durch die Stadt, Besuche in der »Mocca-Milch-Eisbar«, dem legendären Treffpunkt der Ostberliner Jugend in den Siebzigerjahren, und für Fetenbesuche. Einmal wurden meine Freundin Gela und ich auf der Straße angesprochen und zu einer Fete in der Nähe eingeladen. Nach einigem Zögern gingen wir mit. Die Wohnung lag in der Nähe der Schillingstraße in den verkachelten Plattenbauten, die damals überwiegend von Botschaftsmitarbeitern und ihren Familien bewohnt wurden. Wir landeten in der Wohnung von Miguel, einem Südamerikaner, der, wie ich hinterher erfuhr, in der Szene eine gewisse Berühmtheit genoss. Ich hörte dort zum ersten Mal Lieder von Biermann. Wir fühlten uns von Anfang an ziemlich unwohl, waren bald in heftige politische Diskussionen verwickelt, die hauptsächlich ich bestritt, während Gela unbehaglich von einem Fuß auf den anderen trat. Sie war Tochter eines Stasioffiziers, der sie häufig schlug und der genau darauf achtete, wann seine Tochter nach Hause kam. Sie hatte sich für diesen Abend zu einer FDJ-Versammlung abgemeldet und hatte Angst, nun auf dieser dubiosen Veranstaltung erwischt zu werden. Als nach etwa einer halben Stunde Hausherr Miguel aus dem geöffneten Fenster schrie, dass die DDR beschissen sei, wollte Gela nur noch raus. Wir gingen. Auf der Straße begann meine Freundin zu weinen. Ich redete ihr zu, dass niemand erfahren würde, wo wir gewesen seien, dass sie sich keine Sorgen zu machen brauche. Ganz sicher war ich da selbst nicht, deshalb konnte ich sie wohl auch nicht überzeugen. Sie fuhr nach Hause und beichtete alles ihrem Vater. Danach fehlte sie mehrere Tage in der Schule. In der darauf folgenden Woche wurden wir beide zur Direktorin unserer Schule bestellt. In ihrem Zimmer saßen zwei Herren, die sich, wie sie uns sagte, mit uns unterhalten wollten. Dann verließ sie den Raum. In der folgenden Stunde wurden wir mit allen Ereignissen des verhängnisvollen Fetenbesuches konfrontiert.

Gelas Beichte war komplett gewesen, es gab weder die Möglichkeit etwas abzustreiten noch zu ergänzen. Wir wurden belehrt, dass wir einem besonders üblen Feind der DDR in die Fänge geraten wären, und wurden strengstens verwarnt. Wir wollten doch Abitur machen? Dann sollten wir das nicht durch solche Unüberlegtheiten gefährden. Ich sehe einen der Männer, er war ziemlich jung, groß, schlank und gut aussehend, noch genau im Gegenlicht am Fenster stehen. Sein Gesicht war nicht so genau zu erkennen, während er jede meiner Regungen beobachtete. Ich habe dieses Ereignis nie vergessen können, obwohl es ohne weitere Folgen blieb.

Fast 30 Jahre später wurde ich auf merkwürdige Weise daran erinnert. Es begann damit, dass kurz nach der Bundestagswahl 1998 ein Mann in meinem Bonner Büro anrief, der seinen Namen nicht nennen wollte, aber mir schöne Grüße von Miguel ausrichten ließ. Weiter wollte er nichts sagen, aber ich solle ihn sofort anrufen, sonst würde er seinen Anwalt einschalten. Da ich keinen Miguel kannte und der Mann seinen Namen nicht gesagt hatte, rief ich nicht zurück. Ich war gerade dabei den Anruf zu vergessen, als ich in Abständen anonyme Postkarten bekam, die von Miguel grüßten. Ich wusste jetzt, dass die fleißigen Genossen, die sich seit dem Zusammenbruch der DDR durch die Stasiakten wühlen, um einen Fleck auf meinem Lebenslauf zu finden, der Vorfall vom Winter 1970 bekannt geworden war.

Sie hatten Anfang der Neunzigerjahre mehreren Redaktionen, u.a. dem »Spiegel« und dem »Focus«, Akten angeboten, die angeblich belegen sollten, dass ich über meinen ersten Schwiegervater Karl Kleinschmidt an die Stasi berichtet haben sollte. Als eine »Focus«-Redakteurin mich damit konfrontierte, dass Akten aufgetaucht seien, die mich als Gesprächspartnerin meines Schwiegervaters auswiesen, sagte ich ihr sofort, dass mit diesen Akten etwas nicht stimmen könne. Ich hatte meinen ersten Schwiegervater, von dem später noch die Rede sein wird, leider erst kennen gelernt, als er schon zu krank war, um Gespräche zu führen. Damals bekam ich mehrere Postkarten, die mich anonym von »Karl« grüßten. Der »Focus« erkannte schnell, dass es sich bei den Akten um Fälschungen handelte, der »Spiegel« allerdings beschloss, sie für echt zu halten. So erschienen »Spiegel«-Redakteure bei meinem ersten Mann und verlangten von ihm, er solle Akteneinsicht bei der Gauck-Behörde beantragen, und wollten ihm bei der Lektüre »über die Schultern sehen«. Das war ein Angebot, das man nicht ablehnen konnte, denn wer wollte sich dem unerbittlichen Recherche-Magazin gegenüber schon dem leisesten Verdacht aussetzen, etwas verbergen zu wollen? Ich selbst wollte eine schnelle Akteneinsicht, weil ich wusste, dass meine Unschuld nur so bewiesen werden konnte. Der »Spiegel«-Reporter klebte förmlich an Sebastian, als er die Akte seines Vaters einsah. Es muss ihn sehr frustriert haben, als er einsehen musste, einer Fälschung aufgesessen zu sein. Jahre später war derselbe Mann verantwortlich dafür, dass über das »Protokoll einer Aussprache«, das die Stasi vom Verhör zweier Schulmädchen im Direktorenzimmer angefertigt hatte, im »Spiegel« berichtet wurde. Mit der Überschrift »Informantin Lengsfeld« sollte suggeriert werden, ich sei selbst Inoffizielle Mitarbeiterin der Stasi gewesen. Während im ersten Satz der kurzen Mitteilung noch behauptet wurde, ich hätte mindestens einmal in meinem Leben der Stasi Informationen geliefert, gab es im Text keinerlei Belege dafür. Dort wurde lediglich auf dieses Protokoll einer »Aussprache« verwiesen, wobei wohlweislich verschwiegen wurde, dass »Aussprachen« eben unfreiwillige Verhöre waren und keine freiwilligen Plaudereien mit einem Auftraggeber. Alle, die Texte lesen konnten, erkannten sofort, dass die Überschrift durch keinerlei Substanz gedeckt war, und so wurde die Meldung nirgends nachgedruckt. Der »Spiegel« konnte lediglich darauf bauen, dass die Mehrzahl seiner Leser sich eben nicht auskannte und nur die Überschrift irgendwie hängen blieb. »›Spiegel‹-Leser werden besser desorientiert« wäre in Abwandlung der bekannten Eigenwerbung der einzig treffende Kommentar. Der

Schreiber des Artikelchens, der als hoffnungsvolles ostdeutsches Nachwuchstalent für die recherchierende Branche gilt, hatte im Folgenden nicht einmal den Mut, sich zu seinem Machwerk zu bekennen. Als die Staatsanwaltschaft Hamburg wegen Verleumdung ermittelte, zog er sich lieber in die Anonymität der Redaktion zurück. Bezeichnend ist auch, dass er die ausgewiesenen Stasiaktenkenner seiner Redaktion nicht gefragt hatte, wie zu bewerten sei, was ihm da präsentiert worden war und warum mein Name auf den Aktenblättern nicht anonymisiert war, wie es nach dem Stasiunterlagengesetz hätte sein müssen. Ein bisschen viel Pfusch für ein hoffnungsvolles junges Talent. Bleibt nur zu wünschen übrig, dass er daraus lernt.

Wenige Wochen nach dem folgenreichen Fetenversuch war ich wieder mit meiner Freundin Gela zur »Mocca-Milch-Eisbar« unterwegs. In der U-Bahn standen uns zwei Jungen gegenüber, die sofort unser Interesse weckten, weil sie als Ausländer zu erkennen waren. Als die beiden uns wunschgemäß ansprachen, stellte sich die Vermutung als richtig heraus. Der lange Blonde, Brko, war Serbe und Sohn von Angestellten der jugoslawischen Botschaft. Der dunkelhaarige Moran – ich hatte noch nie einen so hübschen Jungen gesehen – war Sohn des jugoslawischen Handelsattachés. Gela wurde gegen ihren Willen sofort von dem energischen Serben mit Beschlag gelegt, sodass Moran und ich übrig blieben. Wir unternahmen in den folgenden Tagen und Wochen viel zusammen. Eines Abends holten uns die Jungen von einem FDJ-Fackelzug am Vorabend des Ersten Mai ab. Es war warm, ich hatte auf eine Tasche, die beim Fackeltragen nur störte, verzichtet. Mit der Tasche war auch mein Personalausweis zu Hause geblieben. Gegen neun Uhr abends brachten wir Gela, die immer pünktlich daheim sein musste, zu dem Haus, in dem sie wohnte. Wir verabschiedeten uns gerade auf der Straße, als ein Streifenwagen der Volkspolizei anhielt und unsere Ausweise sehen wollte. Weil ich keinen vorweisen konnte, nahmen sie mich mit aufs Revier, um meine Identität zu überprüfen. Dabei kam heraus, dass ich eine so genannte »Sperradresse« hatte und mein Vater Angehöriger der bewaffneten Organe war. So fuhr mich die Streife nach Hause, klingelte meine bereits schlafenden Eltern aus dem Bett und erklärte meinem schockierten Vater, der im Schlafanzug die Tür geöffnet hatte, weil er glaubte, ich hätte den Schlüssel vergessen, seine Tochter wäre mit einem kapitalistischen Element auf der Straße aufgegriffen worden. Nie werde ich die Angst auf dem Gesicht meines Vaters vergessen. Er stellte keine Fragen, als dem Genossen »Major« klar gemacht wurde, dass man dieses Mal noch auf eine Anzeige verzichten wolle, wenn ich mich aber noch einmal des gleichen Vergehens schuldig machen würde, es Folgen für ihn hätte. Oder ob ihm nicht klar wäre, dass Jugoslawien quasi kapitalistisches Ausland sei? Offenbar war es ihm vorher nicht klar gewesen, denn ich hatte meinen Eltern von meinem neuen Freund erzählt und sie hatten nichts dabei gefunden. Nun schlug mich mein Vater, kaum dass die Volkspolizisten die Wohnung verlassen hatten, so sehr, dass ich mich in ärztliche Behandlung begeben musste. Danach wurde ein strenges Ausgehverbot über mich verhängt. Das wurde aber vom ersten Tag an nicht eingehalten, wohl weil meinen Eltern die Überreaktion meines Vaters peinlich war. Schon am nächsten Abend erklärte ich, dass ich zu einer FDJ-Versammlung müsse. Niemand machte sich die Mühe nachzuprüfen, ob es sich nicht um eine Ausrede handelte. Als mich Moran, der sich große Sorgen gemacht hatte, mich aber nicht anrufen konnte, lädiert und mit vergipstem Arm vor der Tür stehen sah, waren seine letzten Bedenken zerstreut. Er nahm mich mit in die Wohnung und stellte mich seinen Eltern vor. Sein Vater und seine Mutter hatten beide in Titos Partisanenarmee gekämpft. Die Mutter hatten ihre Kriegserlebnisse extrem menschenscheu gemacht. Sie verließ kaum das Haus und dann nur in Begleitung ihres Mannes, und keine Fremden durften die Wohnung betreten. Ich wurde die einzige Ausnahme, aber an häufigere Besuche war nicht zu denken. Wir trafen uns jeden Tag, immer auf der Suche nach einem Ort, an dem wir allein sein konnten. Es stellte sich heraus, dass es schwierig war, mit einem so auffallend schönen Jungen in Ostberlin unbemerkt zu bleiben. Und so hörte ich immer mal von meiner Mutter, dass diese oder jene Kollegin mich gesehen hätte, aber sie fragte nie, wer denn der Schöne an meiner Seite gewesen sei, und sie äußerte nie den Wunsch, ihn kennen zu lernen. So waren ihre Bemerkungen wohl eher als Warnung an mich gedacht, vorsichtig zu sein. An meine Abiturprüfungen, die ich nebenbei machte, kann ich mich kaum erinnern. Es zählten nur die Stunden, die ich mit Moran verbringen konnte. Wir liebten uns. Er war mein erster Mann und ich war seine erste Frau. Die Intensität unseres Beisammenseins war schmerzlich, weil wir wussten, dass wir keine Zukunft hatten. In der DDR von 1970 gab es für mich keine Möglichkeit, ihn zu heiraten, ja, unsere Verbindung durfte es offiziell nicht geben. Wenn wir nicht miteinander leben konnten, durften wir nicht zusammenbleiben, wenn wir weiterexistieren wollten. Wir begruben die Pläne einer gemeinsamen Studienzeit, weil das den Abschied nur verlängert hätte. Moran kehrte nach Jugoslawien zurück, als ich mein Studium in Leipzig aufnahm.

Studium in Leipzig

Zum ersten Mal war die Mauer, die mich umgab, mit aller Unerbittlichkeit in mein Leben getreten. Das Liebste, was ich auf der Welt hatte, war hinter ihr verschwunden, für mich so unerreichbar, als wäre er tot. Ich hatte fortan keine Chance mehr, die Mauer wieder zu vergessen. Dass ich zum Studium nach Leipzig ging, machte mir die Sache etwas leichter. In Berlin hätte alles an Moran erinnert. Nun fuhr ich selten nach Hause und wenn, dann mied ich die Orte, an denen ich mit ihm zusammen gewesen war. Die vielen neuen Eindrücke halfen mir, meinen Kummer zu verdrängen und die Leere zu überdecken. Ich wohnte im Studentenwohnheim in einem Vierer-Zimmer. Es gab zwei eiserne Doppelstockbetten, zwei Schränke, zwei Tische, vier Stühle und an der Wand ein paar Bücherborde. Dabei waren wir noch gut dran. Ein Teil der Studenten wurde in den Messehallen untergebracht, wo sie zu Hunderten, nur getrennt durch dünne Stellwände, kampierten. Das Studienjahr in Leipzig wich deshalb vom DDR-Einheitsplan ab. Es begann erst, wenn die Herbstmesse Mitte September beendet war, und hatte eine größere Pause zur Zeit der Frühjahrsmesse.

Das Studentenleben wurde geprägt von den vielen ausländischen Studenten, die dem grauen Leipziger Allerlei eine exotische Note gaben. Auf den Feten der Schwarzafrikaner lernte ich ihre Küche schätzen und ihre Musik lieben. Noch lieber traf ich mich mit jungen Ungarn, die in der Gerberstraße am Bahnhof wohnten und in einem Leipziger Maschinenbau-Kombinat arbeiteten. War es relativ problemlos, die afrikanischen Mitstudenten zu besuchen, so musste ich bald feststellen, dass Besuche bei den Ungarn als kriminelles Delikt behandelt wurden. Eines Abends, ich lernte gerade bei einer jungen Ungarin, wie man Paprikahuhn in

Schmalz einlegt, wurde ich Zeugin einer Razzia im Wohnheim. Die Volkspolizei kämmte systematisch alle Zimmer durch und nahm alle Nicht-Ungarn, die sie fand, mit. Auch mich. Ich wurde einer demütigenden Befragung unterzogen, was ich denn in dem Wohnheim zu suchen hätte. Meine Antwort, dass ich freundschaftliche Kontakte pflegte, wurde mit einem höhnischen Lachen quittiert. Die Ungarn seien doch bekannt dafür, mit Minderjährigen zu verkehren. Davon konnte bei mir keine Rede sein. Ich war längst volljährig. Es handelte sich bei mir auch nicht um eine aus dem Jugendwerkhof geflüchtete Straffällige, sondern um eine ordentliche Studentin des Marxismus-Leninismus. Meinen Studienplatz könnte ich vergessen, wenn ich noch einmal in der Gerberstraße erwischt würde. Man würde eine Meldung an die Universität machen und im Wiederholungsfalle wäre die Exmatrikulation die unvermeidliche Folge. Proteste hatten keinen Zweck. Von meiner Sektionsleitung wurde mir gesagt, dass das Wohnheim der Ungarn eine stadtbekannte Quelle krimineller Aktivitäten aller Art sei und wenn ich das noch nicht selbst gemerkt hätte, würde das nicht für meine nötige Reife sprechen. Ich müsste mir für die Zukunft genau überlegen, was ich wolle: meine deutsch-ungarische Freundschaft oder mein Studium. Ich fügte mich und traf mich mit den Ungarn nur noch außerhalb ihres Wohnheimes oder bei mir im Internat. Ich konnte nicht verstehen, warum die DDR ihre Gastarbeiter so isolierte. Im Laufe der Zeit stellte ich fest, dass Isolation nur eine der Willkürmaßnahmen war, denen die Ausländer in der DDR ausgesetzt waren. Vietnamesischen Gastarbeiterinnen wurden Zwangsverhütungsmaßnahmen diktiert, und wenn sie sich nicht daran hielten, wurden sie Zwangsabtreibungen unterzogen. Wer eine feste Beziehung zu einem DDR-Bürger einging, lief Gefahr, sofort in die Heimat zurückgeschickt zu werden. Umgekehrt gab es Repressionen gegen Mädchen, die nicht von ihren ausländischen Geliebten lassen wollten. Als es nach dem Helsinki-Abkommen leichter wurde, Ausländer zu heiraten, verloren die Frauen ihre Staatsbürgerschaft, wenn sie ihren Ehemännern in deren Heimatland folgten.

In meiner Seminargruppe wurden solche Themen wie die Stellung der Ausländer in der DDR-Gesellschaft nicht diskutiert. Wir sollten zu »Propagandisten der Arbeiterklasse« ausgebildet werden und durften keine Zweifel haben. Die DDR war dem sozialistischen Internationalismus verpflichtet, und wenn jemand gewagt hätte, die herrschende Praxis ausländerfeindlich zu nennen, hätte er sich der Verleumdung des Sozialismus schuldig gemacht. Ich registrierte die Diskrepanz zwischen Anspruch und Wirklichkeit, ohne mit jemandem darüber sprechen zu können. In den Diskussionen selbst kritischer Intellektueller spielte das Ausländerproblem keine Rolle. Das sollte sich erst Mitte der Achtzigerjahre ändern, als auf Veranstaltungen der »Initiative für Frieden und Menschenrechte« über die Misshandlung von Gastarbeitern durch DDR-Behörden gesprochen wurde.

Es gab aber andere Diskussionen in der Seminargruppe. Anlass zu vielen Auseinandersetzungen und Nachfragen bot überraschenderweise das Studium der Geschichte der Arbeiterbewegung. Zuerst fiel mir auf, dass in den Dokumenten der früheren Arbeiterbewegung viele Forderungen – etwa Pressefreiheit – formuliert waren, die in der real existierenden sozialistischen Gesellschaft, wie sie gern genannt wurde, nicht verwirklicht waren. Wieso setzte die Arbeiterklasse, nachdem sie an die Macht gekommen war, ihre eigenen Forderungen nicht durch? Dann gab es immer wieder Dissidentengruppen, die sympathische Ansichten vertraten, aber als feindliche Elemente bekämpft wurden. Wir hörten viel über die verdammenswerte Fischer-Maslow-Gruppe innerhalb der Kommunistischen Partei Deutschlands. Dass Ruth Fischer die Schwester des Komponisten unserer Nationalhymne, Hanns Eisler, und eines der bekanntesten Rundfunkjournalisten der DDR, Gerhart Eisler, war, teilte die Seminarleiterin nur am Rande mit. Der Gegenspieler von Fischer und Maslow war Ernst Thälmann gewesen, der gegen Abweichler mit aller Härte – die beim Hamburger Aufstand unter seiner Führung bis zum Mord gehen konnte – die stalinistische Politik in der KPD durchsetzte. Je näher wir in der Geschichte der Machtergreifung durch die

Nazis kamen, desto heikler wurde es. Etliche kleinere und größere Naziführer waren Kommunisten gewesen. Ganze Abteilungen des Rotfrontkämpferbundes liefen zur SA über. Beim Berliner Verkehrsarbeiterstreik 1932 gab es gemeinsame Aktionen von Nazis und Kommunisten. Die Thälmannsche Parole, dass Sozialdemokraten Sozialfaschisten seien und der Hauptfeind der KPD noch vor der NSDAP, erleichterte den Nazis das Geschäft. Wir erfuhren nur andeutungsweise von diesen »Fehlern«. Die bloße Andeutung war wohl schon mehr, als man erwarten durfte. Uns wurde durch solche Andeutungen die Aura der Eingeweihten suggeriert. Wir waren diejenigen, die mehr wussten als andere, und hatten entsprechend verantwortungsvoll damit umzugehen, das in uns gesetzte Vertrauen zu rechtfertigen.

Wenn es auch vor der Machtergreifung der Nazis »Fehler« gegeben hatte, so waren die Kommunisten danach durch eine Leidenshölle gegangen, die sie gleichsam von allen Verfehlungen gereinigt hatte. Thälmann war der strahlende Führer der Arbeiterklasse, der mit erhobenem Arm und geballter Faust unbeirrt und unermüdlich für eine goldene Zukunft gekämpft hatte, die wir jetzt genießen durften. Wo gab es kostenloses Studium für Arbeiterkinder? Im kapitalistischen Westen doch wohl nicht. Wo waren Brot und Mieten für jedermann bezahlbar? Na bitte! Wir waren die Sieger der Geschichte und die Aufgabe von uns Studenten sollte es sein, das Hohe Lied dieses Sieges vor künftigen Studentengenerationen zu singen. Einige von uns kannten die Misstöne, die es auf der Siegerstraße gab, genauer. Drei Kommilitonen hatten bereits bei der NVA gedient, drei und sogar vier Jahre. Einer war 1968 während der Niederschlagung des Prager Frühlings in der Tschechoslowakei gewesen und hatte eine durchschossene Hand zurückbehalten. Er erzählte, wie seine Kompanie nachts durch die Alarmsirene aus dem Schlaf gerissen, auf Lastwagen verladen und mit unbekanntem Ziel abtransportiert worden war. Sie fand sich dann in Böhmen wieder, wo sie die sowjetischen Genossen »unterstützen« musste. Nach kurzer Zeit wurde sie Hals über Kopf zurückgeholt. Der Einsatz von Deutschen gegen Tschechen war mehr, als der Rest der sozialistischen Staatengemeinschaft zu tragen bereit war. In der Folge wurde immer geleugnet, dass NVA-Soldaten in der Tschechoslowakei zum Einsatz gekommen waren. Mein Kommilitone war der erste Zeuge der Verzweiflung der Tschechen über die grausame Zerstörung ihres Versuchs, einen Sozialismus mit menschlichem Antlitz zu gestalten.

Ein paar Monate später, 1971, sollte ich in meinem ersten Studentensommer in Brünn und Prag eine Tschechoslowakei kennen lernen, die noch traumatisiert war. Ich traf kaum Befürworter des sozialistischen Systems. Der Versuch, dem Sozialismus ein menschliches Gesicht abzutrotzen, war in eine massive Abkehr der Menschen vom Kommunismus gemündet. Die Tschechoslowakei war ein besetztes Land, die Sowjets nicht mehr Brüder im Geiste, sondern Eroberer und Tyrannen. Die versprengten Reste der kommunistischen Jugend machten einen resignierten Eindruck. Die Funktionäre, die ich traf, wollten Karriere machen, nicht mehr überzeugen.

Ein anderer Kommilitone, Sebastian, wurde bald mein Freund. Mit ihm hatte ich die interessantesten Gespräche, von ihm konnte ich das meiste lernen. Die Geschichte seiner Familie war spannend. Sein Vater, Karl Kleinschmidt, war als Pastor in den Dreißigerjahren der SPD beigetreten und hatte im thüringischen Eisenberg eine Ablehnungsfront von Sozialdemokraten und Kommunisten gegen die Nazis organisiert. Nach der so genannten Reichskristallnacht hielt er eine mutige Predigt gegen die Verantwortlichen für das Pogrom, die ihm mehrwöchigen Hausarrest einbrachte. Seine Frau Marianne wurde im Krieg von einem Dienstmädchen wegen des Hörens von Feindsendern angezeigt. Zum Glück ging die Denunziation nicht direkt an die Gestapo, sondern an die NS-Frauenschaftsführerin. Die wollte eine Mutter von vier Kindern nicht ans Messer liefern und warnte meine Schwiegermutter. Beim nächsten Mal würde sie ihr nicht helfen können.

Eine Anekdote, die Karl Kleinschmidts Witz und Mut belegt, liebe ich besonders. Während des Krieges diente er in der Armee von Generalfeldmarschall Erich von Manstein. Als Feldpfarrer war er auch zu dessen sechzigstem Geburtstag eingeladen. Insgesamt war die Veranstaltung steif und eher langweilig, nur am Ende des Saals am Tisch von Karl Kleinschmidt ging es heiter zu. Der Generalfeldmarschall fragte nach, wer das Lachen dort verursachte, und beschloss, dem Tisch einen Besuch abzustatten. Als er ankam, sagte er: »Kleinschmidt, ich habe gehört, Sie haben immer die große Klappe. Sagen Sie doch mal ›Sie Arsch!‹ zu mir.« Gespannte Stille breitete sich aus, während Karl Kleinschmidt aufsprang, die Hacken zusammenschlug, salutierte und sagte: »Herr Generalfeldmarschall, gedacht habe ich es schon oft, aber zu sagen wage ich es auch heute nicht.« Worauf sich Manstein wortlos umdrehte und den Saal verließ.

Nach dem Zusammenbruch des Dritten Reiches war Karl Kleinschmidt kurze Zeit Kulturminister von Mecklenburg-Vorpommern, galt aber bald als zu unbequem für einen politischen Posten. Er wurde mit der Vereinigung von KPD und SPD in der Sowjetisch Besetzten Zone Mitglied der SED. Er behielt diese Mitgliedschaft auch als Domprediger zu Schwerin bei und fiel damit aus allen DDR-Normen. Vor allem war er Anreger und Gesprächspartner bedeutender Schriftsteller und Künstler der DDR. Er machte mit Bert Brecht Urlaub in Ahrenshoop, war mit Ernst Busch befreundet und förderte junge Schriftsteller. Er zeigte auch in der DDR Zivilcourage. Als Kulturminister Alexander Abusch verhinderte, dass Brecht seinen Lieblingsregisseur Erwin Piscator an das Berliner Ensemble holen konnte, schickte Karl Kleinschmidt dem Minister folgendes Geburtstagstelegramm: »Der große Alexander schrieb drei Bücher. Das erste war noch lesbar … Herzliche Glückwünsche zum Geburtstag.« Es war eine Anspielung auf Brechts Gedicht über das große Karthago, das nach dem dritten Krieg nicht mehr auffindbar war. Verständlich, dass Partei und Staatsführung Karl Kleinschmidt nicht wohlgesonnen waren. Sein Hauptwerk, eine Geschichte des Widerstandes der Evangelischen Kirche gegen den Nationalsozialismus, wurde nicht veröffentlicht. Es rüttelte am DDR-Dogma, dass der Widerstand von den Kommunisten begonnen und führend organisiert worden war.

Im Haus von Karl Kleinschmidt habe ich die ersten Menschen kennen gelernt, die in Ulbrichts Zuchthäusern gesessen hatten. Es waren fast ausschließlich SED-Genossen. Wenn ich mit ihnen sprach, fragte ich mich, warum sie trotz jahrelanger Haft unter scheußlichen Bedingungen immer noch an die Sache des Sozialismus glaubten und immer noch meinten, dass die SED trotz aller Fehler und Irrtümer auf dem richtigen Weg sei. Gefühlsmäßig konnte ich das nicht nachvollziehen. Meine Instinkte lehnten den Sozialismus ab, lange bevor ich ihn aus rationalen Gründen ablehnte. Meine Gespräche und Fragen kreisten lange innerhalb des Systems, statt es zu verlassen.

Sebastian Kleinschmidt war bereits seit Jahren Mitglied der SED. Von mir wurde in der Sektion Geschichte ebenfalls erwartet, dass ich mich der Partei anschließen würde. Der Machtwechsel von Ulbricht zu Honecker vollzog sich unter dubiosen Umständen. Plötzlich war der Patriarch, der sogar vorschrieb, dass DDR-Frauen keine Hosenanzüge zu tragen hatten, eine Unperson. Gestern noch gefeiert, heute besser nicht mehr erwähnt. Das ging uns zu schnell. Aus Protest dekorierten wir nachts die Tür von Ulbrichts Leipziger Geburtshaus mit Blumen. Nicht aus Neigung zu Ulbricht, sondern aus Protest gegen Honecker, den wir kaum kannten, der bestenfalls als Eiferer, dessen Stimme sich beim Reden stets überschlug, aufgefallen war. Um unsere geistige Unabhängigkeit zu beweisen, organisierten wir eine Seminargruppenfahrt nach Lützen, einem kleinen Städtchen bei Leipzig, in dem der schwedische König Gustav Adolf während einer Schlacht im Dreißigjährigen Krieg umgekommen war. Der Museumsdirektor des Ortes, der uns führte, erklärte uns, dass Lützen eigentlich schwedisches Hoheitsgebiet sein müsste und dass es eine Willkürmaßnahme der DDR gewesen wäre, dies zu verhindern. Eigentliches Ziel der Reise, das Sebastian und ich festgelegt hatten, war das Grab Friedrich Nietzsches in Röcken. Es war klein und unauffällig, aber sorgfältig gepflegt. Wir lasen am Grab laut Nietzsches frühere Erinnerungen und schauten dabei in Richtung Buna-Werke, deren Feuer in der Ferne sichtbar waren. Nietzsche war natürlich kein Bestandteil unseres Studiums, er wurde als geistiger Wegbereiter des Nationalsozialismus verdammt. Noch in den letzten Jahren der DDR, als sich viele Denkverbote bereits gelockert hatten, bekam Sebastian, inzwischen Redakteur der Kulturzeitschrift »Sinn und Form«, Ärger, weil er Beiträge veröffentlichte, die das offizielle Nietzsche-Bild der DDR revidierten.

Unser Ausflug zum Grab des geächteten Philosophen hatte nur zur Folge, dass unsere Seminargruppe besser zusammenhielt. Dieser Zusammenhalt sollte bald genug auf die Probe gestellt werden. Während ich zum Studentensommer in der ČSSR war, fuhren mehrere Jungs aus unserer Seminargruppe nach Vilnius, in die Sowjetunion. Sie waren schonend darauf vorbereitet worden, dass in der Sowjetunion nicht alles so sei, wie man sich das vielleicht vorstelle, dass aufgrund der Opfer, die das sowjetische Volk für den Sozialismus bringen müsse, der Lebensstandard niedriger wäre als bei uns, dass auch die Disziplin, die in einem Arbeitslager des Komsomol gefordert werde, härter sei als selbst in der Nationalen Volksarmee. Die Realität schockierte meine Kommilitonen trotzdem zutiefst. Der Drill, die Appelle, die pausenlosen Parolen, die aus den Lautsprechern über das Lager schallten, die primitiven Lebensbedingungen und das jämmerliche Essen waren für viele nur mit dem reichlich fließenden Wodka zu ertragen. Die Betäubung wirkte nicht immer. Schließlich verlor mein Kommilitone Thomas die Nerven und schrie seine Abneigung gegen die Zustände in der Sowjetunion heraus. Er ging so weit, den Kommunismus in Zweifel zu ziehen. Normalerweise hätte das seine sofortige Exmatrikulation nach sich ziehen müssen, wenn nicht die anderen Teilnehmer des Studentensommers und nach Beginn des Studienjahres seine Seminargruppe für ihn eingetreten wären. Die Sektionsparteileitung, die über den Vorfall zu befinden hatte, merkte, dass sie nicht mit ganzer Härte vorgehen konnte, ohne eine kontroverse Debatte vom Zaun zu brechen. Sie hatte Angst vor dieser Debatte und beschloss, lieber einen Mantel des Schweigens über die

Geschehnisse zu breiten. In der Seminargruppe sprachen wir trotzdem noch häufig über die Erlebnisse und Beobachtungen unserer Freunde in der Sowjetunion. Alle waren froh, nicht unter sowjetischen Bedingungen leben zu müssen, und trösteten sich mit der Hoffnung, dass auch in der Sowjetunion früher oder später Verbesserungen eintreten müssten.

Neben dem Studium wurden die Studenten häufig »gesellschaftlich« beansprucht. Wir mussten »freiwillige« Aufbaueinsätze absolvieren, aber vor allem auf staatlichen Großveranstaltungen Publikum spielen. Manchmal wurde uns erst eine Woche vorher mitgeteilt, dass wir am Wochenende eingesetzt würden. Ab und zu bekamen wir Verpflegungsbeutel, damit wir das stundenlange Sitzen besser überstanden. Die Jugend- und Sportfeste, Arbeiterfestspiele und sonstigen Demonstrationen waren vor allem langweilig. Ich versuchte mich zu drücken, wo es nur ging. Selbst die Konzerte auf dem Leipziger Markt, zu denen viele Leute freiwillig kamen, bereiteten mir Unbehagen. Kunstgenuss unter Tausenden war für mich ein Widerspruch an sich. Ich fühlte mich durch die Menge bedrängt, nicht geborgen. Ich konnte mich auf den Gleichklang der Massen nicht einlassen, deren einmütige Hingabe ich eher beängstigend als beruhigend fand. Teil einer Masse zu sein, sich dirigieren zu lassen, war aber das, was von uns erwartet wurde.

Im schlimmsten Fall wechselten sich die Wochenenden mit gesellschaftlichem Einsatz mit Wochenenden, an denen wir uns militärisch weiterbilden mussten, ab. Einmal waren wir drei Wochenenden hintereinander unterwegs. Das war selbst den strammsten Genossen zu viel. Die Frage tauchte auf, warum unsere Partei- und Staatsführung denn so wenig Zutrauen zu ihrem Volk hatte, dass sie Publikum zwangsverpflichtete, statt auf die Begeisterung der Werktätigen zu setzen, von der jeden Tag in der Zeitung berichtet wurde. Wieder wurde eine Diskussion vermieden, dafür bekamen wir am Sonntag stillschweigend frei.

Bei den Militärübungen gab es keine Gnade. Das Pensum musste ohne Wenn und Aber absolviert werden. Wer sich krankschreiben ließ, musste das Versäumte zu einem anderen Termin nachholen. Die Jungen mussten an der Waffe üben, die Mädchen wurden in die Zivilverteidigung eingewiesen. Unser Verhalten im Falle eines Atombombenabwurfs zu trainieren fanden wir lächerlich. Die Witze, die wir dazu machten, erleichterten uns den Drill. Die praktischen Übungen wurden ergänzt durch theoretische Unterrichtung über die Tücke des Klassenfeindes. Am Schluss mussten wir in einer Kontrollarbeit beweisen, dass wir uns das vermittelte Wissen wirklich angeeignet hatten. Wer nicht alle Kontrollen nachweisen konnte, wurde nicht zum Diplom zugelassen.

Als das zweite Studienjahr begann, war ich fast als Einzige in unserer Seminargruppe noch nicht Mitglied in der SED. Dafür war ich als Erste schwanger. Meine Schwangerschaft ersparte mir die Hälfte des obligatorischen Militärlagers zu Beginn jeden Studienjahres. Ich wurde vom Lagerarzt, sobald er von meinem Zustand erfuhr, zu den »Fußlahmen« nach Leipzig geschickt, wo täglich nur zwei Stunden Theorie absolviert werden mussten. Ich hatte nun Zeit, das Leipziger Kulturangebot zu genießen. Dieser Genuss wurde ab und zu durch die Gedanken gestört, die ich mir über die Zukunft machen musste. Ich freute mich auf das Kind, das war von Anfang an klar. Dass ich weiterstudieren würde, stand ebenfalls außer Frage. Was ich nicht wusste, war, wie groß die praktischen Schwierigkeiten werden würden. In Leipzig herrschte absoluter Wohnungsmangel. Auf dem städtischen Wohnungsamt zuckte man nur mit den Schultern. Es gab Hunderte von Anträgen auf eine Einzimmerwohnung und Dutzende von jungen Frauen in meiner Lage.

Schließlich stellte man mir eine Wohnung in Delitzsch in Aussicht. Der Fahrweg von dort zur Universität und zurück würde fast drei Stunden beanspruchen. Das kam für mich nicht infrage, auch wenn mir in Delitzsch ein Krippenplatz sicher gewesen wäre. Als Sebastian aus dem Militärlager zurückkam, gingen wir auf die Suche nach leer stehenden Wohnungen. Nach den merkwürdigen Regeln der DDR-Bürokratie konnte man sich Hoffnung auf eine Wohnung machen, wenn man dem Wohnungsamt eine gewisse

Anzahl leer stehender, aber bewohnbarer Wohnungen nachgewiesen hatte. Auf unseren Streifzügen lernte ich die Leipziger Wohnungssubstanz kennen und fürchten. Außerhalb der Messemeile und der Neubaugebiete war der Verfall in Leipzig schon Anfang der Siebzigerjahre weit fortgeschritten. In der DDR waren Mieten niedrig, deshalb fehlte es an Geld für die notwendigen Reparaturen. War das Geld vorhanden, gab es keine Handwerker, denn die waren vorwiegend mit der Reparatur der volkseigenen Industrie beschäftigt. Hätte der Handwerker Zeit gehabt, gab es kein Material, denn selbst die elementarsten Baumaterialien waren Mangelware. Die Wohnungen, die wir sahen, hätten alle aufwändig repariert werden müssen. Ich wollte wenigstens fließend warmes Wasser für mein Kind und möglichst eine Toilette innerhalb der Wohnung. Beides stellte sich als unerreichbar heraus, denn wir hatten weder Zeit noch die Energie noch das Geld, um die Jagd nach Handwerkern, Material sowie die Verhandlungen mit der Bürokratie bestehen zu können.

Ich war schon im siebten Monat schwanger, kam gerade von einer meiner vielen deprimierenden Wohnungsbesichtigungen, als ich in der Vollversammlung der Parteigenossen unserer Sektion Rede und Antwort stehen musste, warum ich Mitglied der SED werden wollte. Normalerweise waren diese Aufnahmegespräche reine Routine, auf ritualisierte Fragen folgten ebensolche Antworten, worauf die Aufnahme des Kandidaten einstimmig beschlossen wurde. Ich war die Ausnahme. Auf die erste Frage, mit welchem Ziel ich der SED beitreten wolle, worauf die Antwort, um beim Aufbau des Sozialismus zu helfen, erwartet wurde, erwiderte ich, dass ich den Sozialismus verbessern wolle. Daraufhin hatte ich die Aufmerksamkeit aller Anwesenden. Wieso ich glaube, dass der Sozialismus verbessert werden müsste? Diese Frage wurde in einem wesentlich schärferen Ton gestellt als die erste. Ich berichtete von meinen Nöten als werdende Mutter, die kein Dach über dem Kopf für sich und ihr Kind in Aussicht hat, vom Zustand der Wohnungen, die ich gesehen hatte. Das alles wolle ich verbessern. Es folgte eine anstrengende längere Debatte. Am Ende wurde ich mehrheitlich als Kandidatin in die SED aufgenommen, aber etwa ein Viertel der Genossen stimmten dagegen. Meine Aufnahme wurde von der Kreisleitung der SED nicht bestätigt, denn eine Woche nach der Versammlung hielt Erich Honecker eine Rede, in der er bemängelte, dass es zu viele Intellektuelle in der SED gäbe und zu wenige Arbeiter. Prompt wurde ein Aufnahmestopp für Intellektuelle verhängt, dem mein Antrag zum Opfer fiel. Natürlich wollte ich die Entscheidung nicht akzeptieren. Ich fand, dass man kein generelles Aufnahmeverbot verhängen dürfe, sondern sich mehr Mühe bei der Einzelfallprüfung geben müsse. Meine Mühe war jedenfalls vergebens. Mein Antrag wurde auf Eis gelegt und ich habe ihn selbst nie erneuert.

Allerdings erinnerte man sich in der Partei Jahre später daran, als ich schon wissenschaftliche Mitarbeiterin an der Akademie der Wissenschaften war. Da begegnete ich eines Tages auf dem Gang unverhofft dem Parteisekretär des Philosophischen Instituts, der einen Strauß Blumen in der Hand hielt. Ich scherzte, ob er wohl bei seiner Frau etwas gut zu machen hätte, weil er ihr Blumen mitbringen wolle? Nein, die Blumen wären für mich. Aber warum denn? Weil heute mein langjähriger Wunsch in Erfüllung gegangen sei: Ich sei soeben als Vollmitglied in die SED aufgenommen worden. Die Genossen wären übereingekommen, dass man mir das Kandidatenjahr erlassen würde, denn ich hätte schon lange genug warten müssen. Damit drückte er mir die Blumen in die Hand, machte mich noch auf die nächste Parteiversammlung aufmerksam und verschwand. Obwohl ich längst die Illusion aufgegeben hatte, in der Partei sein zu müssen, um etwas ändern zu können, wagte ich nicht, meiner Aufnahme in die SED zu widersprechen, denn das hätte den sofortigen Verlust meiner Arbeitsstelle bedeutet. Das kam für mich als allein erziehende Mutter nicht infrage.

Wieder in Berlin

Bald nach jener Parteiversammlung verließ ich Leipzig. Man hatte mir vorgeschlagen, mein Studium in Berlin fortzusetzen. Wenn ich mich entschließen könne zu heiraten, wären die Formalitäten leichter zu erledigen und außerdem die Aussichten auf eine Wohnung besser. Auch meine Mutter war der Meinung, dass ich mich verehelichen solle. Besser eine geschiedene Frau als ein uneheliches Kind. Solcher Logik hatte ich wenig entgegenzusetzen. Alle Vernunftgründe sprachen dafür. Ich ahnte jedoch, dass diese Ehe schon gescheitert war, bevor sie geschlossen wurde. Wir zogen zu meinen Eltern, wo wir fast ein dreiviertel Jahr blieben. Ich ließ mich ein Jahr zurückstufen, sodass ich mehrere Monate nach der Geburt zu Hause bleiben konnte. Ich hatte keine Lust, mein Kind schon nach wenigen Wochen in die Krippe zu geben, wie es damals durchaus üblich war. Als es im September so weit war, fand ich es immer noch viel zu früh. Ich hatte nach der Geburt zwei Wochen im Krankenhaus bleiben müssen, weil ich mir durch die Fließbandabferti-gung im Kreißsaal einen Dammriss zweiten Grades zugezogen hatte. Der Riss wurde schlampig vernäht, die Wunde entzündete sich und ich konnte wochenlang nicht richtig laufen. Dabei hatte ich noch Glück gehabt, dass ich nach der Geburt in ein richtiges Bett kam und nicht Tage auf einer Krankenliege verbringen musste, die in die Gänge zwischen den Betten geschoben wurde, manchmal aber auch auf dem Flur stehen bleiben musste. Im Krankenhaus wurde uns schon eingetrichtert, dass Kinderpflege streng nach der Uhr zu betreiben sei. Wir bekamen zu bestimmten Zeiten für eine Viertelstunde unsere Kinder, die uns pünktlich wieder weggenommen wurden, auch wenn sie noch tranken.

Auf den Vorbereitungskursen hatten wir gehört, dass Kinder

alle vier Stunden gefüttert werden müssten. Abweichungen von einer halben Stunde würden dem Kind bereits schaden. Auch sollten wir unser Kind nicht auf den Arm nehmen, wenn es nachts weinte, um es nicht zu »verwöhnen«. Ich unterwarf mich diesen strengen Regeln im Glauben, es wäre das Beste für mein Kind. Es gab damals auch niemanden, den ich kannte, der die Kinderbetreuungsregeln anzweifelte. Natürlich fiel mir auf, dass dieses Regime genau dem Tagesablauf in der Kinderkrippe angepasst war, ich glaubte aber damals noch, das müsse so sein. Nur meine Gefühle rebellierten gegen dieses Kinderaufzuchtsreglement. Ich hatte aber noch nicht gelernt, mehr meinen Gefühlen als den herrschenden Normen zu vertrauen.

Deshalb gab ich meinen Sohn, als im September das Studium wieder begann, in die Wochenkrippe. Es schien die beste Lösung zu sein. Wir wohnten bei meinen Eltern sehr beengt. Zwei Erwachsene und ein Baby in einem knapp zehn Quadratmeter großen Zimmer, das Studium – da war die Wochenkrippe der natürliche Ausweg. Ich hatte extra eine schön gelegene Krippe in Mahlsdorf am Wald ausgesucht und nahm den langen Fahrtweg in öffentlichen Verkehrsmitteln von mehr als einer Stunde gern in Kauf. Trotzdem fühlte ich mich unwohl, wenn ich am Montagmorgen mit meinem Söhnchen dorthin fuhr. Ich hatte die ganze Woche heftige Sehnsucht nach ihm und war Freitag pünktlich um 14 Uhr zur Stelle, wenn die Abholzeit begann. Das Wochenende, das ich in vollen Zügen genoss, war immer viel zu kurz. Nach mehr als einem halben Jahr konnten wir bei meinen Eltern ausziehen. Die Wohnungsverwaltung hatte uns als dringenden Fall angesehen. Wir bekamen in Friedrichshain im Hinterhof eine Einzimmerwohnung mit Küche und Bad. Die Wohnung war sogar in Ordnung und musste nur renoviert werden. Sie war sehr geräumig. Ihr schwerer Nachteil war, dass sie sich auf der Nordseite zu ebener Erde befand. Das einzige Zimmer war ein so genanntes Berliner Zimmer: ein langer Schlauch und das einzige Fenster ganz vorn rechts. Es lag überdies hinter einem breiten Schornstein, sodass ich auch im Juni, wenn es am hellsten ist, tagsüber Licht brennen lassen musste. Wir versuchten das Beste daraus zu machen, strichen die Wände gelb und verpassten all den schönen Möbeln, die ich beim Trödler und bei älteren Kolleginnen meiner Mutter aufstöberte, einen weißen Anstrich. Es galt damals als schick, Jahrhundertwendemöbel so zu »modernisieren«; unsere Wohnung galt auch trotz ihrer ungünstigen Lage und ihres ungünstigen Zuschnitts als schönste Studentenwohnung weit und breit. Leider war sie ungesund.

Dadurch, dass nie Sonne in die Räume kam, waren die Wände immer feucht: kein gutes Klima für ein kleines Kind. Mein Sohn war häufig krank und musste dann zu Hause bleiben, obwohl die Wohnung ihn krank machte. Einerseits freute ich mich, wenn ich Philipp nicht in die Krippe bringen musste. Um das Studium machte ich mir keine Sorgen. Ich schaffte den Stoff »mit links«, und wenn es doch Schwierigkeiten gegeben hätte, hätte ich einen Sonderstudienplan bekommen können. Für Mütter waren Ausnahmen im streng geregelten Studienablauf zugelassen. Um Philipps Gesundheit zu festigen, besuchte ich für längere Zeit meine Schwiegereltern in Schwerin, wo er tatsächlich innerhalb weniger Tage ganz gesund wurde.

Ich liebte die Gespräche und die Spaziergänge oder das gemeinsame Schwimmen mit meiner Schwiegermutter. Sie hatte sieben Söhne geboren, drei davon verloren und ihr Leben ganz auf ihren Mann ausgerichtet. War sie glücklich? Ich weiß es bis heute nicht. Sie war ein Mensch, der sich an den elementarsten Dingen des Lebens freuen konnte, darin waren wir uns ähnlich. Aber wenn sie ihr Leben noch einmal hätte leben können, wäre sie Ärztin und allein erziehende Mutter zweier Kinder geworden. Sie wäre eine begnadete Medizinerin gewesen. Als sie mit über 40 noch eine Schwesternausbildung absolvierte, wurde sie, kaum mit der Ausbildung fertig, schon zur Oberschwester ernannt.

Als ich sie kennen lernte, hatte sie ihren Beruf schon wieder aufgegeben, konnte ihre Kenntnisse aber zu Hause bei der Pflege ihres Mannes gut gebrauchen. Ich bewunderte die Geduld, die sie ihrem schwierigen, ja zickigen Mann entgegenbrachte, und dass sie ihn nie als Kranken, sondern als vollwertige Person behandelte. Sie merkte, ohne dass ich es ihr sagte, dass ich Schwierigkeiten im Zusammenleben mit ihrem Sohn hatte. Sie fand, dass wir eigentlich eine gute Mischung seien, das wäre an Philipp zu sehen, aber sie merkte mir auch an, wie unvorbereitet in jeder Hinsicht ich für eine Ehe war. Weder von meinen Eltern noch von meinen Lehrern war mir vermittelt worden, dass Ehe an sich ein Wert sei, um den es sich zu kämpfen lohnte. Ehen wurden in der DDR geschlossen, weil Kinder kamen, weil man eine Wohnung brauchte, später, weil es Ehekredit gab, aber selten, weil man fühlte, das man füreinander bestimmt und entschlossen war, das Leben gemeinsam zu bewältigen.

Nach wenig mehr als einem Jahr trennte ich mich von Sebastian. Bald darauf bekam ich die Mitteilung, dass ich in eine Dreizimmerwohnung mit Bad und Balkon in der Weißenseer Parkstraße ziehen könne. Die Wohnung war für DDR-Verhältnisse ein Traum. Es gab sogar einen Gasboiler im Bad, der auch die Küche mit warmem Wasser versorgte. Von den hinteren Fenstern konnte ich in einiger Entfernung den Weißensee sehen. Der Park lag direkt um die Ecke. Zuerst renovierte ich Philipps Zimmer und sorgte dafür, dass es schön aussah, als er am Freitag in unser neues Zuhause kam. Als Zweites war ich bei der Krippenverwaltung gewesen und hatte einen Tageskrippenplatz in der Nähe beantragt. Als ich nach einer Woche nachfragte, war ein Wunder geschehen. Ich konnte mein Söhnchen sofort in die neue Krippe bringen. Nun waren wir nicht mehr Montag bis Freitag getrennt. Da die Vorlesungen und Seminare verhältnismäßig spät begannen, brachte ich meinen Sohn als einen der letzten. Anfangs wurde mir sogar gestattet, ihn erst nach dem Frühstück zu bringen. Diese Erlaubnis wurde aber bald wieder rückgängig gemacht, weil die Betreuerin fand, dass es die Gruppe durcheinander brächte, wenn ein Kind erst nach dem Frühstück kam. Nachmittags war Philipp meist unter den ersten Kindern, die abgeholt wurden. Ich freute mich stets so auf meinen Sohn, dass es mir nicht schwer fiel, auf Cafébesuche mit meinen Kommilitonen zu verzichten. Ich hatte nachmittags und abends sehr oft Besuch. In unseren Kreisen war es üblich, auf ausgedehnte Besuchs- und Gegenbesuchstouren zu gehen. Da kaum jemand ein Telefon zu Hause hatte, waren fernmündliche Ankündigungen nicht möglich. Also war jeder in der Regel darauf eingerichtet, dass ein oder zwei Leute bei ihm auftauchten. Meine große Wohnung war besonders gut für Zusammenkünfte geeignet, was meinen geselligen Neigungen sehr entgegenkam.

Zu meiner Berliner Seminargruppe gewann ich nie ein so enges Verhältnis wie zu der Leipziger. Dafür waren in den anderen Seminargruppen interessantere Leute. Zu den Verbesserungen gehörte auch, dass ich jetzt Philosophie und nicht mehr Geschichte der Arbeiterbewegung studierte. Nur der Marxismus-Leninismus war unverändert dabei. In Leipzig hatte ich nur einen bemerkenswerten Lehrer gehabt: Christoph Hein, heute Schriftsteller, damals Forschungsstudent, unterrichtete uns in Logik. In Berlin gab es mehrere Lehrkräfte, mit denen offene Diskussionen möglich waren und die sogar verbotene Bücher verliehen. Diese Bücher kursierten unter bestimmten Studenten, die einander vertrauten. Ich wusste durch Sebastian, dass es auch eine Art Geheimzirkel gab, dem einige Auserwählte, unter anderem er, angehörten. Er erzählte mir ab und zu von den Zusammenkünften und erklärte gleichzeitig, warum Frauen nicht geeignet seien, daran teilzunehmen. Ich hatte sowieso kein großes Interesse an solch exklusiven Zirkeln. Geheimbündelei kam mir immer etwas albern vor. Daran hat sich bis heute nichts geändert. Ich hatte keine Ahnung, dass mich die Staatssicherheit trotzdem mit dieser Gruppe in Verbindung brachte, wohl, weil sich die Genossen nicht vorstellen konnten, dass die geheimen SED-Revolutionäre so frauenfeindlich waren. Deshalb fand ich in meiner Stasiakte ein paar Blätter, die sich auf diese Zeit beziehen. Ich musste lachen, als ich las, dass die Gruppenmitglieder viel Nachdenken der Frage gewidmet hatten, wie sie es denn ausschließen könnten, dass ein Stasispion in ihre Reihen eindrang. Schließlich einigte man sich, einen aus ihrer Mitte zu bestimmen, zu dem alle Vertrauen hätten. Die Wahl fiel ausgerechnet auf einen Kommilitonen, Arnold Schötzel, der aus dem Westen geflüchtet war, weil er sich dem Wehrdienst entziehen wollte. Dieser Mann durfte jedem im Kreis alle Fragen stellen, ihm musste jede verlangte Auskunft gegeben werden. Alle Informationen liefen bei dieser Vertrauensperson zusammen und wurden prompt an die Stasi weitergegeben. Die Stasi hielt die Geheimtreffen offenbar für so harmlos, dass sie sich nie die Mühe machte, die Aktivitäten dieses Kreises zu stören.

Wichtiger für alle war die relativ offene Atmosphäre an der Sektion. Das hat etliche von uns, darunter mich, zu der falschen Schlussfolgerung verleitet, die sozialistische Gesellschaft wäre veränderbar. Bisher waren viele Fehler gemacht, ja Verbrechen verübt worden. Unsere Generation schien berufen zu sein, diese Fehler und Verbrechen aufzudecken, dafür zu sorgen, dass sie sich nicht wiederholten und die Gesellschaft endlich ihren eigenen Ansprüchen gerecht wurde. Unter den Philosophiedozenten nahm Gerd Irrlitz einen herausragenden Platz ein. Er las Geschichte der Alten Philosophie von der Antike bis zum Mittelalter. Seine Vorlesungen waren brillant und voller subtiler Witze und Anspielungen auf die Politbürokraten und den realen Sozialismus. Er wurde deshalb einmal von ein paar Studenten denunziert, die sich als zukünftige »Propagandisten der Arbeiterklasse« solche Aufsässigkeiten nicht anhören wollten. Er bekam Schwierigkeiten, machte aber in den folgenden Vorlesungen Witzchen über die Denunzianten.

Als er nach dem Sturz der Allende-Regierung in Chile 1973 einen Artikel über die Ursachen der Niederlage des sozialistischen Experiments veröffentlichte, wurde er wieder gemaßregelt. Ich lernte ihn näher kennen, als ich ein Oberseminar Geschichte der Ethik bei ihm belegte. Anfangs war das Seminar überfüllt, dann blieben immer mehr Hörer weg, je näher der Sommer kam, denn das Seminar war fakultativ. Zum Schluss saß ich mit Irrlitz allein da. Ich erwartete, dass er die Lehrveranstaltung abbrechen würde. Stattdessen gab er mir Privatlektionen. Bald war »Geschichte der Ethik« kein Thema mehr, sondern der Zustand des real existierenden Sozialismus. Von ihm hörte ich, warum das Honeckersche

Programm der »Einheit von Wirtschafts- und Sozialpolitik« von Anfang an zum Scheitern verurteilt war. Es hatte bereits die Staatsreserven aufgefressen und ging nun an die wirtschaftliche Substanz. Schon Anfang der Siebzigerjahre sagte mir Gerd Irrlitz das wirtschaftliche Scheitern des Sozialismus voraus, wenn nicht grundsätzliche Korrekturen in der Politik vorgenommen würden. In den folgenden Jahren hat mich immer wieder erstaunt, wie genau Irrlitz' Voraussagen eintrafen. Er hat meinen Blick für wirtschaftliche Zusammenhänge geöffnet, der Grundstock meines ökonomischen Wissens stammt von ihm. Wir standen uns in keiner Weise nahe, die »Privatstunden« änderten nichts daran. Deshalb ist es umso erstaunlicher, wie angstfrei mir Gerd Irrlitz sein brisantes Wissen vermittelte. Gerd Irrlitz war es auch, der mich auf den Philosophen Schleiermacher und seine christliche Ethik aufmerksam machte. Da ich jede seiner Anregungen gierig aufnahm, beschäftigte ich mich intensiv mit Schleiermacher, was mir Jahre später unerwartet zugute kommen sollte.

Nicht alle Lehrveranstaltungen waren so interessant wie die Vorlesungen und Seminare von Gerd Irrlitz. In den Fächern Historischer und Dialektischer Materialismus wurden die »Klassiker« Marx, Engels und Lenin durchgenommen. Das darf man sich nicht als ein vorbehaltsloses Studium einzelner Werke vorstellen. Vielmehr bekamen wir genau ausgearbeitete »Studienmaterialien« in die Hand, in denen die Klassikerstellen, die wir uns einzuprägen hatten, samt der gewünschten Interpretation abgedruckt waren. Mehr zu lesen war nicht nötig, vor allem aber nicht erwünscht. Ich wollte schon aus purer Neugier wissen, was vor und nach den bezeichneten Stellen stand. Oft las ich mich fest; meine Diskussionsbeiträge im Seminar waren dementsprechend. Eines Tages nahm mich mein Seminarleiter beiseite und sagte, dass er den Eindruck hätte, ich läse mehr als gefordert. Ich bestätigte das. Er gab mir den guten Rat, meine Kräfte zu schonen und Ärger zu vermeiden, indem ich mir nur das aneignete, was in den »Lehrmaterialien« abgedruckt war. Er hätte absehen können, dass er damit bei mir das Gegenteil bewirkte. Wir waren gerade bei Lenins

Revolutionsschriften. Ohne die Intervention meines Lehrers hätte ich vielleicht die Schriften »Ein Schritt vor und zwei zurück« und »Wie soll man den Wettbewerb organisieren« nie vollständig gelesen. Ich erschrak über das Ausmaß an Hass und Mordlust in diesen Texten. Ich begann zu ahnen, das die Stalinschen Verbrechen nicht so singulär waren, wie ich geglaubt hatte, sondern in der Leninschen Politik bereits angelegt gewesen sind.

Wie weit sich der Leninismus von den ursprünglichen Intentionen der sozialdemokratischen Arbeiterbewegung entfernt hatte, stellte ich fest, als ich meine Jahresarbeit über das »Erfurter Programm der Sozialdemokratischen Partei Deutschlands« schrieb. Die eindeutig demokratischen Forderungen wurden im Seminar als die Überbleibsel bürgerlicher Denkweise in der früheren Arbeiterbewegung disqualifiziert. Ich fand sie im Vergleich mit den Errungenschaften des realen Sozialismus geradezu revolutionär. Die Bewegung ist alles, das Ziel ist nichts. Dieser Satz Eduard Bernsteins war mir auf Anhieb sympathisch. Dass sich die menschliche Gesellschaft um Regeln bemühte, die ein gleichberechtigtes, freies Zusammenleben ermöglichten, war in Ordnung. Dass sie ein gemeinsames Ziel haben müsse, das über allem stand und für das Opfer verlangt und als gerechtfertigt bezeichnet wurden, war mir suspekt. Ich hatte schon als Kind nicht verstanden, warum es »heldenhaft« gewesen sein sollte, dass sich eine junge Sowjetarbeiterin mit der sicheren Aussicht zu ertrinken in einen reißenden Fluss warf, um einen Balken zu retten. Selbst Alexander Morosow, der Held unseres Lesebuches, der sich mit der Brust vor ein deutsches Maschinengewehr warf, um seinen Kameraden den Vormarsch zu ermöglichen, überzeugte mich nicht, sondern stieß mich ab. Dass Pawel Kortschagin für den Aufbau des Sozialismus systematisch seine Gesundheit ruinierte und schließlich mit knapp 30 an Erschöpfung starb, fand ich nicht vorbildlich, sondern dümmlich. Nun sah ich, dass genau diese Menschenopfer bereits in der Theorie gefordert wurden. Nicht nur die praktische Umsetzung des Kommunismus war mangelhaft, auch in der Theorie gab es problematische Denkmuster.

Der Roman »Wie der Stahl gehärtet wurde« von Nikolaj Ostrowskij, der das Leben des sowjetischen Alltagsheros Pawel Kortschagin schildert, wurde in der ersten Hälfte der Siebzigerjahre in der Sowjetunion noch einmal modernisiert verfilmt. Der Hauptdarsteller war ausgesucht schön, eher Popstar als Alltagskumpel, die Filmmusik stammte von einer Rockgruppe. Die Inszenierung hatte einigen Erfolg. Als der attraktive Hauptdarsteller in die DDR kam, um der Premiere seines Filmes beizuwohnen, wurde er in die beliebte Jugendsendung des DDR-Fernsehens »Rund« geladen. »Rund« war eine vorsichtig an westliche Vorbilder angelehnte Kultursendung, eine Art Talkshow mit Publikum. Scheinbar spontan wurden Zuschauer in der Arena um ihre Meinung gebeten. Es wurde viel Mühe darauf verwendet, die Sendung frisch und unzensiert erscheinen zu lassen. In die »Rund«-Sendung mit dem Kortschagin-Darsteller wurden Studenten unserer Sektion eingeladen. Ich war aufgeregt, weil ich glaubte, es würde wirklich über Buch und Film diskutiert. Ich las in der Nacht das ganze Buch nach vielen Jahren noch einmal. Diesmal war es nicht wie früher ein allgemeines Unbehagen, das ich während der Lektüre empfand. Ich sah die Struktur und die Details eines stalinistischen Machwerkes. Ich war erstaunt, wie genau unter der Maske des Heldenepos die Fratze des Stalinismus sichtbar war. Zu Kortschagins Aufgaben gehörte es etwa, mit »Abweichlern« in der Partei fertig zu werden. Er erschien auf den Parteiversammlungen und stellte fest, dass die Mehrheit der Genossen die Meinung des Abweichlers billigte. Kortschagin hielt dann eine flammende Rede, in der er die »richtige Linie« propagierte, und stellte anschließend den Antrag, den Abweichler von der Versammlung auszuschließen. Sobald das geschehen war, brachte Kortschagin die Versammlung dazu, den Abweichler zu verurteilen und zu fordern, den Sowjetfeind zu vernichten. Kortschagins Kämpfe mit Abweichlern endeten stets mit der Liquidierung der Letzteren. Dieses Buch war Pflichtlektüre in der DDR! Natürlich hatte der Film das alles geglättet. Was mit den Feinden der Sowjetmacht geschah, nachdem sie die Bühne verlassen hatten, war kein Thema. Ich nahm mir vor, in der Debatte zu fragen, ob wir um der Wahrheit willen nicht verpflichtet seien, über den stalinistischen Umgang mit Menschen zu sprechen.

Im Fernsehfunk wurden wir von einem Redakteur in Empfang genommen und in die Arena geführt. Er ermunterte uns, fleißig zu diskutieren, man wolle »echte Rund-Atmosphäre«. Wir waren beeindruckt und freuten uns auf die Sendung. Kurz vor Beginn kam noch ein knappes Dutzend Jugendliche, die auffällig geschminkt waren. Sie wurden sorgfältig in der Arena verteilt. Ein junger Mann wurde ganz in meiner Nähe platziert. Vor Aufregung zerknüllte er den Zettel in seiner Hand, den er hastig wieder zu glätten versuchte. Die Sendung lief genau nach Plan. Als die »Diskussion« begann, wurden scheinbar willkürlich Diskutanten ausgewählt. Jedes Mal handelte es sich um eine Person mit Maske, die ihre Frage oder Bemerkung vom Blatt ablas. Nach der Sendung sprach ich den jungen Mann in meiner Nähe an. Er gab zu, seit zwei Tagen mit Mitarbeitern des Fernsehfunks diesen Auftritt geprobt zu haben, die anderen ebenso. Ich stellte den Redakteur, der uns zur Diskussion aufgefordert hatte, zur Rede. Warum er uns angelogen hätte, etwa aus Angst vor einer schlechten Diskussion? Schließlich seien nur ausgewählte FDJler in die Sendung eingeladen worden, wenn da schon keine Diskussion möglich sei, dann solle man nach außen wenigstens nicht so tun. Wie er mit der Verlogenheit klarkäme? Ich hätte keine Ahnung, wie schwierig es so schon sei, eine solche Sendung zu produzieren, gab er mir zur Antwort. Die Redakteure wüssten nie, ob die jeweilige Sendung nicht die letzte sei. Im Übrigen wüsste er gar nicht, warum ich mich aufregte, alle wüssten doch, »wie es hier läuft«. Natürlich wusste ich das, aber, fragte ich, ob es nicht an der Zeit sei, das zu ändern. Ich könne es ja versuchen, sagte mir der Redakteur. Damit ließ er mich stehen.

Die Macher von »Rund« waren der Meinung, ihren Spielraum voll ausgenutzt und eine unkonventionelle Sendung produziert zu haben. Sie hatten Recht, auch wenn sie die Unkonventionalität tagelang proben mussten. Mehr war innerhalb der gegebenen Umstände nicht drin. An anderer Stelle wurde tatsächlich die offene

Diskussion geprobt, in der Öffentlichkeit, wenn auch nicht vor laufender Kamera. Im letzten Studienjahr, 1975, nahm mich eine Kommilitonin, die der Lyrikbewegung der DDR angehörte, zu einer musikalisch-literarischen Veranstaltung in das Berliner »Haus der Jungen Talente« mit. Die Liedermacherin Bettina Wegner moderierte »Eintopp«, in dem stets Schriftsteller lasen, Liedermacher oder Bands auftraten und Bettina am Schluss zwei oder drei eigene Titel sang. Anschließend wurde diskutiert. Schon beim zweiten Mal war die Veranstaltung brechend voll. Als ich zum ersten Mal da war, lasen Jürgen Fuchs und Volker Braun.

II

In Dissidentenkreisen

Jürgen Fuchs

Von Jürgen Fuchs hatte mir eine Kommilitonin bereits begeistert erzählt. Sie kannte ihn aus den jährlich stattfindenden »Poetenseminaren« im Schweriner Schloss. Jürgen trug einige seiner DDR-kritischen Gedichte vor, Volker Braun, der nach ihm las und mir bis dahin als der Inbegriff des Mutigen, Unangepassten erschienen war, wirkte neben Jürgen blass. In der anschließenden Diskussion spielte er kaum eine Rolle. Jürgen dominierte die Debatte, sein sicherer, leichter Ton traf den Nerv der Versammelten. Viele erlebten das erste Mal, dass in der Öffentlichkeit ungeschminkt über die Zustände in der Nationalen Volksarmee, über die leeren Rituale am 1. Mai, über den Allmachtsanspruch der Herrschenden gesprochen wurde. Hier wurde öffentlich erörtert, was in den internen Studentenzirkeln diskutiert, aber nicht nach außen getragen wurde. Jürgen war auch Student, und zwar der Psychologie in Jena. Ich war so beeindruckt, dass ich ihm spontan einen Brief schrieb, den er ein paar Wochen später ausführlich beantwortete. In den folgenden Monaten waren Jürgens Briefe ein regelrechter Kraftquell für mich. Sein klarer Blick auf die Dinge half mir, mich aus Ungereimtheiten zu befreien. Als Gerüchte von seinem Parteiverfahren und seiner bevorstehenden Relegierung nach Berlin drangen, bekam ich von ihm einen ausführlichen Bericht, was sich in Jena abgespielt hatte. Jürgen beurteilte das Auftreten seiner Genossen, die mit genau verteilten Rollen exakt die besprochenen Anklagen erhoben, mit dem nüchternen Blick des geschulten Psychologen. Manchmal schien es, als schreibe er nicht selbst über sich, sondern über einen Dritten. Der eigene Schmerz trübte nicht den analytischen Blick. Seine scheinbare Emotionslosigkeit machte sein Urteil umso vernichtender. Er ließ sich von seiner Leidenschaft, mit der er sich dem entgegenstellte, was er als falsch erkannt hatte, nicht hinreißen. Trotzdem machte es seine Unbedingtheit ihm bald unmöglich, weiter in der kleinkarierten, engen DDR zu leben. Zuerst trieb es ihn aus Jena fort. Er zog mit seiner kleinen Familie, die inzwischen um Töchterchen Lilly ergänzt worden war, zum berühmtesten Regimekritiker der DDR, Robert Havemann, nach Grünheide bei Berlin. Ich verstand ihn nicht. In meinen Augen hatte er sich damit ins Abseits begeben. Ich wagte nicht, ihn in Grünheide zu besuchen. Ich wusste, dass das Haus von Robert Havemann rund um die Uhr bewacht wurde, und scheute davor zurück, als Besucherin registriert und weitergemeldet zu werden. Wir trafen uns ab und zu auf den Veranstaltungen von Bettina Wegner, die ich regelmäßig besuchte. Bei einer dieser Veranstaltungen erzählte ich ihm, dass ich einen guten Freund unter den Lektoren des Verlages »Volk und Welt« hätte, der ihn gern kennen lernen und etwas für ihn tun würde. Jürgen willigte ein, zu einem Essen zu kommen, das von mehreren Lektoren für ihn gegeben werden sollte. Wir warteten vergebens. Die Enten im Ofen wurden schwarz, der Rotkohl kalt und der Obstsalat unansehnlich. Jürgen kam nicht. Am nächsten Tag hörte ich im Radio, dass Wolf Biermann nach seinem Kölner Konzert ausgebürgert worden war. Niemand hatte wirklich damit gerechnet, dass Honecker und Mielke das wagen würden. Das Konzert hatte aber eine enorme Wirkung gehabt. Nicht nur bei offen oder heimlich oppositionell Denkenden.

Am Tag nach der Biermann-Ausbürgerung besuchte mich ganz überraschend mein Vater. Er hatte das Konzert gesehen und war nun zutiefst irritiert. Er hatte Biermann vorher nur dem Namen nach und als erbitterten Feind der DDR gekannt. Nachdem er Biermann das erste Mal selbst gehört hatte, konnte er das so nicht mehr finden. Der Mann hatte eine große Klappe, ja, vergriff sich wohl auch ab und zu im Ton. Aber ein Feind war er nicht. Er prangerte nur wirkliche Missstände an. Natürlich verschwand Baumaterial von den Baustellen und das nicht zu knapp. Natürlich gab es Machtmissbrauch. Zu letzterer Erkenntnis hatte sich mein Vater nach Jahren mühsam durchgerungen. Er hörte sich bei mir noch einmal einige Biermann-Titel an und verließ dann ebenso ratlos meine Wohnung, wie er gekommen war. Ich konnte ihm nicht helfen. Er musste sich selbst wieder auf Linie bringen, wenn er seinen Beruf weiter ausüben wollte. Wir sprachen nie wieder über diesen Vorfall.

Nach Öffnung der Stasiakten musste ich feststellen, dass mein Vater mehrmals hatte unterschreiben müssen, dass er sich von seiner staatsfeindlichen Tochter distanziert und sich verpflichtet, mich nicht mehr zu treffen. Tatsächlich gab es immer mal wieder Phasen, wo mir zeitweilig von meiner Mutter signalisiert wurde, der elterlichen Wohnung fern zu bleiben. Nach ein paar Wochen lockerte sich das Besuchsverbot wieder und unsere Beziehungen normalisierten sich. Die frustrierten Genossen registrierten, dass mich mein Vater entgegen seiner schriftlichen Verpflichtungen nicht nur sah, sondern ab und zu auch finanziell unterstützte. Das führte schließlich zu seiner vorzeitigen Pensionierung mit 55 Jahren. Meine Mutter ließ sich fast gleichzeitig in den Ruhestand schicken. Leider war beider Gesundheit schon zu sehr ruiniert, sodass der Ruhestand immer wieder von längeren Krankenhausaufenthalten unterbrochen wurde.

Nach Biermanns Ausbürgerung verfassten einige namhafte Schriftsteller und Schauspieler eine Petition an Honecker, diese Maßnahme gnädig rückgängig zu machen. Die meisten lenkten bald darauf ein oder distanzierten sich vom »Missbrauch« ihres Briefes, nachdem sie persönlich von Mitgliedern des Politbüros aufgesucht worden waren. Junge, unbekannte Autoren wurden hart gemaßregelt, wenn sie gegen die Ausbürgerung protestierten. Die Intellektuellen des Landes wurden aufgefordert, Stellung zu beziehen. Die Eifrigen taten es im »Neuen Deutschland«, wo sie Biermann schmähten und die Partei- und Staatsführung lobten. Die meisten unterschrieben still eine Erklärung, in der sie sich von Biermanns Treiben distanzierten. Der in diesen Tagen am häufigsten zitierte Satz lautete: »Wes' Brot ich ess', des' Lied ich sing.« Die Herrschenden hätten wohl ein Recht auf die Loyalität der schreibenden Zunft, die von ihnen gut bezahlt wurde.

Trotz intensiver Bemühungen, die Reihen wieder zu schließen, war die Situation nach der Biermann-Auslieferung eine andere. Die Bereitschaft zur öffentlichen Aufsässigkeit nahm zu. Zwei Wochen nach dem Kölner Konzert kam der Liedermacher Bulat Okudshawa aus Moskau nach Ostberlin. Er gab im »Palast der Republik« im Theater unterm Dach ein Konzert. Der halbe Saal war mit Biermann-Anhängern gefüllt. Biermanns Frauen waren alle da: seine damalige Ehegefährtin, die viel besungene Tine, Eva-Maria Hagen, Nina Hagen, Bille Havemann, um nur die bekanntesten zu nennen. Vera Oelschlegel, die Intendantin des Theaters und Gattin des Politbürokandidaten Konrad Naumann, saß neben Okudshawa und trug vor jedem seiner Lieder die deutsche Nachdichtung von Stephan Hermlin vor. Im Saal wurde gleichzeitig halblaut der Biermann-Text gesprochen. Die Luft knisterte förmlich vor Spannung. Während des Konzerts räumte die Staatssicherheit den Palast der Republik, um bei einem eventuellen Einsatz keine Zeugen zu haben. Nach dem Konzert musste das Publikum den »Palast« zügig und in kleinen Gruppen verlassen. Im Weggehen wurden wir belehrt, jede Zusammenrottung zu unterlassen. Der Platz vor dem Palast der Republik war so leer, wie ich mich fühlte. Wie sollte es weitergehen?

In diesen Tagen wurde Jürgen Fuchs auf dem Weg von Berlin nach Grünheide gemeinsam mit Christian Kunert und Gerulf Pannach verhaftet. Nach Monaten spärlicher Nachrichten und quälender Ungewissheit ein Bild der drei in den Nachrichten: Sie waren gerade in Westberlin angekommen. Jürgen war der Erste aus meinem Bekanntenkreis, der weggegangen war. In den Westen gehen, das bedeutete damals, für uns verloren zu sein. Die Zurückbleibenden fühlten sich hilflos und verlassen. Ich sollte diese Erfahrung in der Folgezeit immer öfter in immer kürzeren Abständen machen. Der Kontakt zu Jürgen riss ab. Ich traf ihn erst wieder, als ich selbst aus der DDR abgeschoben worden war. Ich traf ihn in seiner Wohnung im Tegler Weg, wo er mit der ihm eigenen Energie ein Informationsblatt für die Opposition in der DDR schrieb, druckte und zur Verteilung vorbereitete. Daneben schrieb er Gedichte, Geschichten, Artikel, Analysen. Ich erzählte ihm, dass mir seine »Gefängnisprotokolle« bei meiner eigenen Inhaftierung sehr geholfen hätten, denn ich konnte einfach die Techniken anwenden, die Jürgen entwickelt hatte, um sich der Vernehmer zu erwehren. Wir nahmen unseren vor zehn Jahren unterbrochenen Kontakt wieder auf. Wir schrieben uns kaum noch Briefe, dafür gingen Faxe hin und her. Jürgen hatte die Angewohnheit, Artikel, die er las, an Leute weiterzufaxen, die sich seiner Meinung nach dafür interessierten. Oft kamen von ihm kurze Hinweise auf Probleme oder ebenso kurze Bitten um Hilfe. Er war ein exzessiver Nachtarbeiter. Wenn nach Mitternacht ein Fax bei mir einging, wusste ich, dass Jürgen mir etwas schickte. Ich fühlte mich dann umsorgt und beschützt – das war ein gutes Gefühl.

Jürgens Unerbittlichkeit gegenüber allen Versuchen, die DDR zu verklären und der Vergangenheit zu entsagen, schuf ihm viele Feinde. Seine moralische Integrität, seine offensichtliche Selbstlosigkeit weckten seltsame Aggressionen. Er war eine Symbolfigur für die Abneigung all jener, die gar zu gern die Geschichte geschönt oder wenigstens zurechtgebogen hätten. Denen, die gern über die »besondere ostdeutsche Würde« schwadronierten, hielt er entgegen, dass die Unterwerfung des Einzelnen und das Leugnen individueller Verantwortlichkeit die Würde des Menschen beschädigen, niemals aber seine Freiheit, Verantwortlichkeit und Individualität zu entfalten. Er hat wie wenige andere der Propagierung einer kollektiven ostdeutschen Befindlichkeit widersprochen. Das machte ihn zur Zielscheibe von DDR-Nostalgikern jeder Couleur, und deren Angriffe waren nicht gerade zimperlich.

So produzierten zwei Autoren, die das Verschwinden der DDR nie verkraften konnten, weil sie so gern auf der Schleimspur der SED-Machthaber gekrochen waren, ein Machwerk unter dem Titel »Der Barbier von Bebra«, in dem sie ihre posttraumatischen Vernichtungsfantasien auslebten. Sie nannten ihre Hervorbringung Satire, weil sie bei Tucholsky, der sich gegen seinen Missbrauch nicht mehr wehren konnte, gelesen hatten, dass

Satire alles darf. Ihr fehlendes Talent zur Satire kompensierten sie mit der Erfindung allerlei besonders grotesker und scheußlicher Todesarten für Bürgerrechtler. Sie sparten auch nicht mit widerwärtigen Attributen bei der Beschreibung von Personen. Da wurde nichts ausgelassen, was an Ungeziefer, Lebensunwertes, Gesindel erinnerte. Sie hätten für den »Angriff« schreiben können, ohne dass es aufgefallen wäre. Sie verspotteten Jürgen Fuchs mit den sichtbaren Merkmalen seiner Krebskrankheit und den Folgen der notwendigen Chemotherapie. Die »Tageszeitung« fand es witzig, dass ein gerade mit dem Tode kämpfender Mensch schon einmal literarisch ins Jenseits geschickt wurde, und entschloss sich, die literarische Kostbarkeit in Fortsetzungen zu drucken. Als der Bürgerrechtler Konrad Weiß und ich die »taz«-Redaktion besuchten und die verantwortlichen Redakteure zur Rede stellten, gaben die sich betroffen. Sie hätten nichts von Jürgens Krankheit gewusst, und wenn sie es gewusst hätten, so sagten sie, dann wäre der Text niemals gedruckt worden. Von so viel Betroffenheit und Reue beeindruckt, ließen wir den Text für einen von uns geplanten Boykottaufruf gegen die »taz« in der Redaktion, als Unterpfand unseres Verzichts. Statt den Fortsetzungsroman aus dem Blatt zu nehmen, wie uns in Aussicht gestellt worden war, druckte die »taz« unseren Aufruf und eine völlig verzerrte Darstellung unseres Besuches, in der sie sich zum Opfer von Politiker-Intoleranz und Kulturbanausentum stilisierte. Konrad Weiß und ich bekamen in den folgenden Tagen zu spüren, dass die scharfen Ideen der Möchtegernsatiriker und ihrer Förderer schneidende Wirklichkeit wurden: Wir bekamen Morddrohungen per E-Mail, Fax und in anonymen Briefen, die mit Rasierklingen präpariert waren. Meine Mitarbeiterin zerschnitt sich die Hände beim Öffnen eines solchen Briefes, danach wurden noch mehrere präparierte Schreiben aus meiner Post gefischt. Die »taz«-Redakteure hatten das natürlich wieder nicht gewollt. Dafür forderten mich die Freunde der beiden Satiriker Jahre später witzigerweise auf, doch in einem Beitrag zum Geburtstagsalbum zum 40. Ehrentag des einen Künstlers über meine einschneidenden Erlebnisse mit ihm zu berichten.

Wenn die DDR erhalten geblieben wäre, hätte der Arme spätestens jetzt den Nationalpreis bekommen, nun drohte ein literaturpreisloser runder Geburtstag. Ich hatte keine Lust, die gewünschte Würdigung zu schreiben, und hoffe, dass der geehrte Möchtegernsatiriker meine Ablehnung mit Humor nahm.

Jürgen kämpfte zwei Jahre mit seiner Krankheit und unterlag. Vor ihm waren Gerulf Pannach und Rudolf Bahro an derselben seltenen Form von Leukämie gestorben, die einen Verlauf nahm, der charakteristisch ist für eine Überdosis Röntgenstrahlen als auslösende Ursache. Alle drei waren Ende der Siebzigerjahre Häftlinge der Staatssicherheit gewesen. Der Tod von Jürgen löste deshalb eine Reihe von Spekulationen über die illegale Bestrahlung von Häftlingen in Stasigefängnissen aus. Gesicherte Erkenntnisse werden darüber nur schwer zu gewinnen sein. Die Verantwortlichen hüllen sich in Schweigen. In der Gauck-Behörde sind inzwischen Akten gefunden worden über dubiose Giftkäufe der Staatssicherheit, über die Kontaminierung von Kleidung und Gebrauchsgegenständen von Oppositionellen mit strahlendem Material, aber diese Indizien werden sich kaum zu einer lückenlosen Beweiskette fügen lassen. Immerhin tragen diese Funde dazu bei, das Bild von der Staatssicherheit als einer Geheimpolizei wie alle anderen ad absurdum zu führen. Leider haben die Verfassungsrichter keinen Blick in die Stasiakten geworfen, als sie über die Klage der ehemaligen Stasileute zur Nachzahlung ihrer Renten positiv entschieden.

Solange er in der DDR lebte, war Jürgen eine wichtige Stimme der politisch-literarischen Opposition. Um ihn hatte sich ein ganzer Kreis von Lyrikern, Schriftstellern, Liedermachern und anderen gebildet, die eine aktive Szene in Jena darstellten. Jena war deshalb von Anfang an ein wichtiges Zentrum der sich entwickelnden halblegalen Opposition in der DDR. Als Jürgen im November 1976 in Berlin verhaftet wurde, gab es auch eine Verhaftungswelle in Jena. Die Szene war aber so stark, dass sie den Aderlass überstand und sich um Lutz Rathenow, Roland Jahn, Thomas Auerbach und Siegfried Reiprich neu formierte.

In Berlin gingen die literarisch-musikalischen Veranstaltungen weiter. Nachdem der »Eintopp« verboten worden war, startete der »Kramladen« im Jugendklub Weißensee mit gleichem Konzept. Der Saal war noch größer als im »Haus der Jungen Talente«, konnte aber kaum alle Interessierten fassen. Manchmal waren die Zuhörer so prominent wie die Vortragenden. Eine Zeit lang kam der Schriftsteller Thomas Brasch regelmäßig, manchmal mit Katharina Thalbach. Dieser Andrang war den staatlichen Organen unheimlich. Sie wollten dennoch die Veranstaltung nicht verbieten. Aber sie hatten vor, die Diskussion zu dominieren. Zu diesem Zwecke wurden FDJ-Sekretäre von der Hochschule für Künste, der gesellschaftswissenschaftlichen Sektion der Humboldt-Universität und dem Philosophischen Institut der Akademie der Wissenschaften in die FDJ-Kreisleitung Weißensee eingeladen. Dort wurden wir informiert, dass es Bettina Wegner, die als heimliche Chefin einer neonazistischen Bande dargestellt wurde, gelungen sei, sich ins Vertrauen der Leitung des örtlichen Jugendklubs zu schleichen und dort monatlich eine Hetzveranstaltung, genannt »Kramladen«, zu moderieren. Wir sollten vertrauensvolle Mitglieder aus unseren FDJ-Gruppen ansprechen und sie motivieren, künftig diese Veranstaltungen zu besuchen und dort zu diskutieren. Da die Veranstaltungen immer großen Zulauf hätten, solle eine Ordnungsgruppe gebildet werden, die den Zutritt kontrollieren würde. Ich schrieb eifrig mit. Der Funktionär war mit mir deshalb besonders zufrieden, ohne zu ahnen, dass er mit mir den Bock zum Gärtner gemacht hatte. Ich erzählte Bettina noch am gleichen Tag von dieser Zusammenkunft und wählte tatsächlich vertrauenswürdige Freunde aus, die mit mir die Veranstaltung besuchten. Es gelang mir sogar kurzfristig, Leute am Saaleinlass vorbeizuschleusen, indem ich behauptete, sie seien »von uns«. In der Folge tat sich nur die Gruppe von der Hochschule für Künste als besonders eifrige Diskutanten, die den realen Sozialismus verteidigten, hervor. Der Versuch, die Diskussion durch »positive Kräfte« aufzuweichen, scheiterte. Bei der nächsten Gelegenheit wurde der »Kramladen« abgesetzt.

Als Bettina Wegner in »staatlichen« Räumen keine Auftritte mehr haben durfte, wich sie auf die Kirche aus. Früher oder später landeten alle oppositionellen Künstler dort. Das Publikum folgte ihnen, genoss den Platz, die bessere Akustik und das Fehlen eines Saalschutzes. Dies alles konnte nicht das Gefühl verhindern, einen Freiraum verloren zu haben, den man sich selbst erobert hatte. In dieser Situation übernahmen einige Schriftsteller bewusst Sprecherfunktionen für ihre Leser. Solange nicht alle ihre Meinung in der Presse kundtun durften und kritische Äußerungen in der Öffentlichkeit verfolgt und möglicherweise mit Gefängnis bestraft wurden, wollten die, die durch ihre Prominenz besser geschützt waren, sich für all die anderen in der Öffentlichkeit artikulieren. Das Angebot wurde begeistert angenommen, jede noch so versteckte oppositionelle Anspielung gierig aufgesogen. Den Schriftstellern brachte es Ruhm, Ehre und Veröffentlichungen im Westen, die Leser in der DDR konnten mit dem Erwerb kritischer Bücher das Gefühl haben, sich gegen den Staat zu wehren und die eigenen Empfindungen quasi öffentlich zu machen. Der Nachteil dieses Arrangements wurde sehr bald deutlich, als viele Schriftsteller nach und nach das Land verließen. Jeder Weggang vergrößerte die Leere. Das Publikum fühlte sich hilfloser als zuvor.

Ein Brief an Erich Honecker

Am 16. Mai 1979 schrieben acht Schriftsteller einen »offenen Brief« an Erich Honecker, in dem sie ihrer Sorge über die Kulturpolitik der SED Ausdruck gaben. Eine Antwort erhielten sie nicht, aber sechs Tage danach veröffentlichte der Schriftsteller Dieter Noll seinerseits einen Brief im »Neuen Deutschland«, in dem er sich empörte, dass »kaputte Typen …, die emsig mit dem Klassenfeind kooperieren, um sich billig Geltung zu verschaffen, weil sie offenbar unfähig sind, auf konstruktive Weise Resonanz und Echo bei unseren arbeitenden Menschen zu finden …, die Partei mit unverschämten offenen Briefen traktieren«. Kurz zuvor hatte Harry Thürk seinen Roman »Der Gaukler« veröffentlicht, einen Angriff auf Alexander Solschenizyn, dem er unterstellte, immer ein bezahlter Agent der USA gewesen zu sein und im Übrigen über alle verabscheuenswürdigen Charaktereigenschaften zu verfügen, die denkbar waren. Als das Buch erschien, war klar, dass Solschenizyn beschrieben, andere Schriftsteller aber ebenso gemeint waren. Das Buch wurde in hoher Auflage gedruckt und überall mit großem Aufwand verteilt. Ich war selbst bei einer Buchpräsentation in der größten Buchhandlung Ostberlins gewesen, um mir von der Situation ein Bild zu machen. Schon eine Stunde bevor der Autor erschien, wartete eine endlos lange Schlange von Menschen auf ihn. Sie schlängelte sich vom Präsentationstisch durch den großen Raum, die Treppe ins Erdgeschoss hinunter aus der Tür heraus bis auf die Straße. Ich bekam bald mit, dass sich viele der Wartenden untereinander kannten, und erfuhr, dass ganze Diensteinheiten von Zoll, Polizei und anderen bewaffneten Organen zur Buchpräsentation befohlen worden waren, um reges Interesse der Werktätigen an der Entlarvung des Klassenfeindes vorzutäuschen. Als Thürk, um den Effekt zu erhöhen, eine Viertelstunde zu spät erschien, gingen die

Scheinwerfer an und es wurde im Fernsehen der DDR übertragen, wie er händeschüttelnd die Reihen der Wartenden abschritt. Der kleine unscheinbare Mann war ganz überwältigt von seiner Bedeutung und sich des Dienstes, den er der Partei erwies, voll bewusst.

Der offene Brief von Noll im »Neuen Deutschland« machte klar, dass ein Exempel statuiert werden sollte. Es würde nicht bei der verbalen Attacke bleiben.

Ich rief Bettina Wegner an, deren Mann Klaus Schlesinger den Brief der acht an Honecker auch unterschrieben hatte. Am nächsten Tag fuhr ich zu ihnen; es wurde ein denkwürdiger Besuch. Als ich mich gegen 17.30 Uhr dem Haus in der Leipziger Straße näherte, in dem Schlesingers wohnten, hielt neben mir eine schwarze Staatskarosse, der gleich darauf Honecker persönlich entstieg. Er wirkte zögerlich, ja verunsichert, blieb neben dem Wagen kurz stehen und schaute die Fassade hoch, als sei er nicht ganz schlüssig, was er wolle. Er hielt eine Tüte englischer Drops wie einen Fremdkörper in der Hand. Dann setzte er sich in Bewegung, wir näherten uns fast Seite an Seite der Haustür. Ich war sicher, dass Honecker zu Schlesingers wollte. Ich wusste, dass nach der Biermann-Auslieferung prominente Schriftsteller von Politbüromitgliedern besucht worden waren, um über ihre Petition zu sprechen. Vor den Fahrstühlen stand eine kleine Gruppe Wartender. Honecker hielt Abstand. Er blieb in der Nähe der Haustür stehen, während seine Bodyguards sich neben den Fahrstühlen postierten. Als ein Fahrstuhl kam, stieg ich zuletzt ein. Ich sah Honecker an und forderte ihn auf mitzufahren. Er reagierte nicht. Eine Frau im Fahrstuhl wusste, dass Honeckers Tochter Sonja in diesem Haus wohnte, er war aber noch nie hier gesehen worden. Bei Schlesingers waren noch andere Unterzeichner des Briefes. Mein Bericht über das unerwartete Auftauchen des Staatsoberhauptes löste eine lebhafte Reaktion aus. Alle stürzten zum Balkon, um Honecker unten zu sehen. Eine offizielle Reaktion auf den Brief war noch nicht erfolgt. Vielleicht hatte Honecker sie ja heimlich in den Briefkasten gesteckt, als er allein geblieben war. Wir machten Witzchen, konnten die Sorgen aber nicht vergessen.

Ein paar Tage später begleitete ich Klaus zu einer Lesung nach Jena. Wir fuhren in seinem Auto. Wir waren schon eine Weile unterwegs, als sich plötzlich ein Kolben von der Lenkung löste. Glücklicherweise waren wir gerade nicht sehr schnell gewesen und konnten sofort halten. Wir schoben den Wagen auf den Bürgersteig und gingen die Schraube suchen. Wir fanden sie, aber nicht die passende Mutter. Ein Freund von mir, den ich mitgenommen hatte, konnte den Schaden mit einer Mutter aus der Werkzeugkiste relativ schnell beheben. Die Frage, wieso sich der Kolben gelockert hatte, blieb. Klaus Schlesinger hat später offen den Verdacht geäußert, dass sein Auto von der Staatssicherheit manipuliert worden war. Dies war eine durchaus übliche Methode, Oppositionelle, unbequeme oder lästige Mitwisser mittels Verkehrsunfällen aus dem Weg zu räumen. Jürgen Fuchs hat mehrere solcher Anschläge überstanden – einen nur durch ein Wunder, als die gesamte Familie von der Autobahn abkam und sich überschlug.

Am 9. Juni 1979 fand im Roten Rathaus in Berlin eine Versammlung des Berliner Schriftstellerverbandes statt, die den offenen Brief der acht zum Thema und ihre Entfernung aus dem Verband zum Ziel hatte. Am Abend dieses Tages hatte Bettina Wegner im Gemeindesaal der Pfingstgemeinde ein Konzert. Sie war von den Veranstaltern direkt vom Roten Rathaus abgeholt worden, wo die Versammlung noch lief. Bettina war sehr mitgenommen und zitterte, obwohl ihr die Ärztin im Roten Rathaus bereits ein Beruhigungsmittel gespritzt hatte. Sie gab mir ihre Mitschrift von der Versammlung zu lesen und danach verstand ich, warum sie sich in dieser Verfassung befand. Den Briefschreibern war von ihren Kollegen staatsfeindliche Hetze und Unterstützung von Kriegstreibern vorgeworfen worden. Das Protokoll las sich, als hätte die Versammlung im stalinistischen Moskau der Dreißigerjahre und nicht in Berlin am Ende der Siebziger stattgefunden. Bettina schenkte mir eine Rose, die ihrem Mann Klaus während einer Versammlungspause von einer Sympathisantin geschenkt worden war und die sie an jemand Würdigen weitergeben sollte. Dieses

Geschenk gehört zu den Begebenheiten meines Leben, die ich nicht missen möchte.

Die Nachricht von dem Verfahren gegen die Schriftsteller hatte so viele Menschen zur Pfingstkirche kommen lassen, dass der vorgesehene Raum nicht ausreichte und wir in eine andere Kirche umziehen mussten. Ich bewunderte Bettina, die eben noch hinter dem Vorhang gezittert hatte, aber dann auf der Bühne ihren Auftritt bravourös bestand. Mir fiel auf, dass sie viele Lieder anders sang als sonst, nachdenklicher, verhaltener, wehmütiger. Als ich sie am anderen Morgen besuchte, gestand sie mir, dass sie glaubte, nicht bis zum Ende zu kommen. Klaus Schlesinger sah grau und abgekämpft aus. 75 Prozent der Anwesenden hatten für den Ausschluss gestimmt. Nach diesem Ergebnis wollte auch Bettina nicht mehr Mitglied des Schriftstellerverbandes sein und schrieb dem Vorstand umgehend einen Brief, in dem sie ihren Austritt mitteilte. Es passte zur Stimmung des kalten Nieselregenvormittags, dass beide auf die Dauer keine Perspektive mehr für sich in der DDR sahen. Bettina hielt noch der Gedanke an ihre Eltern ab, auch wollte sie ihre Schwester nicht in der DDR zurücklassen. Und natürlich ihr Publikum. Das Publikum würde sie allerdings auch verlieren, wenn sie unter endgültiges Auftrittsverbot gestellt würde. Ich hatte einen schönen Strauß Rosen für Bettina gekauft. Mehr zu geben stand nicht in meiner Macht.

Nach der Maßregelung der Schriftsteller diskutierte ich mit meinen Freunden zum wiederholten Mal die Frage, welche Handlungsmöglichkeiten wir denn hätten, die wachsende Unterdrückung aller Andersdenkenden nicht einfach hinzunehmen. Die Stimmung war gespannt, manchmal genügte ein Funke, um eine Entladung herbeizuführen. Während wir noch diskutierten, hatten andere bereits gehandelt. Wenige Tage nach dem Ausschluss der Schriftsteller stand Thomas Klein am Abend vor meiner Tür. Ich hatte ihn bereits flüchtig bei Bettina Wegner kennen gelernt. Nun brachte er einen Brief an Erich Honecker, in dem Leser gegen die Schikanen, denen die Schriftsteller ausgesetzt waren, protestierten. Der Brief sollte außer an Honecker auch an das »Neue

Deutschland« geschickt und später einer westlichen Nachrichtenagentur übergeben werden. Ich wusste, dass sich mein Leben entscheidend verändern würde, wenn ich diesen Brief unterschrieb. Ich würde mich als Gegnerin des Systems zu erkennen geben. Für eine Mitarbeiterin der Akademie der Wissenschaften, die ich nach Beendigung meines Studiums 1975 geworden war, und Genossin würde das Folgen haben. Die Mischung aus Angst und Entschlossenheit, mit der ich den Brief unterschrieb, begleitete mich fortan bis zu meinem Rausschmiss aus der DDR.

Ich war vor allem deshalb zur Unterschrift bereit, weil ich glaubte, nicht mehr lange in der DDR sein zu müssen. Seit mehr als einem Jahr hatte ich einen holländischen Geliebten, einen Germanistikdozenten aus Amsterdam. Er hatte sich eines Tages, als ich mit einer Freundin in meinem Stammcafé Unter den Linden, heute Café Einstein, saß, einfach an unseren Tisch gesetzt und ein Gespräch begonnen. Er war mit seinen Studenten nach Berlin gekommen, denen er auch den Ostteil der Stadt zeigen wollte. Er hatte nicht viel Zeit, weil er mit seinen Studenten weiter musste. Mir war aber schon in der ersten halben Stunde klar geworden, dass es eine schmerzhafte, aussichtslose Liebe werden würde. Die Mauer war unausweichlich in mein Leben zurückgekehrt.

Wir trafen uns am nächsten Tag in einem der gähnend leeren Restaurants im »Palast der Republik«, wo ich für Dicks Devisen Lachs bestellte und Zander bekam, was mir gar nicht aufgefallen wäre, denn ich hatte beides noch nie gegessen, und wo wir nach dem Essen auf dem gepflegten Parkett einfach Rock'n'Roll tanzten. Die steinernen Mienen der Kellner verrieten nicht, wie sie unser Benehmen fanden. Das Personal war angehalten, die Extravaganzen von Devisenbringern gleichmütig zu ertragen. Kurz vor Mitternacht brachte ich Dick an die Grenze und erlebte den ersten einer Kette von schwer erträglichen Abschieden. Der Liebste verschwand im Vorhof mir unzugänglicher Regionen und ließ mich in dem unabweisbaren Gefühl zurück, in einem Gefängnis zu leben. Im Juni 1979 war ich längst so weit, dass ich dieses Gefängnis unter allen Umständen verlassen wollte. Ich sann über Fluchtmöglichkeiten in alle Himmelsrichtungen nach. In Ungarn war die Grenze zu Österreich wesentlich weniger bewacht als die Grenze in der DDR. In Bulgarien konnte man mit etwas Glück nach Griechenland oder in die Türkei gelangen. Dick las Artikel über die Fluchtmöglichkeiten, die die Flughäfen in Prag oder Budapest boten. Was ich allein gewagt hätte, wollte ich meinem kleinen Sohn nicht zumuten.

In einem Roman des DDR-Schriftstellers Karl-Heinz Jakobs, der nur im Westen erschienen war und den mir Dick über die Grenze geschmuggelt hatte, las ich, dass die Hauptheldin Antonia in Ungarn einfach losgerannt war, denn die österreichischen Berge lagen so nahe. Wenn sie nur etwas schneller gelaufen wäre, hätte sie es geschafft, aber so landete sie im Gefängnis. Ich beneidete sie trotzdem wegen ihrer Entschlossenheit, einfach alles auf eine Karte zu setzen. Ich konnte Gefängnis nicht riskieren. Ich wusste, dass Kinder von Eltern, die sich der versuchten Republikflucht schuldig gemacht hatten, zwangsadoptiert wurden. Selbst wenn ich das nicht befürchten musste, weil Philipps Vater sein Erziehungsrecht geltend gemacht hätte, wollte ich die Freiheit nicht mit dem Preis der Trennung von meinem Kind bezahlen. Als Dick und ich auf der Fahrt von Berlin nach Leipzig in einen Vorweihnachtsstau von Westberliner Fahrzeugen gerieten, entschieden wir, dass eine Flucht im Kofferraum wohl das Sicherste sei. Wir legten kommende Ostern als Fluchttermin fest, weil der Osterverkehr ähnlich dicht wie der Weihnachtsverkehr sein würde.

Wenn ich wollte, konnte ich schon die Tage zählen bis zum Verlassen des Landes. Gut, dass ich es nicht tat, denn Dick scheiterte vorerst bei der Suche nach einem Fluchthelfer. Im Juni war ich also immer noch in Berlin, hatte die Hoffnung aber noch nicht aufgegeben. Ich hatte etwas Geld gespart und war überzeugt, dass ich im schlimmsten Fall eine kurze Zeit der Berufslosigkeit bis zur Flucht überstehen konnte. Ein paar Wochen später wurde ein Kollege von Dick bei dem Versuch, eine Frau aus der DDR herauszuschmuggeln, verhaftet. Zwar kam er bald wieder frei, aber seine Ehre und seine Reputation waren ruiniert. Meinen Liebsten verließ der Mut, ich hatte keine Kraft mehr, den Schwebezustand der letzten Monate zu ertragen. Wir trennten uns. Aber als ich den Brief an Honecker unterschrieb und mich damit »outete«, war Dick noch dabei.

Zu meiner Überraschung reagierten die »Staatsorgane« zunächst gar nicht. Der Brief erschien im Westen, ohne größeres Aufsehen zu erregen, weil die Unterzeichner unbehelligt blieben. Die Staatssicherheit hatte aus ihren Fehlern nach der Biermann-Ausbürgerung gelernt.

Im August wurde ich zu meinem großen Erstaunen von meiner Institutsleiterin zum Weltkongress für Politikwissenschaften nach Moskau geschickt. Die Verblüffung war auch bei den Herren Professoren, die mit mir fuhren, groß. Ich war außer einer Dolmetscherin die einzige Frau der Delegation und die Einzige, die weder über höhere akademische Grade noch ein Institut verfügte. Dafür war ich neben einem Hallenser Ökonomieprofessor die Einzige, die in der Lage war, die englischen Papers zu lesen und der Diskussion zu folgen. Als ich aber mitzudiskutieren begann, wurde mir von unserem Delegationsleiter jede weitere Wortmeldung untersagt. Ich durfte mich auch nicht mit den anderen Konferenzteilnehmern unterhalten. Mit denjenigen, die ich bereits kennen gelernt hatte, musste ich mich heimlich treffen.

Da ich mich an der Konferenz nicht mehr beteiligen durfte, machte ich lange Ausflüge in die Stadt. Die Versorgungslage des Landes hatte sich in den letzten zehn Jahren keineswegs verbessert. Das Gold, das meine Eltern seinerzeit noch so eifrig aufgekauft hatten, war in die Devisenläden abgewandert. Den billigen Kaffee gab es nur noch auf Zuteilung, auch das russische Konfekt, das ich seit meinen Kindertagen so liebte, lag nicht mehr in den Regalen des Kaufhauses GUM. Wo ich vor zehn Jahren noch Ströme von Käufern und Händlern getroffen hatte, sah ich jetzt halb leere Gänge. Die unterirdischen Etagen waren ganz geschlossen. Die Schaufenster der Geschäfte an den Hauptstraßen waren spärlich dekoriert. Wo es etwas gab, bildeten sich lange Schlangen. Mit einem intellektuell aussehenden Vierziger, der mit einem Buch in der Hand wartete, kam ich ins Gespräch. Er war Literaturdozent an der Lomonossow-Universität und stand nach Toilettenpapier an.

Immerhin sollte es in Moskau Geschäfte geben, in denen regelmäßig seltene westliche Produkte verkauft würden. Um mir das anzusehen, fuhr ich in eine der riesigen Plattenbausiedlungen der Stadt. Die Fahrt mit der Metro dauerte fast eine Stunde. Als ich sie verließ, befand ich mich auf einer entmutigenden Freifläche, die von Hochhäusern umstellt war. Als ich nach fünf Minuten das erste Gebäude erreichte, gewahrte ich in der Ferne eine größere Menschenansammlung. Beim Näherkommen wurde diese Ansammlung zu einer 100 Meter langen, mehrere Menschenreihen breiten Schlange. Die Schlange endete in einem kastenförmigen Gebäude mit einigen kleinen Schaufenstern. Ich wollte wenigstens sehen, was das Ziel des stundenlangen Wartens dieser Menschen war. Ich drängte mich also an den Wartenden vorbei und betrat das Gebäude. Wegen der vielen Menschen, die vor dem Kassenbereich standen, war jedoch nichts zu sehen. Eine dicke Absperrkette verhinderte das Betreten des Verkaufsraumes. Es wurden nur so viele Menschen hineingelassen, wie an der Kasse abgefertigt worden waren. Auf der anderen Seite des Eingangsbereiches standen große Betonkübel mit übermannshohen Grünpflanzen. Ich ging zwischen den Kübeln hindurch und stand unerwartet im Allerheiligsten. Ich weiß nicht, was ich erwartet hatte, aber auf keinen Fall den Anblick, der sich mir bot. In den endlosen Regalen befanden sich zwei verschiedene grüne Plastikflaschen: Shampoo und Badegel, dann eine Dose mit Creme, alles Produkte aus Jugoslawien. Zum Teil waren die Sachen sehr verstaubt, man hatte sich beim Auspacken nicht die Mühe gemacht, sie abzuwischen. Sonst gab es nur ein paar Puppen und zwei Sorten Holzeierbecher und Salznäpfe. Das war alles. Ich versuchte gerade, mich von meinem Erstaunen zu erholen, als mich eine Frau aus dem Vorraum ansprach und mich bat, ihr etwas mitzubringen. Sie reichte mir gleich das Geld durch die Pflanzen. Als andere Frauen das bemerkten, entstand ein Gedränge. Mir streckten sich viele Hände mit Geldscheinen entgegen und ich erhielt Anweisungen, was für das Geld gewünscht wurde. Ich sammelte Shampoo, Gel und Creme ein, soviel ich konnte und kaufte schließlich sogar für mich etwas, obwohl ich das nicht vorgehabt hatte. Wie ich diese Transaktion zur vollen Zufriedenheit aller abwickeln konnte, ist mir heute noch unklar. Auf dem langen Rückweg zum Hotel hatte ich jedenfalls viel Stoff zum Nachdenken.

Beim Abschlussbankett des Kongresses durfte ich wieder dabei sein. Da meine Aufpasser ihre Aufmerksamkeit auf das Buffet konzentrierten, konnte ich mich sogar unbeobachtet bewegen und mit meinen Bekanntschaften aus Frankreich, England und Amerika plaudern. Viele hatten nicht gleich begriffen, dass ich aus der DDR kam und was das bedeutete. Unsere Delegation war nicht in Erscheinung getreten. Das Verbot, spontane Diskussionsbeiträge zu halten, galt offenbar für alle. Ich hätte den Rest des letzten Abends gern mit einem amerikanischen Politologen verbracht, der als Soldat in Weimar gewesen war und dessen jüdische Vorfahren aus Galizien stammten, aber die Professoren befahlen mir, mitzukommen, als sie das Bankett verließen.

So musste ich mir noch stundenlang Geschichten über die Erlebnisse von Reisekadern ins feindliche westliche Ausland anhören. Die Geschichten waren banal und wurden nur erzählt, um zu demonstrieren, wo der Erzähler überall gewesen war. Natürlich wurde auch Amsterdam erwähnt. Als ich Fragen stellte, merkte ich, dass ich die Stadt besser kannte als die Herren, die sie bereits gesehen hatten. Ich war bemüht, mir nicht anmerken zu lassen, welche Qual es mir bereitete, ihnen zuhören zu müssen. Als ich mich unter dem Vorwand müde zu sein verabschiedete, ließ man mich nicht allein zu meinem Zimmer gehen, weil der Delegationsleiter sichergehen wollte, dass ich mich nicht heimlich mit dem Klassenfeind traf, den man, wie ich in Moskau feststellen konnte, deshalb so verbissen bekämpfte, weil er so beneidet wurde. Wer als Reisekader zum heimlich bewunderten Gegner reisen durfte, fühlte sich als eine besondere Kategorie Mensch: Er durfte etwas tun, was den meisten Mitbürgern versagt war. Auch wenn die Prozeduren, denen man sich unterwerfen musste, um ins kapitalistische Ausland reisen zu dürfen, regelrecht entwürdigend waren – bis hin zu der Ungewissheit bis zur letzten Minute, ob die Reise auch wirklich stattfinden würde –, nahm es jeder in dem Bewusstsein, auserwählt zu sein, auf sich. Je länger die DDR bestand, desto mehr wurde das Reisendürfen zur Obsession. So waren viele, die sich nicht für Geld oder Karriere verkauft hätten, für die Möglichkeit, reisen zu können, dazu bereit. Als einzigem Nicht-Reisekader der Delegation wurde mir verächtlich Mitleid entgegengebracht, was sich freilich mit dem Irrtum paarte, dass Reisekadersein an sich auch sexuell attraktiv machte. So war mir wenigstens die Genugtuung gegeben, mich durch Zurückweisung der sexuellen Avancen einiger Delegationsmitglieder rächen zu können.

Solange ich in Moskau war, hatte ich nichts von den Ereignissen in Berlin gehört. So war ich erleichtert, als ich im Institut ganz normal empfangen wurde. Ich setzte mich ans Telefon, um zu erfahren, wie es meinen Mitunterzeichnern ergangen war. Das Leben war so normal weitergegangen, dass uns die Spannung, die wir spürten, allmählich absurd erschien. Es dauerte dennoch einige Zeit, bis sie nachließ. Die Haussuchungen und Festnahmen begannen Wochen später. Bei mir kündigten sich die Ereignisse durch einen Besuch meiner Mutter an. Völlig verängstigt erzählte sie mir von dem Besuch eines »Genossen«, der meinen Eltern nahe legte, ihre Tochter zu bewegen, sofort ihre Verbindungen zu den staatsfeindlichen Elementen abzubrechen. Meine Mutter beschwor mich also weinend, meine Mitunterzeichner nicht mehr zu treffen. Das konnte ich ihr nicht versprechen. Welche Maßnahmen gegen mich geplant waren, konnte mir meine Mutter nicht sagen, allerdings ließen die Andeutungen, in denen sich der »Genosse« ergangen hatte, nichts Gutes ahnen. Wie sich zwei Tage später herausstellte, hieß die »Maßnahme« in meinem Fall verschärfte »Aussprache« mit dem Institutsdirektor, dem Parteisekretär und einem Mitglied der Kreisparteileitung. Allerdings ging es nicht um meine Unterschrift, sondern um meine Haltung zur Parteipolitik im Allgemeinen und mein »Fehlverhalten« in Moskau im Besonderen, was die Herren auch als »illegale Kontaktaufnahme zu Personen aus dem kapitalistischen Ausland« bezeichneten. Und ein weiteres Vergehen von mir kam zur Sprache. Ich hatte mich mit meinem holländischen Geliebten in Danzig getroffen, nachdem er keine Einreiseerlaubnis in die DDR mehr erhalten hatte. Auf dem Rückweg hatte ich Sebastian Haffners »Anmerkungen zu Hitler« bei mir, das ich mir gewünscht hatte. Prompt wurde ich vom Zoll gefilzt und das Buch beschlagnahmt. Ich diskutierte stundenlang mit den verschiedenen Zollbeamten an der polnischen Grenze, weil ich das Buch nicht verlieren wollte. Ich behauptete, es dringend für meine wissenschaftliche Arbeit zu brauchen. Tatsächlich passte es in mein damaliges Projekt. Ich hätte dem Institut die Devisen für die Anschaffung ersparen wollen und das Buch deshalb privat besorgt. Es wäre schon länger in meinem Besitz. Ich hätte es wegen der langen Zugfahrt als Lektüre mit nach Polen genommen. Tatsächlich hatte mein langes Reden Erfolg. Mein Vergehen hatte vor Ort, außer dass ich zwölf Stunden auf den nächsten Zug warten musste, keine weiteren Konsequenzen. Der Zoll behielt zwar das Buch, stellte aber in Aussicht, dass mein Institut die Herausgabe beantragen könne. Prompt stellte ich, nach Berlin zurückgekehrt, einen entsprechenden Antrag, den ich von meiner Chefin, die mir stets gewogen war und, obwohl treue Genossin, viel Verständnis für mich aufbrachte, unterschreiben ließ. Dann hörte ich nichts mehr von dieser Angelegenheit bis zu jener »Aussprache«, in der die Buchgeschichte als weiteres Indiz meiner mangelnden Loyalität gegenüber der Politik der Partei gewertet wurde. Ich verteidigte mich offensiv, ohne etwas von dem preiszugeben, was sie von mir hören wollten. Ich vermittelte meinen Gesprächspartnern jedenfalls nicht das Gefühl, dass ich mich einschüchtern ließ. Sie merkten mir wohl nicht an, dass ich alle meine Kraft brauchte, meine Angst nicht zu zeigen. Die Aussprache endete mit einer mündlichen Verwarnung. Ich solle mir in Zukunft genau überlegen, was ich täte und mit wem ich Umgang hätte. Ich versprach, genau das zu tun.

Ich war relativ glimpflich davongekommen, wie andere Unterzeichner, bei denen es ebenfalls nur »Aussprachen« an der Arbeitsstelle gab. Aber nicht allen erging es ebenso gut. An jenem Tag brachte ich meinen Sohn sicherheitshalber zu seinem Vater und fuhr zu Thomas Klein, der damals am häufigsten bei seiner Freundin Jutta Braband anzutreffen war. Thomas war nicht da, Jutta war wie üblich mit ihren Modekreationen beschäftigt. Nebenbei rührte sie Naturkosmetikpräparate an, die sie an sich und ihren Freundinnen ausprobierte. Ihre kreative Idylle schien so unzerstörbar, dass ich mir hysterisch vorkam, als ich ihr von den Warnungen meiner Mutter erzählte. Ich sagte trotzdem, dass sie sich in den nächsten Tagen jeden Schritt genau überlegen solle. Jutta gab sich ruhig und überlegen. Sie meinte, alles im Griff zu haben. Zwei Tage später wurde sie verhaftet. Sie hatte, wenn ich mich recht erinnere, einem guten Bekannten ein Tonband nach Westberlin zur Reparatur mitgegeben. Als sie einen Brief dieses Bekannten in ihrem Postkasten fand, in dem sich ein Schließfachschlüssel befand, da der Bekannte das Tonband am Ostbahnhof deponiert hatte, weil er Jutta zu Hause nicht angetroffen hatte, schöpfte sie keinen Verdacht. Sie fuhr zum Ostbahnhof, schloss das Gepäckfach auf, in dem sie außer dem Tonband auch eine Plastiktüte fand. In der Tüte befanden sich Materialien einer Westberliner Organisation. Sie erkannte, dass sie in die Falle gegangen war. Im gleichen Augenblick nahm die Staatssicherheit sie fest. Thomas Klein wurde kurz darauf verhaftet. Jutta wurde zu einem Dreivierteljahr, Thomas zu anderthalb Jahren Gefängnis verurteilt.

Der Prozess fand so spät statt, dass Jutta nach dem Urteil nicht mehr in den Strafvollzug kam, sondern den Rest ihrer Strafe in der Untersuchungshaftanstalt Hohenschönhausen absaß. Als sie wieder rauskam, hörte ich zum ersten Mal von den dortigen Haftbedingungen. Jutta musste sich an Farben und Geräusche erst wieder gewöhnen. Ungewöhnlich fand ich schon damals, dass sie freiwillig in Isolationshaft geblieben war, weil sie keine Zellengefährtin ertragen wollte. So hat sie niemand im Gefängnis gesehen, denn in Hohenschönhausen begegnet, wie ich Jahre später selbst feststellen konnte, ein Gefangener niemals einem anderen Gefangenen. Nach ihrer Haft standen Jutta die Türen und Herzen aller oppositionellen Schriftsteller im Lande offen, was sie weidlich nutzte.

Als sie viele Jahre später ihr Mandat als Bundestagsabgeordnete der PDS sehr schnell niederlegte, blieb deshalb die Frage, ob sich ihre Tätigkeit als Inoffizielle Mitarbeiterin der Staatssicherheit tatsächlich auf die Zeit vor diesen Ereignissen beschränkte. Thomas Klein kam nach seiner Verurteilung in die Strafvollzugsanstalt Bautzen, von wo er einmal im Monat einen einseitigen Brief schickte, in dem er beschrieb, dass er auch hinter Gittern zwischen allen Stühlen saß. Er lehnte es ab, nach seiner Haft in den Westen freigekauft zu werden, und nahm, als er zurückkam, sein altes Leben wieder auf. Er fuhr auf seinem Motorrad zwischen seinen verschiedenen Frauen hin und her, transportierte Nachrichten und Papiere, in denen die Verbesserung des Sozialismus eingefordert wurde. Seine akademische Karriere als promovierter Mathematiker war ein für alle Mal beendet. Ihm wurde eine Arbeitsstelle in einem Möbelkombinat zugewiesen, die ihn für acht Stunden am Tag an einem Ort festhielt, bis es ihm gelang, auch von dort ab und an zu entwischen. Thomas glaubte fest an die revolutionäre Kraft der Arbeiterklasse und träumte nach der Gründung von »Solidarność« in Polen von einer Gewerkschaftsbewegung in der DDR. Tatsächlich soll es wirklich kleine gewerkschaftliche Zirkel gegeben haben, so wie es Parteizirkel gab, die unermüdlich Verbesserungsvorschläge für das sozialistische System entwarfen. Allerdings waren diese Gruppen so geheim, dass die Öffentlichkeit nie etwas von ihnen erfuhr. Ich wurde selbst einmal von einem Freund angesprochen, in einem geheimen Zirkel mitzuarbeiten, der sich um einen ehemaligen Bautzen-Häftling gebildet hatte. Mich langweilten die theoretischen Diskussionen schon beim ersten Mal. Das konspirative Gehabe fand ich eher lächerlich. Ich wollte mich nicht verstecken. Wir hatten in den literarischen Veranstaltungen schon offenen Widerstand geprobt. Dahinter wollte ich nicht mehr zurück. Andere auch nicht.

Während immer häufiger Veranstaltungen in Jugendklubs und Kulturhäusern abgesagt wurden, blühte die Wohnzimmerkultur auf. In Privaträumen entstanden Galerien und literarische Salons. Die bestbesuchten Lesungen fanden bei dem Liedermacher Eckhard Maaß statt. Wenn er einlud, kam alles, was in der Literatur Rang und Namen hatte und wagte, sich in Dissidentenkreisen sehen zu lassen.

Auf einer dieser Veranstaltungen gab Sascha Anderson sein Debüt, der später als Kopf der Prenzlauer-Berg-Lyriker zu einer gewissen Berühmtheit gelangte. Anderson war in Literaturkreisen schon lange ein Begriff, in Dresden hatte er bereits eine größere Fangemeinde. Seine Gedichte galten als genial, seine selbst herausgegebenen Lyrik-Grafik-Bände als Kostbarkeiten. Entsprechend groß war der Andrang bei seinem Auftritt. Es waren nicht nur Junglyriker, wie Uwe Kolbe und Bert Papenfuß, sondern auch etablierte Autoren, wie Adolf Endler, Elke Erb und Rainer Kirsch, der darauf bestand, nicht nur der erste Ehemann, sondern der Entdecker der Lyrikerin Sarah Kirsch gewesen zu sein. Schließlich erschien sogar Heiner Müller in Begleitung seiner schönen bulgarischen Frau. Ich wurde auf seine Ankunft aufmerksam, als der Hausherr Eckhard Maaß versuchte, mich von meinem angestammten Platz auf der Ofenbank zu verscheuchen, um Müller dort zu platzieren. Aber Müller winkte ab und setzte sich bescheiden in eine Ecke. Um erst gar keine Verlegenheit aufkommen zu lassen, ließ er als Erstes eine Flasche Nordhäuser Doppelkorn kreisen, die er mitgebracht hatte. Kurz danach zog Rainer Kirsch eine Flasche Bordeaux aus seiner Aktentasche. Er trank ein paar Schlucke, und verstaute die Flasche wieder sorgfältig in seiner Tasche. Offenbar befürchtete er Übergriffe auf sein Devisengetränk.

Sascha Anderson inszenierte seine Auftritte stets sorgfältig. Er war immer in eine schwarze Kordjacke gekleidet, die an mehreren Stellen abgeschabt war. In den ausgebeulten Taschen steckten in Packpapier gebundene Lyrikbände. Die herabgezogenen Schultern, der leicht vorgebeugte Kopf, die blinzelnden Augen hinter der Nickelbrille und das effektvoll verwuschelte Haar gaben seinem Äußeren etwas Hilflos-Intellektuelles, fast Ätherisches. Und dann der nur halb verständliche dissidentische Wortsalat. Das Publikum war hingerissen. Ich mochte ihn vom ersten Augenblick an nicht. Ich spürte die Berechnung und war verärgert. Ich konnte die Begeisterung über die Prenzlauer-Berg-Lyriker in der Folge nie teilen, obwohl auch ich nach dem Mauerfall von der Entdeckung überrascht wurde, dass Sascha Anderson und andere aus diesem Kreis für die Stasi gespitzelt hatten. »Was den Menschen geschieht, geschieht auch bald den Worten«, deklamierte Anderson an jenem Abend. Damals wunderte ich mich über die Verdrehung, heute frage ich mich, ob es ein subtiler Hinweis war auf seine Gewohnheit, Freunde zu verraten und dann Berichte über sie zu schreiben.

Wer heute von der Wohnzimmerkultur der DDR schwärmt, sie gar als Beleg für die angebliche »größere Nähe und Wärme« des DDR-Systems hält, vergisst, dass es sich um eine Art geschlossene Gesellschaft handelte. Wer ein paar Mal die Vernissagen in der »Galerie Schweinebraden«, die Lesungen bei Eckhard Maaß, die Happenings des Aktionskünstlers Reinhard Zapka besucht hatte, kannte die ganze Szene. Dementsprechend drehten sich die Diskussionen bald im Kreis, Impulse von außen waren eher selten. Die doppelte Einmauerung verengte allmählich den Horizont. Selbst diejenigen, die nach und nach in den Westen gingen, blieben zum größten Teil an der anderen Seite der Mauer kleben.

Als Antwort auf die Staatskunst, die von Parteigeldern lebte und im Geist und Geschmack der Auftraggeber vor allem politische Botschaften vermittelte, entstand eine Dissidentenkunst, die wesentlich davon lebte, mehr oder weniger versteckt Gegenbotschaften zu transportieren. Das zog sich durch alle Bereiche: Kein Buch, keine Theaterinszenierung, kein Film, kein Werk der bildenden Kunst kam ohne die eine oder andere Botschaft aus. Mit der Zeit geriet das zur Manie. Man ging ins Theater, um in Gesten, Gängen, Haltungen, in der besonderen Betonung von Wörtern oder Zeilen Spitzen gegen die Staatsmacht zu genießen. Selbst wenn

Eberhard Esche »Deutschland ein Wintermärchen« las, musste er das animiert lachende und klatschende Publikum ab und zu darauf hinweisen, dass es sich nicht um einen modernen Regimekritiker handelte. Anfangs machte es mir Spaß. Ich glaubte, einen doppelten Genuss zu erleben – den des Kunstwerkes und den der versteckten Botschaft. Aber irgendwann merkte ich, dass die Kunst auf diese Weise kaputt gemacht, ja eigentlich pervertiert wurde, bis zu einem Grad, dass aus Kunst Polit-Agitprop wurde: staatstragender oder dissidentischer Natur.

Am Ende langweilte es mich, in jeder neuen Inszenierung die alten Gags in kaum verwandelter Form wieder zu finden. Nachdem es der Berliner »Volksbühne« 1976 gelungen war, eine Schauspielerin mit entblößten Brüsten auf die Rampe zu stellen, und das Stück trotz heftiger Diskussion im Partei-Altherrenzirkel weitergespielt werden durfte, zogen alle anderen Theater nach. Bald gab es keine Inszenierung mehr ohne nackte weibliche Ober- oder Unterleiber, bis man im Theater Potsdam ein Stück von Anfang bis Ende von nackten Mimen spielen ließ. Sex und Polit-Agitprop sind aber eine besonders tödliche Mischung für die subtileren Inhalte von Kunst. So wie Sex jegliche Erotik tötet, denn Erotik ist nie direkt, sondern immer »dessous«, so tötet Polit-Agitprop das eigentliche Anliegen des Autors. Was Euripides mit seinen »Troerinnen« oder auch nur Strindberg mit »Fräulein Julie« sagen wollte, war in DDR-Inszenierungen kaum noch zu erkennen.

Wer sich erinnert, wie in der DDR Theater gespielt wurde, war über die Krise der meisten Bühnen nach dem Mauerfall nicht verwundert. Mit dem Film sah es etwas besser aus. Die DEFA machte eine Reihe meisterhafter Literaturverfilmungen. Ob »Lotte in Weimar«, »Die Leiden des jungen Werther«, »Effi Briest« oder die »Wahlverwandtschaften«, die ich heute noch für besser halte als die Hollywood-Version. Daneben gelangen selten gute Filme. Auch war die Fluktuation unter den guten Schauspielern aus unterschiedlichen Gründen besonders hoch – Katharina Thalbach, Manfred Krug, Angelica Domröse, Armin Müller-Stahl, die Reihe ließe sich fortsetzen. Auch die Literaten verließen in immer dichterer Folge das Land, ob mit DDR-Pass wie Jurek Becker oder ohne.

Günter Kunert ging, bald nachdem er erfahren hatte, dass seine Bücher aus den Bibliotheken entfernt und mit einem Stempel auf dem Deckblatt dem Reißwolf übergeben worden waren. Ein Unbekannter, der an der Aktion mitwirken musste, hatte Kunert ein gestempeltes Buch geschickt. Kunert stellte den Kulturminister Klaus Höpcke zur Rede, der die Aktion bestätigte. Während sich die »Maßnahmen« bei einem international bekannten Schriftsteller wie Günter Kunert »nur« gegen seine Bücher richteten, wurden weniger Bekannte wie der Lyriker Reiner Kunze persönlich schikaniert, was oft die ganze Familie einbezog. Die Gründe jedes Einzelnen, aus der DDR wegzugehen, waren mehr als verständlich. Trotzdem fühlten sich die Zurückbleibenden auf schwer zu beschreibende Art und Weise betrogen, ja verraten. Die Intoleranz gegenüber den Ausreisenden war das deutlichste Zeichen für die Provinzialität der DDR-Verhältnisse. Tschechien, Ungarn, Polen hatten ein entspanntes Verhältnis zu ihren Emigranten. Wer dagegen die DDR verließ, galt als Ausgestoßener. Ich sollte das später selbst zu spüren bekommen. Umgekehrt konnten sich viele der Weggegangenen geistig nicht von der DDR lösen und kamen schlecht mit ihren neuen Lebensumständen zurecht. Besonders Schriftsteller, wenn sie nicht wie Jurek Becker die Chancen, die sich ihnen boten, ergriffen, litten unter ihrem Bedeutungsverlust. Während in der DDR jeder dissidentische Satz, jede Andeutung von Regimekritik, wie moderat auch immer, Aufsehen erregte und wochenlang Gesprächsstoff lieferte, landeten viele der Bücher, die in der DDR Beachtung fanden, im Westen binnen kurzem in der Grabbelkiste. Offensichtlich stieß die Beschreibung der DDR-Verhältnisse schon im anderen Teil Deutschlands auf wenig Interesse, geschweige denn darüber hinaus. Ausnahmen wie Ulrich Plenzdorfs »Neue Leiden des jungen Werther« bestätigen die Regel. Plenzdorf beschrieb zwar eine Geschichte, die in der DDR spielte, aber ort- und zeitlos war wie alle gute Kunst.

»Überspitzungen«

Neben dem Dauerkonflikt mit ihren Künstlern hatte die DDR in den späten Siebzigerjahren noch ganz andere Probleme. Es zeigte sich, dass die Partei- und Staatsführung beim Versuch, diese Probleme zu bewältigen, kopf- und konzeptlos reagierte. Vor allem machte ihr die bedarfsgerechte Versorgung ihrer Bevölkerung zu schaffen. Immer wieder traten Mängel im Konsumgüterangebot auf. Um die auszugleichen, wurde auf heillos überteuerte Importe zurückgegriffen.

Eines Tages stand ich bei einem meiner Einkaufsstreifzüge einigermaßen fassungslos vor den Neueingängen im »Exquisit«-Modegeschäft »Unter den Linden«. Die Kleider kosteten über 700 Mark, die Mäntel noch mehr. Mein Monatseinkommen als wissenschaftliche Mitarbeiterin der Akademie der Wissenschaften betrug gerade 875 Mark. Natürlich gibt es auch in der Marktwirtschaft Angebote, die im Preis dem Durchschnittseinkommen entsprechen oder gar darüber liegen. Aber diesen Designer-Artikeln steht ein reichhaltiges Angebot in allen anderen Preisklassen gegenüber. Das war in der DDR nicht der Fall. Wer einigermaßen modisch gekleidet sein wollte, war auf Westpakete, gute Beziehungen, handwerkliches Geschick als Eigenproduzent oder eben auf die »Exquisit«-Geschäfte angewiesen. Als kurz darauf Fahrräder angeboten wurden, die mehr kosteten, als die DDR-Bürger durchschnittlich im Monat verdienten, war die Volksseele kurz vor dem Überkochen. Ebenso schnell, wie sie erschienen waren, verschwanden die teuren Artikel wieder aus den Geschäften und in den Zeitungen war von »Überspitzungen« die Rede, die nunmehr korrigiert wären.

Dafür wurde es üblich, dass gängige Produkte selten wurden oder ganz aus dem Angebot verschwanden und dafür angeblich

»hochwertigere« Erzeugnisse in neuer Verpackung zu höheren Preisen auftauchten. Bei dieser staatlichen Preistreiberei spielten die »Delikat«-Läden, die eingerichtet worden waren, um Importlebensmittel teuer zu verkaufen, eine Vorreiterrolle. Hier wurden Käse- und Wurstsorten angeboten, die aus dem »kapitalistischen Ausland« stammten und vier- bis fünfmal teurer waren als das Einheitsangebot in der HO-Kaufhalle. Nach und nach wurden in diesen Läden DDR-Produkte in Export-Aufmachung angeboten. Nachdem sich die Leute an die neuen Preise gewöhnt hatten, erschienen diese Waren in den HO-Kaufhallen, wo sie den Platz der verschwundenen billigen Erzeugnisse einnahmen.

Dass es sich mit guten Beziehungen zu einer Verkäuferin wesentlich besser lebte, erfuhren mein Sohn Philipp und ich, als sich die Gemüsefrau von der gegenüberliegenden Straßenseite dazu entschloss, uns unter ihre bevorzugten Kunden einzureihen. Von da an bekamen wir die begehrten Bananen, Navel-Orangen und Mandarinen, ohne uns anstellen zu müssen. Es war für mich eine erhebliche Erleichterung, nicht immer nach den begehrten Südfrüchten fahnden zu müssen. Leider starb unsere Wohltäterin schon ein Jahr später, wodurch das einzige Versorgungsprivileg, das wir je in der DDR genossen hatten, wieder verschwand. Der Winter 1978/79 stellte die DDR vor eine harte Bewährungsprobe, bei der sie prompt versagte. In den vergangenen Jahren war sie mit milden Wintern verwöhnt worden. Allmählich war in Vergessenheit geraten, dass es in unseren Breitengraden durchaus auch zu längeren Frostperioden kommen kann. Als sich dann zum Jahreswechsel bis tief in den Januar hinein die Temperaturen um die minus acht Grad einpendelten, zeigte sich die sozialistische Volkswirtschaft der moderaten Kälte nicht gewachsen. Die Braunkohlenproduktion stockte und kam immer wieder ganz zum Erliegen.

Da das Land über keinerlei Reserven mehr verfügte – die so genannte Staatsreserve war, wie es mein Lehrer Gerd Irrlitz 1976 bereits vorausgesagt hatte, längst aufgebraucht –, konnten Betriebe und Institutionen nicht mit ausreichend Brennmaterial versorgt werden. Erst wurde die Produktion gedrosselt, dann in manchen

Betrieben ganz eingestellt. Die Arbeiter wurden mit der Wartung und Pflege der Anlagen beschäftigt und schließlich nach Hause geschickt, wenn sich keine Beschäftigung mehr fand. Die Angestellten wurden verpflichtet, auf den Straßen, die von der Stadtreinigung nicht mehr geräumt werden konnten, weil Benzin gespart werden musste, Schnee und Eis mit Hacken und Schaufeln zu Leibe zu rücken.

An einem Morgen Anfang Januar 1979 sah ich die Beamten der Weißenseer Kommunalverwaltung, genannt Rat des Stadtbezirkes, auf der Klement-Gottwald-Allee in Anzug und Mantel Eis kratzen. Die Anweisung war für sie offenbar so überraschend gekommen, dass sie sich mit ihrer Kleidung nicht auf die ungewohnte Arbeit hatten einstellen können. Schon am nächsten Tag war die Truppe passender gekleidet. Ich habe vergessen, wie viele Tage diese Büromenschen Frondienste zur Aufrechterhaltung von Ordnung und Sicherheit leisten mussten. Es dürfte sich um ein bis zwei Wochen gehandelt haben. Mir blieben solche Einsätze glücklicherweise erspart. Als dem Akademieinstitut die Kohlen ausgingen, wurde kurzerhand Heimarbeit angekündigt. Nur montags mussten wir unweigerlich erscheinen, wegen der allwöchentlichen Parteiversammlung, die auch im härtesten Winter nicht ausfallen durfte. Während draußen die Straßenbeleuchtung in den Nebenstraßen ausging und nach Theater, Kinos auch die meisten Gaststätten geschlossen wurden, während sich das Angebot in den Kaufhallen rapide verschlechterte, wobei besonders die Gemüseregale gähnend leer waren, bemühten sich die Genossen, die alltägliche Misere zu erklären. Dabei erlebten wir einen ganz normalen Winter – unnormal war jedoch das Versagen der gesamten Wirtschaft. Nach der landesweiten Anordnung, dass in den noch arbeitenden Institutionen keine Heißwasserbereiter mehr betrieben werden durften, die auf 16 Grad Celsius abgesenkte Raumtemperatur aber schwer zu ertragen war für Leute, die mehr als acht Stunden sitzend ihrer Arbeit nachgehen mussten, kam es an manchen Stellen zur offenen Rebellion. In ihrer Not wandte sich die Partei- und Staatsführung an den Klassenfeind – und wie so oft wurde sie errettet. Die DDR bezog Ruhrkohle und konnte damit ein größeres Desaster verhindern. Selbst in den sozialistischen Einzelhandel gelangte Steinkohle, was die Kohlenhändler der Republik kurzzeitig zu begehrten »Beziehungspersonen« werden ließ. Wer seinem Kohlenhändler etwas bieten konnte, bekam statt Braunkohlenbriketts die Ruhrprodukte und musste weniger heizen. Für viele Heizungsanlagen kamen die staatlichen Maßnahmen zu spät. Sie waren bereits eingefroren und mussten nach dem Auftauen erst repariert werden. Als die Kältewelle vorüber war, stellte sich heraus, dass die Folgeschäden noch größer waren als die unmittelbaren volkswirtschaftlichen Verluste.

Es gelang nicht mehr, das Desaster zu bagatellisieren. In einer »Parteiinformation«, die auf allen SED-Versammlungen landauf, landab verbreitet wurde, hieß es, dass die Reparaturkosten bis mindestens 1985 keine Investitionen in die Volkswirtschaft mehr erlauben würden, an neue Forschungsvorhaben sei vor 1989 nicht mehr zu denken. Alle geplanten Neu- und Erweiterungsbauten für wissenschaftliche Institute waren bis auf weiteres zugunsten der Wohnungsbauprogramme gestoppt worden. Auch beim Wohnungsbau wurde seit dieser Zeit massiv gespart, sodass die Qualität der Wohnungen immer schlechter wurde, je mehr die DDR sich ihrem Ende näherte. Tatsächlich hat sich die DDR wirtschaftlich von diesem Debakel nie erholt. In Anbetracht dessen gehört es schon zu den beachtenswerten propagandistischen Leistungen, dass es der DDR bis 1989 gelang, als zehntstärkste Industriemacht der Welt zu gelten. Im Spätherbst 1989 räumte die Regierung Krenz ein, dass der zehnte Platz auf der Weltrangliste der Industrienationen wohl nicht realistisch sei, aber immerhin befände man sich auf Platz 16.

Eher wohl noch weiter unten. Zu den weitgehend unbekannt gebliebenen Tatsachen gehört, dass die DDR-Wirtschaft am Ende war, als die Mauer fiel. Seit Mitte der Siebzigerjahre wurde immer augenfälliger, was im ersten wahrheitsgetreuen Wirtschaftsbericht vom DDR-Planungskommissionschef Gerhard Schürer vom Oktober 1989 stand: Industrie und Landwirtschaft produzierten mit veralteten Produktionsmitteln (in der Industrie 50 Prozent, in der Landwirtschaft 65 Prozent), die Bausubstanz der Städte verfiel zusehends. Bis zum Ende ihrer Tage gelang es der DDR nicht, ihr Wohnungsproblem zu lösen. Während fieberhaft neue Wohnungen auf der grünen Wiese und auf abgerissenen Altstadtquartieren gebaut wurden, mussten immer mehr Altbauwohnungen geräumt werden, weil sie wegen nicht erfolgter Instandsetzung nicht mehr bewohnbar waren. Wie wenig aussichtsreich der Kampf selbst um geringfügige Reparaturen war, erlebte ich, nachdem ich am Pankower Amalienpark eine zauberhafte Dachwohnung bezogen hatte. Beim Einzug war mir ein kleiner Wasserfleck an einer Gaupe aufgefallen. Beim Nachsehen stellte ich fest, dass sich ein paar Ziegel gelockert hatten und verrutscht waren. Ich meldete den Schaden der Kommunalen Wohnungsverwaltung und war überzeugt, dass er schnell behoben werden würde. Dem war nicht so. An Selbsthilfe war nicht zu denken. Ich hatte nach einigem Suchen zwar einen Dachdecker gefunden, der für 100 Mark bereit war, die kleine Reparatur auszuführen. Der Chef unserer sozialistischen Hausgemeinschaft, die in jedem Mietshaus der DDR existierte, erhob Einwände. Er teilte mein Vorhaben umgehend der Wohnungsverwaltung mit, und die gab mir wiederum zu verstehen, dass ein »Übergriff« meinerseits auf das Dach als »Beschädigung sozialistischen Eigentums« angesehen werden und entsprechend geahndet würde. Also musste ich tatenlos zusehen, wie sich der Schaden zusehends vergrößerte. Zum Schluss löste sich die Tapete von der Decke und ich musste bei Regen einen Eimer unter das Loch stellen. Als die Gaupe nach Jahren endlich repariert wurde, mussten teilweise angefaulte Balken ausgewechselt werden. Die Reparatur, die anfangs vielleicht 100 Mark gekostet hätte, belief sich jetzt auf mehrere Tausend Mark. Nach dem Mauerfall war für viele Menschen aus dem Westen unverständlich, dass bewohnte Häuser in solche Stadien des Zerfalls hatten geraten können, wie sie in den Städten und Dörfern der DDR zu besichtigen waren. Es lag aber weniger an der Gleichgültigkeit und der Faulheit ihrer Bewohner, als an einer Bürokratie, die jede Eigenständigkeit erstickte, weil sie selbst solche Aktivitäten als gefährlich ansah, die dem Staat genutzt hätten. Aber es lag auch nicht nur an der Unfähigkeit der Verwaltung, dass dringend notwendige Renovierungen nicht ausgeführt wurden. Es herrschte Material- und Handwerkermangel. Das Gros der DDR-Handwerkerschaft war mit der Reparatur der volkseigenen Industrie beschäftigt, dorthin floss bevorzugt Material. Die Wohnungsverwaltungen standen oft vor dem Problem, dass Material verfügbar war, aber keine Handwerker oder umgekehrt.

Es kostete viel Zeit und Kraft, die eigene Altbau-Wohnung instand zu halten. Deshalb waren Neubau-Wohnungen so beliebt. Wer den eigenen Kampf um Handwerker satt hatte, zog in einen Plattenbau. Auf diese Weise wurden traumhaft schöne Wohnungen frei, die mit Vorliebe von Intellektuellen bezogen wurden. Da die Mieten niedrig waren, spielte die Quadratmeterzahl keine Rolle. Der große Nachteil war, dass die meisten Altbau-Wohnungen nur über Ofenheizung verfügten. Wer vier oder fünf Zimmer hatte, musste entsprechend viele Öfen heizen. Im »Katastrophenwinter« 1978/79 bekamen all jene Schwierigkeiten, die nicht über einen ausreichenden Kohlevorrat verfügten. So konnte es passieren, dass man von einem kalten Büro abends in eine kalte Wohnung kam. Strombetriebene Heizgeräte zu benutzen wurde auch für Privatwohnungen verboten. Hinzu kamen die Stromabschaltungen, die sich mit Gasabschaltungen abwechselten. Sie wurden nicht angekündigt. Als das Licht abends öfters auszugehen begann, wurden auch Kerzen knapp. Jeder legte sich einen Vorrat davon zu, um abends nicht zu oft im Dunkeln sitzen zu müssen.

Zu der instabilen wirtschaftlichen Lage passten die außenpolitischen Unwägbarkeiten. Kaum ein Jahr, nachdem der chinesisch-vietnamesische Krieg endlich beendet war, wurde Afghanistan von der Sowjetunion überfallen. Obwohl beide Ereignisse in entfernten Weltgegenden stattfanden, die DDR-Bürgern ohnehin verschlossen waren, beunruhigten sie die Menschen zutiefst. Sozialismus ist gleich Frieden. Das wurde nicht nur in der Schule gelehrt, sondern das war Kernstück der täglichen Propaganda. Nun führten sozialistische Länder gegeneinander Krieg, und die Sowjetunion hatte wieder einmal in einem fremden Land eine ungeliebte Regierung durch eine ihr genehme ersetzt. Afghanistans Staatschef wurde gleich in der ersten Nacht des sowjetischen Überfalls von einem Standgericht zum Tode verurteilt und sofort erschossen. Die USA begannen unverzüglich, Pakistan aufzurüsten, und drohten mit militärischem Eingreifen, wenn die Sowjetunion ihre Truppen nicht zurückzöge. Weltuntergangsstimmung machte sich breit. Die Zerschlagung des »Prager Frühlings« 1968 war noch in frischer Erinnerung, hartnäckig hielten sich Gerüchte, die Sowjetunion würde auch in Jugoslawien militärisch eingreifen wollen. Das Gerücht wurde für wahrscheinlicher gehalten als das Dementi der Sowjetunion, dass sie selbstverständlich keine Einmischung in die inneren Angelegenheiten Jugoslawiens plante.

Während die allgemeine Stimmung mies war und sogar in den Parteiversammlungen sehr kritisch diskutiert wurde, machte ich die überraschende Erfahrung, dass es immer noch Leute gab, die die Verhältnisse verteidigten. Als ich eines Abends mit meinem Freund vor einem geschlossenen Kino stand, weil die Vorstellung ohne Ankündigung einfach abgesetzt worden war, beschlossen wir, Bekannte dieses Freundes zu besuchen, die in der Nähe eine Fete feierten. Es handelte sich um junge Studenten aus der Schauspielschule »Ernst Busch«. Diese jungen Männer hatten als Nebenjob eine Gesangstruppe gebildet, die mehrere Programme erarbeitet hatte, mit denen sie als kulturelle Umrahmung bei verschiedensten Veranstaltungen eingesetzt werden konnten. Sie hatten auch schon im Westen auf DKP-Veranstaltungen gespielt und dafür Westgeld bekommen. Sie fühlten sich in der DDR nicht eingesperrt und waren bereit, die plattesten Parteiphrasen, die selbst die strammsten Genossen meines Institutes nicht benutzt hätten, als Argument zu verwenden. Selbst wenn ich ihnen zugestand, dass sie Angst um ihren nächsten Westauftritt hatten, fand ich ihre Bereitschaft zur Apologie peinlich. Auf dem Höhepunkt der hitzigen Diskussion empfahl mir ihr Wortführer, der Sohn des DDR-

Staatsschauspielers Hans-Peter Minetti, mich doch zu erschießen, da mir die Verhältnisse im Land so verhasst seien. Danach war jede weitere Diskussion sinnlos. Ich hatte auf drastische Weise vorgeführt bekommen, wie sehr die DDR-Gesellschaft Menschen verbiegt.

Als wir die Fete verlassen hatten, fuhr wegen der Stromabschaltung keine Straßenbahn. Das Thermometer zeigte minus 15 Grad. Wir mussten vom Alexanderplatz nach Weißensee laufen. Um uns den Weg zu verkürzen, rezitierten wir laut die Losungen des »Neuen Deutschland« über die Erfolge im Kampf gegen die Kälte, den Aufruf der Regierung an das Volk, das entgegengebrachte Vertrauen zu rechtfertigen. Wir gelobten, unsere Seele für ein Taxi zu verkaufen, hatten aber Recht in der Annahme, dass es in jener Winternacht in Ostberlin mehr wohlfeile Seelen als Taxis gab.

Als die Kälte endlich nachließ, nahm ich meine langen Streifzüge durch die Parks in Weißensee wieder auf. Eines Tages beschloss ich, das Stasigefängnis in Hohenschönhausen zu suchen. Gehört hatte ich schon viel davon, jetzt wollte ich es einmal sehen. Wir fanden es irgendwo hinter dem Orankesee. Es grenzte direkt an ein Wohngebiet mit Einfamilienhäusern, die von gepflegten Gärten umgeben waren. Es standen keine Namen an den Briefkästen, nur die Hausnummern. Bei Zweifamilienhäusern waren die Briefkästen mit »Obergeschoss« oder »Untergeschoss« beschriftet. Ich hatte mich vorher gefragt, wer wohl direkt neben einem Gefängnis wohnen mochte. Ich musste über meine Naivität lachen, dass mir nicht sofort eingefallen war, dass die Bewohner natürlich zum Gefängnispersonal gehörten. Ich wunderte mich über eine Zweigstelle der Polizei für »Pass- und Visaangelegenheiten« direkt neben dem Gefängnis. Aber natürlich wurden dort die Pässe ausgestellt für die Gefangenen, die aus der Haft in den Westen abgeschoben wurden, nachdem für jeden Gefangenen vorher ein Kopfgeld von der BRD bezahlt worden war.

Die Mauern, die Wachtürme, die Maschinengewehre der Posten, der Stacheldraht – all das wirkte so bedrohlich auf mich, dass ich keinen klaren Gedanken mehr fassen konnte. Mein Begleiter und ich hatten gerade über Goethe und Charlotte von Stein geredet, als das Gefängnis in Sicht kam. Nun versuchte ich mich krampfhaft zu erinnern, wie das Schloss der Charlotte von Stein hieß, zu dem Goethe so oft von Weimar aus geritten war. Mir fiel aber nur der Name der Festung Hohenasperg ein, in der der Dichter Friedrich Daniel Schubart gesessen hatte. Habe ich dort am Gefängnis so etwas wie eine Vorahnung gespürt? Ich glaube kaum. Eher ist es so gewesen, dass ich dort beschloss, alles zu vermeiden, was mich das Innere dieses Baus kennen lernen lassen würde.

Parteiverfahren

Am Ende dieses Spazierganges hatte ich eine bemerkenswerte Begegnung. Ich traf meine ehemalige Kommilitonin Brigitte, die mir als stramme Parteigenossin in der Seminargruppe oft das Leben schwer gemacht hatte. Sie hatte am Ende unseres Studiums sogar erwogen, einen Antrag zu stellen, mich wegen »Unreife« nicht zu den Prüfungen zuzulassen. Sie war nach dem Diplom Forschungsstudentin im Bereich »Kritik der bürgerlichen Philosophie« geworden. Ein Forschungsstudium bekamen in der DDR besonders angepasste Studenten – in den Gesellschaftswissenschaften waren das fast nur Genossen –, damit sie in zwei Jahren, mit einem besonderen Stipendium versehen, promovieren und dann habilitieren konnten. Der Bereich »Kritik der bürgerlichen Philosophie« war etwas ganz Besonderes. Hier wurden die modernen bürgerlichen Philosophen bearbeitet, deren Schriften in der DDR nicht verlegt wurden und die in den Bibliotheken nur mit einer besonderen Genehmigung, genannt Giftschein, in einem besonderen Raum gelesen werden konnten.

Brigitte bekam den Auftrag, über den Philosophen Karl Popper zu arbeiten. Da sie ein aufrichtiger Mensch war und absolut unfähig, Dinge zu sagen oder zu schreiben, von denen sie nicht überzeugt war, passierte ihr Folgendes: Je mehr sie von Popper las, desto mehr überzeugte er sie. Schließlich war sie unfähig, ihn zu widerlegen oder auch nur die geforderten Phrasen gegen ihn zu dreschen. Mehr noch: Ihr wurde klar, welcher Uniformierung des Denkens sie sich bisher unterworfen hatte. Dazu war sie nicht mehr bereit. Sie brach ihr Forschungsstudium ab und wurde Lektorin im Verlag der Wissenschaften. Hier machte sie sich bald unbeliebt, weil sie versuchte, ihr gut erscheinende Manuskripte drucken zu lassen, auch wenn sie nicht die geforderte Garnierung an marxistisch-leninistischen Plattheiten enthielten. So wie sie vorher ehrlich nach ihrer parteilinientreuen Überzeugung gehandelt hatte, so legte sie sich jetzt ehrlich und offen mit dem System an. Das konnte nicht gut gehen. Ihr Mann hatte sie schon verlassen, weil er für das neue Denken seiner Frau keinerlei Verständnis hatte. Sie war sich darüber klar, dass sie eigentlich aus der SED austreten müsste, scheute aber davor zurück, denn sie fürchtete den Verlust ihrer Arbeit, der unweigerlich nach solch einem Schritt folgen würde. Sie gestand mir, sich in schwachen Stunden zu wünschen, mit Dummheit begnadet zu sein, denn nur so könne man das System ertragen. Ich war einigermaßen erschüttert, dass die Brigitte, die mich einst als unsicheres Element bekämpft hatte, nun vor den gleichen Schwierigkeiten stand wie ich. Da wir beide in Weißensee wohnten, trafen wir uns ab und zu. Ihr Konflikt mit dem System machte sie regelrecht krank bis hin zur zeitweiligen Erblindung. Sie verlor ihren Job als Lektorin und lebte zum Schluss, wenn ich mich recht entsinne, vom Krankengeld.

Der Fall meiner Kommilitonin Brigitte ist sicher nicht typisch. Die meisten DDR-Bürger hatten viel weniger Schwierigkeiten damit, öffentlich die geforderten Lippenbekenntnisse abzulegen und sich privat ihren Teil zu denken oder in Familie und Freundeskreis auch zu sagen. Nicht nur das. Es gehörte zu den Besonderheiten des DDR-Systems, dass es seinen Bürgern, besonders auch den Intellektuellen, durchaus gestattete, kritisch zu diskutieren – in der Kneipe, in den Partei- oder Gewerkschaftsversammlungen, ja sogar, das habe ich selbst erlebt, auf den Lehrgängen der Parteischule. Sowohl im Studium als auch in der Akademie der Wissenschaften oder später im Verlag habe ich Lehrer, Kommilitonen und Kollegen getroffen, mit denen ich offen reden konnte. Es gehörte aber zur Norm, dass man sich von einem bestimmten Punkt an anzupassen hatte. Wer sich wie Brigitte dieser Norm nicht unterwarf, bekam früher oder später Schwierigkeiten.

Als ich 1975 an das Zentralinstitut für Philosophie der Akademie der Wissenschaften kam, gab es dort eine Reihe junger Wissenschaftler Mitte 30, von denen ich viel Neues und Geistreiches über die Schwächen des SED-Staates erfuhr. Sie waren alle promoviert. Wer sich nicht gar so verbiegen wollte, wich in die Geschichte der Philosophie aus, wo man sich mit der Herausgabe von Klassikern beschäftigen konnte. In solch einem Falle musste man nur im Vor- oder Nachwort eines Buches »aktuelle Bezüge« zum gegenwärtigen Kampf der Arbeiterklasse herstellen. Diese hochintelligenten Männer verachteten das System für seine Geist- und Kulturlosigkeit, pflegten ihren Geist in kultivierten Diskussionen und passten sich nach außen perfekt an. Eines Abends fragte mich einer dieser Männer spöttisch, ob ich mich für etwas Besonderes hielte, dass ich glaubte, mich nicht anpassen zu müssen? Wem ich denn was beweisen wollte? Schließlich hätten sie sich auch angepasst und es dabei weiter gebracht, als ich es je bringen würde. Da hatte er Recht. Als später am Philosophischen Institut ein Parteiverfahren gegen mich stattfand, rief mich, bevor das Tribunal begann, mein Bereichschef Professor Wolfgang Eichhorn in sein Zimmer. Ich sei jung, begann er seine Rede, vielleicht etwas naiv, deshalb wolle er mir sagen, was mich erwarte. Weil ich glaubte, dass ich Freunde hätte, wolle er mich darauf vorbereiten, was diese Freunde sagen werden. Er nannte jeden Einzelnen beim Namen und fügte hinzu, was der Betreffende gegen mich vorbringen würde. Ich solle mir das ersparen und lieber gleich eine schriftliche Abbitte, die er bereits vorbereitet hatte, unterzeichnen. Das Verfahren würde dann verkürzt stattfinden, weil ich bereits schriftlich bereut hätte. Ich unterschrieb nicht, denn ich glaubte ihm kein Wort. Es kam jedoch genauso, wie er es angekündigt hatte. Einer nach dem anderen stand auf und sagte den von Eichhorn angekündigten Spruch.

Die Möglichkeit für Intellektuelle, sich halb offen kritisch artikulieren und gleichzeitig nach außen angepasst ihre Karriere verfolgen zu können, war eine wichtige Ventilfunktion, die das System erheblich stabilisierte. Daher rührt das Phänomen, dass viele ehemalige Stützen des Systems, die auf der sozialistischen Karriereleiter beträchtliche Höhen erklommen, sich selbst eigentlich als Regimegegner empfanden. Es war also nicht nur Heuchelei, dass sich nach dem Mauerfall so viele Menschen so schnell vom System abwandten.

Um welches geringfügige Vergehen es ging, dessen ich mich schuldig gemacht hatte, erinnere ich mich nicht mehr. Mit dem Parteiverfahren war meine Arbeit am Philosophischen Institut praktisch beendet. Ich bekam fortan keine Forschungsaufträge mehr. Ich nutzte die Zeit, um mich selbst zu beschäftigen, unter anderem mit dem Theologen und Philosophen Friedrich Schleiermacher, auf dessen christliche Ethik ich von Gerd Irrlitz aufmerksam gemacht worden war. Jahre später sollten mir meine Schleiermacher-Studien von großem Nutzen sein. Nach vielen Monaten wurde ich an das neu gegründete Institut für wissenschaftliche Information versetzt. Zu den Kuriositäten meines Lebens gehört, dass ausgerechnet ich dazu eingeteilt wurde, künftig für die gesellschaftswissenschaftlichen Institute den westeuropäischen philosophischen, soziologischen und politikwissenschaftlichen Markt zu beobachten. Ich sollte vor allem Vorschläge machen, welche Bücher für die verschiedenen Akademiebibliotheken angekauft werden müssten. Zu diesem Zwecke hatte ich die Neueingänge für die »Giftschränke« der Staatsbibliothek zu begutachten und geeignete Titel für die Ankaufsliste vorzuschlagen. Über den Ankauf entschied dann ein Gremium, dem meine Bereichschefin angehörte. Wenn sie aus irgendeinem Grund nicht da war, nahm ich ihren Platz ein.

So hatte ich während meiner Tätigkeit am Wissenschaftlichen Informationszentrum fast freien Zugang zu begehrter Westliteratur. Ich durfte sogar die »Neue Zürcher Zeitung« lesen, allerdings mit zwei Tagen Verspätung. Das Institut befand sich am Schiffbauerdamm; damals war es das letzte Haus vor der Staatsgrenze. Hinter dem Gebäude fuhr die S-Bahn nach Westberlin, vor meinem Bürofenster floss die Spree in dieselbe Richtung. Die Lastkähne wurden genau unterhalb meines Schreibtisches kontrolliert. Ich sah die Schäferhunde nach versteckten Flüchtlingen schnüffeln und fürchtete mich davor, dass sie vor meinen Augen einen entdecken würden. Im »Katastrophenwinter« vergnügten sich die Grenzer auf ihrem Schnellboot damit, die anschwimmenden Eisschollen zu zerfahren. Ihr Lachen drang durch mein Fenster. Ich fragte mich, wie es aussehen würde, wenn diese fröhlichen jungen Männer auf mich schießen müssten.

Es wäre schwierig gewesen, von hier aus in die Freiheit zu gelangen. Das Flussufer war mit doppelt mannshohen Drahtzäunen versperrt, an deren oberen Enden sich mehrere Reihen Stacheldraht befanden, die sich nach vorn neigten. Alle Bogenlampen waren mit Kränzen von Stahlzinken versehen, damit niemand an ihnen hochklettern konnte. Mein Freund Gerd erzählte mir eines Tages, dass er den Parteisekretär seines Betriebes einmal gefragt hatte, warum der Stacheldraht an den Grenzbefestigungsanlagen denn nach innen gebogen sei, wenn er doch den Klassenfeind abhalten soll, der von der anderen Seite käme. »Der kommt dann zwar rein, aber nicht wieder raus«, war die Antwort des Parteisekretärs. Nein, raus kam hier wirklich niemand.

Mit den Büchern, die vor mir auf dem Schreibtisch lagen, konnte ich der DDR wenigstens geistig entfliehen. Ich las die Schriften von Robert Jungk, Erich Fromm, Jürgen Habermas, Karl Popper, den Bericht des Club of Rome und die von Jimmy Carter in Auftrag gegebene Umweltstudie »Global 2000«. Was ich über die angeblich bevorstehenden ökologischen Katastrophen erfuhr, passte in die Atmosphäre jener Tage. Es war leicht, sich vom Ökokatastrophismus anstecken zu lassen. Die DDR war das umweltverschmutzteste Land in Europa. Seit die Energieversorgung des Landes fast vollständig auf Braunkohle umgestellt war, hatten wir katastrophale Luftverschmutzungswerte. An manchen Tagen legte sich der Smog wie ein bleierner Schleier auf die Lungen. Doch offiziell wurde über Smog nicht gesprochen. Als eine Inversionswetterlage tagelang anhielt und die DDR fast flächendeckend vom Smog betroffen war, sah sich das »Neue Deutschland«, das Zentralorgan der SED, zu einer Erklärung veranlasst. Unter der Überschrift »Schwere Unfälle im Nebel – stark verminderte Sicht« wurde nach vermischten Unfallmeldungen aus der ganzen Republik im unteren Drittel mitgeteilt, dass der Meteorologische

Dienst der DDR mitgeteilt hätte, »eine stabile Luftschichtung« verhindere »bei nur schwachen Winden den Austausch zwischen den bodennahen Schichten und Luftschichten darüber«. So käme es, dass Luftverunreinigungen in Bodennähe verblieben und nicht in die Atmosphäre gelangen könnten. Nachgeschoben wurde der Satz, dass davon besonders die Industriegebiete betroffen seien. Es gab keine Warnung an besonders gefährdete Personen wie Alte und Kinder, nicht ins Freie zu gehen. Im Gegenteil: Die Kindergärten und Kinderkrippen mussten ihre Spaziergänge im Freien absolvieren und so tun, als hätten die Kinder frische Luft zu atmen. Selbst der Sportunterricht fand weiterhin draußen statt. Verantwortungsvolle Lehrer oder Kindergärtnerinnen, die sich weigerten, »business as usual« zu praktizieren, mussten mit Schwierigkeiten rechnen. Im Erzgebirge gab es zusätzlich Probleme mit den Emissionen aus tschechoslowakischen Chemiewerken, deren Schornsteine keine Filter hatten. Bei ungünstigen Winden stank es in den betroffenen Gegenden wie Katzenpisse. Es kam vor, dass Kühe auf der Weide umfielen. In der Nähe der mitteldeutschen Chemiewerke begannen bei Menschen, die an die hochprozentigen Chemiecocktails in der Luft nicht gewohnt waren, beim Vorbeifahren in geschlossenen Eisenbahnabteilen oder im Auto die Augen zu tränen. Als die Wälder im Erzgebirge großflächig abzusterben begannen, zogen sich Armee, Staatssicherheit und Parteifunktionäre aus ihren angestammten Erholungsgebieten zurück und wichen auf weniger belastete Erholungsheime aus. Die frei werdenden Erholungsheime wurden der Gewerkschaft übergeben und fortan für FDGB-Urlauber benutzt. Um die Nachteile der hohen Umweltverschmutzung etwas »auszugleichen«, wurden die betreffenden Ferienheime des »Freien Deutschen Gewerkschaftsbundes« bevorzugt beliefert. An der Esstheke wurden häufig Südfrüchte angeboten. Als der katastrophale Zustand der Umwelt nicht mehr zu verheimlichen war, wurde das Sammeln und Verbreiten von Umweltdaten kurzerhand unter Strafe gestellt. Das hinderte in den Achtzigerjahren viele Menschen nicht, sich in Umweltgruppen zusammenzuschließen.

Am Ende der Siebzigerjahre vermischte sich der Ärger über die Versorgungsmängel, die nicht enden wollenden wirtschaftlichen Schwierigkeiten, die Angst vor einem Krieg und die Sorge um die Folgen der Umweltverschmutzung zu einer eigenartigen Stimmung. Viele Menschen waren überzeugt, dass die Zukunft nur Schlimmeres bringen konnte. Besonders Eltern glaubten, dass ihre Kinder kaum Aussicht auf ein lebenswertes Leben haben würden. Auch ich war von dieser Stimmung besessen. Was ich in den ökologischen Analysen aus dem Westen las, schien alle apokalyptischen Ahnungen zu bestätigen. Eine Erde ohne Wälder, schon im Jahr 2000, wie sie von »Global 2000« vorausgesagt wurde, erschien mir undenkbar, aber unausweichlich zugleich. Inzwischen weiß ich, dass die Menschheit immer wieder von apokalyptischen Stimmungen heimgesucht wird. Ende der Siebziger- und Anfang der Achtzigerjahre gab es eine solche Stimmung nicht nur in der DDR, sondern auch in Europa und Amerika.

Während die militärische Abenteuerlust der Sowjetunion der latenten Kriegsangst immer neue Nahrung gab, begann die DDR just zu dieser Zeit einen Teil des Lebens zu militarisieren, der bisher weitgehend ausgespart war: die Schulen. Anfang Februar 1978 erließ das Ministerium für Volksbildung eine Direktive zur Einführung des Wehrunterrichts an den Schulen. Im Juni darauf unterrichtete die SED die Evangelische Kirche über die Einführung des Faches »Sozialistische Wehrerziehung« im kommenden Schuljahr. Sofort wurde die Kirche überhäuft von Anfragen besorgter Eltern, die ihren Kindern das Fach »Wehrkunde« ersparen wollten. Unter diesem Ansturm war die Kirche gezwungen, zu handeln. In zähen Verhandlungen gelang es der Evangelischen Kirchenleitung dem Staat das Zugeständnis abzuringen, dass Kinder christlicher Eltern vom Wehrkundeunterricht ausgenommen werden konnten. Sofort besannen sich Tausende Elternpaare ihrer Kirchenmitgliedschaft, die sie zum Teil fast vergessen hatten. Die Gemeinden wurden zum ersten Mal seit Jahren von Neuzugängen förmlich überschwemmt. Eltern-Selbsthilfegruppen trafen sich in Gemeinderäumen, um sich gegenseitig Beistand zu leisten, denn es erforderte in der Praxis einigen Mut, von dem Recht auf Freistellung Gebrauch zu machen. Die Kirchengemeinden gewöhnten sich an wechselnde Gesichter in ihren Räumen. So war es für sie nicht neu, als kurz darauf in schneller Folge so genannte Friedens- und Umweltgruppen gegründet wurden, die sich in den Gemeinderäumen der Evangelischen Kirche trafen.

Friedenskreis Pankow

Ich selbst wurde Mitbegründerin eines der ersten Friedenskreise der DDR, dem Friedenskreis Pankow. Im Oktober 1981 organisierte die junge Pastorin Ruth Misselwitz nach ihrem Amtsantritt in der Berliner Gemeinde Alt-Pankow, dem Geist der Zeit entsprechend, in der Kirche eine Veranstaltung mit dem Titel »Gegen den Tod – Sicherheit für den Frieden«. Es fanden Lesungen und Diskussionen zum Thema statt. Die Kirche war gut besucht, nach Ende der Veranstaltung hatten viele Teilnehmer das Gefühl, es müsste etwas folgen. Als in der Kirche ein Zettel herumging, wo sich jeder eintragen konnte, der sich an der Gründung eines Friedenskreises beteiligen wollte, taten dies etliche. Tatsächlich bekamen wir eine Einladung zur Gründungsveranstaltung. Es waren etwa 30 Menschen, die sich im November 1981 im Gemeindesaal der Alten Pfarrkirche in der Pankower Hadlichstraße trafen. Wir setzten uns alle im Kreis und waren etwas verlegen. Einige kannten sich untereinander, die meisten waren sich fremd. Die Pastorin schlug vor, dass sich erst einmal alle vorstellen. Ich erinnere mich an das irrsinnige Herzklopfen, das ich hatte, weil ich vor so vielen Fremden über mich reden sollte. Ich sagte wie die meisten im Raum, dass mir der Gedanke um die Zukunft meines Sohnes keine Ruhe ließ. Wir waren uns schnell über die Analyse der Situation und unserer gemeinsamen Ängste einig. Wir verabredeten, künftig einmal monatlich am Freitagabend zusammenzukommen und über verschiedene Themen zu reden. Dann wollten wir über die weitere Arbeit entscheiden. Unser größtes Problem war, dass wir nicht wussten, ob unsere kühne Neugründung nicht von den Staatsorganen kriminalisiert werden würde. Eine außerparlamentarische Opposition war nicht zugelassen. Gruppenbildung war per Gesetz verboten. Zwar war in einer Vereinbarung zwischen der

Honecker-Regierung und der Evangelischen Kirche vom März 1978 festgelegt worden, dass die Kirche anerkennt, »Kirche im Sozialismus« zu sein, und dafür die allgemeine Hoheit über ihre Räume bekommt. Weder Staatssicherheit noch Polizei hatten damit die Möglichkeit, in kirchlichen Räumen zu intervenieren – etwa Versammlungen aufzulösen oder Verhaftungen vorzunehmen. Aber niemand wusste, ob sich die Staatsorgane an die Vereinbarung halten würden, denn der Friedenskreis war keine rein christliche Gruppe. Wir mussten erst ausloten, wie groß unsere Spielräume waren. Im Laufe der Jahre haben wir sie peu à peu beträchtlich erweitert. Erst einmal stellten wir erleichtert fest, dass unsere Zusammenkünfte ungestört blieben, wir auch keine behördlichen Aufforderungen erhielten, uns nicht zu versammeln.

Damit war etwas Neues in der DDR entstanden – eine halblegale Opposition. Natürlich durfte sie sich nicht so nennen. So beteuerten wir immer wieder, keine Gegner der DDR zu sein, sondern sie verbessern zu wollen. Dennoch wurde in den Veranstaltungen der Friedenskreise, die sich rasch über das ganze Land ausbreiteten, dem System und seinen Repräsentanten öffentlich, wenn auch in einer begrenzten Öffentlichkeit, widersprochen. Es wurde auch nicht mehr der Umweg über die Lesung von Texten gewählt, über die anschließend diskutiert wurde, sondern die Themen wurden direkt angesprochen.

Die Arbeit unseres Friedenskreises entwickelte sich rasch. Schon bald wurden die ersten Untergruppen gegründet. Auf meine Anregung hin entstand ein Ökologiekreis, der sich 14-täglich in über die Jahre wechselnder Besetzung in meiner Wohnung traf. Wir sammelten Informationen über den Umweltzustand und versuchten Verhaltenstipps zu entwickeln. Wir entwarfen Handzettel, die wir bei Veranstaltungen in den Kirchen verteilten, konzipierten eine Wanderausstellung zu ökologischen Themen, die durchs Land reiste, bis sie auseinander fiel, und versuchten uns im Herstellen von Naturkosmetik, von schadstofffreiem Spielzeug für den Kindergarten und ökologischem Lehrmaterial für die Schule. Andere Untergruppen befassten sich mit Abrüstungsfragen, Friedenserziehung, Frauenfragen. Wir hatten sogar eine Bibelgruppe, weil immer mehr Atheisten aus unserem Friedenskreis Neigung verspürten, sich näher mit theologischen Fragen zu befassen, wenn man sich schon in der Kirche traf. Dies und eine Theatergruppe waren natürlich nur eine Ergänzung zur eigentlichen Arbeit im Friedenskreis. Ihn charakterisiert aber eine Besonderheit: Die Mehrheit der Friedens- und Umweltgruppen verstand sich nicht als rein politische Zusammenschlüsse, sondern als ein Versuch, eigene Formen des Zusammenlebens zu entwickeln.

In dem knapp einen Jahr, in dem der »Friedenskreis Pankow« unbehelligt von der Staatssicherheit arbeiten konnte, entwickelten sich intensive persönliche, teils freundschaftliche Beziehungen zwischen den Stammmitgliedern. Die meisten waren um die 30 Jahre alt und hatten Kinder. Kinder spielten deshalb in unserem Kreis von Anfang an eine große Rolle. Bei unseren Veranstaltungen gab es immer auch spezielle Angebote für Kinder, bei unseren Wanderungen und Fahrten waren Kinder immer dabei. Schon deshalb behielten wir Bodenhaftung. Unsere Diskussionen waren stets zielorientiert, hatten praktische Bezüge. Wir standen am Rande der Gesellschaft, aber mitten im Leben. Unsere Oppositionsarbeit war gleichzeitig ein Versuch, auf neue Art miteinander zu leben. Wir wollten das System nicht kippen, wir weichten es halb unbewusst von unten auf. Das begann damit, dass in unseren Diskussionen viele Menschen lernten, ihre Meinung frei und öffentlich, manchmal vor größerem Publikum zu äußern. Dabei hatten die meisten nicht nur ihre Scheu zu überwinden, vor vielen Leuten zu reden, sondern auch ihre Angst, das, was sie dachten, öffentlich auszusprechen. Es war eine intellektuelle Befreiung aus Zwängen, die uns anerzogen worden waren, mit denen wir aufgewachsen waren und die uns noch als Erwachsene einengten und verbogen. Mit den Jahren schufen wir eine Art Gegenöffentlichkeit zur veröffentlichten Meinung. Mit zum Teil erstaunlicher Wirkung, wie sie nur in einer geschlossenen Gesellschaft möglich ist. Die Gruppen mögen klein, die Veranstaltungen begrenzt zugänglich gewesen sein. Aber die Berichte über unsere Veranstaltungen verbreiteten sich wie ein Lauffeuer. Als ich viele Jahre später als Bundestagsabgeordnete im Kaschmir nach dem Verbleib einer thüringischen Geisel forschte, habe ich erlebt, welche Rolle mündliche Nachrichten in einer weitgehend analphabetischen Gesellschaft spielen. Über den Weg der von einer muslimischen Rebellengruppe entführten jungen Männer wussten alle Bescheid, es war Gesprächsthema auf den Märkten, in den Teestuben, überall, wo Menschen zusammenkamen. Als die Gespräche über die Route, die die Rebellen mit den Entführten genommen hatten, aufhörten, wussten die Kenner des Landes, wussten die Einheimischen eher und genauer als die indischen Behörden, dass die Männer nicht mehr am Leben waren. In einer geschlossenen Gesellschaft wirken offenbar ähnliche Mechanismen. Man verlässt sich nicht auf die Zeitungen, die man zwar lesen kann, denen man aber nicht traut, und bildet sich seine Meinung auf anderen Wegen. Als ich gelernt hatte, genauer hinzuhören, und wusste, welche Fragen ich stellen musste, um in einer beliebigen Gegend der DDR etwas über die besonderen Vorkommnisse oder Probleme des Landstriches zu erfahren, war ich bald überdurchschnittlich gut informiert. Meist waren die Informationen zutreffend. Wir erfuhren, das in Sachsen nicht nur die Halden des Uran-Kombinats Wismut strahlten, sondern auch etliche sächsische Straßen, weil zeitweise Abraum von der Uranhalde als Füllstoff beim Straßenbau eingesetzt worden war. Ich erfuhr von einem streng geheim gehaltenen Forschungsbericht der Akademie der Wissenschaften, der festhielt, dass Babys, die in der stark umweltbelasteten Region Halle-Bitterfeld zur Welt kamen, einen niedrigeren IQ hatten als Babys in vergleichsweise gering belasteten Regionen in Mecklenburg. Ich erfuhr, dass auf dem Berliner Fernsehturm von den dortigen Meteorologen nicht nur die Luftfeuchtigkeit gemessen wurde, sondern auch die Luftverschmutzung, und bekam kurzzeitig sogar die heimlich kopierten Tabellen. Die Oppositionsgruppen wurden zu regelrechten Informationsbörsen. Als wir mutiger wurden, begannen wir, kleine Publikationen herauszugeben. Es ging los mit

Flugblättern oder Handzetteln, die auf Veranstaltungen verteilt wurden. Bald entstanden kleine Zeitungen. Die Herstellung war ein mühsames Unterfangen, weil alles von Hand hergestellt und vervielfältigt wurde. So kümmerlich diese kleinen Zeitungen aussahen, fanden sie doch ihre Leser. Jedes einzelne Exemplar ging durch mehrere Hände. Manche Empfänger machten es sich zur spontanen Aufgabe, ihr Exemplar wiederum zu vervielfältigen und zu verbreiten. Ich schrieb für fast alle diese Zeitungen Artikel oder Kommentare. Das hatte zur Folge, dass sich viele Menschen mit speziellen Anliegen oder Informationen an mich wandten.

Ich führte ein offenes Haus. Abendessen kochte ich immer für mehrere Personen, sodass unangekündigter Besuch, wie er in der DDR aus Mangel an Telefonen die Regel war, stets etwas zu essen bekam. Ich liebte große Tafelrunden und ihre Tischgespräche. Wenn mir in dieser Zeit jemand gesagt hätte, dass ich einmal Abendbrot nur im engsten Familienkreis einnehmen würde, hätte ich das für ebenso unmöglich gehalten wie den Fall der Mauer. Seit man telefonieren kann, sind die Zeiten der spontanen Besuche vorbei. Heute meldet man sich an und vereinbart Termine. Spontaneität war ein ganz wichtiges Element in der Oppositionsarbeit. Erfolgreich war, wer schnelle Entscheidungen treffen konnte und sie ebenso schnell umsetzte, weil man so unberechenbar wurde. Dann hatte die Staatssicherheit, die mit ihren Inoffiziellen Mitarbeitern (IM) die Oppositionsgruppen infiltrierte, immer Schwierigkeiten, Aktionen zu verhindern. Bevor die IM ihren Führungsoffizieren berichten und die wiederum Maßnahmen treffen konnten, waren oft schon vollendete Tatsachen geschaffen worden. Nur so lässt sich erklären, warum sich die Oppositionsarbeit innerhalb eines Jahrzehnts trotz zeitweiliger Rückschläge kontinuierlich ausweitete und verzweigte, obwohl im gleichen Zeitraum die Bemühungen der Staatssicherheit, eben das zu verhindern, kontinuierlich anstiegen. Das ging so weit, dass wichtige Oppositionelle ihren eigenen Bearbeiter hatten. Die Vorstellung, dass ein Mensch Tag für Tag seinen Arbeitsplatz aufsucht, nur um einen anderen Menschen zu überwachen oder verdeckt auf sein Leben Einfluss zu nehmen, gehört zu den unfassbaren Aktivitäten, die uns das kommunistische Regime hinterlassen hat.

Heute haben Politologen Schwierigkeiten, die unabhängige Friedens-, Umwelt- und Menschenrechtsbewegung der DDR zu bewerten. Sie entzieht sich den klassischen Merkmalen einer politischen Opposition: kein Programm, keine festen Strukturen, keine übersichtlichen Abläufe, keine klassischen Führungsfiguren. Nicht einmal ein griffiger Name. Der Zungenbrecher, mit dem wir uns bezeichneten – Unabhängige Friedens- und Umweltbewegung –, ist schon fast in Vergessenheit geraten. »Bürgerrechtsbewegung« ist ein Nachwendebegriff. Ich war eine Bürgerrechtlerin zu DDR-Zeiten, wurde aber nicht so genannt und bin, seit ich so genannt werde, keine mehr, sondern Politikerin. Prägend für die Bürgerrechtsbewegung war das kirchliche Milieu, in dem allein sie sich entwickeln konnte. Im Friedenskreis Pankow waren Christen, Atheisten und (Noch-)Marxisten vertreten; oder, wie ich, (Noch-)SED-Mitglieder, die längst keine Marxisten mehr waren. Manche hatten vorher selten oder nie eine Kirche betreten. Für sie stellte es ein Problem dar, sich in kirchlichen Räumen versammeln zu müssen. Umgekehrt war es für einige Christen ein Problem, in der Kirche mit Atheisten und Marxisten zusammenzuarbeiten. Dieser äußere Zwang erwies sich aber als eine ausgezeichnete Schule der Toleranz. Wir lernten nicht nur die Meinung des anderen zu ertragen, sondern als gleichwertig zu akzeptieren. Durch den intensiven Umgang mit Andersdenkenden im eigenen Kreis befreiten wir uns allmählich von ideologischen Zwängen und lernten, mit Andersdenkenden außerhalb unseres Kreises umzugehen. Da jeder wusste, was Bürgerrechtler riskierten, hatte ihr Wort bald besonderes Gewicht.

Trotz unserer eher harmlos erscheinenden Aktivitäten der ersten Zeit, als unsere öffentlichkeitswirksamen, »subversiven« Aktionen vor allem in der Organisation von Radsternfahrten unter dem Motto »Ökologie« bestanden, hatten wir bereits die volle Aufmerksamkeit der Staatssicherheit. An einer Fahrradtour in die Berliner Schönholzer Heide erinnere ich mich noch genau. Es war ein sonniger, warmer Septembertag des Jahres 1982. Wir hatten uns im Park am Weinbergsweg verabredet. Jeder sollte sich möglichst bunt anziehen und eine Blume am Fahrradlenker befestigen. Als wir am Weinbergsweg ankamen, hatte sich bereits eine fröhliche Gesellschaft versammelt. Um sie herum hatten sich Beobachter in Zivil, jeder mit einem Stoffbeutel in der Hand, im Park verteilt. Obwohl wir keinerlei Spruchbänder oder Symbole mit uns führten, erschienen Volkspolizisten, um uns darüber zu belehren, dass wir provokatorische Handlungen zu unterlassen hätten. Außerdem dürften wir nicht im Pulk fahren, sondern müssten hintereinander im Sicherheitsabstand radeln. Letztere Verkehrs- und Amtsanweisung erwies sich als Bumerang. So radelten wir nämlich als lange Radfahrerkette durch die Schönhauser Allee, eine der Hauptverkehrsstraßen von Berlin. In den Seitenstraßen stauten sich die PKWs, die immer wieder durch uns Radfahrer gehindert wurden, auf die Allee abzubiegen. Die Männer hinterm Steuer guckten in der Regel verärgert und hupten erbost, ihre Frauen dagegen freuten sich an unserm Anblick. In der Schönholzer Heide, einer großen Parklandschaft am Rande von Ostberlin, sammelten wir uns auf einer einsam gelegenen großen Wiese. Einige Freundinnen waren mit riesigen Esskörben aus Pankow gekommen, und es begann ein großes Picknick. Wir waren gerade mit dem Schmaus fertig und hatten auf Wunsch der Kinder mit Kreisspielen begonnen, als wir bemerkten, dass wir eingekesselt waren. Die Polizei forderte uns per Lautsprecher auf, die widerrechtliche Versammlung sofort aufzulösen und einzeln oder höchstens zu zweit den Kreis zu verlassen. Beim Passieren der Polizeikette wurden unsere Ausweise kontrolliert und wir wurden in barschem Ton aufgefordert, auf dem kürzesten Wege nach Hause zu gehen. Mein damals zehnjähriger ältester Sohn hatte damit seine erste Begegnung mit der Staatsmacht. Mein zweiter Sohn kam acht Tage später auf die Welt, bereits als Kind eines »feindlich negativen Elements«, einer Observierten.

Wir waren im Herbst 1982 bereits seit einigen Wochen im Visier der Staatssicherheit. Über unseren Friedenskreis war ein so genannter Operativvorgang (OV) »Virus« angelegt worden. Von da an wurden »Maßnahmepläne« entworfen, Zersetzungsstrategien entwickelt und Berichte gesammelt, um den Friedenskreis schnellstmöglich zu zerschlagen. Im Eröffnungsbericht des »OV Virus« kann man nachlesen, dass die Staatssicherheit von Anfang an vom »Friedenskreis Pankow« für die Zukunft eine verstärkte öffentliche Wirksamkeit erwartete und unsere Aktivitäten als »Staatsfeindliche Tätigkeit unter Missbrauch kirchlicher Möglichkeiten« bewertete. Deshalb wurde festgelegt, dass durch die Einflussnahme von ausgewählten Inoffiziellen Mitarbeitern die Möglichkeiten zur Zersetzung oder zum Einfließen von positivem Gedankengut geschaffen werden sollten. Weiter sollte durch Einsatz geeigneter IM der Abfluss von DDR-schädigenden Informationen verhindert werden. Unterzeichnet ist der Eröffnungsbericht von Leutnant Kappis, dem ersten »Bearbeiter« unseres Friedenskreises. Der Verteiler ist noch klein, lediglich drei Kopien werden in verschiedenen Akten abgelegt. In späteren Jahren hat sich der Verteiler mehr als verdoppelt.

Staatssicherheit

Natürlich gab es von Anfang an auch im Friedenskreis Inoffizielle Mitarbeiter der Staatssicherheit. Im Eröffnungsbericht werden zwei erwähnt. Einem davon ließ die Staatssicherheit sogar ein Telefon legen, damit ihr Spitzel über einen kurzen Draht zu seinem Führungsoffizier verfügte. Dieser IM »Horst Hoffmann«, unter seinem bürgerlichen Namen als Jürgen Ehlers bekannt, lieferte der Staatssicherheit so wertvolle Informationen, dass er später zum hauptamtlichen Informanten aufstieg. Nach Öffnung der Akten der Staatssicherheit rückten die Inoffiziellen Mitarbeiter in den Mittelpunkt des öffentlichen Interesses. Nicht nur die Bespitzelten, auch die Medien wollten wissen, wer sich heimlich für die Staatssicherheit verdingt hatte. So wichtig diese Diskussion war, es geriet darüber eine viel wichtigere Entdeckung ins Abseits: Die Akten enthüllten, dass es sich bei der Staatssicherheit keineswegs um einen normalen Geheimdienst gehandelt hat, sondern um ein besonders widerliches Unterdrückungsinstrument des SED-Regimes, das sich systematisch krimineller Praktiken bediente. Die Maßnahme- und Zersetzungspläne der Staatssicherheit blieben von den Medien weitgehend unbeachtet. Dabei offenbart sich in diesen Plänen die Fratze des sozialistischen Systems, von dem es kein menschliches Antlitz geben kann.

In den Zersetzungsplänen wurde die systematische Zerstörung von Menschen, Einzelpersonen, ganzen Familien oder Gruppen bis hin zum Mord geplant. Dabei bediente sich die Staatssicherheit der Informationen, die sie von den Inoffiziellen Mitarbeitern erhielt. Jedes noch so banale Detail war wichtig. Von daher kann kein IM jemals sicher sein, dass seine Information, die er der Staatssicherheit gegeben hat, »niemandem geschadet« habe. Jeder scheinbar harmlose Hinweis auf Alltagsgewohnheiten, Vorlieben, heimliche Laster der Observierten nutzte den Psychologen der Staatssicherheit. Diese an der Stasihochschule in Potsdam speziell trainierten Wissenschaftler waren darauf abgerichtet, jede Schwachstelle der von der Staatssicherheit verfolgten Menschen zu erkennen und gleichzeitig Ratschläge zu geben, wie die erkannten Schwachstellen so wirkungsvoll wie möglich ausgenutzt werden konnten. Wenn jemand besonders an seiner Familie hing, würde die Staatssicherheit nichts unversucht lassen, die Familienbeziehung zu zerstören. Wer seinen Beruf liebte, dem wurden systematisch Misserfolge im Berufsleben organisiert, die oft mit dem Verlust der Stellung einhergingen. Wer gern reiste, der bekam keine Visa oder wurde an der Grenze zurückgeschickt, wer gern studierte, der wurde unter einem Vorwand exmatrikuliert, wer stolz auf seinen Freundeskreis war, dem wurden die Freunde mit böswilligen Gerüchten entfremdet. Dazu kamen offene oder versteckte Observationen, offene oder versteckte Haussuchungen, offene oder versteckte Schikanen der Behörden. Die Staatssicherheit scheute sich keineswegs, die Kinder der so genannten Staatsfeinde zu drangsalieren, um die Eltern zu zermürben. Wenn alles nichts half, gab es auch schon mal Anschläge auf das Leben oder die Gesundheit.

Der Bürgerrechtler Wolfgang Templin und seine Familie hatten besonders unter der Staatssicherheit zu leiden. Die Staatssicherheit gab Inserate mit der Telefonnummer von Templin auf, in denen sie alle möglichen seltenen Waren und gefragte Dienstleistungen anbot. Mit der Folge, dass Telefon und Wohnung der Familie wochenlang von Interessenten belagert waren. Oder sie verschickte fingierte Bestellungen, sodass bei Templins eine Flut von Paketen einging, die von Kondomen bis zu lebenden Tieren alles nur Denkbare und Undenkbare enthielten. Mehrere Stunden pro Tag mussten aufgewendet werden, um all diese Sendungen zurückzuschicken und die erbosten Absender zu beruhigen. In dieser Zeit war Lotte Templin zweimal schwanger. Die Staatssicherheit verfolgte sie bis in den Kreißsaal. Das Kind starb kurz nach der Geburt an einem seltenen Herzfehler. Für mich stellt sich bis heute die Frage, ob der Dauerstress während der Schwangerschaft der Mutter und der Gesundheitszustand des Kindes nicht in Zusammenhang stehen. Wer geglaubt hätte, die Staatssicherheit würde nach einem so furchtbaren Ereignis die Mutter bei einer zweiten Schwangerschaft mit ihren Schikanen verschonen, sieht sich getäuscht. Die Familie blieb ähnlichen Dauerübergriffen ausgesetzt. Auch das zweite Kind starb kurz nach der Geburt an demselben Herzfehler. Lotte Templin hatte allerdings vorher ein gesundes Kind zur Welt gebracht, als sie noch nicht Ziel von »Zersetzungsmaßnahmen« der Staatssicherheit gewesen war.

Für den »Friedenskreis Pankow« wurden im Laufe der Jahre mehrere »Operativpläne« mit Zersetzungsmaßnahmen entwickelt. Zunächst wurde festgelegt, dass ausgehend von der operativen Lage und den erarbeiteten Aufklärungsergebnissen entschieden wird, wie die bestehende Gruppierung zersetzt werden kann, welche Mittel und Methoden anzuwenden sind und in welcher Form man »positives Gedankengut« einfließen lassen kann. Hierzu fand eine Ideenberatung statt, an der die Herren Hauptmann Dohmeyer, Hauptmann Hasse, Leutnant Kappis, Unterleutnant Heinecke und Leutnant Polack teilnahmen. Die kriminelle Energie, die jene Herren nach dieser und anderen »Ideenkonferenzen« entwickelten, bekam der Friedenskreis in der Folgezeit zu spüren. In den Akten findet sich ein »Plan zur Zersetzung zum OV Virus«, der im August 1983 vorgelegt und in den darauf folgenden Wochen und Monaten ausgeführt wurde. Der Plan verfolgte das Ziel, den Einfluss, die Aktivitäten und die Teilnehmerzahlen des »Friedenskreises Pankow« zurückzudrängen, den vom Gegner angestrebten Aufbau einer »staatlich unabhängigen Friedensbewegung« zu unterbinden und die führenden Personen des Friedenskreises zu verunsichern und deren Einfluss zu neutralisieren sowie das Ehepaar Misselwitz unwirksam zu machen.

Ruth und Hans Misselwitz waren Seele und Schutzengel unseres Friedenskreises. Hans' Ideen bestimmten maßgeblich die theoretische Arbeit, Ruth bot uns als Pastorin geschützte Räume und eine Bibelarbeit, die für mich und viele andere Freunde eine Quelle ständiger Inspiration war. Zu Recht ging die Staatssicherheit davon aus, dass die Friedenskreisarbeit sehr erschwert, wenn nicht gar unmöglich gemacht würde, wenn es gelänge, diese beiden »auszuschalten«. Um dieses Ziel zu erreichen, versuchte die Staatssicherheit mit allen Mitteln, die Ehe der beiden zu belasten. Dass es ihnen nur teilweise gelungen ist, hat jedenfalls nicht daran gelegen, dass die Staatssicherheit sich gescheut hätte, auch die perfidesten Mittel einzusetzen, wie Verleumdung der Pastorin bei den Gemeindemitgliedern, Fotomontagen, die angeblich kompromittierende Situationen zeigten, Lancierung von Gerüchten und weitere Mittel aus dem Arsenal der Schmutzküche.

Natürlich griff die Staatssicherheit den Friedenskreis auch direkt an. Punkt 1 des »Zersetzungsplanes« liest sich so: In die öffentlichen Veranstaltungen des »Friedenskreises«, wie zum Beispiel »Großer Friedenskreis«, »Teestube« und andere Aktivitäten, werden positiv auftretende, offensiv diskutierende und parteilich handelnde Personen geschickt. Hierdurch soll erreicht werden, dass die negativ auftretenden Personen im »Friedenskreis« erstmalig mit progressiven Argumenten konfrontiert werden und ihnen eine Diskussion aufgezwungen wird, in deren Verlauf sie in die Defensive gezwängt werden. Des Weiteren soll durch die offensive Diskussion und Argumentation erreicht werden, dass die so genannte »Szene« von den negativ verfestigten Personen abrückt und letztendlich den Veranstaltungen des »Friedenskreises« fern bleibt. Zur Realisierung dieser Zielstellung wird veranlasst, dass ca. 25 bis 30 MfS-Direktstudenten ausgewählt werden, die die oben genannte Zielstellung realisieren können. Diese Direktstudenten sollen ab September 1983 wie folgt zum Einsatz gebracht werden: 1.1. Bildung von sechs Einsatzgruppen zu je fünf Personen. In jeder Gruppe wird ein Leiter festgelegt. 1.2. Durchführung einer »Einführungsveranstaltung« mit allen ausgewählten Direktstudenten, in deren Verlauf sie mit der zu realisierenden Aufgabe, mit der Entwicklung des »Friedenskreises Pankow«, dem gegenwärtigen Kräfteverhältnis und der daraus resultierenden Taktik im Verhältnis des Staates zur Kirche, den führenden Personen des

»Friedenskreises« und den geplanten Aktivitäten der Gruppierung vertraut gemacht werden. 1.3. Genaue Instruierung der Leiter der Einsatzgruppen vor dem spezifischen Einsatz, insbesondere detaillierte Abstimmung über das Vorgehen, Auftreten und die zu verwendenden Legenden und Argumente. Zeitlich und örtlich abgestimmte Einführungen der einzelnen Einsatzgruppen in die Veranstaltungen des »Friedenskreises«. 1.4. Zur legendierten Einführung der Direktstudenten werden entsprechende bedruckte »Flugblätter« verwandt, die gleichzeitig auch bei ausgewählten Personen der Gemeinde und des »Friedenskreises« zur Verteilung gelangen. 1.5. Zur effektiven Auswertung finden nach dem durchgeführten Einsatz Treffs mit den Leitern statt. Die Gruppen erarbeiten jeweils eine aussagekräftige schriftliche Information zum absolvierten Einsatz.

Wie geplant, so vollzogen: Im September 1983 tauchten diese jungen Männer zum ersten Mal im Friedenskreis auf. Wir sahen auf den ersten Blick, dass sie von der Staatssicherheit kamen. Sie waren alle auf die gleiche Weise »salopp« gekleidet, im sportlichen, volkseigenen »Exquisit«-Schick. Sie trugen Turnschuhe und man sah ihnen ihr regelmäßiges Kraftsporttraining an. Sie standen schon eine Viertelstunde vor Beginn des Friedenskreises in kleinen Grüppchen auf der Treppe und warteten darauf, dass die Tür aufgeschlossen wurde. Bis zum Schluss konnten sie sich nicht auf unsere Unpünktlichkeit einstellen. Obwohl der Große Friedenskreis um 20 Uhr beginnen sollte, ging er regelmäßig mindestens eine Viertelstunde später los. Ruth Misselwitz begrüßte die Neulinge und schlug geistesgegenwärtig vor, dass wir in Anbetracht der vielen unbekannten Gesichter mit einer Vorstellungsrunde beginnen würden. Eine solche Möglichkeit war in ihrer »Einführungsveranstaltung« offensichtlich nicht besprochen worden, denn die meisten stellten sich mit dem Namen vor, den der Erste genannt hatte: »Ich bin der Lutz.« Wir tauften sie deshalb schon am ersten Abend »Luzies«, eine Verballhornung von Lutz und Luzifer. Von nun an machten die Luzies uns schwer zu schaffen. Mit immer neuen Taktiken versuchten sie, die Diskussion an sich zu reißen und unmöglich zu machen. Da jeder wusste, dass sie von der Staatssicherheit kamen, mögen sie etliche Menschen auch davon abgehalten haben, weiter zum Friedenskreis zu kommen. Solange sie nur »progressiv« diskutierten, waren sie auszuhalten. Schwerer zu ertragen waren ihre rüden Störversuche. In unangenehmster Erinnerung habe ich eine Szene, wo ein Luzie, der den Angetrunkenen mimte, behauptete, ihm sei von einem Friedenskreismitglied das Portemonnaie gestohlen worden, und sich auf der Stelle prügeln wollte. Bald wurden die Diskussionen, wie wir sie bisher im Großen Kreis gewohnt waren, unmöglich. Wir mussten uns ständig etwas Neues einfallen lassen, um unsere Veranstaltungen zu retten. Wir versuchten es mit Einlasskontrolle, was natürlich schief ging. Dann bildeten wir nach dem Referat verschiedene Gruppen, wobei wir versuchten, reine Luzie-Gruppen entstehen zu lassen. Oder wir steckten sie absichtlich in unterschiedliche Gruppen, um die Luzies intensiv zu befragen. Natürlich bedienten sie sich ihrer Legenden. Sie gaben niemals zu, wer sie wirklich waren.

Freya Klier, die damals mit zum Friedenskreis gehörte, hatte sehr bald herausbekommen, dass sie aus der Stasischule in Potsdam kamen, und konfrontierte sie öffentlich damit. Die Luzies bestritten es. Unsere Versuche, sie einzeln nach Ende einer Veranstaltung in ein Café abzuschleppen und dort unter vier Augen zu befragen, scheiterten. Sie blieben immer in Grüppchen beisammen und ließen sich nie auf eine Einladung ein. Nur einmal traf meine Freundin Irene einen der jungen Männer im Postamt, wo er in der Schalterschlange stand. Sie ging auf ihn zu, begrüßte ihn mit »Hallo Lutz« und schlug vor, einen Kaffee trinken zu gehen. Ohne ihren Gruß zu erwidern, verließ der junge Mann schnellen Schrittes das Postamt. Im Friedenskreis tauchte er danach nicht mehr auf. Natürlich sind die Berichte der Stasistudenten voller Erfolgsmeldungen: Wir wären ihren progressiven Argumenten nicht gewachsen, unsere Referate und Bemerkungen seien diffus, kaum verständlich, wenig wirksam. Wobei sich die Frage stellt, warum wir so unwirksam und unverständlich waren. Merkwürdigerweise bestanden die Führungsoffiziere in ihren Berichten darauf, die Studenten seien als das, was sie waren, niemals erkannt worden.

Wir hatten es aber nicht nur mit diesen MfS-Direktstudenten zu tun. Seit September 1983 wurden auch »gesellschaftliche Kräfte«, das heißt zuverlässige, »ausgewählte und instruierte Genossen« der SED in unsere Veranstaltungen geschickt. Im »Sachstandsbericht zum OV Virus« vom 29. Juli 1985 liest sich das so:

»Die Wirkung dieser Genossen war bis zur Sommerpause 1984 sehr gering. Dies war auf die unzweckmäßige Auswahl (sehr junge Mitglieder der Partei, die wenig argumentationsfähig waren und ihre Scheu, vor einem größeren Publikum zu sprechen, nicht ablegen konnten) zurückzuführen. Seit September 1984 hat sich hier jedoch ein qualitativer Wandel vollzogen. Zurzeit kommen in jedem großen Friedenskreis ca. 25 Genossen zum Einsatz, die in der Regel offensiv auftreten und überzeugend argumentieren. Die Instruierung, Einweisung und Schulung erfolgt über den direkten Weg Abt. XX/4 über den Leiter KD Pankow an die KL der SED Pankow und kann gegenwärtig als ausreichend beurteilt werden. In Abstimmung mit der SED-Kreisleitung Pankow wird das Ziel verwirklicht, einen festen, nicht fluktuierenden Stamm von Genossen zu schaffen, die durch einen persönlichen Parteiauftrag motiviert und von ihren Grundorganisationen freigestellt werden. Dieser Kreis soll entsprechend des jeweiligen Themas des ›Großen Friedenskreises‹ durch ausgewählte Fachleute ergänzt werden. Das unlegendierte Auftreten der Genossen und ihre Möglichkeit, als ›normale Bürger‹ in Erscheinung zu treten, bietet keinen Ansatzpunkt sowohl für die negativen Personen des Friedenskreises als auch für die kirchlichen Amtsträger.«

So behaupteten sie. In Wirklichkeit erkannten wir auch die »gesellschaftlichen Kräfte«, wie sie von der Stasi der Kürze halber genannt wurden, relativ schnell als das, was sie waren. Ein Mann versuchte, mit theoretisch gut fundierten Beiträgen immer wieder aktiv auf die Diskussion Einfluss zu nehmen und Vorschläge zur Gestaltung der Arbeit zu machen. Schließlich bot er sich als Referent an. Im Januar 1985 sprach er nach Schluss unseres Friedenskreises Hans Misselwitz und mich an und schlug vor, bei der nächsten Veranstaltung einen Vortrag über das amerikanische Weltraumrüstungsprogramm SDI zu halten. Unsere Ablehnung wollte er nicht akzeptieren. Hans sagte ihm, er könne bei uns erst einen Vortrag halten, wenn er zugäbe, von der SED-Kreisleitung Pankow geschickt zu sein. Er bestritt das heftig, bestand darauf, ein »normaler Bürger« zu sein, und warf uns unbegründetes Misstrauen vor.

Drei Wochen später hatte ich eine unerwartete Begegnung mit ihm auf der Geburtstagsfeier meiner Schwester. Er war der Halbbruder meines Schwagers, den ich mit Ausnahme einer flüchtigen Begegnung, die mehr als zehn Jahre zurücklag, nie wieder gesehen hatte. Auch ihm war offenbar nicht klar gewesen, dass ich die Schwester seiner Schwägerin war, denn bei meinem Erscheinen fiel ihm vor Überraschung der Löffel aus der Hand, obwohl mein Besuch angekündigt war. Solange ich auf der Feier war, hockte er stocksteif und so einsilbig auf seinem Stuhl, dass es allen auffiel. Meine Fragen, was er so beruflich mache und womit er seine Freizeit verbringe, wurden von seiner Frau und meiner Schwester beantwortet. Obwohl ich mich in gewisser Weise über die Begegnung amüsierte, war sie mir keineswegs angenehm. Dass einer der Luzies, die uns so zusetzten, ein wenn auch ganz entfernter und nur angeheirateter Verwandter von mir war, fiel mir sehr schwer, auch nur den engsten Vertrauten unseres Friedenskreises mitzuteilen. Ich sprach dennoch mit Misselwitzens darüber und nahm mir vor, meinen Schwippschwager beim nächsten Friedenskreis öffentlich anzusprechen.

Aber er kam nie wieder. Dafür wurde im Frühjahr 1985 im Friedenskreis das Gerücht gestreut, ich sei Mitarbeiterin der Stasi. Ich musste mich in den folgenden Jahren noch öfter mit diesem Gerücht auseinander setzen, aber dass, wie ich jetzt den Akten entnehme, selbst Ruth und Hans Misselwitz diesem Gerücht Glauben schenkten und deshalb versuchten, mich aus dem Friedenskreis herauszudrängen, wäre mir nicht im Traum eingefallen. Ich war nur unglücklich über das Erkalten unserer Freundschaft, dessen wahre Ursachen ich nicht erkannte.

Gewiss, ich war nicht die Einzige, die eine solche »Vorzugsbehandlung« durch die Stasi genießen durfte, denn es war eine ihrer Lieblingsmethoden, den guten Ruf der von ihr verfolgten »feindlich negativen Personen« zu zerstören. Im »Plan zur Zersetzung zum OV Virus« vom 9. August 1983 kann man unter Punkt 2.2 Folgendes lesen:

»Ein ›Zeuge Jehovas‹ (IM der Diensteinheit) wird bei Vera Wollenberger und ausgewählten, vorwiegend älteren Gemeindemitgliedern der Kirchengemeinde Pankow vorsprechen. Er wird seinen Glauben ›verkündigen‹ und versuchen, die Angesprochenen von seiner Lehre zu überzeugen. Hierbei wird er unter anderem auch über die ›Verdorbenheit der Pfarrer‹ im Allgemeinen und speziell über die Ehebrecherin +++ sprechen. In den Gesprächen wird der ›Zeuge Jehovas‹ über das ›Lotterleben‹ der im Friedenskreis organisierten Personen berichten und wird Fotos vorweisen, die dieses unterstreichen. Er wird darüber informieren, dass im ›Friedenskreis‹ schweinische Themen abgehandelt werden und für die ›Freie Liebe‹ geworben wird. Die Gespräche sollen so geführt werden, dass die Gemeindemitglieder beim Superintendenten der +++ vorsprechen und um eine Klärung der aufgeworfenen Anschuldigungen bitten, dass +++ (sie fotografierte während der ›Mecklenburgwanderung des Friedenskreises‹ die Teilnehmer während des FKK-Badens) in Verdacht gerät, dem ›Zeugen Jehovas‹ die Bilder in die Hand gespielt zu haben, und dass auch Vera Wollenberger verdächtigt wird, eine Indiskretion begangen zu haben. Durch die geführten Gespräche soll das Vertrauensverhältnis der Gemeindemitglieder zur +++ weiter erschüttert werden. Die ›Fotos‹ werden gemeinsam mit der Bildstelle der BV* durch entsprechendes Retuschieren, Kopieren und durch Bildmontagen hergestellt. Verantwortlich: Hauptmann Hasse und Leutnant Kappis. Termin: September 1983.«

* BV: Bezirksverwaltung Berlin des Ministeriums für Staatssicherheit

Den Tag, auf den hier Bezug genommen wird, habe ich als einen der schönsten in Erinnerung. Wir nahmen am zweiten mobilen Friedensseminar in Mecklenburg teil. Dieses Seminar fand in der Woche statt, als sich die beiden Atombombenabwürfe über Hiroshima und Nagasaki jährten. Eine Woche lang wanderten verschiedene Gruppen durch Mecklenburg, machten auf Pfarrhöfen Station, diskutierten und genossen den Sommer und unser Beisammensein. Am Wochenende trafen wir uns an einem Ort, wo ein Gedenkgottesdienst zu Ehren der Opfer von Hiroshima und Nagasaki und verschiedene politische und kulturelle Veranstaltungen stattfanden. An diesem Tag war es sonnig und heiß, sodass drei Gruppen beschlossen, sich an einem schönen, klaren See zu treffen. Der See lag so einsam, dass nur wenige Menschen außer uns da waren. Wir feierten unser Treffen mit einem Riesenpicknick, das wir immer wieder unterbrachen, um ins kühle Nass zu springen. Natürlich sprachen wir auch an diesem strahlenden Tag über Politik, aber vor allem waren wir unbeschwert und glücklich. Von allen Anwesenden behielten nur Jürgen Ehlers (IM »Horst Hoffmann) und seine Frau, von der er immer nur als »die katholische Kuh« sprach, ihre Badesachen an. Ich erinnere mich, dass ich merkwürdig berührt war, als ich bemerkte, wie er weiß, massig und fast unbeweglich in der fröhlichen Menge saß. Später wurden im Dorf Vipperow, wo Markus Meckel, der spätere kurzzeitige Außenminister der Noch-DDR, Pastor war, Fotos an gut sichtbaren Stellen angeheftet, auf denen Markus nackt neben einer ebensolchen Frau liegend zu sehen war. Darunter stand: »Unser Pastor, wer mag wohl seine Freundin sein?«

Die Staatssicherheit begnügte sich keineswegs mit verbaler Verleumdung und dem Herstellen und Verteilen kompromittierender Fotos oder der Verbreitung von Legenden. Sie wurde noch auf ganz andere Weise aktiv. Unter Punkt 2.3 des »Zersetzungsplanes« steht Folgendes:

»In Abstimmung mit der Abteilung IV beziehungsweise mit dem Genossen Fuhlrott der HA II/12 wird ein weiblicher IM in das Blickfeld des +++ geschoben. Durch entsprechende Aktivitäten des IM soll +++ veranlasst werden, außereheliche sexuelle Kontakte aufzunehmen. Das Verhältnis soll dazu genutzt werden, kompromittierendes Material gegen +++ zu schaffen, um die Ehe weiter zu zerrütten.« Verantwortlich sind wieder Hauptmann Hasse und Leutnant Kappis. Wieder wird ein genauer Starttermin genannt: September 1983. Gegen diese Infamie mutet es fast harmlos an, was unter Punkt 3 desselben »Zersetzungsplanes« zu lesen ist: »In Abstimmung mit der HA XVIII/5/2 wird bei dem führenden Mitglied des ›Friedenskreises‹ +++ eine konspirative Wohnungsdurchsuchung durchgeführt, die als Einbruch verschleiert wird. Diese Maßnahme erfolgt mit dem Ziel, offiziell auswertbare Beweise über die feindlich negative Arbeit des Friedenskreises zu beschaffen. Ausgehend von der im ›Friedenskreis‹ bekannten Tatsache, dass +++ gewissenhaft über alle Beratungen und Veranstaltungen des ›Friedenskreises‹ Pankow Protokoll führte und führt, sollen während des ›Einbruches‹ sämtliche diesbezüglichen schriftlichen Materialien eingezogen werden. Die Materialien werden darauf folgend der Abteilung IX zur strafrechtlichen Einschätzung vorgelegt. Im Ergebnis der Bewertung der Materialien werden dann weitere Schritte festgelegt. Um die eigentliche Zielstellung des ›Einbruches‹ zu verschleiern, werden neben den Aufzeichnungen des +++ Schallplatten und Bücher westlicher Produktion und andere Wertgegenstände ›entwendet‹. Um die ›entwendeten Materialien‹ offiziell auswertbar zu machen, wird ein kleiner Teil des ›Diebesgutes‹ in einem Schließfach auf einem Berliner Fernbahnhof deponiert, wo er dann zusammen mit den operativ relevanten Materialien ›aufgefunden‹ wird. Mit dieser Maßnahme sollen gleichzeitig die führenden Personen des ›Friedenskreises‹ erheblich verunsichert werden.«

Es hat noch mehr solcher »Einbrüche« gegeben, die uns lediglich verunsichern sollten. Im Sommer 1984, ich war hochschwanger mit meinem dritten Kind, verließ ich für etwa eine Stunde meine Wohnung am Pankower Amalienpark. Als ich zurückkehrte, stand die Wohnungstür sperrangelweit offen. Die Papiere auf meinem Schreibtisch waren durcheinander geworfen, Bücher aus den Regalen gerissen. Es fehlte nichts; mir sollte lediglich signalisiert werden, dass ich nirgends sicher sei, dass die Staatssicherheit meine Wohnung betreten würde, wann es ihr beliebte. Obwohl ich mir nüchtern klar zu machen versuchte, was passiert war und warum, blieb die beabsichtigte Wirkung nicht aus. Ich bekam Angst und brauchte geraume Zeit, bis ich diese Angst wieder überwunden hatte.

Parteiausschluss

Mein berufliches Schicksal wurde von der Staatssicherheit unter Punkt 4 des »Zersetzungsplanes« vom August 1983 besiegelt:

»Das führende Mitglied innerhalb der Leitung des ›Friedenskreises‹, Vera Wollenberger, wird in Abstimmung mit der Kreisleitung der SED Pankow (über den KD-Leiter Pankow) aus der SED ausgeschlossen. Hierzu wird für die Genossen der Kreisleitung Material zusammengestellt (Aktivitäten und Äußerungen der Wollenberger, die sie öffentlich und nachweislich getätigt hat). Nach dem erfolgten Ausschluss aus der SED erfolgt in Zusammenarbeit mit der HA XX/2 eine Entfernung der Wollenberger aus ihrer jetzigen Arbeitsstelle (Lektor im Verlag ›Neues Leben‹). Hierdurch soll der Wollenberger die Möglichkeit genommen werden, als Genosse feindlich negativ aufzutreten und aus gesicherten materiellen Verhältnissen heraus ihre zersetzerische Tätigkeit weiter zu betreiben.« Verantwortlich: Wieder Leutnant Kappis und Oberleutnant Matthes, letzterer war zu diesem Zeitpunkt schon Führungsoffizier des »IM Donald« – meines damaligen Mannes Knud Wollenberger. Termin: Ende August 1983.

Mein Mann Knud war ein Spross aus einem für die DDR ungewöhnlichen Hause. Sein Vater Albert Wollenberger war ein international angesehener Wissenschaftler. Als junger Mann hatte er sich nach einem kurzen Gastspiel in einer zionistischen Jugendgruppe, in der sich auch das spätere SED-Politbüromitglied Hermann Axen befand, dem kommunistischen Widerstand gegen die Nazis angeschlossen. Er entging 1937 nur knapp der Verhaftung, floh über die Schweizer Grenze und ging in die USA. Seine Tante Helen Ducas, die Sekretärin von Albert Einstein war, sorgte dafür, dass Einstein für Albert Wollenberger bürgte. Er studierte u.a. in

Harvard, verkehrte im Haus der Kennedys und wäre gern US-Bürger geworden. Wegen seiner Nähe zu den Kommunisten scheiterte seine Einbürgerung, er verließ die USA und ging über Schweden nach Dänemark, wo er Knuds Mutter heiratete. Kurz nach Knuds Geburt im Februar 1952 sollten er und sein Sohn des Landes verwiesen werden. Statt um sein Bleiberecht zu kämpfen, nahm er das Angebot an, in die DDR zurückzukehren, wo er einen so genannten »Einzelvertrag« bekam, der ihm neben seiner Wunschposition und seinem Wunschgehalt eine Reihe anderer Privilegien sicherte.

Knud wuchs in einer riesigen Villa am Berliner Stadtrand auf. Er sprach mit seiner Mutter dänisch, mit seinem Vater englisch, mit seinen Schwestern deutsch. Die Familie verfügte über viele internationale Kontakte, sie führte ein offenes Haus. Knuds Mutter hatte nach dem Mauerbau dafür gesorgt, dass sie und Knud dänische Pässe bekamen und frei reisen durften. Als ich Knud kennen lernte, hatte er schon die halbe Welt gesehen. Er kannte Amerika, Israel, Westeuropa. Bei den Wollenbergers war man der DDR schon halb entkommen. Weil Knud nie die Schattenseiten des Regimes kennen lernen musste, konnte er so enge Bindungen an den Staat entwickeln. Wir hatten von Anfang an einen Dissens: Wenn er mit mir zusammenleben wollte, sollten die Bedingungen gleich sein. Entweder wir gingen beide nach Dänemark, wo wir die gleichen Rechte hatten, oder er sollte in der DDR so leben wie ich. Knud verzichtete fortan auf seine Reisen und die Tagestrips nach Westberlin. Er verließ die DDR nur noch bei den seltenen Gelegenheiten, wenn auch ich reisen durfte.

Nach der Geburt meines zweiten Sohnes im September 1982 befand ich mich damals am Ende des so genannten Babyjahres. In der DDR wurde allen Müttern nach der Geburt ihres zweiten Kindes ein bezahltes Babyjahr gewährt. Die Arbeitsstelle blieb während dieses Jahres erhalten. Im Verlag »Neues Leben« hatte ich zu arbeiten begonnen, nachdem mir endlich der Absprung von der Akademie der Wissenschaften geglückt war. Ich arbeitete gern dort. Der Verlag war klein, im Ressort des Belletristiklektorats für fremdsprachige Literatur arbeiteten nur vier Kollegen, die sich gut verstanden und mich freundlich aufgenommen hatten. Ich freute mich, mit meiner Arbeit bald wieder beginnen zu können. Eines Tages erschien die Parteisekretärin der Wohngebietsparteigruppe bei mir zu Hause. Wir kannten uns gut, sie wohnte unter mir. Sie war eine alte Kommunistin, die ihren Mann in der Illegalität wegen eines Parteiauftrages geheiratet hatte. Sie war eine kluge Frau, die undogmatische Auffassungen äußerte und die meiner Friedenskreisarbeit immer viel Verständnis entgegengebracht hatte. Sie teilte mir mit, dass die Genossen der Kreisleitung der SED mich unbedingt zu sprechen wünschten. Sie wusste den Grund nicht und nahm an, ich solle für eine hauptamtliche Parteiarbeit gewonnen werden. Sie riet mir dringend, auf keinen Fall auf ein solches Angebot einzugehen. Zum Termin gingen wir noch beide gemeinsam. Im Vorraum der SED-Kreisleitung trafen wir auf die Parteisekretärin meines Verlages. Ich stellte die beiden Damen noch einander vor, dann wurden sie schon in den Sitzungssaal gerufen, während ich draußen warten musste. Als ich hineingebeten wurde, sah ich mich einem handverlesenen Gremium gegenüber: der Parteikontrollkommission der SED-Kreisleitung Pankow, ergänzt durch die genannten Parteisekretärinnen und drei Vertreter der Parteikontrollkommission der Bezirksleitung Berlin, unter ihnen der Vorsitzende. Insgesamt saß ich etwa 20 Personen gegenüber. Das war ungewöhnlich. Nach dem Statut der SED musste ein Parteimitglied von seiner Grundorganisation ausgeschlossen werden. Es ehrt meine Mitgenossen vom Verlag »Neues Leben«, dass eine beträchtliche Anzahl von ihnen als nicht zuverlässig genug eingeschätzt wurde, um meinen Ausschluss sicherzustellen.

Ich stellte gleich zu Beginn klar, dass ich mich sehr über die Zusammensetzung des Gremiums wunderte. Die Antwort war, man hätte von vornherein damit gerechnet, dass ich gegen mein Parteiverfahren Einspruch erheben würde, und deshalb schon den Vorsitzenden der Bezirkskontrollkommission dazugebeten, damit er sich überzeugen könne, dass mein Verfahren fair durchgeführt werde. Als das Wort »fair« fiel, lachte ich unwillkürlich auf. Daraufhin wurde mir eifrig versichert, ich könne Personen meines Vertrauens dazubitten, damit ich mich nicht so allein fühlte. Das war natürlich nur ein Scheinangebot, denn jedem im Raum war klar, dass es unmöglich war, in der nächsten halben Stunde einen Menschen zu finden, der mitten an einem Arbeitstag die Möglichkeit gehabt hätte, mir beizustehen. Abgesehen davon hätte diese Person Schwierigkeiten bekommen. Ich lehnte also dankend ab. Den Ton, der innerhalb der nächsten Stunden mir gegenüber angeschlagen wurde, kannte ich bisher nur aus der Literatur über stalinistische Tribunale. Nur fehlte hier das Publikum. Auch war ich kein williges Opferlamm, sondern ich verteidigte mich zäh, blieb »verstockt« und »uneinsichtig«. Tatsächlich wurde mir eine lange Liste meiner Äußerungen mit Angabe von Ort und Stunde vorgehalten. Sie war ziemlich vollständig. Bei jedem meiner öffentlichen Auftritte der letzten Monate waren meine Reden sorgfältig protokolliert worden. Es war deshalb nicht schwierig, meine »staatsfeindliche Hetze« zu belegen. Einen anderen Vorwurf konnte ich dagegen ad absurdum führen. Ich hatte die Partei weder getäuscht, noch mit zweierlei Zunge geredet. Die anwesende Verlagsparteisekretärin musste bestätigen, dass ich ähnliche Reden wie auf den kirchlichen Veranstaltungen auch auf der Parteiversammlung im Verlag gehalten hatte. Ich hatte mich dort auch geweigert, Bücher zu lektorieren, die »zum Hass gegen den Klassenfeind« erziehen, weil »Hass« ein produktives Gefühl sei. Für die Genossen war das Verfahren ebenso schwer zu ertragen wie für mich. Mehrmals wurden meine »feindlichen Hetzreden« rüde unterbrochen. Am Ende gaben ausgewählte Personen des Gremiums ihre Einschätzungen ab. Auch die Wohngebietsparteisekretärin ergriff das Wort. Sie blickte mir fest in die Augen und sprach darüber, wie gefährlich, schädlich und hetzerisch das gewesen sei, was ich im Friedenskreis getan hätte. Wenn wir uns später im Treppenhaus begegneten, tat sie so, als sei nie etwas gewesen. Allerdings lud sie mich nicht mehr in ihre Wohnung ein.

Die Versammlung endete mit der Festlegung, dass ich eine »Stellungnahme« zu schreiben hätte. In einer Woche werde eine zweite Zusammenkunft stattfinden, auf der man eine Entscheidung treffen wolle. Am nächsten Tag erhielt ich ein Telegramm, das mich zu meinem Verlagsdirektor bestellte. Er eröffnete mir im Beisein der Verlagsparteisekretärin ohne Umschweife, dass ich vom Dienst suspendiert sei. Eine Frau mit meiner ablehnenden Haltung zur Verteidigung des Sozialismus sei als Lektorin eines Jugendbuchverlages, konkret des FDJ-Verlages, untragbar. Dass auch dieser Verlag eigentlich SED-Eigentum war, wurde erst nach der Wende ruchbar.

Zu den Merkwürdigkeiten der DDR zählt, dass hin und wieder Bücher erschienen, die entlarvend für das System waren. Jeder Lektor, der was auf sich hielt, versuchte gute Bücher an den Zensurbehörden vorbei zu machen. Zwar waren jedem Verlag Aufpasser von der SED zugeteilt, aber die lasen in der Regel nicht alle im Verlag erscheinenden Bücher. Es kam darauf an, die Vorlage für ein Buch, das man gern publizieren wollte, so zu schreiben, dass der Zensor nicht das Gefühl bekam, sich das Buch näher anschauen zu müssen. So kam es immer wieder mal vor, dass Titel erschienen, die hinterher eingestampft werden mussten oder von den »Organen« aufgekauft und nur an zuverlässige Genossen verteilt wurden. Mein Vater brachte mir ab und zu ein Buch mit, das im Buchhandel schwer oder gar nicht zu haben, in seiner Buchhandlung im Ministerium aber erhältlich war.

Als Mitarbeiterin des Zentralinstituts für Philosophie bekam ich später anlässlich des Internationalen Frauentages am 8. März ein Inselbändchen geschenkt mit dem langweiligen Titel »Taschkent, die brotreiche Stadt« von Alexander Newerow. Natürlich ein sowjetischer Autor. Wenn es kein Inselbändchen, die ich sammelte, gewesen wäre, hätte ich das Buch wahrscheinlich nie aufgeschlagen. So blätterte ich darin und blieb gleich beim Beginn bei einer Aufzählung kürzlich verstorbener Familienmitglieder hängen. Nach wenigen Sätzen war klar, dass es sich um die literarische Schilderung einer der von Stalin politisch erzeugten Hungersnöte in der Ukraine handelte. Erzählt wird aus der Sicht eines zwölfjährigen Jungen, der nach dem Tod seines kleinen Bruders nach Taschkent aufbricht, um dort Mehl für seine letzte verbliebene Schwester zu holen. Ich las fassungslos von den vollgefressenen und alkoholisierten KGB-Soldaten, die alle Bahnhöfe besetzt hielten, um die Verhungernden davon abzuhalten, die Todeszone zu verlassen. Ich wusste schon eine ganze Menge über die Verbrechen des Kommunismus. Von den Hungersnöten als Waffe gegen die Bauernschaft erfuhr ich hier zum ersten Mal. Bis heute ist dieses Kapitel weitgehend unbekannt. Von der Zahl der Opfer, annähernd zehn Millionen, gibt es nur Schätzungen.

Im Gegensatz zu anderen Büchern verursachte »Taschkent, die brotreiche Stadt« keinen Skandal. Wahrscheinlich ist es kaum gelesen worden und deshalb unbeachtet geblieben.

Bei meinem endgültigen Rausschmiss aus dem Verlag gab es dann doch etliche Schwierigkeiten. Man fand einfach keinen Vorwand, um mir zu kündigen. Ich hatte mich sorgfältig auf diese Eventualität vorbereitet. Bei Arbeitsprozessen, die ich besucht hatte, weil Freunde von mir vor Gericht standen, hatte ich festgestellt, dass die eigentlichen Rausschmissgründe, sofern sie politischer Natur waren, nie genannt wurden. Es wurde immer nach Vorwänden gesucht, so durchsichtig sie auch sein mochten. Mehrmalige geringfügige Verspätung, eine nicht rechtzeitig fertig gestellte Arbeit, ein schlecht entschuldigter Fehltag wurden in der Urteilsbegründung als Rechtfertigung für den Verlust der Arbeit genannt. Deshalb hatte ich in meinem Berufsleben dafür gesorgt, dass ich nie zu spät kam oder nur mit einer unabweisbaren Entschuldigung, dass ich alle meine Arbeiten termingerecht abliefern und Zusatzaufgaben übernehmen würde, um das Soll überzuerfüllen. Man fand einfach keinen Vorwand, mir zu kündigen. Der Verlag versuchte es dennoch. Er begann, wie vom Gesetzgeber vorgeschrieben, mir drei Alternativjobs nachzuweisen, die ich antreten könnte. Alle drei Jobs waren Hilfsarbeiterstellen: Abwäscherin beim VEB Abwasserbehandlung, Hilfskraft in einer Fernsehreparatur-Annahmestelle, Kassiererin bei der Flaschenrücknahme.

Allerdings verweigerte sich VEB Abwasserbehandlung von vornherein dem Ansinnen, mich einstellen zu sollen. Meine politische Einstellung lasse mich nicht geeignet erscheinen, als Abwäscherin tätig sein zu dürfen. Wahrscheinlich hatte man Angst, ich könnte beim Abwasch zu gründlich vorgehen. Der Verlag drohte mir mit einem Arbeitsprozess, wenn ich keine der nachgewiesenen Arbeitsstellen annähme.

Der Verlagsdirektor wurde von Tag zu Tag nervöser. Meine Suspendierung hatte erhebliche Unruhe im Verlag ausgelöst. Etliche Kollegen solidarisierten sich mit mir. Die Kaderleiterin und der Cheflektor mussten mit Entlassungen drohen, um die kleine Hausrevolte zu unterdrücken. Ich bin meinen damaligen Kollegen heute noch dankbar für ihre Solidarität. Sie konnten mir nicht helfen, aber es tat gut zu wissen, dass das begangene Unrecht nicht unwidersprochen blieb. In diesen Wochen war ich mit meinem dritten Kind schwanger. Das verschärfte meine Situation erheblich. Die Aussicht, mit bald drei Kindern auf einen Hilfsarbeiterlohn angewiesen zu sein, war nicht gerade rosig. Die Kaderleiterin des Verlages gab mir zu bedenken, ob es nicht besser sei, einen Hilfsarbeiterlohn sicher zu haben als gar kein Geld. Es kostete mich Nerven, aber ich blieb hart, denn in der DDR durfte einer Schwangeren eigentlich nicht gekündigt werden, außer es gab einen Grund für eine fristlose Entlassung. War der gegeben, wenn ich die Hilfsarbeiterjobs ablehnte? Ich brauchte dringend rechtliche Beratung.

Ich kannte keinen Rechtsanwalt. Diese Berufsgruppe war in der DDR ohnehin spärlich vertreten. Da vermittelte mir Katja Havemann, die ich in meiner Not anrief, den Pflichtverteidiger ihres verstorbenen Mannes, des Regimekritikers Robert Havemann. So lernte ich Gregor Gysi kennen. Ich bekam ohne Umstände einen Termin in seiner Anwaltskanzlei in der Finowstraße in Berlin-Friedrichshain. Im Warteraum traf ich einen ehemaligen Kollegen aus der Akademie der Wissenschaften. Er lag gerade in Scheidung und wollte das Sorgerecht für seinen Sohn. Er erzählte mir, dass Gysi der Geheimtipp unter Männern sei, die ihren Frauen das Erziehungsrecht für die gemeinsamen Kinder streitig machen wollten. Gysi war selbst gegen seine erste Frau Jutta erfolgreich gewesen und hatte seinen Sohn behalten.

Die Rechtsauskunft bei Gysi war sehr frustrierend. Er versuchte mir in immer neuen Redewendungen nahe zu legen, einen Hilfsarbeiterjob anzunehmen. Zwar wäre die Gesetzeslage einerseits eindeutig, andererseits läge eine spezielle Situation vor. Zum Vorwurf der Staatsfeindlichkeit war in der Begründung für meinen Parteiausschluss noch antisowjetische Hetze hinzugekommen. Das wog noch schwerer und machte, wenn er nicht zurückgenommen wurde, eine Strafverfolgung unvermeidlich.

Jahre später, als der Bundestag in einem Untersuchungsausschuss dem verschwundenen DDR-Vermögen, insbesondere den Aktivitäten des »Amtes für kommerzielle Koordinierung« von DDR-Devisenbeschaffer Schalck-Golodkowski hinterherrecherchierte, tauchte auch eine Stasi-Aktennotiz über mein Gespräch mit Gysi in seiner Anwaltskanzlei auf. Interessanterweise wird in dieser Notiz auch ein Telefongespräch erwähnt, das ich mit Gysi Wochen vorher geführt hatte, aber während unserer Unterredung keine Erwähnung fand. Am Schluss resümiert der Inoffizielle Mitarbeiter »Notar« darin, dass Gysi nicht den Eindruck gehabt hätte, ich würde seinem Rat folgen.

Damit hatte er Recht. Tatsächlich erwies ich mich immer wieder als resistent gegen Gysis rhetorische Fähigkeiten, die nach dem Mauerfall halb Deutschland in Entzücken versetzten. Ich habe zu meinem Glück immer mehr darauf geachtet, was er sagte, als darauf, wie er es sagte. Gysis demagogische Fähigkeiten sind zwar enorm, aber nicht undurchschaubar. Ich glaube deshalb, dass die Bereitschaft, Demagogen auf den Leim zu gehen, etwas mit entschlossener Oberflächlichkeit zu tun hat.

Während ich von Gysi nur vergiftete Ratschläge erhielt, wurde mir wirkliche Hilfe von einem jungen Arzt der Schwangerschaftsberatung Pankow zuteil. Bei einer Routineuntersuchung, der sich jede Schwangere in der DDR einmal im Monat unterziehen musste, bemerkte er meine schlechte psychische Verfassung. Auf seine

Frage, was mit mir los sei, erzählte ich ihm spontan von meinen beruflichen Schwierigkeiten. Er griff sofort zum Telefonhörer, rief bei der Verlagsleitung an und drohte der Kaderleiterin mit gerichtlichen Schritten, wenn sie es nicht sofort unterließe, auf eine Schwangere Druck auszuüben. Daraufhin wurde ich bis zum Ende des Babyjahres in Ruhe gelassen. Dann versuchte es der Verlag mit einer Klage beim Arbeitsgericht, die jedoch nicht angenommen wurde. Ich blieb Verlagsmitglied bei vollen Bezügen, bis ich im Jahr 1985 von selbst kündigte, um ein zweites Studium am Sprachenkonvikt in Berlin, einer der unabhängigen theologischen Hochschulen der DDR, aufzunehmen. Bis dahin machte ich mir einen Spaß daraus, mich auf Veranstaltungen der Opposition als erste vom Staat bezahlte unabhängige Friedensaktivistin vorzustellen. Ich freute mich an dem Gedanken, wie wütend das die Staatssicherheit machte. Dies war meine Art, mit Problemen umzugehen. Ich machte mich lieber lustig über sie, als dass ich mich von ihnen unterkriegen ließ. Während sich mithilfe des couragierten Arztes meine berufliche Situation zu meiner Zufriedenheit klärte, machte mir mein Parteirausschmiss noch Sorgen.

Eine Woche nach dem ersten Gespräch wurde ich von der Kreisparteikontrollkommission Pankow aus der Partei ausgeschlossen. Damit verstieß dieses Gremium, das die Reinheit der Partei kontrollieren sollte, selbst gegen das Parteistatut, nach dem Mitglieder nur von ihrer Grundorganisation ausgeschlossen werden durften. Über die Ausschlussbegründung war ich allerdings erschrocken. Sie lautete »antisowjetische Hetze«, was in der DDR strafwürdig war. Unverzüglich schrieb ich einen Einspruch an die Zentrale Parteikontrollkommission, in dem ich den Ausschluss akzeptierte, obwohl er statutenwidrig war, aber gegen die Begründung scharf protestierte.

Den Einspruch tippte Monika Haeger, IM »Karin Lenz«, ab. Monika war Anfang 1982 in unseren Friedenskreis gekommen und schon Ende 1982 als Mitarbeiterin der Staatssicherheit entlarvt worden. Die Staatssicherheit nutzte deshalb die Gelegenheit meines Parteirausschmisses und Berufsverbots, um für Monika eine neue Legende zu bilden. Sie erlitt offiziell das gleiche Schicksal wie ich und wurde nach ihrem Parteirausschmiss aus dem Verlag »Junge Welt« entfernt. Allerdings bekam sie am Abend nach ihrem Rausschmiss ihr Parteibuch in aller Heimlichkeit feierlich zurück. Die Legendenbildung hatte jedenfalls Erfolg. Als ich zum Gebäude des SED-Zentralkomitees fuhr, um meinen Einspruch abzugeben, begleitete Monika mich bis zum Alexanderplatz. Dort trennte sie sich von mir, um an einer Aktion der »Frauen für Frieden« teilzunehmen, die an diesem Tag auf dem Postamt Alexanderplatz schwarz gekleidet ihre Weigerung, sich im Krisenfall zur Armee dienstverpflichten zu lassen, per Einschreiben abgaben. Monika »wirkte« dann bis zum Frühjahr 1989 als IM bei »Frauen für den Frieden«, im Kreis um Bärbel Bohley.

Als ich meinen Einspruch bei der Poststelle des ZK abgab, wurde mir eine Empfangsbestätigung verweigert. Dafür aber sagte die Dame hinter dem Schalter den damals für mich merkwürdigen Satz: »Die Genossen haben schon gefragt, ob das Schreiben da ist. Sie warten oben, ich schicke es gleich hoch.« Wenige Tage später wurde ich vom Chef der Zentralen Parteikontrollkommission empfangen. Bei dieser Gelegenheit betrat ich das erste Mal in meinem Leben das »Große Haus«, die heiligen Hallen des Zentralkomitees. Im Ergebnis unseres Gespräches wies der Vorsitzende seine subalternen Mitarbeiter an, die Ausschlussbegründung zu ändern. Diese bestand nur aus einem Satz: »Wollenberger weigert sich, den Sozialismus mit allen Mitteln zu verteidigen.« Eine solche Begründung sei ihm in seiner fast 40-jährigen Parteipraxis noch nicht vorgekommen, sagte mir der Chef der Pankower Parteikontrollkommission, bei dem ich am nächsten Tag das Ausschlussdokument unterzeichnen musste. Er bemühte sich dabei kaum, seinen Hass zu zügeln.

Hass war mir auch tags zuvor vom Chef der Zentralen Parteikontrollkommission entgegengeschlagen. Bevor er mich entließ, hielt er mir eine kurze Rede, in der er mir klar machte, dass die Arbeiterklasse ihre Feinde gnadenlos verfolgen würde, das solle ich allen meinen Kumpanen sagen. Im Sommer 1991, als die SED sich längst zur PDS gewendet hatte, bekam ich Besuch von einer kleinen Gruppe Genossen, die es unternommen hatten, in ihrem Kreis die Parteigeschichte aufzuarbeiten. Sie waren dabei auf meine Akten gestoßen und kamen, um sich für die Täter von damals zu entschuldigen. Wir tranken zusammen Kaffee, und sie erzählten mir von ihrer Enttäuschung über die Unwilligkeit der alten Kader der PDS, sich ihrer Vergangenheit zu stellen. Ich konnte ihnen keinen Trost spenden und nur raten, die Partei so schnell wie möglich zu verlassen, denn ich glaube noch weniger als sie an die Fähigkeit der PDS, sich zu reformieren und zu demokratisieren.

Wenn es nach dem Willen des Ministeriums für Staatssicherheit gegangen wäre, hätten noch mehrere andere Freunde mein Schicksal des Berufsverbots und der Berufslosigkeit geteilt. Und so findet sich im »Sachstandsbericht zum OV Virus« vom 29. Juli 1985 eine interessante Passage:

»7. Maßnahme der Partei, des Staatsapparates, der Betriebe. Im Sommer 1983 wurden über die Bezirksleitung der Partei Aussprachen mit ausgewählten Mitgliedern des Friedenskreises Pankow vorbereitet. Ziel dieser Gespräche war es, das Freizeitverhalten und die Tätigkeit der betreffenden Personen im Friedenskreis auf der jeweiligen Arbeitsstelle den Partei- und Betriebsleitungen bekannt zu machen, disziplinierend auf die betreffenden Personen einzuwirken, die negativ-feindliche Tätigkeit der betreffenden Personen bei betrieblichen Einstufungen, Lehrgängen, Höherstufungen, Prämierungen, gesellschaftlichen Auszeichnungen mit zu berücksichtigen und zu prüfen, ob die betreffenden Personen weiterhin in bestimmten Schlüsselpositionen beschäftigt werden können.

Zur gründlichen Vorbereitung auf die Gespräche wurden der Bezirksleitung der SED zu den benannten Personen Kurzcharakteristiken und ausgewählte negativ-feindliche Aktivitäten mitgeteilt.«

Das Ergebnis dieser Bemühungen war allerdings mager. Frustriert resümiert Berichterstatter Oberleutnant Kappis in Stasideutsch: »Da aufgrund unterschiedlicher Probleme (Krankheit, Urlaub, mehrfach nicht angetroffen, Arbeitsbereich gewechselt) mit der überwiegenden Zahl der benannten Personen keine Gespräche geführt wurden, muss die gesamte Aktion als unzureichend eingeschätzt werden. Die gestellte Zielstellung wurde nicht realisiert. Als uneffektiv hat sich auch das Kampagnehafte der Aktion herausgestellt. Die Gespräche bildeten keinen Ausgangspunkt für eine langfristige politisch-ideologische Einwirkung auf den genannten Personenkreis. Im gesamten Jahr 1984 gab es keine uns bekannt gewordene Auseinandersetzung mit diesem Personenkreis. Durch diese ungenügend wahrgenommene Verantwortung gesellschaftlicher Institutionen einerseits und der zuständigen Parteileitungen andererseits führen die überwiegenden Mitglieder des Friedenskreises ein ruhiges und beschauliches Dasein.«

Diese kleine prosaische Meisterleistung des dienstbeflissenen Herrn Kappis würde er heute wegen seiner Kritik an der Trägheit und Nachlässigkeit der verantwortlichen Institutionen und SED-Organisationen sicher gern als Beweis seiner früheren reformerischen Ambitionen verkaufen, wenn im Nachsatz nicht allzu deutlich würde, wie sehr er den Friedenskreismitgliedern ihr »ruhiges und beschauliches Dasein« missgönnte. Wir hätten noch ganz andere Höllen erlebt, wenn es nach dem Willen und den Planungen der Staatssicherheit gegangen wäre. Zum Glück arbeitete die Stasi nicht viel effektiver als die DDR-Wirtschaft, erfüllte niemals auch nur annähernd ihren Plan, was der Opposition manches ersparte. Erstaunlich ist jedoch, dass sich trotzdem hartnäckig die Legende von der hocheffektiven Staatssicherheit hält. Angeblich soll die Auslandsspionage unter Markus Wolf sogar die beste der Welt gewesen sein. Der Blick in die Stasiakten zeigt allerdings das Gegenteil. Es gab jede Menge Pleiten, Pech und Pannen bei der Staatssicherheit. Manchmal wurde sie durch schlampige Berichterstattung ihrer IM direkt in die Irre geleitet. In einer »Information zur Wochenendfahrt der leitenden Kader des Friedenskreises Pankow nach Neu-Schadow« heißt es:

»Vera Wollenberger. Sie berichtete von einer Aussprache bei der Bezirkskontrollkommission, in deren Verlauf die dortigen Genossen zur Einsicht kamen, dass sie sich parteigemäß verhalte und eine Parteistrafe oder ein Ausschluss überhaupt nicht zur Debatte stünde. Sie sei jedoch vom Dienst suspendiert worden (bezahlt freigestellt) und ihr Verlagsleiter habe dies mit dem Satz begründet: Für Personen mit parteischädlichem Verhalten sei kein Platz in einem sozialistischen Verlag. Aufgrund des ›Persilscheins von der Bezirkskontrollkommission‹ habe sie nunmehr gemeinsam mit Monika Haeger eine mehrseitige Eingabe verfasst und abgesandt, in der sie ihre Wiedereinstellung im Verlag forderte.«

Auf der ersten Seite dieses Berichtes, der auch von anderen groben Fehlern und Einstellungen nur so strotzt, findet sich eine handschriftliche Notiz vom 13. Oktober 1983. »Zu Wollenberger bitte um Überprüfung bei der BPKK*, dort hatten wir eine konkrete Information vorgegeben.« Darunter schrieb dieselbe Person fünf Tage später: »BPKK setzt unser Vorhaben konsequent um, es erfolgt Ausschluss aus der SED.« Diese kleine Notiz ist höchst interessant. Immer wieder versuchen Stasioffiziere geltend zu machen, sie seien lediglich befehlsausübendes Organ gewesen, sie hätten nur die Anweisungen der Partei ausgeführt. Diese Notiz beweist genau das Gegenteil. Die Partei in Gestalt der BPKK setzte das Vorhaben der Staatssicherheit konsequent um. Also war die Staatssicherheit nicht nur »Schild und Schwert der Partei«, sondern ein selbstständig handelndes, Weisungen erteilendes Organ, das auch seine Partei im Kampf gegen die »Staatsfeinde« dirigierte. In den Operativplänen zum »OV Virus« findet sich kein Hinweis darauf, dass sie nach Anweisungen der Partei ausgearbeitet worden wären. Die Operativpläne vom 14. Juli 1983 und 9. Februar 1984 haben folgende einleitenden Bemerkungen:

»Ausgehend von der politisch-operativen Einschätzung zum ›Friedenskreis Pankow‹ vom 16.6.1983 und entsprechend den

---

* BPKK: Bezirksparteikontrollkommission

Festlegungen auf der Kollegiumssitzung des Genossen Minister, Armeegeneral Mielke, am 29. 6. 1983 ist der OV ›Virus‹ konzentriert, unter Einsatz aller Kräfte, Mittel und Methoden und beschleunigt zu bearbeiten.«

Die Genossen der Staatssicherheit waren also durchaus nicht nur Werkzeug, brave Befehlsempfänger, sondern gaben anderen Befehle, Weisungen, Empfehlungen. Im realsozialistischen Machtsystem der DDR besaß das MfS auch die Funktion eines Antriebsmotors und Transmissionsriemens. Nach seinem Gusto hatten sich die Schräubchen in Staats- und Parteiapparat zu drehen. Eine Schlüsselrolle in den Operativplänen bilden die IM-Einsätze. Sie stehen immer an erster Stelle. Die Zahl der auf den Friedenskreis Pankow angesetzten IM stieg von einem IM im Sommer 1982 auf 16 im Jahre 1985. Als die »Zersetzungsmaßnahmen« zu wirken begannen und der Friedenskreis an Ausstrahlungskraft und politischer Wirksamkeit verlor, verringerte sich die Zahl der IM wieder. Im Frühjahr 1989, als der »OV Virus« abgeschlossen wurde, waren drei IM übrig geblieben. Was diese IM zu leisten hatten, ist im Operativplan zum »OV Virus« vom 26. März 1985 nachzulesen:

»Durch den koordinierten und differenzierten Einsatz der IM ist zu gewährleisten die allseitige und rechtzeitige Aufklärung der feindlichen Pläne und Absichten des ›Friedenskreises‹ sowie die Persönlichkeitsbilder der Mitglieder der ›Leitung‹ sowie eine weitere Personifizierung von neu hinzugekommenen Mitgliedern, die Einbeziehung in Maßnahmen zur Zersetzung des ›Friedenskreises‹, das abgestimmte positive und differenzierte Auftreten von IM während der öffentlich wirksamen Veranstaltungen des ›Friedenskreises‹, die Wirkung der Maßnahmen gesellschaftlicher Kräfte einzuschätzen und die Reaktionen des ›Friedenskreises‹ zur Begegnung der Maßnahmen staatlicher Organe und Institutionen vorbeugend aufzuklären. Der Einsatz der IM ist zielgerichtet darauf zu konzentrieren, mögliche strafrechtlich relevante Handlungen oder Verletzungen gesetzlicher Bestimmungen von Mitgliedern, insbesondere führenden, des ›Friedenskreises‹ aufzuklären und beweiskräftig zu dokumentieren.«

Es folgen jeweils Details zum Einsatz der einzelnen IM. Es wurde genau festgelegt, in welche Arbeitsgruppe welcher IM »einzudringen« hat und welche »feindlich negative Person« er aufklären muss. Nichts wurde dem Zufall überlassen. Um Legenden hieb- und stichfest zu machen, wurden auch oft Umwege nicht gescheut. Dafür steht folgender Fall: Im Jahre 1984 erkrankte meine Freundin Silvia Müller schwer an Brustkrebs. Sie wurde operiert und verweigerte sich anschließend der Chemotherapie, von der sie das Gefühl hatte, dass sie davon noch kränker würde. Ein solches Verhalten war in den Augen der Ärzte unerhört. Sie war mit ihrem Problem allein und suchte deshalb Frauen, die sich in einer ähnlichen Situation befanden, um sich mit ihnen austauschen zu können. Im Herbst 1984 hatten wir in der »Teestube« – eine eher kulturelle Veranstaltung, die der Friedenskreis 14-täglich im Jugendraum der Pankower Kirche durchführte, um seinen Wirkungskreis zu verbreitern – einen Vortrag über homöopathische Medizin organisiert. Bei solchen Veranstaltungen hatten wir ziemlich viel Laufpublikum, das wir über bestimmte Themen für eine Mitarbeit zu gewinnen hofften. Wir waren deshalb besonders aufmerksam gegenüber uns noch unbekannten Menschen. Bei diesem Vortrag kam ich mit einer jungen Frau ins Gespräch, die den Referenten viele Fragen gestellt hatte. Sie erzählte mir, dass sie nach alternativen Behandlungsmethoden suche, nachdem ein Knoten in ihrer Brust festgestellt worden sei. Ich berichtete ihr von Silvia und bot ihr an, sie miteinander bekannt zu machen. Als ich das nicht schnell genug tat, stand sie eines Tages vor Silvias Tür, erzählte von ihrer Begegnung mit mir und gab an, Silvias Adresse vom Verlag, in dem sie gearbeitet hatte, erfahren zu haben. Nach der Wende fand Silvia die Berichte von »Cora«, so lautete der Deckname von Marlis Peine, in ihren Akten. »Cora« hatte den Auftrag, Silvias Freund Thomas Klein »aufzuklären«. Sie beschreibt in ihren Berichten, wie sie in Silvias Wohnung Thomas' Bekanntschaft macht und wie es ihr gelingt, sein Vertrauen zu gewinnen.

Manchmal schossen die IM in ihrem Eifer über das Ziel hinaus. So stand eines Abends im September 1983 IM »Christine«, mit bürgerlichem Namen Sylvia Bahro, vor meiner Tür. Sie überbrachte mir einen Gruß von einem Bekannten, der sie angeblich auf unseren Ökokreis aufmerksam gemacht hatte. Im Verlaufe unseres Gespräches erwähnte ich, dass ich ihrem Stiefvater, dem Regimekritiker Rudolf Bahro, auf einer Party flüchtig begegnet war. »Christine« wurde regelmäßige Besucherin unseres Ökokreises. Als sie ein paar Monate später von einer Westreise, bei der sie ihren Stiefvater besucht hatte, zurückkam, richtete sie mir Grüße von ihm aus. Sie hatte offensichtlich meine Bemerkung missverstanden und angenommen, Bahro und ich hätten uns gekannt. Ich wusste, dass sie log, und zog den Schluss, dass Frau Bahro eine Stasi-Informantin war. Nach der Aktenöffnung stellte sich schnell heraus, dass dieser Verdacht richtig war.

Wenig bekannt ist, dass es durchaus möglich war, das Ansinnen der Staatssicherheit, Informant zu werden, abzulehnen. Dabei musste man nicht einmal um seine berufliche Karriere fürchten, wie die folgenden zwei Beispiele belegen: In Pankow lebte ein Medizinstudent, der als »Einzelkämpfer« unermüdlich versuchte, etwas für die Verbesserung der Umwelt in seiner Umgebung zu tun. Wir hörten voneinander, lernten uns kennen, ich besuchte ihn, und ein Teil unserer Gruppe half ihm bei einer seiner Baumpflanzaktionen. Er kam dann zweimal zu unseren regelmäßigen Treffen, blieb danach aber fern und ließ unseren Kontakt wieder einschlafen. Als ich ihn später zufällig noch einmal traf, erzählte er mir, dass er von der Staatssicherheit angesprochen worden war. Er sollte regelmäßig an unseren Treffen teilnehmen und die Arbeit »positiv« beeinflussen. Sie versuchten, ihn mit der Versicherung zu ködern, dass er keinerlei Informationen zu liefern hätte, denn sie wüssten sowieso alles, was sie wissen wollten. Er lehnte ab und blieb unserer Gruppe künftig fern.

Ähnliches passierte einer Medizinstudentin im ersten Studienjahr, die eine Zeit lang regelmäßig mit viel Engagement und Ideen in der Gruppe arbeitete. Sie wurde eines Tages von zwei gut aussehenden jungen Männern an der Universität angesprochen. Die Herren wiesen sich aus und luden sie in ein Nobelrestaurant zum

Essen ein. Leider misslang die geplante Imponiershow gründlich, denn Katja war Vegetarierin, und außer einer Blumenkohlsuppe enthielt die Karte nichts, was sie hätte essen wollen. Auch Katja wurde angetragen, die Aktivitäten der Gruppe »positiv« zu beeinflussen: Unsere Arbeit sei doch streckenweise von Unkenntnis geprägt, und wir würden trotz unseres guten Willens objektiv viel Schaden anrichten. Sie könne solchen Schaden durch Zusammenarbeit mit sachkundigen Instanzen verhindern. Auch Katja lehnte dieses Ansinnen ab. Beide konnten ihr Studium ungestört fortsetzen.

Es ist eine immer noch weit verbreitete Legende, viele Menschen wären zu einer IM-Tätigkeit gezwungen worden. Dies scheint in den seltensten Fällen geschehen zu sein. Vielleicht kann man einem Menschen noch unter Zwang eine Information abpressen, für eine dauerhafte Zusammenarbeit ist dies aber keine Grundlage. Es scheint öfter vorgekommen zu sein, dass besonders junge Menschen sich offensichtlich nicht getraut haben, das Ansinnen der Staatssicherheit zurückzuweisen. Die Berichte, die solche Menschen lieferten, waren in der Regel harmlos, und es wäre verfehlt, ihnen ihre IM-Tätigkeit vorzuwerfen. Die meisten IM aber, vor allem die langjährigen, waren mit Engagement dabei. Ihre Berichte sind nicht nur voll von detaillierten Informationen, sie selbst gaben auch Einschätzungen und machten Vorschläge. In den seltensten Fällen haben diese IM ihre Tätigkeit später zugegeben oder wahrheitsgemäß beschrieben.

Kirche und Opposition

Ein viel diskutiertes Thema ist die Haltung der Amtsträger der Evangelischen Kirche zu den Bürgerrechtsgruppen. Bei allen Problemen, die es mit der Kirchenleitung, besonders mit dem damaligen Konsistorialpräsidenten Manfred Stolpe (heute Ministerpräsident von Brandenburg, vormals als IM »Sekretär« gefragter Gesprächspartner der Staatssicherheit) gab: Ohne die Protektion der Kirche hätte keine einzige Bürgerrechtsgruppe über längere Zeit existieren können. Der Friedenskreis Pankow verdankte dem Superintendenten der Gemeinde Alt-Pankow sehr viel. Alle Aktivitäten des Kreises wurden mit ihm abgestimmt. Es war eine große Hilfe zu wissen, dass er vorbehaltlos hinter uns stand. Immer wieder wurde Werner Krätschell zum Referenten für Kirchenfragen der Stadtbezirksverwaltung Pankow zitiert. Charakteristisch für solche Gespräche ist folgende Notiz, die ich in den Akten fand:

»Am 17.6.1983 wurde durch die Genossin +++, Mitarbeiterin für Kirchenfragen des Rates des Stadtbezirkes Berlin-Pankow, ein einstündiges Gespräch mit dem Superintendenten Krätschell und der Pastorin Misselwitz geführt. Anknüpfend an das Gespräch vom 16.6.1983 wurde nochmals auf die geplante Provokation eingegangen. Krätschell und Misselwitz vertraten die Auffassung, dass der Friedenskreis Pankow keinerlei Provokation geplant hatte und dass die Reaktionen des Staatsapparates auf fehlerhaften Informationen beruhen. Zur Bekräftigung legten sie das Schreiben vor, dass über Dritte westliche Massenmedien Informationen erhalten können und dass die Arbeit des Friedenskreises immer risikobehaftet sei. Sie persönlich sähe die Religionsausübung nicht so eng, wie es dem Staat genehm sei, und fühle sich als Christin für die Geschicke dieser Welt verantwortlich. Die Genossin +++ äußerte sich im Anschluss zu dem Schreiben und legte dar, dass staatlicherseits eine derartige Auslegung nicht befürwortet werden kann. Eine Einigung über strittige Fragen wurde nicht erreicht.«

Wir konnten uns nicht nur der Protektion von Superintendent Krätschell sicher sein, er unterstützte unsere Arbeit auch aktiv. Er nahm an einer Reihe von Veranstaltungen des Friedenskreises teil und vermittelte persönlich Personen aus dem westlichen Ausland an den Friedenskreis, wie es im Stasideutsch des »Sachstandsberichts« festgehalten ist. Mehr noch: Im Juni 1983 übergab er im Auftrag der Leitung des Friedenskreises an Heinrich Albertz eine Eingabe an Erich Honecker mit der Bitte, diese illegal aus der DDR auszuschleusen und den »Westmedien zur Verfügung zu stellen«. Krätschell nutzte seinen Einfluss auch, um Mitgliedern des Friedenskreises bei der Beschaffung von Arbeits- und Studienplätzen im kirchlichen Bereich behilflich zu sein und die Position des Friedenskreises in der Gemeinde zu festigen. Was Menschen wie Werner Krätschell getan haben, muss unbedingt in den mitunter sehr einseitig geführten Diskussionen um die Rolle der Kirche in der DDR gebührend berücksichtigt werden.

Außer Superintendent Krätschell gab es noch andere kirchliche Würdenträger, die als Schutzengel des Pankower Friedenskreises auftraten. So nahm der damalige Bischof der Berlin-Brandenburgischen Kirche, Gottfried Forck, an mehreren Veranstaltungen teil. Einmal erschien auch Konsistorialpräsident Stolpe. Besonders wichtig war die Anwesenheit von Bischof Forck beim Friedenskreis am 4. November 1983. Wenige Tage zuvor machte eine Delegation von Bundestagsmitgliedern der Grünen eine Visite bei Erich Honecker und nutzte die Gelegenheit, um sich auch mit Vertretern der unabhängigen Friedensbewegung der DDR zu treffen. Zu dieser Delegation gehörten Petra Kelly, Gerd Bastian, Antje Vollmer, Otto Schily und Lukas Beckmann, der damals Bundesgeschäftsführer der Grünen war. Wir vereinbarten die gemeinsame Übergabe gleich lautender Resolutionen gegen die geplante Stationierung von Atomraketen in Ost- und Westdeutschland in den Botschaften der UdSSR und den USA. Schon am Abend vorher schlug die Staatssicherheit zu und bezog Stellung vor unseren

Wohnungen. Ich befand mich bei einem Bekannten, als mich die Warnung erreichte, lieber nicht nach Hause zu gehen. So fuhr ich zu meinem Freund Thomas Klein, der mich bei seiner Freundin unterbrachte. Am anderen Morgen drang die Staatssicherheit punkt sechs Uhr in meine Wohnung ein, durchsuchte sie und stellte meinen damaligen Mann unter Hausarrest. Obwohl sie, offenbar ortskundig, das Kinderzimmer bei ihrer Kontrolle ausließen, wurde mein ältester Sohn, damals elf Jahre alt, wach. Er musste zwei Stunden später durch ein Spalier von Staatssicherheitsbeamten, die auf der Treppe Wache hielten, zur Schule gehen. Leider blieb das nicht das einzige Mal, dass meine Kinder solche Szenen mitansehen mussten. Die Stasi stand morgens um sechs Uhr ganz unerwartet auch vor der Tür von Thomas' Freundin und nahm Thomas mit. Die Freundin durfte nach Überprüfung ihrer Personalien in der Wohnung bleiben. Ich war in einem Nebenzimmer und wurde nicht entdeckt.

Ich gab trotzdem meine Absicht, an der geplanten Übergabe der Resolution teilzunehmen, nicht auf. Kurz nachdem ich aber bei meiner Freundin Ute Pobering eintraf, mit der ich zusammen zum Treff gehen wollte, wurde auch sie in ihrer Wohnung unter Hausarrest gestellt. Die Bewacher wurden erst zurückgezogen, als der Zeitpunkt der geplanten Aktion verstrichen war. Wie wir aus den Abendnachrichten erfuhren, waren trotz unzähliger Festnahmen und verhängtem Hausarrest noch etliche Menschen zum Treffpunkt am Bahnhof Friedrichstraße gekommen. Dort standen einige Kirchenmänner – unter ihnen Konsistorialpräsident Stolpe – , die »deeskalierend« wirken sollten. Stolpe bat die Erschienenen, von ihrem Vorhaben, in die Botschaften zu gehen, abzusehen, und erbot sich, die Protesterklärungen höchstselbst zu übergeben. Als wir uns abends nach und nach zum Friedenskreis einfanden, stellte sich erst der volle Umfang der staatlichen Gewaltmaßnahmen heraus. Als Letzter kam Hans Misselwitz, der stundenlang verhört worden war. Der Reihe nach erzählte jeder von seinen Erlebnissen. Während der Gespräche über das Vorgefallene verflogen allmählich die Angst und die Beklemmung.

Bischof Forcks Anwesenheit tat uns allen gut. Er hörte sich unsere Berichte aufmerksam an und ergriff anschließend das Wort. Weil er wusste, dass jedes Wort der Staatssicherheit übermittelt werden würde, ließ seine Stellungnahme nichts zu wünschen übrig. Er hatte nur Verachtung für die Aktivitäten der staatlichen Organe übrig, die sich mit ihrer Verhinderung der gemeinsamen Aktion mit den Grünen-Politikern auch international blamiert hatten; er sprach von einer Rückkehr zu stalinistischen Methoden und versicherte allen Anwesenden seine volle Unterstützung. Diese Hilfe sollten wir in Zukunft noch brauchen. Er gewährte seine Unterstützung übrigens nicht nur dem Friedenskreis Pankow, sondern allen Menschen, die durch ihre Aktivitäten in der Friedens- und Umweltbewegung in Bedrängnis gerieten. Bis zum Zusammenbruch der DDR konnte aber keine Gruppe, auch die kirchenunabhängigen nicht, auf die Protektion der Kirche verzichten. Andererseits wurden die Konflikte zwischen den Gruppen und der Kirchenleitung immer größer.

Im Falle des Friedenskreises Pankow waren die Zersetzungsmaßnahmen der Staatssicherheit schließlich erfolgreich. Qualvoll liest sich die Geschichte seiner »Zersetzung« in den Akten. Die Art des Gesinnungsterrors, dem wir ausgesetzt wurden, ist detailliert in einer »Richtlinie Nr. 1/76 des MfS zur Entwicklung und Bearbeitung operativer Vorgänge« festgeschrieben:

»Bewährte anzuwendende Formen der Zersetzung sind: systematische Diskreditierung des öffentlichen Rufes, des Ansehens und des Prestiges auf der Grundlage miteinander verbundener … und diskreditierender sowie … glaubhafter, nicht widerlegbarer … und damit ebenfalls diskreditierender Angaben; systematische Organisierung beruflicher und gesellschaftlicher Misserfolge zur Untergrabung des Selbstvertrauens einzelner Personen; zielstrebige Untergrabung von Überlegungen im Zusammenhang mit bestimmten Idealen, Vorbildern usw. und die Erzeugung von Zweifeln an der persönlichen Perspektive; Erzeugen von Misstrauen und gegenseitigen Verdächtigungen innerhalb von Gruppen, Gruppierungen und Organisationen; Erzeugen bzw. Ausnutzen und Verstärken von Rivalitäten innerhalb von Gruppen, Gruppierungen und Organisationen durch zielgerichtete Ausnutzung persönlicher Schwächen einzelner Mitglieder; Beschäftigung von Gruppen, Gruppierungen und Organisationen mit ihren internen Organisationen mit dem Ziel der Einschränkung ihrer feindlich negativen Handlung; örtliches und zeitliches Unterbinden bzw. Einschränken der gegenseitigen Beziehungen der Mitglieder einer Gruppe, Gruppierung oder Organisation auf der Grundlage geltender gesetzlicher Bestimmungen, z.B. durch Arbeitsplatzbindung, Zuweisung örtlich entfernt liegender Arbeitsplätze usw.«

Es gelang uns anfangs noch gut, uns der Attacken der Staatssicherheit zu erwehren. Ich erinnere mich starker Momente einer Gemeinsamkeit, gegen die unsere Peiniger machtlos waren. Der »Zersetzungsplan« begann erst voll zu wirken, nachdem es der Staatssicherheit gelungen war, den Keil des Misstrauens in den engsten Kern des Friedenskreises zu treiben. Als jeder jeden zu verdächtigen begann, war das der Anfang vom Ende. Der Staatssicherheit gelang es, die Freundschaft zwischen einigen von uns zu zerbrechen und uns zum Teil gegeneinander aufzuhetzen. Ich lese diesen Teil der Akten mit einer Mischung aus Wut, Hilflosigkeit und tiefem Schmerz. Die erfolgreiche Paralysierung des Friedenskreises spiegelt sich in dem Papier der Abteilung XX vom 15. September 1986 »Aktuelle Erfahrungen und Erkenntnisse bei der Bekämpfung feindlich negativer Kräfte und Gruppierungen politischer Untergrundtätigkeit in der Hauptstadt Berlin« wider:

»Im ›Friedenskreis‹ Pankow erfolgte seit 1983 der Einsatz gesellschaftlicher Kräfte, die zum einen durch die Kreisleitung der SED Pankow ausgewählt und instruiert wurden und sich zum anderen aus ausgewählten Studenten der Humboldt-Universität, Direktstudenten des MfS der Sektion Kriminalität, die durch die Abteilung XX direkt geführt wurden, zusammensetzten. Mit dem Wirksamwerden der gesellschaftlichen Kräfte wurden im Frühjahr 1984 die Einflussmöglichkeiten der feindlich negativen Personen deutlich zurückgedrängt. Keine Veranstaltung erreichte mehr das durch die Leitung gestellte Ziel; offen feindlich hetzerische Äußerungen während der Veranstaltung wurden eingeschränkt, die Teilnehmerzahlen gingen um ca. 75 Prozent gegenüber 1983 zurück. Im Ergebnis des aktiven Auftretens gesellschaftlicher Kräfte und der fehlgeschlagenen Gegenmaßnahmen der Leitung des ›Friedenskreises‹ wurde diese zunehmend konzeptionslos, und bei führenden Mitgliedern traten deutliche Resignationserscheinungen auf.«

Im Frühjahr 1989, als die Auseinandersetzung mit dem Regime in der DDR immer breitere Kreise erfasste und die Opposition längst nicht mehr auf die Unentwegten von der Friedens- und Umweltbewegung beschränkt war, wurde der »OV Virus« wegen »mangelnder operativer Relevanz« eingestellt. Es ist besonders bitter, dass es der Staatssicherheit gelang, eine der größten Oppositionsgruppen so kurz vor dem Ende der DDR praktisch zu neutralisieren. Geholfen hat ihr das letzten Endes nichts. Die Mauer fiel trotzdem. In der Zeit, als der Pankower Friedenskreis politisch unwirksam wurde, hatten sich eine Reihe neuer Gruppen gebildet und die politische Initiative übernommen. Bedauerlich ist, dass manche Zersetzungsmaßnahmen der Staatssicherheit bis heute fortwirken. Es gibt tatsächlich Leute, die lieber weiter an die Stasigerüchte glauben, als sich einzugestehen, dass sie solchen aufgesessen waren. Nach der Aktenöffnung kam es außerdem zu dem absurden Phänomen, dass mancher seine Rolle in den Akten nicht ausreichend gewürdigt fand und dafür von Personen las, die er selbst für nicht so bemerkenswert hielt. Manch einer, der sich als aktives Mitglied betrachtet hatte, war gar nicht erwähnt. Das Nichtvorhandensein einer Akte war die letzte Kränkung durch die Staatssicherheit, deren sich einige ausgesetzt sahen. Was sich in Einzelfällen bis zur Abneigung gegenüber denjenigen steigerte, über die eine Akte angelegt war. Der Staatssicherheit so viel Raum zu geben bei der Beurteilung der eigenen Leistung ist zwar grotesk, hat aber stattgefunden.

Niemand sollte den Staatssicherheitsoffizieren die Ehre zuteil werden lassen, ihre Meinung als maßgeblich zu betrachten. Die Öffnung der Stasiakten war wichtig. Sie sind in einem Punkt absolut zuverlässig: Man kann in den Akten anhand der Klassifizierung genau erkennen, wer Mitarbeiter der Staatssicherheit und wer Verfolgter war. Es hat wenige Fälle gegeben, wo aus früheren IM später Oppositionelle wurden, oder umgekehrt. Auch das ist genau festzustellen. Mir graut bei dem Gedanken, dass die Stasileute im Alleinbesitz ihres Wissens geblieben wären und die Möglichkeit gehabt hätten, durch manipulierte Dokumente, die sie der Presse zugespielt hätten, weiter ihnen unbequeme Leute zu erledigen. Sie haben es trotzdem noch versucht, aber mit geringem Erfolg. Meist wurden die lancierten Akten dank der umfassenden Recherchemöglichkeiten in der Gauck-Behörde als Fälschungen enttarnt. Darüber hinaus sind die Akten als historische Dokumente von zweifelhaftem Wert.

Bürgerrechtler erscheinen in den Akten als faul, inkompetent, unzuverlässig, schlampig, konfus, um nur einige der meistgebrauchten Adjektive zu nennen. Die Frauen werden vorzugsweise als sexbesessene Alkoholikerinnen beschrieben, die Männer als ehebrechende oder gehörnte Schlawiner. Wie es solchen Typen gelingen konnte, auch nur eine einzige Veranstaltung auf die Beine zu bringen, bleibt das Geheimnis der Stasi. Tatsächlich hat nach den unvollständigen Angaben seiner »Bearbeiter« der Friedenskreis Pankow in den Jahren 1983 bis 1985 über 100 zum Teil mehrtägige Veranstaltungen organisiert, und das ohne finanzielle oder technische Hilfsmittel. Keine schlechte Bilanz, gemessen an den Verhältnissen, unter denen wir arbeiten mussten.

Wer die MfS-Berichte liest über Ereignisse, an denen er teilhatte, merkt schnell, wie sehr die Staatssicherheit sich schon auf unterster Ebene selbst belogen hat. Die Teilnehmerzahlen an Friedens- und Umweltveranstaltungen wurden stets drastisch, zum Teil bis zur Lächerlichkeit, reduziert. In meinen Akten fand ich Berichte über Wochenendseminare mit angeblich nur einem (!) oder zwei bis drei Teilnehmern. Die Teilnehmerzahl für das »Mobile Friedensseminar«, das jährlich von 100, wenn nicht gar Hunderten Menschen besucht wurde, bezifferte die Stasi 1985 mit zehn. Die Legende, die »Firma«, wie wir sie auch nannten, hätte jederzeit alles genau gewusst, beruht auf einer Fiktion. Es lohnte kaum, sie als unwahr zu entlarven, wenn nicht ganze Theorien darauf gebaut würden wie die, dass die Staatssicherheit aufgrund ihrer profunden Kenntnis der Zustände die Wende 1989 eingeleitet hätte. Dabei war sie nicht einmal in der Lage, maßgeblichen intellektuellen Einfluss auf die Friedens- und Umweltbewegung auszuüben. Sie konnte zwar »aufklären« und »zersetzen«, aber zu wirklich schöpferischen Aktivitäten, wie es die Organisation der »Wende« in einem verknöcherten System bedurft hätte, war die Staatssicherheit nicht in der Lage.

Am 4. November 1989 misslang es der Staatssicherheit gründlich, sich an die Spitze der Herbstrevolution zu setzen. Markus Wolf wurde auf dem Berliner Alexanderplatz einfach ausgepfiffen. Und das, obwohl er sich rechtzeitig von seinem Posten als Chef der Hauptverwaltung Aufklärung, wie sich die Westspionage der Stasi nannte, abgesetzt und durch demagogische Vermarktung der Reputation seines verstorbenen Bruders Konrad, der ein geachteter Filmregisseur in der DDR war, versucht hatte, sich als Perestroika-Mann zu profilieren. Auch Gregor Gysi scheiterte trotz seines rhetorischen Talents und seiner medienwirksamen Forderung »Rechtssicherheit statt Staatssicherheit«. Statt zum Führer der Herbstrevolution brachte er es im Dezember 1989 nur zum Chef der SED, deren Selbstauflösung er mit einer wirkungsvollen Rede verhinderte und so das Vermögen der SED rettete. Die Menschen auf dem Alexanderplatz bewiesen ein besseres Gespür als die Medienleute, die Gysi in der Folge zum linken Hoffnungsträger und die SED zur Reformpartei PDS hochjubelten. Sogar dem wegen Freiheitsberaubung rechtskräftig verurteilten Markus Wolf gelang es mithilfe der Medien, in die Rolle eines sozialistischen James Bond zu schlüpfen. Seine Bücher wurden breit besprochen, jede Talkshow stand ihm offen für seine verlogene Glorifizierung des heimlichen Wirkens der »Tschekisten« im Feindesland. Es fehlte nicht viel und Markus Wolf wäre noch nachträglich zu dem Reformer stilisiert worden, der er nie war.

Es ist eine liebenswerte Ironie der Geschichte, dass der linke

Hoffnungsträger Gysi und der Beinahe-Reformer Wolf von ihren eigenen frustrierten Genossen auf den Boden der Tatsachen zurückgeholt werden. Die SED/PDS erwies sich über die Jahre so spröde, trotz aller erfolgreichen Bemühungen, ihr an der Oberfläche ein rundum erneuertes Image zu verpassen. Der stalinharte Kern der Partei blieb unwandelbar und damit karrieregefährdend für Galionsfigur Gysi. Heute vermarktet er das Produkt »Gysi« und zieht die PDS heimlich hinter sich her – bis zur Macht. Wolf wird von seinem Nachfolger Großmann widersprochen, der, weil er vier Jahre Spionagechef der DDR war, auch ein Enthüllungsbuch schreiben lassen durfte.* In diesem Buch enthüllt er, dass es nichts zu enthüllen gibt, außer der Tatsache, dass Markus Wolf nie ein Reformer war und nie ein kritisches Wort zu dem System geäußert hat, dem er bis zum Verbrechen hörig war. Allerdings wurde es nach dem Zusammenbruch des DDR-Regimes bei den Stützen des Systems Mode, sich eine frühere Reformerrolle anzudichten. Das ging so weit, dass ernsthaft behauptet wurde, die wahren Bürgerrechtler hätten in der SED gesessen.

Die Staatssicherheit machte da keine Ausnahme. Am Abend vor der Öffnung der Stasiakten bekam ich einen überraschenden Anruf. Ein Herr Matthes war am Telefon und bat, mich besuchen zu dürfen. Er hätte Dringendes mit mir zu besprechen. Als ich keine Neigung zeigte, ihn zu empfangen, outete er sich als mein »Bearbeiter« von der Staatssicherheit. Mein Sohn Philipp wollte unbedingt wissen, was für eine Sorte Mensch das war, der uns jahrelang beobachtet und »bearbeitet« hatte. Also trafen wir uns mit ihm. Im Laufe einer mehrstündigen Begegnung kamen Philipp und ich kaum zu Wort. Der Mann stand unter Redezwang. Er erläuterte uns wortreich, was für ein aufmüpfiger, anders denkender Kerl er schon immer gewesen sei. Seine Abteilung hätte so abweichlerische Gedanken entwickelt, dass sie selbst einmal Opfer einer überfallartigen Untersuchung geworden sei. Ein anderes Mal

---

* Werner Großmann: *Bonn im Blick. Die DDR-Aufklärung aus der Sicht ihres letzten Chefs*, Berlin 2001.

hätte er ganz allein ins Ministerium »toben« und sich für seine Politik rechtfertigen müssen, die darauf gerichtet gewesen sei, dass ich aus dem Gefängnis nicht in den Westen abgeschoben werden sollte. Im Übrigen wäre ich ihm direkt sympathisch gewesen und er hätte auch vor der Wende schon lieber mit mir als gegen mich gearbeitet. Schließlich gab er zu verstehen, dass wir jetzt endlich doch auf derselben Seite der Barrikaden stünden. Wir hörten uns seine Selbstdarstellung an, weil wir hofften, etwas von ihm zu erfahren. Aber allen unseren Fragen wich er mit professioneller Geheimdienstmanier aus oder beantwortete sie mit einem Wortschwall, der keine einzige Information enthielt.

Als er endlich fort war, blickten Philipp und ich uns fassungslos an. An diesem Typ war alles unecht und ein bisschen lächerlich. »Aber, unsere Leiden waren doch echt«, sagte Philipp ein wenig ungläubig, dass so eine unscheinbare, farblose Gestalt über unser Schicksal mitentschieden hat.

Etwas Ähnliches widerfuhr mir mit Stasirichter Wetzenstein-Ollenschläger, der mich 1988 zu sechs Monaten Gefängnis wegen »versuchter Zusammenrottung« verurteilt hatte. Ich suchte ihn im Frühjahr 1990 in Begleitung eines Kamerateams vom WDR in seinem Haus auf, das er in Berlin-Mahldorf im Sommer 1988 von »Ausreisern« zu günstigen Bedingungen erworben hatte. Wir standen in seinem hallenartigen weiß gekalkten Wohnzimmer, das von einem runden Kamin in der Mitte des Raumes beherrscht wurde. Ein Ölgemälde, das eine Gerichtsszene in Rousseau-Manier zeigte, wies den Hausherren als Liebhaber naiver Kunst aus. Ich gebe zu, ich hatte mir ein Ambiente vorgestellt, das mehr seiner schäbigen Rolle in einem vermufften Staat entsprochen hätte, als eines, das nur eine Spur zu kühl war, um ganz nach meinem Geschmack zu sein. Der schlanke Herr mit den eleganten grauen Schläfen, inzwischen Rechtsanwalt, hatte tatsächlich die Stirn, mich zu fragen, ob ich nicht an seiner Prozessführung gemerkt hätte, dass er eigentlich auf meiner Seite gewesen sei. Schließlich hätte meine Strafe viel höher ausfallen können. Dann begann er von seinem »Jahrhundertmandat« zu schwärmen. Er verteidigte gerade Staatssicherheitschef Mielke bei seinem ersten Prozess. Er war sich seiner so sicher, dass er nichts dagegen hatte, dass alle seine Äußerungen mitgeschnitten wurden. Tatsächlich ist es mir auch nicht gelungen, ein breites öffentliches Interesse an dem Skandal zu wecken, dass ein ehemaliger Stasirichter nun als Rechtsanwalt den Stasichef der DDR verteidigte, obwohl eben bei meiner Rehabilitierung durch das Oberste Gericht der DDR, es war April 1990, klar festgestellt worden war, dass meine Verurteilung seinerzeit selbst einen Bruch der DDR-Gesetzlichkeit bedeutet hatte. So blieb der Gesetzesbrecher Jürgen Wetzenstein-Ollenschläger unbehelligt, bis ihn eine mutige junge Frau, die er ebenfalls verurteilt hatte, während des Mielke-Prozesses vor laufenden Kameras ohrfeigte und damit die Lawine ins Rollen brachte, die ihn aus dem Land spülte. Es zog ihn nach Kuba, wo er noch heute lebt. Nach seiner Flucht wurde bekannt, dass er bald nach meiner Verurteilung für besondere Aufgaben vorgesehen wurde. Wetzenstein-Ollenschläger sollte die Nachfolge von Rechtsanwalt Wolfgang Vogel antreten, der erfolgreich politische Gefangene der DDR an die Bundesrepublik verkaufte.

Wetzenstein-Ollenschläger verschwand, so hieß es, mit einer schwarzen Kasse des Bereiches »Kommerzielle Koordinierung« der Stasi, die mehrere Millionen Mark enthalten haben soll. Trotzdem scheint ihn auf der Karibikinsel das Heimweh zu plagen. Als ich in der 12. Legislaturperiode des Deutschen Bundestages im Ausschuss »Verschwundenes SED-Vermögen« saß, hörte ich am Rande von SPD-Kollegen, dass Wetzenstein-Ollenschläger Informationen über die verschobenen Gelder gegen Straffreiheit anböte. Er würde so gern nach Deutschland zurückkehren. Offensichtlich konnte er einem komfortablen Leben in einer geschlossenen Gesellschaft nichts mehr abgewinnen. Inzwischen sind seine Straftaten verjährt und er weilt wohl wieder unter uns. Nur dreht heute niemand einen Film mit dem Titel »Die Täter sind unter uns«, wie damals die DEFA, die sich mit »Die Mörder sind unter uns« filmisch mit der Nazivergangenheit von Nachkriegsgenerationen auseinander setzte.

Von den vielen heimlichen Reformern war in der DDR in den Achtzigerjahren freilich nichts zu spüren. Im Gegenteil – nachdem Gorbatschow in der Sowjetunion an die Macht gekommen war, gab sich Honecker alle Mühe, Glasnost und Perestroika nicht in der DDR Fuß fassen zu lassen. Wie ernst sie die Vorgänge in der Sowjetunion nahmen und wie groß ihre Furcht davor war, zeigte der überstürzte Beschluss der Volkskammer, die Todesstrafe in der DDR abzuschaffen, nachdem in der Sowjetunion die ersten Wirtschaftsfunktionäre wegen Korruption erschossen worden waren.

Was Gorbatschow selbst von Glasnost hielt, wurde spätestens bei dem Reaktorunglück in Tschernobyl klar. Über Tage verheimlichte die Sowjetunion die Reaktorkatastrophe, dann gab sie unter dem Druck der internationalen Öffentlichkeit stückchenweise das Ausmaß der Katastrophe zu. Die Umweltgruppen hatten nach dem Reaktorunglück großen Zulauf. Die Bereitschaft, etwas zu riskieren, war größer geworden, nicht nur bei den meisten Aktivisten der Bürgerrechtsbewegung, sondern auch bei Menschen, die lieber passiv geblieben waren. Insgesamt trat die Oppositionsarbeit in eine neue Phase. Es wurde die Auseinandersetzung mit den Behörden nicht mehr gescheut. Ich gehörte zu den Mitinitiatoren eines Appells »Tschernobyl wirkt überall«, der die Sowjetunion wegen ihrer Vertuschungspolitik angriff und den Ausstieg aus der Atomenergie forderte. Als ich den Appell im Friedenskreis Pankow vorstellte, kam es erstmals zu scharfen Kontroversen mit der Mehrheit der Mitglieder, die bereits eine Phase der Entpolitisierung durchmachte. Man übte lieber unter der Leitung einer Psychologin die Kunst des Fallenlassens und gegenseitigen Auffangens und ähnliche Spielchen, die den Friedenskreisteilnehmern ermöglichen sollten, besser mit den Angriffen der Störer fertig zu werden und sich gegenseitig zu vertrauen. Ich machte einmal aus Neugier mit, entschied aber, dass diese Art von Gruppentherapie nichts für mich sei. Nachdem ich im Friedenskreis kaum Unterstützung für den Appell fand, fuhr ich mit meiner Freundin Silvia Müller im Trabant kreuz und quer durch die DDR, um Unterschriften zu sammeln. Damals war eine Unterschrift kostbar, besonders von Menschen, die etwas zu verlieren hatten. Ich fuhr von Stadt zu Stadt, von Wohnung zu Wohnung. Die meisten Menschen, die ich traf, kannte ich vorher nicht. Meine Mission sprach sich herum. Ich folgte Empfehlungen, welche Menschen ich ansprechen konnte. Meist hatte ich Glück. Allerdings wiesen mich auch manche ab, mit deren Unterschrift ich sicher gerechnet hatte, weil sie in der Oppositionsszene einen Namen hatten.

Beeindruckt war ich damals von dem Wittenberger Pfarrer Friedrich Schorlemmer, der im Jahre 1990 für die SPD als Vorzeigebürgerrechtler auftrat. Friedrich Schorlemmer bot uns nicht nur etwas zu essen an, sondern fragte auch, wer die Fahrt finanziere. Als er hörte, dass ich alles selbst bezahlte, gab er mir 100 Mark, um sich an den Unkosten zu beteiligen. Nachdem wir Wittenberg verlassen hatten, fuhren wir durch das Halle/Bitterfelder Chemiegebiet. Ich hatte die Gegend bisher nur auf der Autobahn oder per Zug durchquert. Jetzt fuhren wir dicht an den Chemiewerken vorbei. Es stank, diese Luft trieb uns die Tränen in die Augen. Direkt neben den Fabriken wurden Felder bestellt. Ich fragte mich, was mit dem Getreide gemacht wurde, wusste ich doch, dass die Chemiewerker die Erzeugnisse ihrer Gärtchen nicht essen durften und Geld damit verdienten, dass sie jedes Jahr ungenießbares Obst und Gemüse zu den Aufkaufstellen schafften, von wo es gut bezahlt und dann entsorgt wurde. Ich erfuhr, dass das hochbelastete Getreide aus den Industrieregionen mit niedrigbelastetem Getreide aus Mecklenburg und Brandenburg »verschnitten« und dem menschlichen oder tierischen Verzehr zugeführt wurde. Über der ganzen Gegend, über den Häusern, den Bäumen, lag eine Rußschicht. Nur der Flieder, der eben zu blühen begonnen hatte, sah frisch aus. Ich habe nie so viel und so üppigen Flieder gesehen wie in dieser Region. Flieder quoll aus den Vorgärten, über die Fabrikmauern, flankierte Wege, schmückte Wiesen. Zum Teil hatten sich richtige Fliederbäume entwickelt. Der Anblick hatte etwas Unwirkliches. Dem Flieder schien der tägliche Chemiecocktail jedenfalls nichts auszumachen. Ein violetter

Hoffnungsschimmer in einer ansonsten deprimierenden Landschaft.

Auf dieser Fahrt machte ich auch bei meinem Großvater in Sondershausen Station. Er hielt meine private Ablehnung der Atomkraft für »blühenden Blödsinn«. Ich solle nicht die Folgen einer schlecht gewarteten Technik mit dem Ding an sich verwechseln. Er zählte alle Argumente auf, die für die Atomkraft sprechen, vor allem in Zeiten steigenden CO_2-Ausstoßes, aber ich war dafür nicht zugänglich. Später, als ich meine Ablehnung der Atomkraft zu überdenken begann, habe ich oft an dieses Gespräch mit meinem Großvater gedacht. Leider war er da schon tot. Ich konnte ihn nicht mehr nach Einzelheiten fragen, die ich nun wissen wollte.

Eigentlich hatte ich in Sondershausen meine Tour beenden und nach einer Ruhepause nach Berlin zurückkehren wollen. Da erreichte mich ein Anruf aus Eisenach. Eine kleine Gruppe hatte von meiner Aktion gehört und wollte unbedingt unterschreiben. Ich fuhr hin. Wir trafen uns in einer Wohnung in der Altstadt. Von der Begegnung habe ich vor allem die Wärme und Behaglichkeit in Erinnerung, die sie mir vermittelte. Es war gut, überall Gleichgesinnte zu wissen. Es gab ein Gefühl trügerischer Sicherheit. Spätabends brach ich auf, um nach Sondershausen zurückzufahren. Die Straße über den Hainich führte damals mitten durch ein Truppenübungsgebiet der Westgruppe der sowjetischen Streitkräfte. Der schöne Buchenwald war in den Fünfzigerjahren abgeholzt worden, um einem freien Schussfeld Platz zu machen. Normalerweise wurde die Straße kurzzeitig gesperrt, wenn größere Übungen stattfanden. An diesem Abend geriet ich ohne Vorwarnung in eine Schießübung der Sowjets. Als die ersten Geschosse über mein Auto hinwegpfiffen, hielt ich vor Schreck an. Ich versuchte, meiner Panik Herr zu werden und einen klaren Gedanken zu fassen. Ich war schon mehrere Kilometer gefahren und befand mich mitten im Übungsgelände. Weiterzufahren war ebenso gefährlich wie umzukehren. Außerdem hätte ich am nächsten Tag die gleiche Strecke vor mir, wenn ich zurückkehrte. Also fuhr ich weiter. Natürlich merkte ich, dass die Geschosse in einiger Höhe über die Straße hinwegfegten. Das beruhigte mich aber nur eingeschränkt, denn ich konnte nicht sicher sein, dass die Soldaten nicht auf die Idee kommen würden, am lebenden Ziel zu üben. Als ich das Übungsgelände hinter mir gelassen hatte, hielt ich am Straßenrand, um abzuwarten, bis das Zittern nachließ. Ich kam völlig erschöpft in Sondershausen an, hatte aber wenig Zeit, mich zu erholen. Wir wollten den »Tschernobyl-Appell« auf der jährlichen »Friedenswerkstatt« präsentieren, die Anfang Juni in der Berliner Erlöserkirche stattfand. Bis dahin gab es noch viel zu tun.

Das Erlebnis im Hainich war nicht die schlimmste Begegnung mit den Soldaten der Westgruppe der sowjetischen Streitkräfte. Im Februar darauf fuhr ich mit meinem Trabant und allen meinen Söhnen zu einem befreundeten Pfarrer in Mecklenburg. Wir wollten in den Winterferien in dem einsam gelegenen Pfarrhaus in Rambow für eine Woche dem Oppositionstrubel entkommen. Ich war erst abends in Berlin losgefahren, um Staus auszuweichen und die Fahrzeit möglichst kurz zu halten. Auf den abgelegenen Landstraßen hinter Waren (Müritz) geriet ich wieder in eine Übung. Diesmal handelte es sich um ein groß angelegtes Manöver. Plötzlich befand ich mich in einer endlosen Panzerkolonne. An überholen war nicht zu denken. Zu meinem Entsetzen bemerkte ich, dass der hinter mir fahrende Panzer sich einen Spaß daraus machte, ganz dicht aufzufahren, wenn die Kolonne ins Stocken kam. Er hielt erst an meiner Stoßstange.

Natürlich wusste ich, dass Panzer abrupt stehen bleiben können, aber das beruhigte mich nicht. Als er bei einem der nächsten Stopps anfing, meinen Wagen zu schieben, bis wir ganz zwischen beiden Panzern eingeklemmt waren, verlor ich die Nerven. Bei der nächsten Gelegenheit fuhr ich rechts auf einen Feldweg. Ich wollte abwarten, bis die Kolonne vorbei war und dann erst weiterfahren. Ich hätte es lieber bleiben lassen sollen. Mein Sohn Philipp bemerkte eher als ich ein Lagerfeuer am Rande des Feldweges. Dort saßen ein paar Sowjetsoldaten, die alle irgendwie lädiert aussahen. Als ich genauer hinsah, bemerkte ich, dass es sich um Verwundete handelte. Gleich neben den Verwundeten waren drei oder vier

Tote auf das Feld gelegt worden. Ich versuchte, meine wachsende Panik niederzukämpfen. Schließlich waren meine Söhne bei mir. Mein Ältester hatte die ganze Situation schon erfasst. Die Jüngsten hatten das Ganze als spannendes Spiel angesehen. Ich wollte nicht, dass sie merkten, dass das Spiel tödlicher Ernst war. Bei der nächsten Gelegenheit reihte ich mich wieder in die Panzerkolonne ein und fuhr weiter. Philipp studierte inzwischen die Karte, um festzustellen, wo genau wir waren und wo es eine Möglichkeit gab, dem Manöver endgültig zu entkommen. Die ergab sich zu unserer Erleichterung bald. Wir kamen zwei Stunden später als angekündigt in Rambow an. Glücklicherweise hatte ich dort gleich einen Seelsorger, mit dem ich das Erlebte besprechen konnte. Wenn die Toten nicht gewesen wären, hätte ich das Ganze vielleicht zu einem Abenteuer verklärt. So habe ich nie vergessen, unter welch elenden Bedingungen die sowjetischen Soldaten mitten unter uns existierten.

Es gehört zu den Phänomenen der DDR, dass sie von über 500 000 Besatzungssoldaten bevölkert war, die im Alltagsleben aber praktisch unsichtbar waren. Die Soldaten vegetierten hinter hohen Mauern weggeschlossen in ihren Kasernen. Auslauf hatten sie praktisch nur auf dem Armeegelände. Ausgang gab es so gut wie keinen, obwohl die jungen Männer jahrelang in der DDR stationiert waren. Wie jämmerlich die Soldaten untergebracht waren, erfuhr man erst in vollem Umfang nach dem Abzug der Westgruppe. Zurück blieben heruntergekommene Kasernen mit Mannschaftsräumen, in denen bis zu 100 Soldaten vegetierten. Wenn sie einen Hocker neben dem Eisenbett hatten, konnten sie sich glücklich schätzen. Die in dem Doppelstockbett oben schliefen, hatten nur ihre Matratze als privaten Raum. Die wenigen Male, die ich Sowjetsoldaten in ihrer Alltagskleidung von nahem gesehen habe, fielen mir die vielen Flicken und Stopfstellen auf, mit denen die zerschlissenen Uniformstücke ausgebessert worden waren. Die jungen Männer hatten permanent Hunger und versuchten Uhren und Krimskrams gegen Lebensmittel zu tauschen. Als ich im Jahre 1990 mit einer Delegation der Volkskammer eine sowjetische Eliteeinheit in der Nähe Moskaus besuchte, stellte ich fest, dass die Lebensbedingungen für diese Soldaten nur unwesentlich besser waren. Sie bekamen genug zu essen, ihre Uniformen waren neu (vielleicht nur zu Ehren der Gäste), es gab keine Doppelstockbetten und jeder hatte einen Hocker neben seiner Schlafstelle. Aber auch die Elitesoldaten schliefen zu 50 Mann in einem Saal. So ging die Militärmacht Sowjetunion im tiefsten Frieden mit ihren Menschen um. Auch als Gorbatschow längst »Glasnost« propagierte, änderte sich nichts an der Vertuschungstaktik, was das Verhalten der Westgruppe der sowjetischen Armee in der DDR betraf. Wer einen Zusammenstoß mit sowjetischen Militärs hatte und ihn überlebte, wie eine junge Frau aus meinem Bekanntenkreis, bekam beste medizinische Betreuung und Schweigegeld, wenn er sich verpflichtete, über die wahren Ursachen des Unfalls zu schweigen. Im Todesfall wurden die Angehörigen zum Schweigen verpflichtet und hoch entschädigt.

Der Tschernobyl-Appell, indirekter Anlass meines ersten drastischen Zusammentreffens mit den Soldaten der Westgruppe, wurde in wenigen Wochen Katalysator für eine kleine Antiatomkraftbewegung in der DDR. Wie ernst Partei und Staatsführung das nahmen, zeigt eine überraschende Einladung einiger Umweltaktivisten in das damalige Amt für Atomsicherheit und Strahlenschutz. Hier warteten hochrangige Experten der DDR-Atomforschung auf uns, die mit uns diskutieren wollten. Für uns war es das erste Mal, dass sich eine staatliche Behörde herabließ, die Tätigkeit der Oppositionsgruppen zur Kenntnis zu nehmen. Bevor die Diskussion beginnen konnte, mussten wir eine sorgfältige Kontrolle auf Waffen über uns ergehen lassen, dann wurden wir ins Allerheiligste der Atombehörde gelassen. Natürlich bemühten sich die Experten, uns davon zu überzeugen, dass Atomkraft an sich die sicherste Technik der Welt sei und dass auch Tschernobyl keine ernsthafte Gefahr für Europa darstellte. Man müsste schon als »Trapper« ein 24-Stunden-Dasein an frischer Luft fristen und sich nur von Pilzen, Beeren und Wild ernähren, um eventuell zu viel vom radioaktiven Niederschlag aufzunehmen. Das war selbst den

Saalmikrofonen zu viel, die an dieser Stelle der Ausführungen lauthals zu knattern begannen und bis zum Ende der Veranstaltung nicht mehr damit aufhörten, was die Diskussion sehr erschwerte. Ein konkretes Ergebnis brachte dieses Treffen natürlich nicht, es folgten auch keine weiteren. Ich musste aber in diesem Jahr noch oft an die Atomwissenschaftler denken. Nie habe ich so viele und so große Pilze gesehen wie im Tschernobyl-Jahr. Obwohl ich eine eifrige Pilzsammlerin bin und mir kaum etwas Köstlicheres vorstellen kann als frische, in etwas Butter gebratene Waldpilze, nahm ich in diesem und in den folgenden Jahren Abstand vom Pilzgenuss. Heute weiß ich, dass in den Fünfziger- und frühen Sechzigerjahren weit mehr Fall-out aus Atombombenversuchen und aus geheim gehaltenen Reaktorunfällen auf uns herabgeregnet war als im Tschernobyl-Jahr. Als die Hysterie und damit die Aufmerksamkeit der Weltöffentlichkeit nachließen, wurde in Tschernobyl weiterproduziert, bis der Westen viel Geld für die endgültige Stilllegung des Atomkraftwerkes zahlte. Die Frage, was eigentlich mit den Menschen passiert ist, die dort weitergearbeitet haben, ist nie mit Nachdruck gestellt worden.

In dem Augenblick, als ich mich in der DDR der Antiatomkraftbewegung anschloss, entstanden meine ersten Zweifel daran. Ich hörte von Forderungen westdeutscher Umweltaktivisten, ab sofort Babynahrung aus der südlichen Halbkugel der Erde zur Verfügung gestellt zu bekommen, um die europäischen Babys vor allen Folgen der radioaktiven Verseuchung zu schützen. Dass man den ärmsten Völkern dieser Welt Nahrung entziehen wollte, ließ mich an der Ernsthaftigkeit der Behauptung zweifeln, es ginge den Eine-Welt-Ideologen um Gerechtigkeit und eine faire Verteilung der Lebenschancen. Vielmehr sah ich in dieser Forderung den Ausdruck jenes hemmungslosen Egoismus, den die linken Ökologen doch zu bekämpfen vorgaben.

Tschernobyl brachte der DDR-Bevölkerung übrigens ein ungewohntes Überangebot an Kopfsalat und anderem Frischgemüse. Die Westeuropäer, die sich vermutlich für einige Wochen in reine Karnivoren verwandelten, überließen den Brüdern und Schwestern im Osten das Gemüse, das sie selbst nicht essen wollten, zu Vorzugsbedingungen.

Mitte der Achtzigerjahre gewann die Oppositionsbewegung an Vielfalt. Außer den klassischen Friedens- und Umweltthemen wandte sie sich jetzt auch Bürgerrechtsfragen zu. Den Anfang machte ich mit einigen Freunden, als wir eine »Berufsverbotsgruppe« gründeten. Damit hatten sich zum ersten Mal Menschen zusammengeschlossen, die ihre erzwungene Berufslosigkeit zum Thema machen wollten. Berufsverbote galten in der DDR als Tabu. Es war weitgehend unbekannt, wie verbreitet sie waren. Meist handelte es sich um eine abgemilderte Form, wie bei meinem Freund Thomas Klein, der nach seiner Haftentlassung nicht mehr als Mathematiker an der Akademie der Wissenschaften arbeiten durfte, sondern für eine Möbelfirma Lohntabellen ausfüllen musste. Es kam relativ häufig vor, dass aufmüpfigen Akademiker die wissenschaftliche Laufbahn abgeschnitten wurde. Im Extremfall fanden sie sich als Friedhofswärter oder Heizer wieder.

Wer nicht gleich das Land verließ und damit seine akademische Karriere retten konnte, wurde nach der Vereinigung für seine Standhaftigkeit, im Lande zu bleiben und sich täglich zu wehren, keineswegs belohnt. Es interessierte nicht, aus welchen Gründen jemand nicht in der Lage war, seinen Beruf auszuüben. Wer in der DDR ausgegrenzt war, hatte es nach dem Zusammenbruch unendlich schwer, den Wiedereinstieg ins Berufsleben zu schaffen. Selbst freie Unternehmer bevorzugten überkommenes Personal aus den Betrieben, die sie übernahmen. Die Wirtschaftsfunktionäre galten als »Fachleute«, obwohl sie kaum eine andere Qualifikation aufwiesen als die, einen Betrieb, eine ganze Volkswirtschaft in Grund und Boden gewirtschaftet zu haben. Das Gleiche gilt für die geisteswissenschaftliche Elite der DDR. Wer sich dauerhaft an den Universitäten oder wissenschaftlichen Forschungsinstituten etablieren konnte, war in der Regel gut angepasst und allzeit bereit, Ergebenheitsrituale gegenüber der Partei- und Staatsführung über die wissenschaftliche Forschung zu stellen. Wer glaubt, dass die Akademiker der DDR, jahrzehntelang durch Restriktionen geknebelt, die aufgestaute kreative Energie in eine Flut von Publikationen gießen würden, irrt. Wo Universitäten und andere Lehreinrichtungen gezwungen waren, das alte akademische Personal weiterzubeschäftigen, sahen sie sich mit der bitteren Tatsache konfrontiert, viele Unproduktive bezahlen zu müssen. Das wird sich erst ändern, wenn diese traurigen Gestalten das Pensionsalter erreicht haben.

Unsere Berufsverbotsgruppe verfasste im Ergebnis ihrer Situationsanalyse eine »Eingabe« an das Politbüro der SED. Die Eingabe war zu DDR-Zeiten das einzige Instrument, seine Unzufriedenheit und Wünsche der Partei- und Staatsführung auf legale Weise nahe zu bringen. Jede Eingabe übte einen gewissen politischen Druck aus, dessen waren sich die DDR-Bürger durchaus bewusst. Vor jedem Parteitag stieg die Zahl der Eingaben sprunghaft an, weil in dieser Zeit die Chancen am besten waren, dass dem Anliegen Rechnung getragen würde. Mit unserer Eingabe verbanden wir natürlich nicht die Hoffnung, dass die Berufsverbotspraxis geändert würde. Wir wollten signalisieren, dass wir das Problem in Zukunft immer wieder thematisieren würden. Wir machten dabei einen entscheidenden Fehler, der vor allem von den Linken in der Oppositionsbewegung häufig begangen wurde: Wir schickten lediglich eine Mitteilung an das »Neue Deutschland«. Zu den ehrenwerten, aber falschen Grundsätzen eines großen Teils der Oppositionsbewegung gehörte es, die »Westmedien« nicht über ihre Vorhaben und Aktivitäten zu informieren. Was für die Tschechen, die Polen, die Ungarn selbstverständlich war – ein unverkrampftes Verhältnis zur freien Presse des Westens –, war in der DDR-Opposition ein permanenter Konfliktpunkt, an dem sich leider allzu oft die Geister schieden. Heute weiß ich, dass es unsere Binnenwirkung enorm verstärkt hätte, wenn über unsere Aktivitäten breiter in den Westmedien berichtet worden wäre. Damals überwog die Angst, leichter kriminalisiert werden zu können, wenn man westliche Korrespondenten mit Nachrichten versorgte.

Klar ist, dass die DDR-Machthaber dankbar und händereibend unsere Verklemmtheit zur Kenntnis genommen haben. Bei einem

Treffen der Berufsverbotsgruppe erzählte uns Wolfgang Templin von dem Vorhaben, im September 1985 ein »Menschenrechtsseminar« durchzuführen. Dieses »Menschenrechtsseminar« war das Ergebnis von Überlegungen, der Friedensbewegung neue Tätigkeitsfelder zu geben und an die bewährten Formen der Bürgerrechtsbewegung in Osteuropa anzuknüpfen, zu denen wir, so gut es ging, Kontakt hielten. Wolfgang Templin gehörte dem kleinen Vorbereitungskreis an, der die technische Organisation übernommen hatte. Die Berufsverbotsgruppe sollte den größten Teil der inhaltlichen Vorbereitung übernehmen. Wir taten das gern, denn wir sahen eine gute Möglichkeit, mit diesem Seminar öffentlich auf die Berufsverbotspraxis in der DDR aufmerksam zu machen, ohne uns der Medien bedienen zu müssen.

Der Versuch, ein Menschenrechtsseminar durchzuführen, war zu dieser Zeit ein kühner Schritt. In gewisser Weise betraten wir damit wieder Neuland. Bisher hatte die Friedensbewegung die Frage der Menschenrechte und der Menschenrechtsverletzungen nicht systematisch aufgegriffen. Ich gehörte damals auch zu denjenigen, die glaubten, dass die Durchführung eines solchen Seminars an sich schon ein enormer Erfolg wäre und dass es deshalb geboten sei, auf die Bedingungen der Gemeinde, die sich entschlossen hatte, ihre Räume zur Verfügung zu stellen, einzugehen: Begrenzung der Teilnehmerzahl auf 100, keine Beteiligung von Personen aus dem westlichen Ausland und Ausschluss der Medien. Auch die Vorbereitungsgruppe um Wolfgang Templin akzeptierte diese Bedingungen, unterlief sie aber schließlich. Sie luden sowohl Presse als auch Mitglieder der Bundestagsfraktion der Grünen ein, ohne uns davon zu unterrichten.

Natürlich erfuhr die Staatssicherheit durch ihre IM in der Vorbereitungsgruppe davon und setzte den Gemeindekirchenrat der Treptower Bekenntnisgemeinde unter Druck, sodass er seine Einwilligung für das Seminar zurückzog. Leider gaben die Vorbereitungsgruppen eine öffentliche Erklärung ab, dass sie die Bedingungen des Gemeindekirchenrates nicht verletzt hätten, was allerdings nicht der Wahrheit entsprach. Daran entzündete sich ein heftiger Streit, dessen Kernfrage für mich war, ob wir uns zur Durchsetzung unserer Ziele aller, auch unlauterer Mittel bedienen durften. Ich verneinte damals und verneine heute, dass man in der Wahl der Mittel nicht wählerisch zu sein braucht. Ich meine im Gegenteil, dass wir aus der Geschichte vor allem lernen sollten, was wir unbedingt zu meiden haben. Dazu gehört auch jede Form von Geheimpolitik. Meine Abwehrhaltung zur Presse sehe ich heute allerdings sehr kritisch. Es hat zu lange gedauert, ehe ich begriff, dass Öffentlichkeit ganz entscheidend in der Auseinandersetzung mit diktatorischen Strukturen ist. Ich bedauere heute, dass wir so oft unsere Papiere nur beim »Neuen Deutschland« abgeliefert haben, weil wir auf unsere »eigene« Öffentlichkeit bestanden, obwohl es die gar nicht gab.

Der Streit um das Menschenrechtsseminar war unerquicklich und wenig fruchtbar, seine indirekten Auswirkungen aber waren produktiv. Es bildeten sich zwei Gruppen. Die eine, die im Kern die spätere Gruppe »Gegenstimmen« bildete und zu der ich gehörte, bereitete im Laufe der Zeit ein zweites Menschenrechtsseminar vor, das im November 1987 dann in der Gemeinde Friedrichsfelde unter der Schirmherrschaft von Pfarrer Gottfried Gartenschläger (IM »Barth«) durchgeführt wurde. Die andere Gruppe bildete die »Initiative für Frieden und Menschenrechte«. Vor allem aber war eine Schallmauer durchbrochen: Von nun an gehörte die Menschenrechtsproblematik zu den Themen der Friedens- und Umweltbewegung, auch wenn es einen kleinen Flügel gab, der das, wie der Friedenskreis Pankow, ablehnte. Trotzdem ging die Toleranz so weit, dass wir die »Teestube« des Friedenskreises für unsere Menschenrechtsveranstaltungen nutzen konnten.

Natürlich wurde auch die Auseinandersetzung um das Menschenrechtsseminar von der Staatssicherheit kräftig ausgenutzt, um die Differenzen zwischen uns zu verstärken und die Stimmung so unversöhnlich wie möglich werden zu lassen. Auf unserer Seite war einer der maßgeblichen Wortführer Wolfgang Wolf, IM »Max«, später IM »Akademiker«. Ich erinnere mich, dass während einer Auseinandersetzung, die wir wegen der Gründe für das Verbot des Menschenrechtsseminars in Wolfgang Templins Wohnung hatten, Werner Fischer, der spätere Regierungsbevollmächtigte für die Auflösung des MfS unter Hans Modrow, nach einem Beitrag von Wolfgang Wolf ausrief: »Dies ist eine Veranstaltung der Staatssicherheit, und wer das noch nicht begriffen hat, ist selber schuld!« Ganz Unrecht hatte er damit nicht, aber damals fand ich seine Bemerkung ganz unmöglich und stimmte deshalb denen zu, die meinten, die ganze Diskussion hätte keinen Zweck mehr. Kurz darauf verließ unsere Gruppe geschlossen die Wohnung, und es sollte etliche Monate dauern, bis wir uns wieder mit der »Initiative« an einen Tisch setzten.

Das war aber nicht alles. Es wurden Gerüchte verbreitet, dass einige Bürgerrechtler, darunter ich, bei der Stasi wären. Dieses Gerücht kam mir zu Ohren, weil es vor allem auf dem Stendaler Seminar »Konkret für den Frieden« im Februar 1986 von Monika Haeger, »IM Karin Lenz«, kolportiert wurde. Ich lud deshalb Rainer Eppelmann, Bärbel Bohley, Ralf Hirsch und Wolfgang Templin, von denen ich wusste, dass sie dieses Gerücht mitverbreitet hatten, zu einem Gespräch ein. Sie sollten es mir ins Gesicht sagen, wenn sie tatsächlich glaubten, ich sei bei der Staatssicherheit. Das Gespräch fand bei Rainer Eppelmann statt (die Stasi hatte in seiner Wohnung Wanzen installiert und konnte auch hier ungestört mitlauschen) – und das Gerücht verstummte. Bärbel Bohley hat allerdings ihr Misstrauen lange nicht überwunden. Die Folgen davon bekam ich noch zu spüren, als wir uns beide in England im Exil befanden und sie sich weigerte, auf eine Solidaritätsfete, die englische Journalisten für uns veranstalten wollten, zu kommen, wenn auch ich eingeladen würde. Es ist beklemmend zu wissen, wie gut und nachhaltig solche Verleumdungen im Sinne der Staatssicherheit gewirkt haben.

1986 war nicht nur das Jahr meiner inhaltlichen und organisatorischen Neuorientierung innerhalb der Friedensbewegung, es war auch das Jahr, in dem die Repressalien der Stasi erstmals auf meine Kinder übergriffen. In diesem Jahr hatte mein ältester Sohn

Philipp Jugendweihe. In der DDR hatte sich diese Feier zu einer Gelegenheit entwickelt, bei der große Geschenke gemacht wurden. Philipp wollte weder eine Feier noch Geschenke, sondern wünschte sich eine große Reise. Zwar waren mir zu dieser Zeit Reisen in das sozialistische Ausland schon verwehrt, diese Beschränkungen bezogen sich in aller Regel aber auf Privatreisen, nicht auf Fahrten mit dem Reisebüro. Wir beschlossen, uns einfach für eine Reise anzumelden. Da wir wussten, dass die Behörden ja ohnehin die Genehmigung für ein Visum erteilen mussten, dachte ich, dass man mir recht bald mitteilen würde, dass für mich eine solche Reise nicht infrage kam. Aber ich sollte mich täuschen. Man hatte sich zu einer besonders perfiden Vorgehensweise entschlossen. Wir meldeten im Januar eine Reise in die mittelasiatischen Sowjetrepubliken an, die wir Anfang August antreten wollten. Alles schien gut zu gehen: Wir bekamen die Reisepapiere, die Visa, die letzte Bestätigung vor Reiseantritt. Als wir aber auf dem Flugplatz Schönefeld als Letzte von unserer Reisegruppe abgefertigt wurden und nachdem mein Sohn schon die Kontrolle passiert hatte, teilte man mir mit, dass ich nicht ausreisen durfte. Philipp wurde aus dem Transitraum zurückgeholt. Die Erinnerung an seinen Anblick, wie er tapfer versuchte, die Tränen zurückzuhalten, um vor den anwesenden Offizieren keine Schwäche zu zeigen, schneidet mir heute noch ins Herz. Für mich ist dies das schlimmste Erlebnis mit diesem Regime geblieben. Einem Jungen so etwas anzutun, nur weil man seine Mutter maßregeln will, war reiner Psychoterror.

Ich frage mich heute, warum ich nicht spätestens nach diesem Erlebnis die DDR verlassen habe, warum ich weiterhin glaubte, mich der Berufslosigkeit, den Reiseverboten, den ständigen direkten und indirekten Praktiken der Sicherheitskräfte und den Übergriffen auf unser Familienleben aussetzen zu müssen. Es war immer noch meine Blindheit gegenüber dem wahren Charakter des Systems, dessen Skrupellosigkeit ich doch schon überreichlich kennen gelernt hatte. Aber meine ideologische Verkettung mit einem sozialistischen Gesellschaftsmodell und seiner Utopie war

Am 20. Jahrestag der DDR (1969), Berlin-Alexanderplatz, rechts Vera Lengsfeld, links Freundin Nadia

2 Jugendweihe (1966), Vera Lengsfeld: 3. Reihe, 1. von links

3 Abiturklasse (1969), Vera Lengsfeld: 1. Reihe (sitzend), 5. von links

Von links nach rechts: die Söhne Philipp und Jacob, Knud und Vera Wollenberger

Vera und Knud Wollenberger in ihrer Berliner Wohnung

6 *Knud und Vera Wollenberger (links), Großvater Ernst (rechts, 1989)*

7 *Knud und sein Vater Albert Wollenberger*

–9 *Beim Olof-Palme-Friedensmarsch (1987)*

Vera und Knud Wollenberger in Sondershausen. Observationsfoto aus den Stasiakten

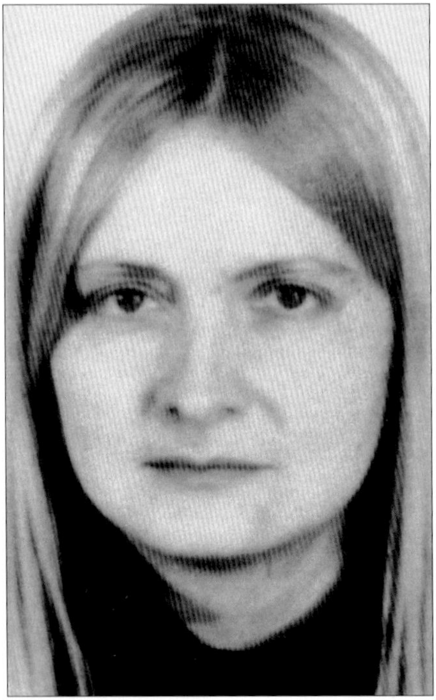

11 *Nach der Verhaftung, Aufnahme aus den Stasiakten (1988)*

12 *An der Mauer: Blick Richtung Prenzlauer Berg*

13 *In Cambridge (März 1988)*

Rehabilitierung nach der Wende (1990)

15 *Besuch in Zelle 133 im Stasigefängnis Hohenschönhausen (2001)*

16 *Vera Lengsfeld mit ihren Söhnen Jonas und Jacob (1998)*

immer noch stark. Ich glaubte an die Reformierbarkeit des Systems und daran, dass dies nur »von innen« zu bewirken sei.

Natürlich lief ich Sturm gegen diesen Gewaltakt auf dem Flugplatz Schönefeld. Ich suchte die Sprechstunde des Büros Honecker auf und wurde dort so laut und aggressiv, dass die Tür des Büros, in dem ich in das unbewegliche Gesicht des mir gegenübersitzenden Beamten schrie, von außen geöffnet wurde und sich drei kraftsportgestählte junge Zweimetermänner um meinen Stuhl gruppierten. Natürlich erreichte ich nichts. Das Büro Honecker sei kein Reisebüro, wurde mir lapidar mitgeteilt. Das hatte ich vorher schon vermutet, aber nun vollends begriffen. Entnervt gab ich auf. Statt in Mittelasien durch Wüsten zu wandern, wie wir es eigentlich geplant hatten, fuhren Philipp und ich auf der Insel Rügen Rad und trösteten uns mit der Landschaft, die einst schon auf Caspar David Friedrich wie Balsam gewirkt hatte.

Reise in den Westen

Diese verhinderte Reise hatte aber noch ein folgenschweres Nachspiel. Bischof Forck, den das Verhalten der Behörden maßlos empört hatte und der seinerseits keine Gelegenheit zum Protest gegen diesen Übergriff ausließ, erreichte im Gespräch mit dem damaligen Bezirkssekretär der SED Berlin, Günter Schabowski, etwas ganz Unerwartetes: Schabowski sagte sinngemäß, dass er eine Reise nach Mittelasien nicht beschaffen könne, aber ob ich nicht in das »NSW«, das »nichtsozialistische Wirtschaftsgebiet«, wolle? Als mir Bischof Forck dieses Angebot übermittelte, glaubte ich meinen Ohren nicht zu trauen. Im Gegensatz zu Honecker schien sein Politbürogenosse Schabowski über ein Reisebüro zu verfügen. Und natürlich wollte ich fahren. Es war inzwischen Frühjahr 1987 geworden, als ich zum Berliner Polizeipräsidium bestellt und mir eröffnet wurde, ich könne in ein beliebiges NSW-Land fahren, ich müsste mich nur gleich entscheiden und die Reise innerhalb von drei Tagen antreten. Es gäbe keine Möglichkeit, erst im Sommer zu fahren. Es war März. Ich befand mich im zweiten Studienjahr der Theologie am Berliner Sprachenkonvikt. Das Semester hatte gerade begonnen. Als ich im Sprachenkonvikt darum bat, mich für vier Wochen zu beurlauben, sagte man mir, dass man mir bei allem Verständnis für meine Lage nur 14 Tage gewähren könne. Wenn ich die vollen vier Wochen, die mir genehmigt worden waren, nutzen wollte, müsste ich mich exmatrikulieren lassen. Nach all den Jahren Reiseverbot besaß ich nicht die Kraft, auf einen Teil der Reise zu verzichten. Ich wollte auch nicht zum Schein auf das 14-Tage-Angebot eingehen und mich dann krankschreiben lassen. Also ließ ich mich exmatrikulieren. In den verbleibenden zweieinhalb Tagen plante ich meine Reise fieberhaft. Ich hatte Dänemark als Reiseziel angegeben, weil dort ein Onkel meines Mannes lebte. Im Dezember 1980 war es mir nach meiner Heirat mit Knud Wollenberger, der als dänischer Staatsbürger in der DDR lebte, nach wochenlangen Kämpfen mit der Behörde gelungen, eine erste Reise nach Dänemark machen zu dürfen. Ich erinnere mich vor allem daran, wie sehr mich die Normalität des Grenzübertritts verblüffte, nachdem ich einmal einen Pass hatte. Ich wagte es damals allerdings nicht, Dänemark zu verlassen und mit einem BRD-Pass, der DDR-Bürgern problemlos ausgehändigt wurde, mehr von Westeuropa zu sehen. Im Gegensatz zu meiner ersten Westreise war ich dieses Mal entschlossen, meinen Aufenthalt nicht auf Dänemark zu beschränken.

Einer plötzlichen Eingebung folgend, hatte ich in dem Reiseantrag als Grenzübergang Westberlin angegeben. Es klappte tatsächlich. So überschritt ich im so genannten »Tränenpalast« die Grenze nach Westberlin. Die ausreisewilligen Rentner standen in großen Trauben schon draußen auf der Treppe. Ich wurde von dem Strom alter Menschenleiber aufgesogen und mitgerissen. Die alten Leutchen hielten lediglich ihren Pass hoch und passierten ohne Aufenthalt den ersten Kontrollpunkt. Ich wurde bei der Vorkontrolle herausgeholt und mein Pass näher in Augenschein genommen. Die Augen des Grenzers waren hart und prüfend, als er die Angaben in meinem Pass mit meinem Äußeren verglich. Ich hatte den Pass in der Eile noch nicht unterschrieben und musste das nun nachholen. Mitten in der Halle teilte sich der Menschenstrom vor den Tischen der Zöllner in kleine Bäche. Ich wurde wieder herausgefischt, musste eine Zollerklärung ausfüllen und die Art der Geschenke, die ich mitführte, aufführen. Großzügig wurde mir gestattet, zwei Mark West mehr auszuführen, als ich durch offiziellen Umtausch erworben hatte. Bei der eigentlichen Passkontrolle wurde ich wieder einer eingehenden Überprüfung unterzogen. Nach mir gab es einen kleinen Stau. Etwa 20 Menschen weiter hinten gewahrte ich einen jungen Mann. Flüchtig dachte ich, was der wohl für einen Grund zum Reisen hatte; Gepäck hatte er keines dabei. Dann durfte ich passieren und war im Niemandsland. Als Erstes verspürte ich das zwanghafte Bedürfnis, die große

Glaswand, die damals den Bahnhof Friedrichstraße in eine Ost- und eine Westhälfte teilte, von der anderen Seite zu betrachten. Der Bahnsteig war leer, nur ein Grenzer lief herum. Es war ungemütlich. Ich flüchtete in die U-Bahn. Solange ich auf die U-Bahn wartete, fühlte ich mich unbehaglich, weil noch greifbar. Jede Sekunde konnte eine Streife auftauchen und meine Reise stoppen, bevor sie richtig begonnen hatte. Schließlich kam die Bahn, ich stieg ein und war wirklich draußen. Oder noch nicht ganz, denn sie fuhr erst einmal unter Ostberlin durch die ehemaligen Haltestellen Oranienburger Straße, Nordbahnhof ... Ich kannte die vermauerten U-Bahneingänge über der Erde. Hier unten waren die verstaubten Bahnsteige in diffuses Licht getaucht. Abfallende Kacheln, die Schilder in Sütterlin-Schrift. Mir wurde die Absurdität der geteilten Stadt voll bewusst. Hinter dem Nordbahnhof tauchte die Bahn ans Tageslicht auf. Da sah ich die Mauer zum ersten Mal von hinten, dicht bemalt. Die Aufschrift »Scheiß Mauer« fiel mir als Erstes ins Auge. Dahinter die vertraute Silhouette vom Prenzlauer Berg. Hier war ich ein paar Meter weiter auf der Ostseite oft von der Schönhauser Allee nach Pankow gefahren. Eine Strecke, die die S-Bahn mit überhöhter Geschwindigkeit passierte, mit fest geschlossenen Türen, sodass niemand abspringen konnte. Nun war ich auf der anderen Seite und es kam mir bereits ganz normal vor.

Auf Umwegen erreichte ich den Bahnhof Zoo, wo ich den Zug nach Hamburg besteigen sollte. Die verbleibende Stunde nutzte ich, um mir die Umgebung der Gedächtniskirche anzuschauen. Auf den ersten Blick hatte ich den Eindruck, dass alle Klischees, die mir im Laufe der Jahre vom Westen eingeimpft wurden, zutrafen; es war unruhig, schreiend, bunt, mit viel Glas, Lack und Stahl. Auf wundersame Weise schien der Ruß zu fehlen, der in Ostberlin allgegenwärtig das Stadtbild prägte. Die Menschen auf der Straße fand ich nicht viel anders gekleidet als bei uns. Ob sie glücklicher aussahen, wagte ich nach dem ersten Eindruck nicht zu entscheiden. Natürlich sah ich einen Bettler. Mich wunderte, dass es sich um einen Mann in den besten Jahren handelte, der an keinem sichtbaren Gebrechen zu leiden schien. Warum arbeitete er nicht? Ich wagte nicht, ihn zu fragen. Der Zug war pünktlich. Nach einer Viertelstunde war ich wieder im Osten. Staaken. Neben den Ortsnamen war eine DDR-Flagge gemalt, sonst beherrschten Zäune, Bewaffnete und Hunde das Bild. Ich musste sofort daran denken, welchen Eindruck so ein Anblick auf Besucher unseres Landes machen musste.

Stunden später in Schwanheide wieder die gleiche öde Landschaft aus Zäunen und Baracken. Dass Grenzer im Hintergrund Volleyball spielten, machte den Anblick nicht freundlicher. Als der Zug aus Schwanheide abfuhr, schaute ich angestrengt nach draußen. Ich wollte den Moment des Überschreitens der Grenze nicht verpassen. So nahe war ich ihr noch nie gekommen. Es sah eher harmlos aus. Ein paar Minuten begleitete unser Zug einen übermannshohen, bewehrten Zaun, vor dem sich ein Streifen nackter Erde hinzog, dann waren wir plötzlich dahinter. Die tödliche Grenze lag hinter mir. Ich war dieselbe. Es war absurd – und es war normal. In Büchen sah es ganz anders aus. Keine Trostlosigkeit, außer der vom Wetter verursachten. Ein Muttchen von der Bahnhofsmission mit einem Henkelkorb Bananen im Arm suchte aus den Ankommenden alle DDR-Bürger heraus. Sie hatte einen ziemlich sicheren Blick dafür. Der Mann vom Bundesgrenzschutz stutzte, als ich einen DDR-Pass hervorholte. Ich sah wohl nicht so aus. Er fragte sichtlich neugierig, ob ich Schwierigkeiten beim Grenzübertritt gehabt hätte. Das konnte ich getrost verneinen, denn die hatten davor gelegen. Die Landschaft vor dem Zugfenster sah tatsächlich anders aus als bei uns, gepflegter, nicht so sichtbar geschunden. In den Siedlungen gab es keine vergammelten Häuser, lag kein Schrott herum. Es dominierte Farbe statt tristen Einerleis.

Auch auf dem Hamburger Hauptbahnhof suchte ein Angehöriger der Bahnhofsmission nach DDR-Bürgern. Ich wurde als solche nicht erkannt und gab mich auch nicht zu erkennen. Einen kleinen Augenblick kam ich mir vor wie das Mädchen vom Dorf bei seiner ersten Ankunft in der Großstadt, als ich auf der Karte mit dem weit verzweigten U- und S-Bahnnetz Hamburgs mein

Ziel nicht gleich fand. Ich brauchte aber nur in das nahe gelegene Touristenbüro zu gehen und bekam Auskunft. Mit jedem Schritt wurde ich sicherer und fand mich sehr schnell zurecht. In Hamburg ließ ich mir einen bundesdeutschen Pass geben. Ich war dankbar, dass die Bundesregierung die »Geraer Forderungen« von SED-Chef Erich Honecker nach der Anerkennung der DDR-Staatsbürgerschaft nicht erfüllt hatte. Nun konnte ich mich frei in Westeuropa bewegen – es hing nur noch von meinen finanziellen Mitteln ab.

Schon wegen des Geldes musste ich zu meinem offiziellen Reiseziel, dem dänischen Onkel. Der hatte sich darauf eingerichtet, dass ich ihm in den nächsten vier Wochen seine Einsamkeit verschönen würde. Schonend brachte ich ihm bei, dass ich andere Pläne hatte. Da es ausgeschlossen war, ihn in meine illegalen Vorhaben einzuweihen, erfand ich einen Trip nach Grönland, den ich mit Freunden, die ich bei meinem ersten Dänemark-Aufenthalt kennen gelernt hatte, unternehmen wollte. Nach zwei Tagen verließ ich Kopenhagen wieder und begab mich auf eine Tour, die mich nach Brüssel, Paris, Amsterdam und Haarlem, zu meiner großen Liebe, in etliche westdeutsche Städte und schließlich nach Heidelberg führte.

In Heidelberg besuchte ich Freunde einer Friedensgruppe, die seit Jahren den Pankower Friedenskreis unterstützt und uns ab und zu besucht hatten. Hier blieb ich einige Tage. Ich hatte mich so in die Stadt verliebt, dass ich mein Besichtigungsprogramm kürzte, um in der Stadt bleiben zu können. Auf dem Turm der Heiligengeistkirche beobachtete ich ein heranziehendes Gewitter. Das Tal lag in sanften Farben zu meinen Füßen. Am Ostersonntag stieg ich den Philosophenweg hinauf und wünschte mir, ich könnte mit meinen Kindern hier Ostereier suchen. Im Kurpfälzischen Museum hatte ich vor dem Riemenschneider-Altar das Gefühl, niemals so viel Schönheit und Kunstfertigkeit erfassen zu können. Die Villa von Max Weber, die Universitätsbibliothek, ein schöner Jugendstilbau, die Kneipen der Altstadt. In einem anderen Leben wäre Heidelberg meine Stadt gewesen. In der Mensa der Universität traf ich auf jene, die dies alles nicht zu schätzen wussten. Mitglieder eines linksextremistischen Studentenverbandes verteilten eine Semesteranfangsinfo »SS 87 – Faust«, in der als Anfangssatz tatsächlich stand: »In Erwägung, dass der Kapitalismus für den größten Teil der Menschheit doch nur Hunger, Not, Elend und Unterdrückung zu bieten hat, ist das System auf die Dauer unerträglich und muss zerschlagen werden. Feuer und Flamme für den Staat.« Ich las diesen Text fassungslos. Dass man in einer geschlossenen Gesellschaft wie der DDR zu solchen Fehlurteilen kommen konnte, war noch nachvollziehbar. Aber in einer freien Gesellschaft selbstgewählt blind zu sein, um ideologische Phrasen dreschen zu können, war schon eine Leistung. »Wir sind trotz Student-Sein Anarchisten geworden, haben uns auf die Seite der Arbeiterklasse gestellt und uns in der *Faust* organisiert, um dazu beizutragen, denn auch an der Uni gibt es was für den Sozialismus zu tun …« An dieser Stelle musste ich laut lachen, was bewirkte, dass den Möchtegern-Anarchisten die Flugblätter aus der Hand gerissen wurden, weil sie offensichtlich Witziges enthielten. Die Flugblattverteiler wollten ziemlich aggressiv wissen, was es denn zu lachen gäbe. Ich zog es vor, nicht mit ihnen zu diskutieren, sondern mich mit dem preiswerten und reichhaltigen Kantinenangebot zu stärken. Vielleicht würde mir in den letzten Tagen meines Westaufenthaltes noch der Hunger begegnen, den der Kapitalismus der Welt überwiegend gebracht hatte. Stattdessen sah ich Dinge im Überfluss, die ich in der DDR nie gesehen hatte. Das Bösartigste am Kapitalismus war offensichtlich seine perfekte Tarnung.

Am Ostermontagabend hatte ich eine Begegnung, die ein Jahr später für mich wichtig werden sollte. In der Karwoche hatte die Stadt Heidelberg Besuch von einer Delegation aus der Partnerstadt Cambridge. Die beiden Grünen-Frauen der Delegation hatten Lammfleisch mitgebracht und gaben für ihre Heidelberger Freunde ein Osteressen. Ich wurde als Gast dazugeladen. Ich erzählte von der Umweltbewegung in der DDR und unseren ökologischen Problemen. Im Gegenzug bekam ich von den Schwierigkeiten der Cambridger Grünen zu hören, die es schwer hatten, sich in der Universitätsstadt Gehör zu verschaffen. Wenn ich die Gelegenheit hätte, sollte ich doch in Cambridge vorbeikommen. Ich antwortete, dass ich es gern täte, aber wohl kaum je die Möglichkeit dazu haben würde. In wenigen Tagen musste ich in die DDR zurück. Nicht nur an diesem Osterabend verursachte mir der Gedanke Übelkeit, dass bald diese wahnsinnige Grenze erneut zwischen mir und meinen Heidelberger Freunden liegen sollte. Ich wusste nicht, wie ich mein altes Leben wieder aufnehmen sollte. Diese Reise hatte meine Sehnsucht nach der Welt nicht gestillt, sondern verstärkt. Ich durfte an all das, was ich noch nicht gesehen hatte und mutmaßlich nie sehen würde, nicht denken. Einerseits hatte ich natürlich große Sehnsucht nach meinen Kindern, andererseits wusste ich, dass ich nach einem Monat Freigang in ein Gefängnis zurückkehrte.

Ich fuhr über Hamburg nach Berlin zurück. Im Interzonenzug passierte ich zweimal die Grenze. In Westberlin hatte ich immer noch die Möglichkeit umzukehren. Ich zog mit Freunden durch die Kreuzberger Kneipen und trödelte bis zur sprichwörtlich letzten Sekunde, ehe ich um Mitternacht am Bahnhof Friedrichstraße wieder in die DDR einreiste. Ich brauchte Tage, um mich an meine alte Umgebung zu gewöhnen. Eine kleine Hoffnung hatte ich, dass ich vielleicht bald wieder die DDR verlassen könnte. Meine Freunde aus Heidelberg hatten für mich und einige andere Bürgerrechtler offizielle Einladungen zur Verleihung des »Gustav-Heinemann-Bürgerpreises« an die Brüder von Braunmühl besorgt. Ich hatte sie unbemerkt über die Grenze schmuggeln können, und nun stellten wir Anträge auf Ausreise zu dieser Preisverleihung. Alle Anträge wurden abgelehnt außer der von Markus Meckel. Er durfte mit seiner Frau fahren, und der spätere kurzzeitige Außenminister der DDR hatte hier seinen ersten offiziellen Auftritt. Als Dank dafür, dass ich ihm diese Einladungen besorgt hatte, richtete er mir nicht einmal die Grüße aus, die auf dieser Veranstaltung an mich gingen. Damals wertete ich die Tatsache, dass wenigstens er fahren konnte, als ein Zeichen der allmählichen Auflösung der Verknöcherungen des Systems.

Kirche von unten

Auch meinem Sohn Philipp wurde eine eigenwillige Wiedergutmachung für seine verpatzte Reise nach Mittelasien zuteil. Er durfte seinen Stiefvater auf einer Reise nach Dänemark begleiten. Allerdings stellte sich heraus, dass er dieses Privileg überhaupt nicht genießen konnte. Er litt darunter, dass seine Freunde von all dem, was er erlebte, ausgeschlossen waren. Er hatte keine Lust, von dieser Reise zu erzählen, und erklärte, so etwas nie wieder unternehmen zu wollen. Als ich mein Studium an der kirchlichen Hochschule wieder aufnehmen wollte, wurde ich abgewiesen. Ich hätte demonstriert, dass mir mein Studium nicht wichtig genug sei. Die Wege des Herren sind unergründlich, die Stolpe-Pfade der Staatssicherheit nicht. Sie hatten erreicht, dass mir nun endgültig eine berufliche Entwicklung in der DDR unmöglich war. Aber sonst gaben die Ereignisse des Jahres 1987 meiner Sehnsucht, dass sich in der DDR etwas bewegt und bewegen lässt, reichlich Nahrung. In diesem Jahr wurde zunehmend spürbar, dass die Bevölkerung nicht mehr bereit war, alles hinzunehmen.

Im Frühjahr, während eines Rockkonzerts vor dem Westberliner Reichstag, kam es unter ostdeutschen Jugendlichen, die sich auf der DDR-Seite vor der Mauer, unmittelbar vor dem Brandenburger Tor, versammelt hatten, um der Musik zu lauschen, zu einer politischen Demonstration. Als die Volkspolizei versuchte, die Menge gewaltsam auseinander zu treiben, gab es zum ersten Mal Sprechchöre: »Die Mauer muss weg!« Auch die Friedens- und Umweltbewegung kam nach Überwindung ihrer Depressionserscheinungen und heftigen Auseinandersetzungen wieder in Schwung. Es etablierten sich neue Publikationen wie der »Grenzfall« von der »Initiative für Frieden und Menschenrechte«; die Informationen der Umweltbibliothek mauserten sich zu den »Umweltblättern«. Beide spielten für die Opposition eine zunehmend wachsende Rolle, die Opposition wurde immer selbstbewusster. Als die Kirchenleitung die Friedenswerkstatt 1987 verbot, um dem Staat für den offiziellen Ostberliner Kirchentag, der im Juni 1987 stattfinden sollte, Zugeständnisse zuungunsten der unabhängigen Friedensbewegung zu machen, reagierten wir mit einer Initiative »Kirchentag von unten«. Mit dieser Initiative begann eine spannende offene Auseinandersetzung mit jenem Teil der Kirchenpolitiker, der sich zu sehr auf die Wünsche der Behörden eingelassen hatte und die Bürgerrechtsarbeit gern aus der Kirche herausgedrängt hätte. Die Vorbereitung für den »Kirchentag von unten« begann, ohne dass uns klar war, ob und welches Gemeindezentrum wir zur Verfügung gestellt bekommen würden.

Wir gaben aber unmissverständlich kund, dass wir uns nicht ausgrenzen lassen würden und bereit waren, notfalls ein Gemeindezentrum zu besetzen. Damit gingen wir sehr weit und ernteten zum Teil heftigen Widerspruch auch aus der Bürgerbewegung. Rainer Eppelmann ließ wissen, dass er die Polizei rufen werde, sollten wir versuchen, seine Kirche zu besetzen. Die Staatssicherheit hätte die Gelegenheit zu gern genutzt, in der Rolle der Beschützerin des Kirchentages einen kräftigen Schlag gegen die radikalsten Teile der Bürgerbewegung zu führen. Das allerdings ließ die Kirchenleitung nicht zu. Kurz vor Beginn des Kirchentages mietete sie für seine Dauer das Gemeindehaus der Ostberliner Pfingstgemeinde und übernahm für diese Zeit die Verantwortung. Trotzdem waren wir ein ungeliebtes Kind des offiziellen Kirchentages. Bei der Eröffnungsveranstaltung in der Marienkirche sollten wir nicht anwesend sein. Wir verschafften uns trotzdem Zutritt, und als uns nicht gestattet wurde, unser Transparent an der Empore zu befestigen, trugen Martin Böttger und ich es durch die Kirche, als die Orgelmusik einsetzte. Wir hatten die Informationen über die Vorbereitung des Kirchentages von unten »Fliegende Blätter« genannt. Jetzt flogen unsere Informationen tatsächlich durch die Kirche. Es war zugegebenermaßen eine Art Partisanenaktion. Aber eine, zu der ich heute noch genauso stehe wie damals. Zum ersten Mal zeigten wir einer breiten internationalen Öffentlichkeit, dass wir existierten.

Unsere Konzepte und das Ergebnis unserer Arbeit stellten wir dann im Gemeindehaus der Pfingstgemeinde vor. Als ich die Eröffnungsrede hielt, lag das Schwerste noch vor uns. Das Gemeindehaus war von Anfang an so überfüllt, dass für die Seminare kurzfristig noch andere Räumlichkeiten gefunden werden mussten, damit sie überhaupt durchgeführt werden konnten. Die meisten Aktiven arbeiteten ununterbrochen 48 Stunden. Zum Glück bekamen wir Hilfe von vielen Leuten, die kamen, sahen, dass Not am Mann war, und blieben. Unter denen, die den »Kirchentag von unten« ausrichteten, entwickelte sich in diesen Stunden das starke Bedürfnis, diese Art von Arbeit fortzusetzen. In unserer »Fliegenden Abschlusserklärung« brachten wir diesen Wunsch zum Ausdruck und forderten ein Gemeindezentrum für uns. Es sollte jedoch über ein Jahr dauern, bevor dieser Wunsch endlich in Erfüllung ging. Bis dahin war die »Kirche von unten« schon fast zu einer linksradikalen Sekte mutiert. Ich habe, euphorisiert durch die Erlebnisse bei der Vorbereitung und Durchführung des »Kirchentages von unten«, diese Art von selbstbestimmter Basisarbeit lange Zeit für ein zukunftsträchtiges Modell gehalten, von dem ich hoffte, dass es Schule machen würde. Heute frage ich mich, wo ich die Kraft zu diesen immer neuen Illusionen hernahm. Sie kamen wohl aus meinem Willen, die Verhältnisse, denen ich nicht entkommen konnte, wenigstens zu verändern. Die kurze Geschichte der »Kirche von unten« illustriert die Treibhausatmosphäre, in der wir unsere Konzepte entwickelten und durchzusetzen versuchten. Es war schwer, von dieser Atmosphäre loszukommen, auch als das Treibhaus längst zerbrochen war. Das Wichtigste war, dass sich seit dem »Kirchentag von unten« die Opposition in der DDR immer öfter und immer offener auf ein Terrain wagte, das von den Kirchenautoritäten unabhängig war. Wir legten in aller Öffentlichkeit allmählich die Fesseln des »Innerkirchlichen Dienstgebrauches« ab. Es stellte sich heraus, dass wir damit die Kirchenleitung zu Zugeständnissen zwangen, zu denen sie freiwillig niemals bereit gewesen wäre.

Im Frühherbst desselben Jahres 1987 gab es noch ein weiteres unerhörtes Ereignis. In diesem Jahr plante der Friedensrat der DDR, sich am Olof-Palme-Friedensmarsch für einen nuklearwaffenfreien Korridor in Europa zu beteiligen – ihn also auch in der DDR stattfinden zu lassen. Als wir beim »Mobilen Friedensseminar«, das wie immer im August in Mecklenburg, dieses Mal in Vipperow stattfand, davon erfuhren, beschlossen wir spontan, die Teilnahme von unabhängigen Gruppen an diesem Marsch anzumelden. Ich übernahm es, den Brief an den Friedensrat persönlich seinem Vorsitzenden Werner Rümpel zu übergeben und die Einladungen an die Gruppen zu verschicken. Ich zog mich »seriös« an und ging in Berlin forsch in das Gebäude des Friedensrates, das in der Nähe des Reichstages lag, und ließ mir vom Pförtner den Weg zum Büro des Chefs zeigen. Die Vorzimmerdame, die mit solch einer Überrumpelung nicht rechnen konnte, hielt mich offensichtlich für die Abgesandte eines FDJ-Seminars, das zur selben Zeit in Mecklenburg stattfand, und führte mich in das Allerheiligste. Ich übergab Herrn Rümpel unseren Brief und kündigte ihm unsere Teilnahme am Olof-Palme-Friedensmarsch auch mündlich an. Er sagte, dass er sich freue und dass wir die volle Unterstützung des Friedensrates hätten, wofür ich mich artig bedankte. Sein Gesicht, als er entdeckte, um welches Seminar es sich wirklich handelte, habe ich leider nicht gesehen.

Dann mussten wir über 100 Briefe schreiben und abschicken. Da wir nur über vorsintflutliche Vervielfältigungstechnik verfügten, mussten die Briefe mühselig einzeln mit der Hand abgezogen werden. Auch das Adressieren war eine enorme Arbeit. Schließlich mussten wir die Briefe in verschiedene Briefkästen stecken, wofür wir extra in den Bezirk Magdeburg fuhren, um sicherzugehen, dass sie auch ankommen. Das alles erledigte ich gemeinsam mit meinem damaligen Mann, ohne den ich das nicht geschafft hätte.

Der Olof-Palme-Friedensmarsch fand von Anfang an anders statt, als die Behörden das geplant hatten. Aus Angst, das Ganze nicht unter Kontrolle halten zu können, wollten sie am liebsten gar keinen Marsch, sondern nur eine Kette von Friedensveranstaltungen zwischen Rostock und Dresden. Der Bund der Evangelischen Kirchen, der in die Vorbereitungen aus politischen Gründen einbezogen worden war, bestand aber auf »Pilgerwegen«, die es auf kleineren Streckenabschnitten geben sollte. Der erste war zwischen den Konzentrationslagern Ravensbrück und Sachsenhausen geplant. Auf diesem Pilgerweg beteiligten sich zum ersten Mal in der Geschichte der DDR Andersdenkende mit ihren eigenen Transparenten und Forderungen an einer staatlich organisierten Demonstration. So bewegte sich ein höchst ungewohnter Zug durch das Brandenburger Land: vorn die staatlichen Marschierer im staatlich exquisiten Freizeitlook, deren Transparente immerhin so abgefasst waren, dass sich Christen, ohne rot zu werden, dahinter sehen lassen konnten. Es folgten die Pilger, die sich um ein Kreuz gesammelt hatten, das auf dem fast 80 Kilometer langen Weg abwechselnd getragen werden sollte. Die Forderungen der Pilger waren: »Freie Kontakte nach Ost und West«, »Friedenserziehung statt Wehrunterricht«, »Wehrpflicht abschaffen«. Ich trug ein Schild mit der Aufschrift »Abrüstung auch in Schule und Kindergarten«, das als Einziges beanstandet wurde. Nach mehreren Gesprächen zwischen Friedensrat und Pilgern einigten wir uns auf einen Kompromiss: Vom nächsten Tag an trug ich »Keine Feindbilder in Schule und Kindergarten«. Das Schild begleitete mich bis zur Abschlusskundgebung in Dresden und bekam einen Ehrenplatz in unserer Wohnung, bis es bei der Hausdurchsuchung nach meiner Verhaftung von der Staatssicherheit mitgenommen wurde.

Der Pilgerweg war für alle, die sich daran beteiligten, ein besonders hoffnungsvolles Erlebnis. Schon am zweiten Tag mischten sich der staatliche Block und die Pilger. Man begann miteinander zu sprechen. In den Dörfern wurden wir von den Bürgermeistern mit unpolitischen Reden begrüßt, danach sprach der Pastor des Ortes, und die Schulkinder boten ein Programm. Für alle war es neu und aufregend, unsere Forderungen öffentlich zu sehen. Die meisten Menschen, die uns auf der Straße begegneten, freuten sich und meinten, das müsste von nun an immer so sein. Unser Pilgerzug wuchs ständig an, kurz vor Oranienburg bei Berlin, das die einzige größere Stadt war, die wir passierten, umfasste er 500 bis 600 Menschen. Deshalb hatten die Behörden an der Stadtgrenze noch einmal 5000 staatliche Marschierer aufgeboten, die alle vor uns herliefen, als wir in die Stadt einzogen. In Oranienburg waren die Werktätigen der Betriebe und Institutionen und die Schüler der umliegenden Schulen an den Straßenrand beordert worden. Als sie nach einem üblichen, endlos langen staatlichen Demonstrationszug die Pilger sahen, waren die zum Jubeln bestellten Menschen erst sehr überrascht. Viele reagierten mit Beifall, Zurufen, Winken und indem sie in unsere Lieder einstimmten. Es gab FDJler, die, ihre Lehrerin neben sich, Pilger mit dem Victory-Zeichen grüßten. Ich bin überzeugt, dass alle, die sich an diesem Pilgerweg beteiligten, nach diesem Erlebnis überzeugt waren, dass es nun zu einer Wende in der Politik kommen würde. Vor allem die freundliche Reaktion der Bevölkerung war ermutigend.

Offenbar befürchteten Partei und Staatssicherheit Ähnliches. Nach dem störungsfreien Beginn des Olof-Palme-Friedensmarsches kam es immer wieder zu »Zersetzungsversuchen«. Besonders bemerkenswert war dabei der Einsatz von Ibrahim Böhme: IM »Maximilian«. Während einer Veranstaltung im Rahmen des Pilgerzuges, die in Berlin stattfand, sprach er in der Gethsemanekirche über den Pilgerweg von Ravensbrück nach Sachsenhausen, an dem er sich gar nicht beteiligt hatte. In sehr gekonnter Demagogie bestritt er unsere Erfahrungen, rief zum Misstrauen auf und kündigte indirekt die Repressalien an, die prompt noch kommen sollten. Interessanterweise wird in den Staakten sehr genau vermerkt, dass ich mich mit Böhmes Beitrag in der illegalen Publikation »Grenzfall« kritisch auseinander gesetzt habe. Leider ist nur ein summarischer Verweis auf die Analyse innerhalb eines »Auskunftsberichtes« über mich erhalten geblieben. Es hätte mich schon interessiert, wie die Genossen meine Kritik an ihrem Top-IM aufgenommen haben. Trotz allem erreichte die Staatssicherheit es diesmal nicht, die »feindlich negativen Aktivitäten wirksam einzudämmen«. Im Gegenteil, sie griffen immer wieder auf an sich unverdächtige »positive« Kräfte über. Bei der Abschlusskundgebung in Dresden, an der mehr als 10 000 Menschen teilnahmen, wurden die unabhängigen Friedensgruppen ganz nach hinten gedrängt. Vor uns zog ein Bataillon Fahnenträger mit Riesenflaggen auf. Sie sollten mit einer Fahnenwand unsere Plakate verdecken, damit sie von der Tribüne aus nicht sichtbar waren. Doch die »positiven Kräfte« ließen mehrheitlich ihre Flaggen entweder lustlos hängen oder legten sie ganz und gar auf die Erde. Mit dem Ergebnis, dass unsere Forderungen von der Tribüne dem internationalen Publikum gut sichtbar waren.

Mit dem schönen Herbst 1987 ging auch die durch den Olof-Palme-Friedensmarsch bei vielen Bürgerrechtlern und Friedensaktivisten ausgelöste Hochstimmung zu Ende. Durch einen Überfall von Skinheads auf Besucher eines Punkkonzertes in der Ostberliner Zionskirche am 17. Oktober wurden wir nicht nur jäh aus den keimenden Perestroika-Träumen aufgeschreckt, sondern es geriet auch die Grundüberzeugung ins Wanken, dass bei allen Fehlern, Schwächen und Missständen die DDR ein antifaschistischer Staat sei. Mit Rufen wie »Juden raus aus deutschen Kirchen!« schlugen die Neonazis auf die Konzertbesucher ein. Wie wir hinterher erfuhren, hatte die Volkspolizei, die sich zwei Jahre später, im Oktober 1989, als schlagkräftige Truppe erweisen sollte, in einer Seitenstraße Beobachtungsposten bezogen, aber nicht oder viel zu spät eingegriffen. Das schreckte mich und eine Hand voll Freunde nachhaltig auf. Wir begannen zu recherchieren und fanden bald heraus, dass die Punks als Erste auf die neonazistischen Umtriebe in der DDR reagiert hatten. Es handelte sich aber nicht einfach nur um irgendwelche neonazistischen Aktivitäten, sondern es bestanden Verbindungen zwischen den Neonazis und staatlichen militärischen und paramilitärischen Organisationen: Der Überfall auf die Zionskirche hatte seinen Ausgangspunkt genommen bei einer Feier, die in der Ostberliner Disco »Sputnik« anlässlich der Verabschiedung eines Neonazis zum zehnjährigen

NVA-Dienst stattfand. Während einfache Neonazis eine simple Berufssoldaten- oder Offizierslaufbahn anstrebten, zog es ihre Elite zu den Fallschirmjägern. Es soll in einer besonders elitären Skinhead-Gruppe zur Norm gehört haben, sich das Leben zu nehmen, wenn man den Gesundheitstest für die Fallschirmjägerausbildung nicht bestand. Viele Neonazis waren Anhänger des Fußballklubs »Dynamo Berlin«, dessen Ehrenvorsitzender Erich Mielke die Spiele regelmäßig besuchte. In der »rechten Ecke« war es üblich, ein Tor der Mannschaft mit dem »Deutschen Gruß« zu feiern. Es ist kaum anzunehmen, dass Mielke das auf seinem Ehrenplatz in der Tribünenmitte entgangen sein sollte. Auch einige Funktionäre der GST, der paramilitärischen »Gesellschaft für Sport und Technik«, standen den Neonazis freundlich gegenüber. Im damaligen Bezirk Gera stellten sie neofaschistischen Wehrsportgruppen ihre Übungsplätze zur Verfügung.

Mit diesen und anderen Beispielen stellte ich eine Sendung für das Westberliner »Radio Glasnost« zusammen, das in den Stasiakten als »Hetzsender« bezeichnet wurde. Bei den Recherchen hatte mir vor allem der Jude Kostja Münz geholfen, der als IM unter »Markus Hirsch« gearbeitet hat. Als wir die Sendung an meinem Küchentisch unter Beachtung aller möglichen Geheimhaltungsregeln produzierten, war natürlich auch mein damaliger Mann dabei. Trotzdem kam die Sendung zustande, wurde von zwei Musikern nach Westberlin geschmuggelt und gesendet. Was hat die beiden Inoffiziellen Mitarbeiter bewogen, diese Produktion einer »Hetzsendung« zu unterstützen? Sind sie aufgeschreckt worden von den antisemitischen Tendenzen der Genossen, denen sie dienten? Überhaupt ist es eines der vielen unerklärlichen Phänomene, dass viele Inoffizielle Mitarbeiter außer für die Staatssicherheit auch tatsächlich für die Opposition gearbeitet haben. So gab es im Friedenskreis Friedrichsfelde einen IM, der nächtelang am Computer saß und den »Friedrichsfelder Feuermelder« tippte. Er arbeitete oft bis zum Umfallen und ohne ihn wäre das Blatt zumindest nicht in dieser Regelmäßigkeit erschienen. Im Friedenskreis Pankow war IM »Roger Steingräber« der Herr über die Technik.

Er besaß eine Verstärkeranlage aus dem Westen, die er uns zur Verfügung stellte. Ohne ihn hätten wir bei der Durchführung unserer Veranstaltungen bedeutend mehr Schwierigkeiten gehabt. Natürlich hatte »Roger Steingräber« den IM-Auftrag, sich dank seiner technischen Kenntnisse und Fähigkeiten unentbehrlich zu machen – aber das hat uns tatsächlich geholfen!

Die Verquickungen von Staatssicherheit, Armee, Polizei und neonazistischer Bewegung sind noch nicht untersucht worden. Niemand hat bisher dieses heiße Eisen angefasst. Selbst von Journalisten, die heute gern auf das besondere Problem mit dem Rechtsradikalismus in den neuen Bundesländern hinweisen, macht sich keiner die Mühe, die rechtsradikalen Wurzeln in der antifaschistischen DDR zu untersuchen. Im Gegenteil. Ich frage mich, ob es wirklich nur Oberflächlichkeit oder nicht doch Absicht ist, so zu tun, als wäre der Rechtsradikalismus in den neuen Bundesländern ein Nachwendephänomen. Dabei sind rechtsradikale Aktivitäten in den Stasiakten bestens dokumentiert. Man muss nur hinschauen. In den wenigen Monaten, die ich nach dem Skinhead-Überfall auf die Zionskirche noch in der DDR verbrachte, habe ich mehrere Male erlebt, dass Veranstaltungen der Bürgerbewegung mit neonazistischen Überfällen bedroht wurden und dass die Drohungen oft dazu geführt haben, dass der Gemeindekirchenrat der betreffenden Gemeinde seine Zustimmung aus Angst vor den Folgen eines solchen Überfalls zurückzog.

Einen reichlichen Monat später geriet die Berliner Zionskirche erneut in die Schlagzeilen. Diesmal war es ein Überfall anderer Art: In der Nacht vom 24. auf den 25. November, genau um Mitternacht, begann eine Einsatzgruppe der Staatssicherheit die Umweltbibliothek, die ihr Domizil im Gemeindehaus der Zionskirche hatte, zu stürmen. Sie nahmen die anwesenden jungen Männer, die mit dem Drucken der »Umweltblätter« beschäftigt waren, fest und beschlagnahmten Matrizen und Druckgerät.

Die von der Staatssicherheit als »Aktion Falle« geplante Attacke hatte jedoch ursprünglich ein anderes Ziel gehabt. IM »Didi«, aus der »Initiative für Frieden und Menschenrechte« bekannt, sollte eigentlich sichern, dass in dieser Nacht der »Grenzfall« gedruckt wird. Die Leute von der Umweltbibliothek und die Redaktion des »Grenzfall« sollten gemeinsam »auf frischer Tat beim Druck einer illegalen Publikation« ertappt werden. Der Trabant des IM war aber ein Verbündeter der Opposition – und sprang nicht an. In den Maschen des Stasinetzes blieb somit nicht der »Grenzfall«, sondern das Gemeindeblatt der Zionskirche hängen.

Bärbel Bohley und Ralf Hirsch hörten noch in der gleichen Stunde von dem Überfall und benachrichtigten Roland Jahn, der seit seinem gewaltsamen Abtransport in den Westen im Jahre 1983 in Westberlin für die DDR-Opposition eine unschätzbare Öffentlichkeitsarbeit leistete. Roland Jahn sollte die Presse benachrichtigen. Das tat er, aber zuerst rief er uns an, weil er der richtigen Ansicht war, dass wir gemeinsam handeln müssten. So erfuhr ich um 1.30 Uhr durch einen Anruf, was geschehen war, und fuhr sofort zur Umweltbibliothek. Dort war die Aktion schon gelaufen. Der Gemeindepfarrer der Zionsgemeinde, Simon, und seine Frau waren noch wach. Sie berichteten uns, indem sie die Art des Überfalls mit ähnlichen Aktionen verglichen, die sie in den Fünfzigerjahren miterlebt hatten. Bei Bärbel Bohley, die ganz in der Nähe wohnte, beriet eine Hand voll Leute, was zu tun war. Mir erschien das Verfassen von Protesterklärungen und Pressemitteilungen zu wenig. Wir mussten mit einer Aktion von starker Symbolkraft reagieren. Wir einigten uns nach kurzer Diskussion auf eine »Mahnwache«. Bis zum Mittag hatten wir alle wichtigen Leute in Bärbels Atelier versammelt. Die Mahnwache wurde beschlossen und mit den Vorbereitungen dazu unverzüglich begonnen, sodass sie wenige Stunden später angefangen werden konnte.

Zum Beginn der Mahnwache war ich nicht anwesend. Ich hatte den Fehler gemacht, am frühen Nachmittag für ein paar Stunden nach Hause zu fahren, nach den Kindern zu sehen und mich ein bisschen hinzulegen. Doch ich sollte nicht zum Ausruhen kommen. Ich wurde von sechs Herren abgeholt und in ein Nebengebäude der Pankower Kreispolizeidienststelle gebracht, wo ich 23 Stunden fest gehalten wurde. Ein junger Leutnant versuchte mich zu verhören. »Name?« »Wieso, wissen Sie nicht, wen Sie festnehmen?« Ich hatte gelesen, dass man solche Festnahmen am besten übersteht, wenn man die vorgegebenen Spielregeln nicht akzeptiert. »Wir fragen das aus formalen Gründen immer und Sie müssen antworten. Also: Name?« »Nein!« Der Leutnant kam bei seinem Verhör nicht weiter, dennoch zog es sich über Stunden hin. Inzwischen schmerzte mein Rücken, ich konnte kaum noch sitzen und war zum Umfallen müde. Als es mir unerträglich wurde, stand ich auf, sagte, ich müsste etwas gegen meine Rückenschmerzen tun, und ging unter dem Tisch, vor dem ich gesessen hatte, in eine Yogastellung, die »Zusammengerolltes Blatt« heißt, und verharrte darin etwa eine halbe Stunde. Ermutigt dadurch, dass die drei Herren, mit denen ich mich im Raum befand, nicht »einschritten«, breitete ich meinen Mantel unter dem Tisch aus und legte mich schlafen, nicht ohne den drei Herren noch gesagt zu haben, wie ungesund doch ihr Beruf sei: Sie müssten sich ebenso wie die Festgenommenen die Nacht um die Ohren schlagen, nur käme das bei ihnen öfter vor als bei mir.

Vor meiner Entlassung, die erst am nächsten Tag um 15 Uhr erfolgte, beging ich einen weiteren Fehler und unterschrieb eine »Belehrung«, dass ich strafbare Handlungen künftig zu unterlassen hätte. Wenige Monate später sollte dieses Papier vor Gericht eine wichtige Rolle spielen: Ich sei trotz der »Belehrung« wieder straffällig geworden. Als ich am Abend bei der Mahnwache eintraf, war diese seit 24 Stunden im Gange. Sie fand am Eingang der Zionskirche und in der Kirche statt. Die vielen brennenden Kerzen und Blumen am Eingang waren sogar von der Straßenbahn aus zu sehen. Das und die Presse verliehen der Mahnwache eine enorme Publizität. Vor allem aber wurde sie mit viel Sympathie von der Bevölkerung begleitet. Ein Bäcker brachte uns morgens frische Brötchen, ohne dafür Geld zu verlangen, Bewohner der umliegenden Häuser brachten Kaffee und andere heiße Getränke. Jeden Abend fand ein Solidaritätsgottesdienst statt. Es gab landesweite und internationale Proteste. Am Morgen des 28. November wurden die letzten beiden Mitarbeiter der Umweltbibliothek aus der Haft entlassen. Nach Wunsch der verantwortlichen Kirchenfunktionäre sollten die Mahnwachen und Gottesdienste eingestellt werden. Wieder kam es zu einer Konfrontation zwischen Kirchenleitung und Opposition. Uns ging es um die Einstellung der Ermittlungsverfahren und die Herausgabe der widerrechtlich beschlagnahmten Druckmaschinen. Ersteres konnte schließlich am 4. Dezember durchgesetzt werden, Letzteres gelang nicht.

Dennoch war es die erste große öffentliche Niederlage der Staatssicherheit. Sie hatte Stärke demonstrieren wollen – und war gescheitert. Trotzdem die Staatssicherheit in großer Zahl während der Mahnwachen um die Zionskirche präsent war und auch ganz offen die Kommenden und Gehenden filmte und fotografierte, ließ sich kaum jemand einschüchtern. Die Mahnwache hatte sich als politisches Instrument von großer Wirksamkeit erwiesen: Sie kam den basisdemokratischen Strukturen der Gruppen entgegen, und sie wurde von der Zionsgemeinde akzeptiert als Teil des Gemeindelebens, worunter die Kirchenbasis – im Gegensatz zu manchen leitenden Kirchenfunktionären – eben auch die Auseinandersetzung mit staatlichen Repressionsmechanismen verstand. Der Schreck über die Mahnwachen war der Partei und ihrem »Schild und Schwert« in die Glieder gefahren. Sie versuchte in prophylaktischer Absicht, die Mahnwache auf perfide Weise zu diskriminieren, so in der auflagenstärksten Zeitung der DDR, der »Jungen Welt«, vom 12. Dezember 1987. Die samstägliche Kolumne »So sehe ich das« war von der üblichen Horizontalen in die Vertikale gerückt worden und füllte auffällig zwei Spalten von oben bis unten. Unter der Überschrift »Warum freue ich mich über den Protest gegen ein Gerichtsurteil?«, schrieb der Chefredakteur höchstpersönlich:

»Antifaschismus, eine Verfassungspflicht, ist einer der heiligsten Schwüre unseres Staates ... Es gibt also eine Grenze für Milde und Nachsicht, und sie liegt dort, wo das Edelste unserer Existenz angegriffen wird, und sei es auch nur von ein paar Einzelnen ... wo antisozialistische Elemente auftauchen, werden wir uns zu wehren wissen, mit klarem Urteil, mit Macht, Staatsmacht ... Der Feind, ob er nun mit missionarischem Eifer junge ›Literaten‹ gegen uns losschickt, die das Talent haben, ein Talent zu verkaufen, das sie gar nicht haben, ob er nun in der Pose eines ›Mahnwächters‹, stets pünktlich wie auf Bestellung, mit Fernsehkameras vor Kirchentore zieht, oder ob er Rowdys mit faschistischem Vokabular und Schlagwaffen ausrüstet – er hat bei uns keine Chance.«

Der Angriff, von einem der besten Journalisten der DDR nicht schlecht formuliert vorgetragen, war darauf ausgerichtet, die Verbindung Mahnwachen – Neonazis in den Hinterköpfen der meist jungen Leser zu etablieren.

Mein Sohn Philipp las den Artikel in der Schule. Mitschüler hatten die Zeitung mitgebracht, weil sie wussten, dass Philipps Mutter an der Mahnwache beteiligt war. Schon um meinen aufgeregten Sohn zu beruhigen, musste ich handeln. Ich setzte mich auf der Stelle hin und schrieb eine scharfe Erwiderung. Dann machte ich mich mit einigen Freunden auf zum Redaktionsgebäude der »Jungen Welt«. Dort verlangte ich beim Pförtner den Chefredakteur Hans-Dieter Schütt zu sprechen. Nach einigen Telefonaten beschied man mir, der Chefredakteur sei in einer Redaktionskonferenz und deshalb nicht zu sprechen. Ich bat auszurichten, dass ich warten würde, notfalls bis Feierabend und darüber hinaus. Nach weiteren Telefonaten wurde ich gebeten, in der Kantine Platz zu nehmen. Ein Redakteur würde mein Anliegen entgegennehmen. Diesem Redakteur händigte ich meinen Artikel aus und kündigte an, dass ich den Chefredakteur wegen Verleumdung verklagen würde, wenn der Artikel bis zum kommenden Mittwoch nicht erschienen wäre. Der Redakteur schien die Situation zu genießen. Er versprach, alles auszurichten, und ließ mich wissen, dass es einige Anrufe empörter Leser wegen des Leitartikels gegeben hätte. Das war bemerkenswert. Wenn in seiner Redaktion bekannt geworden wäre, dass er mir diese Information gegeben hatte, wäre er in Schwierigkeiten geraten.

Natürlich erschien mein Artikel nicht. Deshalb begab ich mich am Donnerstag, den 17. Dezember 1987, zum Stadtbezirksgericht Mitte, um meine Anzeige aufzugeben. Zuerst wollte der zuständige Beamte meine Anzeige nicht entgegennehmen. Erst als ich meine Drohung, mich nicht wegzurühren, bevor ich die Anzeige losgeworden sei, durch mehrstündiges Sitzen auf dem Gang unterstrichen hatte, wurde sie von einem Staatsanwalt entgegengenommen. Noch heute kann ich mich des Unbehagens erinnern, das ich auf dem endlos langen, menschenleeren Gang verspürte, an dessen beiden Enden sich, gut sichtbar, je ein halbes Dutzend junge Männer postiert hatten. Da ich immer noch ein verklemmtes Verhältnis zu den Medien hatte, wusste natürlich kein Journalist von meinem Vorhaben. Erst Anfang Januar 1988 erfuhr Roland Jahn von der Sache, rief mich an und bat mich, die Geschichte einer Freundin, die Redakteurin der Westberliner »tageszeitung« war, zu übergeben. Die dpa machte aus dem, was dann nächsten Tags in der »taz« stand, eine Meldung, die von fast allen Medien aufgegriffen wurde. So sah ich mich Anfang Januar 1988 einer für mich neuen, völlig überraschenden Publizität gegenüber, über die ich anfangs ziemlich erschrocken war. Ich brauchte ein bis zwei Tage und einigen Zuspruch, um zu begreifen, dass der Schritt, mit der Anzeige an die Öffentlichkeit zu gehen, richtig gewesen war.

Im Sommer oder Herbst 1991 bekam ich einen Brief vom ehemaligen Junge-Welt-Chefredakteur Schütt, in dem er sich für seinen damaligen Artikel bei mir entschuldigte und schrieb, dass er sich für sein Verhalten schäme. Ich schrieb ihm zurück, dass ich seine Entschuldigung annähme und mit einer Haltung wie der seinen besser klarkäme als mit jenen, die immer schon Widerstand geleistet haben wollen und die das so gut zu verbergen wussten, dass man ihnen ihr Heldentum nie angemerkt hatte.

Luxemburg-Demo

Es hat immer Menschen in der Friedens- und Umweltbewegung gegeben, die Ausreiseanträge zur Übersiedlung in den Westen gestellt oder vielleicht sogar mit der Oppositionsarbeit begonnen haben, um ihre Ausreise zu beschleunigen. Sie waren stets ein Problem für die Oppositionsgruppen. Und es tat besonders weh, wenn Menschen gingen, die man gern hatte. Denn jeder Weggang stellte den Sinn des eigenen Dableibens erneut infrage. Im Friedenskreis Pankow hatten wir uns nach vielen Diskussionen darauf geeinigt, dass Leute, die Ausreiseanträge gestellt hatten, zwar mitmachen, aber keine verantwortliche Position bei uns übernehmen durften. Andere Gruppen hatten ähnliche Regelungen beschlossen. So waren die »Ausreisewilligen« bis 1987 gut in die Friedens- und Umweltbewegung integriert. Vor allem seit 1986, nachdem wir uns verstärkt den Menschenrechtsfragen zugewandt hatten, konnten und wollten wir die Ausreiseproblematik nicht länger marginalisieren.

Der wachsenden Zahl »Ausreisewilliger« stand im Jahr 1987 durch die DDR-Obrigkeit eine sehr restriktiv gehandhabte Ausreisepolitik gegenüber. Andererseits wurden Ausreiseanträge von Aktivisten der Friedens- und Umweltbewegung »beschleunigt« bearbeitet. Im Friedenskreis Pankow geschah es, dass eines unserer aktivsten Mitglieder innerhalb von 14 Tagen nach Antragstellung das Land verlassen konnte. Es war also nur eine Frage der Zeit, wann »Ausreisewillige« massenhaft oppositionelle Betätigung als Beschleunigungsfaktor für ihre Ausreise entdecken würden. Den Anstoß gab letztlich Freya Klier, die einem ehemaligen Kommilitonen den Vorschlag machte, die Ausreiseproblematik innerhalb einer Gruppe zu thematisieren. Bald darauf, am 22. September 1987, wurde die erste Interessengruppe für Ausreisewillige, die »Arbeitsgruppe Staatsbürgerschaftsrecht der DDR«, gegründet. Die Umweltbibliothek gestattete der Gruppe zeitweilig, sich in ihren Räumen zu treffen. Wegen des großen Zulaufs, den diese Gruppe sehr bald genoss, konnte dieses Angebot aber nicht lange aufrechterhalten werden. Auch für die anderen Gruppen wurden die »Ausreiser« zunehmend zum Problem.

Am 10. Dezember 1987, dem Tag der Menschenrechte, wollten Mitglieder der »Initiative für Frieden und Menschenrechte« und der »Staatsbürgerschaftsgruppe« Erklärungen zur Menschenrechtssituation in der DDR abgeben. Während die »Ausreiser« das an der Poststelle der Volkskammer unbehelligt tun konnten, wurden die Bürgerrechtler schon auf der Straße vor ihren Wohnungen von den »Sicherheitsorganen« festgenommen und 24 Stunden in der Haftanstalt Rummelsburg festgehalten.

Aus dem Bericht von Werner Fischer habe ich zum ersten Mal von den käfigartigen Zellen im Rummelsburger Knast erfahren, die ich kurz darauf selbst kennen lernen sollte. Am Abend dieses Tages fand in der Gethsemanekirche ein Menschenrechtsgottesdienst statt. Die Bankreihen waren gut mit »positiv denkenden Kräften« gefüllt. Aber vielleicht kam es uns auch nur so vor, denn viele »Ausreiser« erschienen in einem Outfit, das wir sonst nur von den Spitzeln der Staatssicherheit kannten. Ein Jahr zuvor wäre dieser Menschenrechtsgottesdienst noch ein außerordentliches Ereignis gewesen. Aber in diesem Dezember, mit der »Zionskirche-Affäre« hinter uns und den Verhaftungen zur Liebknecht-Luxemburg-Demonstration vor uns, verschwand er in der Geschichte.

Wer die Idee hatte, sich an der alljährlichen Liebknecht-Luxemburg-Demonstration mit eigenen Plakaten zu beteiligen, weiß ich nicht mehr. Ich war von Anfang an fasziniert davon und sah darin vor allem die Möglichkeit klarzustellen, dass wir uns in Zukunft immer, nicht nur nach gnädigem offiziellen Einverständnis, mit eigenen Forderungen an staatlichen Demonstrationen beteiligen würden. Die meisten meiner Freunde waren skeptisch, denn es gab Gerüchte, dass sich auch die Staatsbürgerschaftsgruppen an der »Kampfdemonstration« beteiligen wollten.

Ich war in diesen Januartagen mit der Übersetzung eines sowjetischen Überlebensbuches für den »Urania«-Verlag Leipzig beschäftigt, die mich sehr in Anspruch nahm. Ich hoffte nach meiner Ausgliederung aus dem Theologiestudium auf eine Karriere als freischaffende Übersetzerin. Es drang deshalb nicht bis zu mir, in welchem Umfang eine Aktion mit den »Ausreisern« geplant war. Mir genügte, dass Katharina Harich, eine Mitstreiterin aus der »Kirche von unten«, die ich schon aus der Schule kannte, mitmachen wollte. Sie war es auch, die den Text für das Transparent vorschlug, das wir tragen wollten: »Artikel 27 der Verfassung: Jeder Bürger … hat das Recht, … seine Meinung frei und öffentlich zu äußern.« Von Stephan Krawczyk wussten wir, dass er den »Ausreisern« die dann berühmt gewordenen Luxemburg-Worte »Freiheit ist immer Freiheit des Andersdenkenden« herausgesucht hatte.

Gewitzt durch die Erfahrungen, verließ ich schon am Sonnabendmorgen meine Wohnung. Wir fuhren nach Wandlitz, wo meine Schwiegermutter ein Waldgrundstück besaß. Der erste Schnee des Jahres war gefallen, wir machten einen langen Spaziergang am Ufer des Liepnitzsees. Ich weiß nicht, ob es an den schweren, grauen Wolken und an dem melancholischen Winterlicht oder an einer Art Vorahnung lag, dass mir schwer zumute war. Als ich die Kinder und ihren Vater zur Bahn brachte, wo wir auf dem Bahnsteig vor dem Einlaufen des Vorortzuges gemeinsam mit anderen Wartenden noch schnell einen Schneemann bauten, bekam ich unerwartet Bauchkrämpfe. Die Kinder winkten, ich blieb auf dem Bahnsteig stehen, bis der Zug nicht mehr zu sehen war.

Allein im Bungalow, konnte ich nicht einschlafen. Ich las in einem Buch über den Festungsaufenthalt von Caroline Schelling, als mich ungewohnte Geräusche aufschreckten. Ein Bekannter, Herbert Mißlitz, mit dem ich seit zwei Jahren in der Gruppe »Gegenstimmen« zusammenarbeitete, war gekommen, angeblich um mich vor der Demonstration zu warnen. Er hatte vier Autos mit etwa 14 Staatssicherheitsleuten im Schlepptau. Sie postierten sich um das Grundstück, ich sah in der Dunkelheit ihre Zigaretten glimmen. Ich war fassungslos. Im Bungalow befanden sich alle meine Papiere, die ich lieber nicht zu Hause aufbewahren wollte, und deshalb wussten nur wenige enge Freunde von dieser Rückzugsmöglichkeit.

Mein Bekannter behauptete, dass es unmöglich wäre, die Stasi abzuschütteln. Da ich aber keine Lust hatte, den Rest der Nacht in einem abgelegenen, von der Staatssicherheit umstellten Bungalow zu verbringen, brach ich, Herbert im Schlepptau, unverzüglich auf. Nach einem kurzen Probelauf durch den Wald, bei dem drei Stasimänner uns so dicht auf den Fersen blieben, dass wir förmlich ihren Atem im Nacken spürten, merkte ich, dass wir ihnen in Wandlitz nicht entkommen konnten. Es gab keine Möglichkeit, unbeobachtet nach Berlin zurückzukommen. Also gingen wir zum Bungalow zurück, wo noch mein Trabant stand. Wir stiegen ein und fuhren nach Berlin-Buch zum Haus meiner Schwiegereltern. Um die Fahrzeugkolonne hinter mir zu ärgern und weil noch viel Zeit war und ich ohnehin nicht schlafen konnte, tuckerte ich lange Strecken mit 30 Stundenkilometern und freute mich an dem Gedanken, dass sie in ihren dunkelblauen Ladas hinter mir fluchen würden. Wir fuhren auf das Grundstück meiner Schwiegereltern, scheuchten drei Stasimänner, die uns ohne Umstände gefolgt waren, mit dem Hinweis zurück, dass sie sich auf Privatgelände befänden, und schlossen das Tor. Dann verließ Herbert mit mir durch einen Hinterausgang den Garten, und wir entkamen über die Wiesen unseren Verfolgern. Die blieben brav in ihren Dienstwagen sitzen und bewachten das Haus, weil sie sich nicht vorstellen konnten, dass ich mein Auto einfach stehen lassen würde. Sie saßen dort noch bis zum nächsten Nachmittag, als ich schon längst ihren Genossen in die Fänge geraten war.

Wenige Stunden später traf ich am verabredeten Treffpunkt auf dem Bahnsteig des S-Bahnhofs Pankow ein. Auf dem Weg dorthin war ich noch einmal mit der Straßenbahn am Amalienpark vorbeigekommen. Wieder hatte eine Vorahnung mein Herz zusammengekrampft, als ich die Fenster unserer Wohnung sah, hinter denen meine Kinder schliefen. Mein Sohn Philipp kam pünktlich mit einigen Freunden und übergab mir das Transparent, das sie nach meinen Angaben angefertigt hatten. Das Transparent war so groß, dass ich es unmöglich allein tragen konnte. Und Katharina Harich kam nicht zum Treffpunkt, wie wir es vereinbart hatten. Zu meiner Erleichterung erklärte sich aber Herbert Mißlitz bereit, ihren Part zu übernehmen. Als wir uns dem Frankfurter Tor von der Rückseite der Häuser in der Frankfurter Allee näherten, sah ich, dass dort etliche Überfallwagen der Polizei bereitstanden. Außerdem waren schon im Hinterhof so viele Uniformierte und Zivile, dass ich merkte, wie schwierig es werden würde, überhaupt den Demonstrationszug zu erreichen. Ich bedauerte, dass wir uns nicht schon, wie ich spontan vorgeschlagen hatte, in der Storkower Straße in die Massen eingereiht hatten. Ich hatte ja vorgehabt, möglichst unbemerkt mitzugehen und das Transparent erst auf dem Friedhof Friedrichsfelde, vor der Tribüne mit den »Repräsentanten der Partei- und Staatsführung«, zu entrollen. Schon während wir uns den Arkaden näherten, die zur Frankfurter Allee führten, wurden wir angerufen: »He, was wollt ihr da?« »Ich will auch demonstrieren«, antwortete ich. Dieser Satz sollte mir noch Ungelegenheiten bereiten – er wurde vor Gericht zu einem »Hauptbeweisstück«.

Ich bemerkte, dass die Stasileute Miene machten, uns festzunehmen, und rannte los, in der Hoffnung, ihnen in der Menge zu entkommen. Nach 100 Metern merkte ich, dass Herbert nicht mehr neben mir war. Er stand bereits an eine Hauswand gedrückt, umringt von Zivilisten. Ich ging zurück, um zu fragen, was los sei, als mich zwei Männer von hinten packten: »Komm mit.« Ich registrierte noch, dass sie sich nicht ausgewiesen hatten, es also kein »Widerstand gegen die Staatsgewalt« war, wenn ich mich weigerte. So mussten mich die beiden Herren die 100 Meter Allee zurück- und durch die Arkaden bis zu einem bereitstehenden Lastwagen schleifen. Einem von ihnen war es offensichtlich peinlich, er beschwor mich immer wieder, doch »ordentlich zu laufen«. Aus meiner Froschperspektive sah ich die teils ungläubigen, teils erschrockenen Gesichter der Demonstranten mit ihren »Winkelementen« in den Händen.

Verhaftung

Außer Herbert Mißlitz und mir waren noch Dutzende Menschen verhaftet worden, meist Unbekannte. Bevor wir endgültig getrennt wurden, vermochte ich Herbert noch zuzuflüstern, er solle sagen, wir hätten beide in seine Wohnung, die sich auf der anderen Seite der Frankfurter Allee befand, gehen wollen, weil es ihm bereits gelungen sei, mich von meinem Vorhaben abzubringen. Im Keller der Haftanstalt Rummelsburg waren bald über 100 Menschen eingepfercht. Zwischen den Zellenkäfigen entspannen sich die lebhaftesten Unterhaltungen. Endlich sah ich auch ein paar bekannte Gesichter: Stephan Krawczyk, Bert Schlegel – es waren insgesamt ein halbes Dutzend, mehr nicht. Von den Frauen, mit denen ich in eine Zelle gesperrt wurde, erfuhr ich das ganze Ausmaß der Ausreise- und Verhaftungsaktion. Die meisten waren ganz unpolitische Mittelstandsdamen, die nun sichtlich Angst vor der eigenen Courage bekamen. Im Gegensatz zu ihnen kam ich mir sehr erfahren vor, und ich fühlte mich in der Pflicht, die Stimmung nicht abkippen zu lassen. Ich war fest überzeugt, dass sie uns spätestens nach 24 Stunden, wahrscheinlich aber schon am Abend laufen lassen würden. Bis dahin musste die Zeit so angenehm wie möglich verbracht werden.

Aber erst einmal wurden wir in kleinen Grüppchen aus den Zellen geholt und nach oben gebracht, wo man uns Schmuck, Uhren, Handtaschen, Schnürsenkel abnahm und jeder Schnipsel umgedreht und gelesen wurde. Anschließend wurde alles in feldgraue Beutel gesteckt und wir wurden einzeln verhört. Obwohl mein Vernehmer mit seinen versteinerten Gesichtszügen wirklich wie aus dem schlimmsten stalinistischen Schauermärchen entstiegen aussah, glaubte ich immer noch, dass die Stasi dieses Mal eben nur etwas mehr »Instrumente zeigen« wollte.

Nach den Verhören begannen die ersten Frauen zu weinen, weil sie befürchteten, tatsächlich ins Gefängnis zu kommen. Ich versuchte sie zu trösten und schlug dann vor, dass wir gemeinsam singen sollten. Das ging erst etwas zaghaft, bis uns einfiel, das zu singen, was wir in der Schule gelernt hatten. Als wir bei »Spaniens Himmel breitet seine Sterne …« waren, sang der ganze Keller beim Refrain mit: »Freiheit!« Später sangen wir auch Stephan Krawczyks neuestes Lied, das er kurz zuvor für die »Kirche von unten« geschrieben hatte. Leider war unsere Melodie falsch, denn ich hatte es vorher nur einmal gehört. Aber der Text war wirkungsvoll: »Fragst du einen Polizist, was ein Polizeistaat ist. Und zur Antwort kriegste dann: Alle scheißen alle an.« Von da an stieg die Stimmung. Einen solchen Abend hatte der Knast Rummelsburg sicher noch nicht erlebt. Wir begannen, systematisch Toilettengänge zu organisieren, um unsere Bewacher auf Trab zu halten, vor allem aber, um die Leute in den anderen Zellen zu sehen und mit ihnen zu plaudern. Unsere Bewacher versuchten, das zu unterbinden, waren aber hilflos. Als die Männer auf die Idee kamen, bei jedem Telefonklingeln so laut »Telefon, Telefon« zu rufen, dass jedes Gespräch unmöglich wurde, gaben die Bewacher auf und zogen sich in eine andere Ecke des Kellers zurück. Schließlich konnten wir auf den harten Holzbänken nicht mehr sitzen und begannen, »Laurentia« zu spielen. Die Mitteilung, dass nun der Staatsanwalt da wäre und prüfen würde, gegen wen ein Ermittlungsverfahren eingeleitet werden würde, konnte unsere Fröhlichkeit kaum dämpfen.

Auch als ich auf meinem letzten Toilettengang durch die geöffnete Tür auf dem Hof einen merkwürdigen dunkelblauen, fensterlosen Bus stehen sah, blieb ich arglos: Ich hatte noch keinen Gefängnisbus gesehen. Bald darauf erschienen wieder Uniformierte im Keller, die dort seit Stunden nicht mehr gesehen worden waren. Stephan Krawczyk wurde aus der Zelle geholt, dann Herbert Mißlitz, dann Bert Schlegel, schließlich ich. Man sagte mir, ich solle meinen Mantel ruhig dalassen – ein Täuschungsmanöver, wie sich bald herausstellte. Auf dem Gang standen durchtrainierte Zivilisten, von denen einer mich voller Hass anfuhr, dass ich ab sofort die Klappe zu halten hätte, sonst ..., und er machte eine unmissverständliche Handbewegung. Ob ich das kapiert hätte? Es wäre nicht zu übersehen gewesen, antwortete ich ihm. Ich wurde wieder zum selben Vernehmer geführt, der mir eröffnete, dass gegen mich ein Ermittlungsverfahren eingeleitet sei. Ich würde am nächsten Tag dem Strafrichter vorgeführt. Während er das sagte, hörte ich ganz gedämpft den Gesang im Keller. Dann wurde ich in den blauen Bus geschoben und in einen Metallspind mit Luftlöchern gleich neben der Tür gesteckt. Kaum war ich drin, wurde die Tür wieder aufgerissen. Eine Beamtin legte mir Handschellen an. Ich solle die Gelenke nicht bewegen, sonst würden die Schellen fester. Nach wenigen Minuten wurde die Tür noch einmal geöffnet, und ein Mann nahm mir die Handschellen wieder ab. Ich bedankte mich. Ob ich nicht wüsste, dass ich hier nicht sprechen dürfte? Ja, ja, das sei mir klar. Aus den anderen Spinden drang daraufhin ein Hüsteln und Scharren, aber keiner der Männer sagte etwas. Nach mir wurde niemand mehr gebracht, und der Menschentransport fuhr bald ab. Als er endlich wieder hielt, wurde ich als Letzte rausgelassen. Beim Aussteigen erblickte ich nur Scheinwerfer und Uniformierte. Der Bus war ganz dicht neben eine weit geöffnete Tür gerollt, hinter der ein langer, hell erleuchteter Flur sichtbar wurde. Er war durch viele Eisentore mit jeweils zwei schweren Eisenriegeln oben und unten und einem riesigen Schloss in der Mitte mehrmals abgeteilt.

Eine junge, grazile, zartgesichtige Frau in der Uniform der Gefängnisaufseherinnen führte mich in eine Zelle, in der ich mich ausziehen musste. Die Zarte schaute mir dann außer in Mund und Ohren auch in alle anderen Körperöffnungen. Dann musste ich mit vorgestreckten Händen und gespreizten Beinen drei Kniebeugen machen. Dabei bemerkte ich, dass ich durch das Guckloch in der Tür beobachtet wurde. Als ich protestierte, sagte mir die Zarte kühl, dass ich mich ja beschweren könne. Von einer anderen, einem verblühten Wesen, das zuvor meine Kleidung und Wäsche durchsucht hatte, bekam ich Gefängniskluft, die ausgesucht hässlich war, vom Omaschlüpfer über die Silastik-Trainingshose bis zum Silastik-Pulli. Ich war jedoch in diesem Augenblick so froh, frische Wäsche anziehen zu können, dass es mir nicht in den Sinn kam, auf meinen eigenen Sachen zu bestehen. Ich bekam noch Nachthemd, Handtücher, Waschlappen, Seife, Zahnbürste, Zahnpasta und wurde in eine Zelle im ersten Stock geführt – Nummer 133.

Die Zelle war leer, etwa fünf Meter lang, drei Meter breit. Anstelle eines Fensters waren Glasbausteine in die Mauer eingelassen, oben befand sich eine Lüftungsklappe. Rechts und links zwei Holzpritschen mit ansteigendem Kopfende. Ein kleines Holztischchen, zwei Holzhocker, ein kleiner Wandschrank, ein Waschbecken und neben der Tür, im Sehbereich des Gucklochs, eine Toilette. Die Beamtin sagte, ich solle mich beeilen, weil schon längst Nachtruhe wäre. Also zog ich das Nachthemd an, bezog das Bett, benutzte mit Überwindung die Toilette und wollte das Licht ausmachen, indem ich auf den Schalterknopf neben der Tür drückte. Das Licht ging nicht aus. Ich versuchte es noch einmal, resignierte dann und legte mich auf eine Pritsche. Bald rasselte es an meiner Tür, und die kleine Klappe in der Mitte wurde geöffnet. Ein Aufseher fragte durch die Öffnung, was ich wünsche. Als ich es ihm sagte, knipste er das Licht von außen aus. Ich musste über meine Naivität lachen: Natürlich hat eine Gefangene nicht das Recht, über das Licht in ihrer Zelle selbst zu bestimmen. Die Erschöpfung war größer als mein Unbehagen. Ich bemerkte noch, dass in Abständen die in die Mauer eingelassene Lampe über der Tür aufleuchtete, wenn die Aufseher durch das Guckloch schielten, dann bekam ich nichts mehr mit, bis mich am anderen Morgen grelles Neonlicht weckte.

Nach dem Frühstück – mit Plastikbesteck – wurde ich gefragt, ob ich zur »Freistunde« wolle. Ich bejahte und wurde auf den gepflasterten Hof geführt. Der Hof war lang gestreckt, sehr schmal und durch einen garageähnlichen, lang gestreckten Zementbau begrenzt, der viele Zellentüren hatte. An beiden Ecken befanden sich Gitterplattformen für die Wachposten, die durch einen Steg miteinander verbunden waren. Der Freiluftkäfig, den man mir aufschloss, war acht mal vier Meter groß, umgrenzt von doppelt mannshohen Mauern und oben mit Maschendraht verschlossen, der an der Seite, wo die Mauer an die Begrenzung der Gefängnisanlage stieß, mit Stacheldraht verstärkt war. Ich war weniger erschrocken als erstaunt über die perverse Fantasie, die in dieser Anlage zementiert war.

Als ich im Frühsommer 1990 als Volkskammerabgeordnete das Stasigefängnis in Hohenschönhausen noch einmal besuchte, gab es die Freiluftkäfige nicht mehr. Die Trennwände waren niedergerissen worden, der Maschendraht verschwunden, es standen Bänke und sogar Betonblumenkübel herum. Nur wenn man genau hinsah, konnte man auf dem Betonboden erkennen, wo die Trennmauern gestanden hatten. Verschwunden waren auch die Holzpritschen, auf denen man so liegen musste, dass das Gesicht dem immer wieder aufflammenden Neonlicht schutzlos preisgegeben war. Die Hausordnung schrieb überdies vor, dass die Hände stets sichtbar auf der Zudecke zu liegen hatten. Nicht mehr aufzufinden waren auch die Gefängniswagen mit den Metallspinden, in denen wir transportiert worden waren. Ein Mann vom Bürgerkomitee zur Auflösung der Staatssicherheit hatte ganz am Anfang noch einen gesehen und leider zu spät daran gedacht, wenigstens ein Exemplar für das Museum zu retten. Die Arrestzellen, die ich als Gefangene nicht kennen gelernt hatte, aber als Abgeordnete besichtigen wollte, waren, wie übrigens auch in Rummelsburg, so mit Gerümpel zugeschüttet worden, dass kaum etwas zu erkennen war. Die Staatssicherheit hat gewusst, warum, wo und welche Spuren sie zuerst beseitigen muss.

Inzwischen sind die Arrestzellen geräumt, wie ich mich bei einem zweiten Besuch in Hohenschönhausen überzeugen konnte. Als alles Gerümpel beseitigt war, stellte man fest, dass die Staatssicherheit kaum Spuren ihrer ausgeklügelten Folterwerkzeuge hinterlassen hatte. Nur noch eine der mit schwarzem Leder gepolsterten Zellen für Gefangene, die den Verstand verlieren sollten, war noch vorhanden. Bei der anderen hatte man das Leder bereits entfernt, die nackte Polsterung klebte noch an den Wänden.

Die »Tropfzelle«, in der Gefangene stehend in regelmäßigen Abständen mit fallenden Tropfen gequält wurden, musste nach Angaben von Gefangenen rekonstruiert werden.

Wenn heute Besucher die nackten, fensterlosen Verliese sehen, können sie sich nur schwer vorstellen, wie Gefangene hier vegetierten. Noch schwerer, wie man das überleben konnte. Wer hier wieder rauskam, hatte schwerste gesundheitliche Schäden davongetragen. Und die ehemaligen Gefangenen müssen heute erleben, dass es ihren Wärtern und Folterern mit den gesicherten und per Verfassungsgerichtsbeschluss erhöhten Pensionen gut geht, während sie mit einem Bruchteil dessen auskommen müssen. Karlsruhe ist weit von Berlin, aber ich hätte mir gewünscht, dass sich die Richter vor ihrem Spruch einmal ein Staatssicherheitsgefängnis angesehen und nach dem Schicksal der hier Inhaftierten gefragt hätten, bevor sie die Nachzahlung für Angehörige der Staatssicherheit beschlossen. Das Gefängnis Hohenschönhausen steht seit zehn Jahren leer, der Verfall ist unübersehbar. Es werden 100 Millionen Mark in ein überdimensioniertes Holocaust-Denkmal gesteckt, weitere mindestens 70 Millionen Mark in die »Topografie des Terrors«. Aber für die Hinterlassenschaften der stalinistischen Diktatur ist kaum Geld da. Die Aufarbeitung des SED-Unrechts ist die Sache von Einzelkämpfern, die ihr Engagement selten vergütet bekommen. Es gibt keinen »Aufstand der Anständigen«, der dafür sorgt, dass die Opfer des Kommunismus nicht im Müllhaufen der Geschichte landen.

Ich hatte am ersten Tag schon mitbekommen, dass das ganze Knastregime darauf ausgerichtet war, dass die Gefangenen einander nie sahen, dass sie nicht voneinander hörten, dass sie nicht wussten, welche Uhrzeit es gerade war. Wenn jemand den Gang entlanggeführt wurde, verständigten sich die Aufseher durch Klopfsystem, ob die Strecke frei war. Es war den Gefangenen verboten, das Wort an die Aufseher zu richten, außer in begründeten Fällen, oder sie zu grüßen. Wenn ich zum Verhör musste, wurde ich von den Aufsehern durch das komplizierte Gangsystem gewinkt. Ich versuchte, im Vorübergehen immer mit Worten, Blicken oder Gesten ihre meist steinernen Mienen, ihre Starrheit zu durchbrechen. Nach und nach lernte ich auch bei diesen flüchtigen Kontakten ihre Charaktere etwas besser kennen, unterschied, wer völlig abweisend und wer eher zugänglich war. Ehe ich den Haftrichter sah, lernte ich jedoch meinen Vernehmer kennen.

Er war ein Mann meines Alters mit schmutzig blondem, schütterem Haar, einer Brille und einem leichten Anflug von Feistheit im Gesicht und am Körper. Der leicht sächsische Akzent gab der Stimme von Hauptmann Werner – seinen Namen erfuhr ich erst nach dem Mauerfall aus meinen Gerichtsakten und auch, dass er kurz nach meiner Abschiebung zum Major befördert worden war – einen Anflug von Weichheit. Er sei nur das Untersuchungsorgan, stellte er sich vor, er hätte lediglich herauszufinden, ob die gegen mich erhobenen Beschuldigungen zutreffend seien oder nicht. Er hat sich auch in der Folge immer korrekt verhalten, ist sachlich geblieben, nie ausfallend geworden, hat die Untersuchung nach Vorschrift und Anweisung geführt, ohne dass die Sympathie, die er mir gegenüber zu entwickeln vorgab, ihn zu einer einzigen menschlichen Geste verleitet hätte.

Er war Teetrinker wie ich und bestellte uns immer einen schwarzen Tee. Er war Nichtraucher wie ich und hasste angeblich Neonlicht wie ich. Er schaltete es stets aus, wenn ich in sein Verhörzimmer kam, und so saßen wir an dämmrigen Januarnachmittagen oft im Halbdunkel oder beim rötlichen Schein einer Stehlampe. Er war kein schlechter Psychologe, gut geschult und von seinen Vorgesetzten, die alles über mich wussten, exakt für mich ausgesucht worden. Als er aber einmal als Hintergrundmusik ausgerechnet das Stück von Mendelssohn Bartholdy spielte, das ich damals am liebsten hörte, musste ich mir ein höhnisches Lächeln verbeißen. Damit war er zu weit gegangen.

Die Ankunft des Haftrichters unterbrach meine erste Vernehmung kurz vor Mittag. Er brachte eine sehr junge, hübsche, langhaarige Sekretärin mit, die Carmen-Ohrringe trug und der ich ihre Arbeit bei der Staatssicherheit nie angesehen hätte. Der kleine, dicke Haftrichter, dessen hervorstechendstes Merkmal sein starrer Gesichtsausdruck war, las mir mit unbewegter Miene einen Haftbefehl wegen »Teilnahme an einer verbotenen Versammlung« vor. Bevor ich meine Stellungnahme diktieren sollte, sagte ich als Erstes, dass ich schon vor der Ausstellung des Haftbefehls wie eine Gefangene behandelt sei war und dass mich Aufseher beim Entkleiden beobachtet hätten, was ich als schweren Angriff auf meine weibliche Würde betrachtete. Die Sekretärin sah unsicher zum Haftrichter, denn das wagte sie nicht aufzuschreiben. Der meinte, es sei nicht die Sache des Gerichts, über das Verhalten der Vollzugsbeamten zu befinden, sondern der Vorfall gehöre ausschließlich in die Kompetenz der Leitung des Gefängnisses. Erst als ich darauf bestand, das Geschehene auch dem Gericht zur Kenntnis zu geben, gab der Haftrichter nach. Zum Schuldvorwurf selbst entgegnete ich, dass ich unschuldig sei, weil ich zur staatlichen Demonstration zu Ehren von Karl Liebknecht und Rosa Luxemburg hatte gehen wollen. Und von der sei mir nicht bekannt, dass sie verboten worden wäre.

Die erste Woche im Gefängnis verlief problemlos. Am zweiten Tag fand ich auf meiner Pritsche ein Buch: Gavino Leddas »Padre Padrone«. Da las ich in meiner Einsamkeit von der Einsamkeit eines fünfjährigen Kindes in Siziliens wild-schöner Landschaft, die der Junge hassen lernte, wie ich die Mauern um mich herum hasste. Mein Sohn Jacob war fast in dem gleichen Alter, in dem der kleine Gavino Ledda von seinem Vater zum Schafehüten abgerichtet wurde. Am dritten Tag fragte ich meinen Vernehmer, ob Isolationshaft, die anderswo als Folter betrachtet werde, in der DDR die Norm sei. Am gleichen Abend bekam ich eine Zellengefährtin, deren biografische Eckdaten so auffällig mit den meinen übereinstimmten, dass alleine dies mich stutzig machte. Als mich mein Vernehmer fragte, wie mir meine Gefährtin gefiele, und ich ihm antwortete, dass sie mir sehr seltsam vorkäme, wurde ich erneut verlegt. Die Zelle Nummer 328, in die ich jetzt kam, war doppelt so groß wie die anderen, es gab noch zwei Tische, die vor dem Fenster standen. Leider war sie durch Ecklage etwas dunkel, aber dafür bekam ich diesmal eine richtige Gefährtin: Susi Liese war ein schönes 19-jähriges Mädchen, das wegen »Republikflucht« einsaß. Sie war auf dem Budapester Flughafen festgenommen worden, als sie mit dem Pass der Nichte eines 30 Jahre älteren italienischen Regisseurs, in Rom Nachbar von Sophia Loren, nach Italien fliegen wollte. Dem Regisseur wurde der Prozess gemacht. Er schob alles auf Susi und kam mit 700 DM Geldstrafe davon. Susi war 14 Tage in einem schmuddeligen Knast in Budapest gesessen, wo sie sich nur einmal in der Woche unter den Augen aller männlichen Aufseher duschen durfte, und wurde dann an die DDR ausgeliefert. Hier musste sie mit einer Haftstrafe von bis zu drei Jahren rechnen. Für mich war sie ein Glück. Wir haben uns das Gefängnisleben so schön wie möglich gemacht. Mit einem Geschirrtuch bedeckten wir die kahlen Tischchen, falteten die weißen Gefängnistaschentücher zu Fächerservietten. Susi beherrschte die Kunst, aus Silberpapier kleine Rosen zu formen, mit denen wir dann die Tische zusätzlich dekorierten. Wir arrangierten unser Obst, das wir von draußen bekamen, und die Süßigkeiten zu kunstvollen Gebilden und schafften es tatsächlich, die Tristheit der Zelle zurückzudrängen. Wir machten zusammen Gymnastik, trieben Schönheitspflege, lasen uns gegenseitig vor, spielten Dramen nach, denn Susi wollte Schauspielerin werden, und sangen abends nach dem Löschen des Lichtes, wenn nur noch die Nachtwache da, also die Kontrolle weniger dicht war, leise Lieder. Manchmal, wenn wir uns auf den Pritschen ausgestreckt im Dunkeln noch unterhielten, kamen wir uns vor wie im Pionierferienlager – bis Susi anfing zu weinen.

Natürlich besprachen wir unsere »Fälle« und erzählten uns von unseren Verhören. Von Susi erfuhr ich, mit welch miesen Methoden die Vernehmer ihre Gefangenen, sofern es sich um unpolitische Republikflüchtige handelte, zu Aussagen über ihre Mitmenschen verleiteten. Susi wurden Aussagen ihres früheren Chefs, eines Bildhauers, vorgelegt, in denen er sich angeblich in unflätigster Weise über sie ausgelassen haben sollte. Daraufhin sagte der Vernehmer: »Dieses Schwein, das so über Sie spricht, würde ich nicht schonen. Der hat doch bestimmt Dreck am Stecken. Jetzt können Sie es ihm heimzahlen.« Susis frühere Zellengefährtinnen hatten bei solchen Gelegenheiten dann alles »ausgepackt«, was sie wussten. Ich überzeugte Susi, dass es keineswegs der Wahrheit entsprechen musste, was in den Papieren stand, die man ihr vorlegte. Solange es keine Gegenüberstellungen gäbe, solle sie prinzipiell nichts glauben, was die Staatssicherheit sagte, und nicht tun, was sie von ihr verlangten. Beim nächsten Verhör soll der Vernehmer geäußert haben, dass Susi deutlich »feindlich negativem Einfluss« erlegen sei. Dieser Einfluss hielt an. Vor Gericht war Susi sehr tapfer und schenkte ihren Peinigern nichts. Ihre Mutter, die an der Verhandlung teilnehmen durfte, konnte stolz auf ihre Tochter sein.

Die »Untersuchungen« zu meinem Fall wurden innerhalb einer Woche abgeschlossen. In den Verhören wies ich nicht nur den Schuldvorwurf der »versuchten Zusammenrottung« als absurd zurück, sondern tat alles, um Herbert Mißlitz zu entlasten. Mich plagte das schlechte Gewissen, denn ich fühlte mich schuldig an seiner Verhaftung. Herbert, der bereits nach vier Tagen entlassen wurde, revanchierte sich auf seine Art: Er lieferte alle Aussagen, die für eine Anklageerhebung gebraucht wurden. Als mir mein Vernehmer seine Aussagen vorlegte, bestritt ich natürlich die Tendenz seiner Aussagen, zweifelte an, dass Herbert sie überhaupt so getroffen hätte, und verlangte eine Gegenüberstellung mit ihm. Schon der erste Vernehmer in Rummelsburg hatte mir gesagt, dass Herbert gegen mich ausgesagt hätte, was ich ihm natürlich nicht glaubte. Nun, nachdem die Papiere vor mir lagen, mit Aussagen, deren Konfusionen und Widersprüchlichkeiten mich peinlich berührten, war ich nicht mehr sicher. Das Schlimmste war, dass Herbert ausgesagt hatte, ich hätte an der Aktion der »Ausreiser« teilnehmen wollen.

Am Freitagmittag wurde meine Ungewissheit beendet. Mein Vernehmer teilte mir mit, dass Anklage erhoben würde und dass der Schuldvorwurf auf »Rowdytum« erweitert worden sei. Ich bezog das »Rowdytum« darauf, dass ich mich von den Stasimännern hatte wegschleifen lassen. Am Morgen war ich nochmals zu diesem Punkt verhört worden. Beim Verlesen des entsprechenden

Paragrafen war mir aufgefallen, dass das Strafmaß weit höher lag als bei »Zusammenrottung«; es reichte bis zu fünf Jahren. An diesem Tag quälten mich erste Depressionen. Unter die gleiche Anklage gestellt zu werden wie jene Skinheads, die Naziparolen brüllend Konzertbesucher in und vor der Zionskirche zusammengeschlagen hatten, fand ich unheimlich.

Am Montag wurde ich morgens nach dem Frühstück in einen der fahrbaren Metallspinde mit Luftlöchern gesteckt und gemeinsam mit anderen in die Stasi-Hauptzentrale in der Magdalenenstraße transportiert. Mit Neugier betrachtete ich ein »klassisches« Gefängnis mit einem Lichthof, der mit Netzen versperrt war, und Galerien in jedem Stockwerk, die zu den Zellen führten. Ich wurde in eines dieser winzigen Löcher gesperrt. Auf den Pritschen lagen Decken von zweifelhafter Sauberkeit, neben der schmutzigen Toilette eine benutzte Damenbinde. Es begann ein quälendes Warten, aus dem ich erst nach dem Sieben-Uhr-Läuten der nahe gelegenen Kirche erlöst wurde. In dem Zimmer, in das ich geführt wurde, saß Rechtsanwalt Wolfgang Schnur, den die Kirchenleitung gebeten hatte, unsere Verteidigung zu übernehmen. Ich kannte ihn seit etwa zwei Jahren aus unserer Arbeit im »Fortsetzungsausschuss« für das jährliche Friedensseminar »Konkret für den Frieden«. Er schien mir als juristischer Beistand prädestiniert, da er auch schon anderen in schwierigen Situationen, so einigen Betroffenen beim Überfall auf die Zionskirche, geholfen hatte. Ich hatte absolutes Vertrauen zu ihm, hielt ihn für meinen Freund.

Von ihm erfuhr ich, dass Herbert Mißlitz bereits draußen war, sich aber »erst einmal zurückhalten« wolle. Ich sagte, dass ich das vernünftig fände, war aber natürlich enttäuscht. Ich hatte gehofft, er würde alle Hebel für unsere Befreiung in Bewegung setzen. Ich fand keine Zeit, diesem Gedanken nachzugehen, denn Schnur reichte gleich eine neue Hiobsbotschaft nach: Es hatte wieder Verhaftungen gegeben, diesmal hatte die Stasi ihre Fänge nach Freya Klier, Bärbel Bohley, Werner Fischer, Ralf Hirsch, Lotte und Wolfgang Templin ausgestreckt. Diese Verschärfung der Situation ließ meine Lage noch aussichtsloser erscheinen. Schnur war überzeugt, dass es zum Prozess und zur Verurteilung kommen würde. Mit sechs Monaten müsste ich mindestens rechnen, es könnte auch ein Jahr, bei »Rowdytum« sogar noch mehr werden. Der Prozess sollte schon am Mittwoch stattfinden, die Staatsanwaltschaft hätte auf einen schnellen Termin gedrängt. Ich war damit einverstanden. Wenn schon Prozess, dann lieber schnell. Enttäuscht war ich allerdings, als ich erfuhr, dass ich allein vor Gericht gestellt würde. Ich hatte mich auf ein Wiedersehen mit den Freunden bei der Verhandlung gefreut. Als alles Nötige besprochen war, wollte ich von Schnur wissen, wie es draußen aussähe. Er schilderte, wie bedenklich die Situation wäre und dass es keine Mahnwachen gäbe, nur Gottesdienste. Ob ich denn auf der Etablierung einer Mahnwache bestehen wolle, wenn die Gefahr bestünde, dass es noch mehr Verhaftungen gäbe? Natürlich nicht. Er war erleichtert und sagte, dass er dies »draußen« ausrichten würde.

Am nächsten Tag wurde ich zu einem anderen Vernehmer gebracht. Ich fragte ihn, wann ich mich auf meinen Prozess vorbereiten könnte. Er war erstaunt: Was denn da für eine Vorbereitung nötig sei? Ich antwortete ihm, dass er im Grunde Recht hätte, denn bei dieser Art von Prozess wäre es schließlich wirklich egal, ob ich mich vorbereiten könnte oder nicht, denn das Urteil stünde schon von vornherein fest. Ob ich damit andeuten wolle, dass ich keinen fairen Prozess bekäme? Allerdings. Mir sei auch klar, dass ich nicht wegen meiner angeblichen Delikte verurteilt würde, sondern wegen meines Engagements in der Friedensbewegung und möglichst so, dass mir in Zukunft der Mut zum selbstständigen Denken verginge. Ob ich das auch vor Gericht sagen würde? Nein, das würde ich meinem Anwalt überlassen, der im Übrigen der Meinung sei, das könne ich hier ruhig wiederholen, da er es schon in den Räumen der Staatssicherheit laut geäußert hatte, dass die DDR international das Gesicht verlieren würde, wenn sie mich des »Rowdytums« anklage. Aber ich sei mir darüber im Klaren, dass ich trotzdem verurteilt werden würde.

Als ich wieder in der Zelle war, wurde die Zeitung gebracht. Was ich dann las, traf mich wie ein Hieb: Die Verhafteten waren alle unter den Schuldvorwurf des »Landesverrates« gestellt worden. Das Ermittlungsverfahren des wegen »krimineller Delikte« inhaftierten Krawczyk sei nach dem Bekanntwerden seiner »landesverräterischen Beziehung« auf den gleichen Schuldvorwurf erweitert worden. Das übertraf meine schlimmsten Erwartungen. Ich fing noch während der Lektüre fassungslos zu weinen an. Die Angst, die mich ansprang, war unbeschreiblich. Ich hatte mich noch nicht beruhigt, als ich wieder zum selben Vernehmer geholt wurde. Meine Augen waren noch rot vom Weinen, also machte ich kein Hehl daraus, dass die Meldung in der Zeitung der Grund für meine Tränen war. Ich fragte ihn, warum sie uns wie Feinde behandeln und ob sie denn meinen, mit unserer Beseitigung den Verhältnissen im Lande einen guten Dienst zu erweisen? Ich merkte, wie töricht meine Frage war, und bestand nicht auf einer Antwort. Ich ließ mir den Landesverrats-Paragrafen vorlesen. Das angegebene Strafmaß erschreckte mich erneut.

Dann legte mir der Vernehmer die Anklageschrift vor, und ich durfte mir Notizen machen. Als Erstes fiel mir auf, dass der Vorwurf der »Zusammenrottung« fallen gelassen worden war. Die Anklage lautete »nur« noch auf »Rowdytum«. Zu meiner Überraschung bezog sich das »Rowdytum« jedoch nicht auf den passiven Widerstand während meiner Verhaftung, sondern darauf, dass ich vorgehabt hatte, mit einem selbst gefertigten Transparent zur Demonstration zu gehen, die »öffentliche Ordnung und Sicherheit zu stören« und andere Bürger »grob zu belästigen«. Beim Lesen gewann ich meine Fassung wieder und begann, mir ausführlich Notizen zu machen. Ich zerpflückte jeden Widerspruch, widerlegte jede falsche Behauptung, beschwor Verfassung und Gleichheit vor dem Gesetz, erinnerte an den Olof-Palme-Friedensmarsch und an den Geist der Dialogpolitik. Nach einer Weile fragte mich der Aufpasser, ob ich denn einen Roman schreiben wolle. Als ich fertig war, erhob ich mich mit den Worten: »Wenn Sie mich nicht mehr benötigen, würde ich jetzt gerne gehen.« Doch ein seltsames Lächeln meines Gegenübers ließ mich innehalten. »Bei uns geht das nicht so einfach.« Natürlich. Ich hatte einen Augenblick lang vergessen, dass eine Gefangene kein Recht auf einen selbstständigen Schritt hatte.

Der Prozess war auf den nächsten Tag 13 Uhr festgesetzt. In der Stasizentrale in der Magdalenenstraße wurde ich als Erstes zu meinem Rechtsanwalt Wolfgang Schnur geführt, der meine umfangreichen Notizen mit »Ich sehe, meine Mandanten trauen mir nichts zu« kommentierte. Wir besprachen das Nötigste. Wichtig war vor allem, dass Schnur Herbert Mißlitz als Zeugen der Verteidigung geladen hatte. Dann kam ich zurück in die Zelle, wo ich mich umkleidete. Ich hatte über Schnur meinen schönen engen Rock, schwarze Stiefeletten und den weißen Seidenpullover bestellt. Ich war somit bestimmt der eleganteste Rowdy, der je vor diesem Gericht stand. Wieder im Gerichtsgebäude, wurde ich erst einmal für eine Stunde in eine enge Kammer gesperrt. Diese als zusätzliche Demütigung gedachte Prozedur empfand ich schlimmer als den Prozess selbst, bei dem ich agieren konnte. Der Gerichtssaal, zu dem wir aufstiegen, war offenbar der höchstgelegene des Gebäudes und so winzig, dass er zutreffender eine Gerichtskammer genannt werden musste. Die fünf Zuschauerstühle waren von Stasileuten besetzt. Aber die Tür zum Flur war weit geöffnet. In der Tür standen Bischof Forck, mein Mann, die Frau von Peter Grimm, dem Redakteur des »Grenzfall«. Über ihren Anblick freute ich mich am meisten. Die andere »Fraktion« war also auch da. Hinter den dreien sah ich noch eine Menge Köpfe, von denen ich nur Herbert Mißlitz identifizieren konnte. Dann hörte ich noch die Stimme von Carlo Jordan, einem langjährigen Freund und Mitstreiter in Umweltfragen: »Ist Vera schon drin?« Das tat mir unendlich gut.

Als das Hohe Gericht die Kammer betrat, ordnete Richter Wetzenstein-Ollenschläger, der später als Verteidiger von Stasichef Mielke berühmt-berüchtigt werden sollte, als Erstes an, dass die Zuschauer den Raum zu verlassen hätten. Nur für Bischof Forck und meinen Mann wurden noch Stühle gebracht. Als noch ein Mann erschien, der sich als Vertreter der Presse vorstellte, scheuchte Wetzenstein-Ollenschläger einen der Stasileute mit einer Handbewegung vom Stuhl. Der Anklagevertreter mir gegenüber wich meinem Blick aus. Die Beisitzerin rechts neben dem Richter, eine verblühte Optikerin, sah während des gesamten Prozesses nur unbestimmt vor sich hin, nie in den Saal, nie auf die Angeklagte. Sie schien dem Prozess aus Gleichgültigkeit, Überdruss oder Unfähigkeit nicht zu folgen. Der Diplomökonom links vom Richter machte dagegen den Eindruck, mitzudenken und abzuwägen.

Der Staatsanwalt trug seine Anklage so lasch und emotionslos vor, als wolle er deutlich unterstreichen, dass dieser Prozess nur eine Formsache wäre. Ich kämpfte trotzdem so gut ich konnte. Immer wieder unterbrochen von einem Reizhusten, der sich in der Nacht eingestellt hatte und der stärker war als ich, sprach ich darüber, dass mein Vorhaben am 17. Januar nicht nur in Übereinstimmung mit der Verfassung und den Gesetzen unseres Landes stand, sondern auch dem Geist des SED-SPD-Dialogpapiers und des Olof-Palme-Friedensmarsches entsprach. Der Richter zeigte lediglich deutlich, dass er sich langweilte. Als es um den entscheidenden Punkt ging, ob ich an der Aktion der »Ausreiser« hätte teilnehmen wollen, wurde Herbert Mißlitz als Zeuge der Verteidigung aufgerufen. Vor meinen Augen wandelte er sich vom Zeugen der Verteidigung zu dem der Anklage, indem er Punkt für Punkt seine Aussagen bestätigte, die ich schon kannte. Der Richter schenkte ihm nichts und ließ ihn alles noch einmal wiederholen. Und zum Schluss noch einmal: Ja, ich hatte die Absicht gehabt, an der »Ausreiser-Aktion« teilzunehmen.

Nach Mißlitz' Aussage, die dann das Gerüst der Urteilsbegründung bildete, wurde der Schuldvorwurf wieder auf die ursprüngliche »versuchte Zusammenrottung« geändert. Als es zum Plädoyer des Anklagevertreters kam, machte der sich nicht einmal die Mühe, von seinem vorbereiteten Text abzuweichen. Wegen erwiesenen »versuchten Rowdytums« beantragte er acht Monate Haft. Demgegenüber war Schnurs Plädoyer leidenschaftlich und überzeugend. Auch er las einen vorbereiteten Text ab, der nur auf die »versuchte Zusammenrottung« zugeschnitten war. Dass er dies im Voraus eigentlich gar nicht hätte wissen können, fiel mir erst später auf. Schnur machte geltend, dass meine Verurteilung ein Verfassungs- und Gesetzesbruch, eine Verletzung des Prinzips der Gleichheit aller DDR-Bürger vor dem Gesetz war. Er wies zahlreiche prozessuale Fehlgriffe nach, z.B. dass alle Aussagen nur zu meinen Ungunsten ausgelegt wurden und die mich entlastenden Momente unberücksichtigt geblieben waren. Es wäre ein Gesinnungsprozess gewesen.

Am anderen Tag, morgens um acht Uhr, wurde das Urteil verkündet. Wieder war ich vorher für genau eine Stunde in den Verschlag im Gerichtsgebäude gesperrt worden. Der tags zuvor so arrogante Richter las das Urteil in einer Hast, als würde er von den Furien seines schlechten Gewissens gejagt. Es war aber wohl nur das lang anhaltende Läuten der Glocken aus der Glaubenskirche unmittelbar neben dem Lichtenberger Gerichtsgebäude, das ihn nervös machte. Das Glockengeläut galt mir, doch auch diese Solidaritätsbekundung verschwieg mir Schnur. Ich erfuhr es erst viel später. Nach der Urteilsverkündung rief Schnur laut: »Ich werde diesen Rechtsbruch nicht dulden!« Da begann ich um meinen Freund und Anwalt zu fürchten und versuchte, ihn zu beruhigen. Ich konnte den Aufbruch auch nutzen, um meine Freunde, die wieder vor der Tür der Gerichtskammer warteten, mit dem Victory-Zeichen zu grüßen. Sofort wurde ich aus zwei verschiedenen Ecken angebellt, solche Handlungen zu unterlassen, und aus dem Saal gesperrt.

Am Nachmittag wurde ich zu meinem alten Vernehmer geführt. Er gab mir das Urteil zu lesen. Zur Urteilsbegründung durfte ich wieder Notizen machen. Er fragte mich nach Herberts Auftreten, wobei er das kurze »i« von Mißlitz so dehnte, dass man das »mies« bei »Mißlitz« unschwer heraushören konnte. Er wies darauf hin, dass er mir wirklich nur richtige Aussagen vorgelegt hätte, was ich nun nicht mehr bestreiten könne.

Am Freitag las ich von meinem Urteil in der Zeitung: Ich sei wegen »erwiesenen Versuchs der Zusammenrottung« zu sechs Monaten Freiheitsstrafe verurteilt worden. Auffällig war, dass mein vollständiger Name genannt wurde, während man sonst selbst bei

Mördern oder Neonazis nur den Anfangsbuchstaben des Nachnamens veröffentlichte. Am Sonnabend begann die Hetzkampagne in den Zeitungen. Leserbriefe von empörten Bürgern, die sich für die Anwendung der vollen Härte der Gesetze gegen die »Rowdys und Landesverräter« aussprachen, wurden abgedruckt. In redaktionellen Artikeln wurde auf die angebliche geheimdienstliche Steuerung der unabhängigen Friedensbewegung verwiesen. Professor Heinz Kamnitzer, Präsident des PEN-Zentrums der DDR, schrieb im »Neuen Deutschland«, der Trauermarsch für die »ermordeten Nationalhelden unseres Staates« sei vorsätzlich gestört worden. »Was da geschah, ist verwerflich wie eine Gotteslästerung. Keine Kirche könnte hinnehmen, wenn man eine Prozession zur Erinnerung an einen katholischen Kardinal oder protestantischen Bischof entwürdigt. Ebenso wenig kann man uns zumuten, sich damit abzufinden, wenn jemand das Gedenken an Rosa Luxemburg und Karl Liebknecht absichtlich stört und schändet.«

Am nächsten Montag wurde ich wieder in die Stasi-Zentrale in der Magdalenenstraße gefahren und nach stundenlangem Warten in der engen, schmutzigen Zelle zu meinem Rechtsanwalt Schnur geführt. Wir wollten eigentlich über das Berufungsverfahren sprechen. Stattdessen gab er mir einen Brief von Freya Klier zu lesen, in dem stand, dass sie die Hetzkampagne in den Zeitungen, der öffentlich breitgetretene Vorwurf des »Landesverrates« und das Urteil gegen mich entgegen ihrem früheren Willen dazu bewegt hätten, sich aus der DDR ausbürgern lassen zu wollen. Schnur versuchte, mir noch einmal eindringlich klar zu machen, wie ernst die Lage sei, wenn eine Frau wie Freya kapituliere.

Er sagte mir auch, dass es wochenlang dauern könne, bis wir wieder einen »Sprecher« hätten, denn nach Abgabe der Berufung hätte er erst einmal keinen Grund mehr, mich zu sehen. Ob es nicht besser wäre, wenn ich ihm für den »äußersten Notfall« ein Papier gäbe, in dem steht, dass ich bereit sei, das Land zu verlassen, wenn mich die Situation dazu zwingen würde. Ich ließ mir einen Text diktieren, denn ich vertraute ihm. Er hatte mich ja vor Gericht mutig und, wie ich dachte, ohne persönliche Nachteile zu fürchten, verteidigt. Obwohl wir fest vereinbarten, dass dieses Papier »unter uns« bleiben und nur verwendet werden sollte, wenn z. B. der Schuldvorwurf des »Landesverrates« auf mich ausgedehnt werden würde, reichte Schnur es noch am selben Abend als Beweis meiner Ausreisewilligkeit herum. Eine Kopie davon soll schon am nächsten Tag im Bonner Büro des Staatssekretärs Ludwig Rehlinger gelandet sein, der mit unserem Problem befasst war.

Am nächsten Tag fuhr man mich wieder in die Magdalenenstraße. Ich wurde in ein anderes Zimmer geführt und sah als Ersten Bischof Forck. Ein anderer Mann thronte massig hinter einem Schreibtisch. Ich kannte den DDR-Spezialisten für Menschenhandel, Honeckers Unterhändler für »humanitäre Fragen«, nicht von Angesicht, deshalb war ich überrascht, als Rechtsanwalt Wolfgang Vogel sich vorstellte. Er teilte mir mit, dass ich im Laufe der Woche entlassen würde, und fragte, wohin ich entlassen zu werden wünsche. »Natürlich in die DDR.« Er war sichtlich überrascht. Dann fragte er mit eigenartiger Betonung in der Stimme, ob ich wüsste, dass Freya und Stephan sich anders entschieden hätten. »Ja, ich habe Freyas Brief gelesen.« Das verwirrte ihn offenbar noch mehr. Ob sie mir geschrieben hätte? »Nein.« Aber wieso konnte ich einen Brief von ihr lesen? »Wir haben den gleichen Anwalt.« Hier griff Bischof Forck zum ersten Mal ein und erklärte, dass es sich um einen Brief handelte, den Freya schon vor ein paar Tagen geschrieben hätte. Daraufhin gab Vogel mir – wieder mit einem unangenehmen Unterton in der Stimme – zu bedenken, dass sein Angebot nur diese Woche gelte und er, wenn ich in der nächsten Woche zu ihm käme mit dem Wunsch, das Land zu verlassen, nichts mehr für mich tun könne.

Nun war ich mir nicht mehr sicher, ob ich mich am Anfang nicht verhört hatte, und fragte, ob etwa die Alternative Haft oder Entlassung in die BRD sei. Nein, dem sei nicht so. Ich würde auf jeden Fall sofort entlassen, auch in die DDR. Das »sofort« nahm ich wörtlich. Es war aber nicht so gemeint, wie mir Vogels Mitarbeiter, Rechtsanwalt Dieter Starkulla, der mir dem Namen nach als Susi Lieses Rechtsanwalt bekannt war, erklärte: Ich würde im

Laufe der Woche entlassen. Der Bischof, der sich sichtlich freute, ergänzte, dass diese Entlassung das Ergebnis von Verhandlungen sei, in denen die Gleichbehandlung von Antragstellern (zur Ausreise in den Westen) und Engagierten erbeten worden wäre. Nachdem ich mich von den drei Herren verabschiedet hatte, fühlte ich mich fast im siebten Himmel. Die Aussicht, noch in dieser Woche meine Kinder wieder sehen zu können, berauschte mich. Als ich in der Zelle saß, die Sonne durch die Glasbausteine schien, hörte ich zum ersten Mal Vogelgezwitscher. Es klang nach Frühlingswärme, milder Luft, nach Freiheit, nach Weite. Bald wäre ich aus diesen Mauern raus, würde aufs Land fahren, stundenlange Waldspaziergänge machen, immer wieder die Kinder umarmen. Diesmal verging die Zeit in dem Loch, in das sie mich gesperrt hatten, wie im Fluge.

Am frühen Abend wurde ich nochmals zu Schnur geführt. Er hörte sich meinen Bericht mit unbewegter Miene an. Er glaube an meine Entlassung erst, wenn ich draußen wäre. Im Versuch, meine Hoffnung zu verteidigen, machte ich geltend, dass schließlich der Bischof dabei gewesen sei. Das schien ihn wenig zu beeindrucken. Ich wehrte mich gegen das niederschmetternde Gefühl, das sich in mir breit machte, und verabschiedete mich betont optimistisch: »Wir sehen uns am Donnerstagabend beim Fortsetzungsausschuss.« – «Glaubst du das wirklich?«

Ich wollte es glauben und wartete den ganzen Mittwoch und den halben Donnerstag auf meine Entlassung. Dann wurde ich wieder in das Zimmer gebracht, in dem die Anwaltsgespräche stattfanden. Schnur begrüßte mich mit: »Na, es wird wohl nichts mit dem Fortsetzungsausschuss?« Ich hatte es schon geahnt, fragte aber trotzdem: »Wieso?« An jenem Dienstag zuvor war mit allen noch verbliebenen inhaftierten Oppositionellen das gleiche Gespräch wie mit mir geführt worden. Alle hatten sich für ein Bleiben in der DDR entschieden. Das war vielleicht der Grund, dass die Entlassungszusage rückgängig gemacht worden war. Unterhändler Vogel hätte sein Mandat niedergelegt. Ralf Hirsch hätte sich entschlossen, in den Westen zu gehen, und sei schon weg.

Verhandlungen

Erst war ich wie betäubt, dann zog sich mein Inneres zusammen. Ich fing an zu weinen. Ich war fassungslos. Diesen Wortbruch der DDR-Obrigkeit und ihrer Unterhändler hatte ich zwar befürchtet, aber doch nicht erwartet. Wie die anderen das verkraftet hätten, wollte ich wissen. Ich erfuhr jedoch nicht viel. In diesem Punkt war Schnur auffallend zurückhaltend. Später erfuhr ich, dass er den anderen gegenüber weniger zugeknöpft gewesen ist. So schilderte er Lotte Templin ausführlich meinen Schwächeanfall, und draußen wurde die Nachricht von meinem Nervenzusammenbruch verbreitet. Hilflos und niedergeschlagen kehrte ich in den Knast Hohenschönhausen zurück. Die Lektüre der Zeitungen verstärkte meine Ohnmachtsgefühle. Fast täglich wurden neue Berichte über die angeblichen Verbindungen der Friedensbewegung mit westlichen Geheimdiensten abgedruckt, begleitet von »Reaktionen« aus der Bevölkerung, die eine »härtere Bestrafung der Provokateure« forderten.

Susi Liese hatte an diesem Tag ebenfalls ein Gespräch mit ihrem Anwalt Starkulla, der mir über sie ausrichten ließ, dass er mir dringend zur Ausreise raten würde. Ich solle an meine Zukunft denken, in der DDR hätte ich keine Chancen mehr und meine Kinder auch nicht. Er bot mir seine Hilfe an. Ich verlangte, meinen Vernehmer zu sprechen. Da der den Ahnungslosen mimte, schilderte ich ihm Vogels Angebot vom Dienstag und das darauf folgende Dementi. Die Psychofolter hätte in meinem Falle zum Erfolg geführt. Ich hätte die Nase voll. Er fragte, ob ich Zeitung gelesen hätte. Das bejahte ich. »Ihre Fraktion weiß hoffentlich, was sie tut. Ich überlasse Sie der historischen Schande.« Danach schrieb ich an Starkulla, dass ich sein Angebot annähme, und an meinen Sohn Philipp, dass ich mich entschlossen hätte, auch in den Westen zu gehen. Am Freitag teilte mir Schnur in der Magdalenenstraße mit, dass die Templins ein Dauervisum für einen »Studienaufenthalt« in der BRD angenommen hätten und ebenfalls schon im Westen seien.

Wie wir erst nach dem Mauerfall erfuhren, hatte sich die Kirchenleitung, oder besser gesagt Konsistorialpräsident Manfred Stolpe, für die aus gleichem Anlass so getaufte »Jurek-Becker-Lösung« stark gemacht und durchgesetzt, dass derjenige mit einem DDR-Pass versehen wird, der sich bereit erklärt, das Land zu verlassen. Für Ralf Hirsch kam die »Jurek-Becker-Lösung« einen halben Tag zu spät. Inzwischen hat Freya Klier die Rolle, die Konsistorialpräsident Stolpe danach spielte, umfassend recherchiert und ihre Ergebnisse in einem sehr lesenswerten Aufsatz (in: »Aktenkundig«, herausgegeben von Hans Joachim Schädlich, Berlin 1992) veröffentlicht. Freyas Ergebnisse sind ein wichtiger Mosaikstein im Bild der Geschichte, die noch zu schreiben ist. Bärbel Bohley und Werner Fischer, teilte mir Schnur weiter mit, hätten ein Arbeitsvisum nach England akzeptiert. Ich fragte nach Einzelheiten und erfuhr, dass Paul Oesterreicher, dem ich als aktives Mitglied der englischen Friedensbewegung mehrmals begegnet war, im Namen der Anglikanischen Kirche für die Inhaftierten eine Einladung nach England ausgesprochen hätte. Also auch für mich? Ja. Mein Entschluss, diese – angebliche – Einladung anzunehmen, stand augenblicklich fest. Mit einem Schlag sah ich mich von den Qualen einer eventuellen Ausbürgerung befreit. England war nicht die BRD, mein Weggehen erschien mir dadurch leichter. Ich würde die Haft nicht verbüßen müssen, sondern nach einiger Zeit in die DDR zurückkehren können. Schnur versprach mir auch, dass ich bald mit meinem Mann sprechen könne. Ich war überzeugt, dass Knud zwar nicht begeistert sein würde, aber letztlich diese Möglichkeit akzeptabel finden musste. Ich hatte mich getäuscht: Er reagierte mit einer Ablehnung, die unüberwindlich war. Er blieb auch dabei, als wir später noch einmal mit Schnur sprachen. Er hätte Informationen von Konsistorialpräsident Stolpe, dass ich, wenn ich bis Mittwoch aushielte, in die DDR entlassen würde, weil ich als Delegierte von Berlin-Brandenburg im Podium der Ökumenischen Versammlung in Dresden am Sonnabend, den 13. Februar, sitzen sollte.

Schnur bestritt das alles heftig. Als klar wurde, dass es keine Einigung geben würde, gingen wir auseinander. Knud wollte sich die Sache mit England über das Wochenende überlegen, Schnur sich bei der Kirchenleitung erkundigen. Ich hatte den Schock über Knuds unnachgiebige Haltung zu verkraften.

Am Sonnabend wurde ich schon am frühen Vormittag wieder aus der Zelle geholt und in den Verhörtrakt gebracht. Wieder saß ich einem Vernehmer gegenüber, den ich zuvor noch nie gesehen hatte. Er wäre von dem Posten informiert worden, der bei dem Gespräch zwischen Knud und mir dabei gewesen sei, und habe das große Bedürfnis, mir zu helfen. Er zeigte mir einen Zettel, auf dem Bärbel Bohley ihr Visum unter bestimmten Bedingungen beantragt hatte. Nach diesem Motto könne ich auch verfahren. Im Übrigen sei Bärbel schon mit Werner Fischer und ihrem Sohn ausgereist. Und die beiden Jungen Till und Andreas von der Umweltbibliothek, die nun mit mir die Letzten im Gefängnis waren? Die würden in die DDR entlassen. Für mich sei das nicht vorgesehen.

Also schrieb ich den Antrag für einen Studienaufenthalt in England unter den Bedingungen, dass ich nur mit meinen Kindern ausreisen würde, Philipp die Wahl hätte, mitzukommen oder zu bleiben, in welchem Fall er aber ein Mehrfachvisum für Besuche erhalten solle, und dass ich nach einem Jahr zurückkehren dürfe. Ich wollte vorher aber unbedingt mit Knud und Philipp sprechen. Am Nachmittag wurde ich erneut in die Magdalenenstraße gebracht. Im Besucherraum saß wieder der Mann vom Vormittag. Er solle mich von meinem Mann grüßen und mich bitten, schon allein vorauszufahren. Er käme dann mit den Kindern nach. Ich schüttelte den Kopf. Ich würde nur mit meinen Kindern die Grenze passieren! In diesem Falle müssten wir warten, bis Knud und Philipp kämen. Er ließ mich erst in eine Zelle bringen, dann aber bald wieder herausholen, weil er sich offensichtlich langweilte. Ich hatte keine Wahl und musste ihm Gesellschaft leisten. Er erzählte mir, dass er der Bearbeiter von Bärbel Bohley wäre, und dann: »Ich hätte nie geglaubt, dass Sie die Letzte sein würden. Ich hab' gewettet, dass es Bärbel ist.« »Wie bitte?« Und etwas ungeduldig erklärte er mir, dass die Bearbeiter untereinander eine Wette abgeschlossen hätten, wer von uns es am längsten im Knast aushielte bzw. als Letzter ginge. Ich gebe zu, ich brauchte einige Zeit, bis ich die ganze Ungeheuerlichkeit, die hinter dieser Mitteilung steckte, begriff.

An jenem Sonnabend konnte ich nicht lange darüber nachdenken, denn mein damaliger Mann erschien in Begleitung von Rechtsanwalt Gregor Gysi. Ich war aufs Höchste alarmiert, denn mir fiel ein, was mein ehemaliger Kollege mir seinerzeit über Gysi als Hoffnungsträger geschiedener Ehemänner, die um ihre Kinder kämpften, berichtet hatte. Ich bestand deshalb darauf, mit meinem Mann allein sprechen zu wollen. Wir kamen uns aber kein Stück näher. Er war überzeugt, ich würde im Westen depressiv werden und wäre dann nicht mehr in der Lage, die Kinder zu versorgen. Unsere Familie würde im Westen zerbrechen. Ich war fassungslos: Ob er glaube, dass eine Mutter im Gefängnis förderlich für das Familienleben sei? Ob er nicht gemerkt hätte, wie sehr mich die Repressionen der letzten Jahre an den Rand meiner Kraft gebracht hätten und dass ich eine Pause brauchte, um weitermachen zu können? Schließlich schlug mein Mann vor, ich solle wenigstens bis zum 22. Februar, dem Vorabend seines Geburtstages, im Gefängnis bleiben. Er war überzeugt, wenn ich noch ein paar Tage aushielte, würde ich in die DDR entlassen werden. Ich war zwar nicht überzeugt, gab aber nach.

Ich ließ Rechtsanwalt Gysi kommen, um die »Vereinbarung« schriftlich zu fixieren. Es war ein absurdes, mühsames Unternehmen. Bis zum 22. Februar sollte der Vater über den Aufenthalt der Kinder bestimmen, danach sollte ich entscheiden dürfen. Kaum hatten wir die Vereinbarung unterschrieben, erklärte mir Herr Gysi, dass ich nun sofort ausreisen könnte. Nach dieser Vereinbarung könnte ich ja ab 23. Februar den Aufenthaltsort der Kinder bestimmen. Er persönlich würde sie mir an jeden Ort der Welt nachbringen. In diesem Augenblick glaubte die Staatssicherheit, ihre Sache gewonnen zu haben. Mein Sohn Philipp wurde geholt, damit ich ihn von meiner Ausreise unterrichten konnte. Stattdessen sagte ich ihm, dass es nicht zu einer Ausreise käme. Ich dachte nicht eine Sekunde daran, ohne meine Kinder das Land zu verlassen.

Ich habe später oft darüber nachgedacht, was gewesen wäre, wenn ich Herrn Gysi vertraut hätte. Ich hätte meine Kinder verloren. Natürlich wären sie mir von Gysi nicht »an jeden Ort der Welt« nachgebracht worden. Die »Vereinbarung« war das Papier nicht wert, auf das sie geschrieben war. Erstaunlich war nur, dass Gysi und die Staatssicherheit geglaubt haben, mich auf diese Weise gefügig machen zu können. Der Stasimann, der mich aufforderte, nun das Gespräch mit meinem Sohn zu beenden und mich für die Ausreise bereitzuhalten, geriet jedenfalls sichtbar aus der Fassung, als ich ihm sagte, dass ich nicht daran dächte. Er stürzte in den Nachbarraum und brüllte, ohne die Tür zu schließen, ins Telefon: »Sie will nur mit den Kindern gehen.« Kurz darauf wurde ich von meinem Sohn getrennt, ohne mich verabschieden zu können, und nach Hohenschönhausen zurückgebracht. Später erzählte mir Philipp, dass Knud, Gysi und er gemeinsam vom Gefängnis in die Stadt gefahren sind. Gysi redete ununterbrochen auf Knud ein und versuchte ihn davon zu überzeugen, sich nicht gegen meine Ausreise zu stellen. Ich würde es ihm nie verzeihen, wenn ich wegen ihm im Gefängnis bleiben müsste. Gysis Redeschwall endete erst, als sich ihre Wege trennten. Philipp fuhr am Sonntag zu einer Rüstzeit, einem von der Kirche organisierten Ferienlager, nach Wanzka in Mecklenburg. Knud blieb allein zu Hause. Er hat später immer wieder beteuert, Gysi nicht beauftragt zu haben, weiter in meinem Fall tätig zu werden.

Susi und ich machten uns den Sonntag besonders schön. Mein Mann hatte mir zu den beiden Unterredungen reichlich Leckerbissen mitgebracht. Unsere Tafel war so üppig, dass wir sogar die Oliven vergaßen, die wir als Vorgeschmack auf Susis italienisches

Leben kosten wollten. Der Montag begann ruhig, fast öde und trist, was auf unsere Stimmung drückte. Irgendwann wurde unsere Zelle aufgeschlossen und ich herausgerufen. Intuitiv wusste Susi in diesem Augenblick, dass ich entlassen wurde. Die Wärter gaben uns aber keine Gelegenheit, uns zu verabschieden. Ich wurde in eine kleine Zelle geführt, in der nur ein Stuhl und ein Tisch standen. Nach einer Weile bekam ich alle meine Zivilsachen, später einen Teller Suppe. Da wusste ich, dass es kurz nach Mittag war, als ich abgeholt wurde. An der »Schleuse« kam mir der Bohley-Bearbeiter entgegen und fragte, ob wir ein Stück miteinander fahren wollten. Ich zuckte mit den Schultern, um anzudeuten, dass ich keine Wahl hätte. Er führte mich zu einem Auto, in dem schon eine Frau saß, die ihre Hände um eine Handtasche krampfte und mich nicht ansah. Wir wurden zu einem Gebäude am östlichen Stadtrand gefahren, von dem ich jetzt weiß, dass es ein Gästehaus der Staatssicherheit in Hönow war. Ich musste mit dem Bohley-Bearbeiter in einer Mischung von Wohn- und Konferenzzimmer warten. Nach einer Weile kam Gregor Gysi ins Zimmer. Nach der Begrüßung verließ er noch einmal den Raum und kam mit einem Tablett, auf dem eine Thermoskanne Kaffee und zwei Tassen standen, wieder. Gysi kannte sich offenbar in dem Haus aus und war mit den Gepflogenheiten vertraut genug, um in der Küche Kaffee zu kochen. Ich fand das merkwürdig. Als er mir eine Tasse anbot, akzeptierte ich mit den Worten, dass mir seine Entwicklung vom Kinderklauer zum Kaffeebringer lieber sei als umgekehrt. Dem routinierten Rhetoriker fiel darauf keine Erwiderung ein. Wir tranken unseren Kaffee in tiefstem Schweigen. Als Gysi seine Sprache wiedergefunden hatte, erklärte er mir wortreich, dass ich etwas ganz falsch verstanden hätte. Niemals hätte er mir meine Kinder wegnehmen wollen.

Er wurde durch das Erscheinen von Rechtsanwalt Schnur und meinem Mann unterbrochen. Die beiden saßen kaum, da eröffnete Gysi die »Verhandlung«, indem er meinem Mann mitteilte, was ihm am Vormittag angeblich in der Generalstaatsanwaltschaft in Bezug auf mich gesagt worden war: Eine Entlassung in die DDR käme für mich nicht in Betracht. Ich hätte am heutigen Montag allerdings letztmalig die Möglichkeit, mich für eine befristete Ausreise nach England zu entscheiden. Auf all meine Bedingungen sei eingegangen worden. Nach einem Jahr könnte ich zurückkehren. Man erwarte allerdings, dass ich mich nicht zur Anführerin einer Anti-DDR-Kampagne mache. Anschließend sprach mein Mann. Zu meiner Überraschung sagte er, er sei mit allem einverstanden, er käme mit mir. Nachdem die Generalstaatsanwaltschaft noch einmal bekräftigt habe, dass ich nicht in die DDR entlassen werde, wolle er nicht von mir verlangen, dass ich im Gefängnis bleiben solle. Danach ging es nur noch um Einzelheiten. Ich wusste, dass mein Sohn Philipp auf jeden Fall in der DDR bleiben wollte. Er befand sich mitten in den Prüfungen für den Abschluss der 10. Klasse. Ich sollte nur für ein Jahr das Land verlassen und dann zurückkehren dürfen. Für diese Zeit wurde mir für Philipp ein Pass mit einem Mehrfachvisum zugesichert, damit er mich jederzeit besuchen könnte. Die Staatssicherheit wäre noch auf andere Bedingungen eingegangen, nur um mich loszuwerden. Ich schrieb Philipp einen Brief und ließ mir von Gysi in die Hand versprechen, dass er ihn meinem Sohn sofort persönlich bringt. Gysi versicherte wortreich, er werde gleich anschließend als Erstes zu Philipp fahren und ihm nicht nur den Brief geben, sondern auch mit ihm reden. Ich traute Gysi zwar nicht, nahm aber an, dass ein Mann, dessen Sohn in etwa demselben Alter war wie meiner, so viel menschliches Mitgefühl aufbringt, um nicht zuzulassen, dass mein Sohn von der Abschiebung seiner Mutter aus den Medien erfährt. Aber genau das war der Fall. Gysi hat entgegen seinem Versprechen den Brief erst am nächsten Tag in den Briefkasten gesteckt. Mein Sohn erfuhr aus dem Radio, dass seine Mutter und seine Brüder bereits im Westen waren.

Während ich mit Gysi die Details meiner Abschiebung besprach, schwieg Rechtsanwalt Schnur auffällig. Er ließ sich lediglich von mir in einem Brief bestätigen, dass er meine Entscheidung nicht beeinflusst hätte. Zum Dank dafür verbreitete er anschließend bei der Kirchenleitung und den Freunden aus der Bürgerrechtsbewegung, meine Entscheidung, in den Westen zu gehen, wäre von mir auf einem »Waldspaziergang« getroffen worden. Schnur, der damals nicht nur der Vertrauensanwalt der Kirchenleitung war, sondern dem auch alle Bürgerrechtler vertrauten, hat erheblich zur Desinformation beigetragen. Das Vertrauen in Schnur ging so weit, dass weder Freya Klier noch mir geglaubt wurde, als wir von seiner zwielichtigen Rolle bei unserer Abschiebung sprachen. Uns wurde nicht geglaubt, dass er uns das Ausmaß der Solidaritätsbewegung für unsere Freilassung verschwiegen hatte. Schnur, der als tief religiös, geradlinig, ja geradezu unfähig zur Lüge galt, stieg im Herbst 1989 zu einer Symbolfigur der Bürgerrechtsbewegung auf. Er gründete den »Demokratischen Aufbruch« mit und saß für diese Organisation am »Runden Tisch«, der während der Regierungszeit der letzten SED-Regierung Modrows offiziell als Krisenmanager fungierte.

Erst viel später wurde klar, dass der »Runde Tisch« wenig zur Bewältigung der Krise beitrug, sondern vor allem als Tarnung diente, um möglichst viele Spuren der SED-Herrschaft zu beseitigen. So sorgten die anerkannten beziehungsweise mutmaßlichen Inoffiziellen Mitarbeiter der Staatssicherheit am Runden Tisch wie Ibrahim Böhme (SPD), Wolfgang Schnur (DA), Gregor Gysi (SED), Lothar de Maizière (CDU), um nur die wichtigsten zu nennen, dafür, dass die Hauptverwaltung Aufklärung (HVA) der Staatssicherheit, die mit Spionage und Subversion im westlichen Ausland befasst war, offiziell ihre Datenträger vernichten durfte. Damit wurde die Aufklärung der Verbrechen der HVA sehr erschwert, was ihrem früheren Chef Markus Wolf ermöglichte, sich als sozialistischer James Bond zu stilisieren. Mithilfe des Runden Tisches gelang es der SED auch, die Frage nach ihrer Enteignung gar nicht erst aufkommen zu lassen. Schließlich wollten alle »verantwortlich« agieren und jede »Eskalation« vermeiden. Die Bürgerrechtler sind mit allen Regeln der Kunst über den Runden Tisch gezogen worden. Deshalb schwärmt die PDS noch heute von Runden Tischen und möchte das ganze Land am liebsten mit ähnlichen Konstrukten überziehen. Bei Bürgerrechtlern mit der Fähigkeit, das eigene Verhalten kritisch zu analysieren, löst die Erinnerung an den Runden Tisch wenig Freude aus. Bemerkenswert ist, dass drei der eifrigsten Akteure am Runden Tisch als Rechtsanwälte mit der Abschiebung der Bürgerrechtler im Januar/Februar 1988 befasst waren. Neben Schnur und Gysi auch Lothar de Maizière als Anwalt von Wolfgang und Lotte Templin.

Wobei Gysis Rolle bei meiner Abschiebung am unklarsten ist. Er hatte weder von mir ein Mandat, noch, wenn ich seinen Beteuerungen glauben darf, ein Mandat meines ehemaligen Mannes. Warum und in wessen Auftrag er an jenem Montag bei der Staatsanwaltschaft gewesen sein will, um sich nach dem Stand meiner Angelegenheiten zu erkundigen, darüber schweigt sich Gysi bis heute aus. Als ich im Jahre 1990 als Volkskammerabgeordnete meine Rehabilitierung vor dem Obersten Gericht der DDR betrieb, bekam ich meine Prozessunterlagen zur Einsicht. Aus den Unterlagen geht hervor, dass mein Richter Wetzenstein-Ollenschläger schon am vorausgegangenen Sonnabend eine Entlassungsanweisung für mich unterschrieben hatte. Meine Strafe sollte auf Bewährung ausgesetzt werden, weil mein Verhalten habe erkennen lassen, dass ich meine Tat bereue, und Hoffnung bestünde, dass ich künftig die sozialistische Gesetzlichkeit einhalten würde. Die Staatsanwaltschaft kann also Gysi nicht mitgeteilt haben, dass meine Entlassung außerhalb jeder Diskussion sei. Klar ist jedenfalls, dass es den Willen der Staatssicherheit gab, maßgebliche Bürgerrechtler aus dem Lande zu entfernen, und dass alle drei Rechtsanwälte in diesem Sinne gehandelt haben.

Als ich meine Gerichtsakten 1991 in die Hand bekam, rief ich Gysi an. Wir waren seit ein paar Wochen Kollegen in der ersten frei gewählten Volkskammer und saßen nur durch einen Gang getrennt nebeneinander, weil wir beide Vorsitzende unserer Fraktionen waren. Gysi war nicht da, und so teilte ich seinem Sohn meine Entdeckung mit und sagte ihm, dass ich eine Erklärung seines Vaters wünschte. Gysi rief morgens gegen fünf Uhr zurück. Er gab sich überrascht und empört. Dass man ihn bei der Staatsanwaltschaft belügen könnte, darauf wäre er niemals gekommen. In der nächsten halben Stunde zog er wieder alle Register seiner rhetorischen Fähigkeiten. Das Gespräch endete mit einer merkwürdigen Offerte. Bürgerrechtlerinnen wie Bärbel Bohley und ich wären für den Vorstand der PDS genau das, was er brauche. Die Wahlen hätten ja gezeigt, dass aus Bündnis 90/Die Grünen keine wirkliche politische Kraft geworden sei. Wenn PDS und maßgebliche Teile der Bürgerrechtsbewegung gemeinsame Sache machten, könnten wir wirklichen Einfluss auf die Entwicklung nehmen. Das solle ich mir überlegen.

In diesen Tagen erschien bei mir meine frühere Freundin Jutta Braband, die sich mit einem Teil der Vereinigten Linken an die PDS angeschlossen hatte. Sie wollte mich werben, Chefin einer Stiftung zur Förderung »Linker Projekte« zu werden. Das Stiftungskapital, eine Fünf mit einer Schwindel erregenden Zahl von Nullen daran, wollte die PDS zur Verfügung stellen. Ich könne allein über die Verwendung des Geldes bestimmen oder, wenn ich wollte, andere Personen meines Vertrauens beteiligen. Ich lehnte nicht gleich ab, weil ich hoffte, die entsprechenden Papiere in die Hand zu bekommen. Aber das gelang mir nicht. Ich sollte nicht einmal nach der Unterzeichnung eine Kopie erhalten. Natürlich würde ich niemals behaupten, dass Gysi auf diese Weise versuchen wollte, mein Schweigen zu erkaufen, aber dass mir dieser Gedanke gekommen ist, kann ich nicht leugnen. Ich weiß wenigstens von anderen Bürgerrechtlern, dass sie mit ähnlichen dubiosen Angeboten geködert werden sollte.

Ausreise

Nach der »Konferenz« im Stasi-Gästehaus wurden mein damaliger Mann und ich in einen VW-Bus verladen. Eskortiert von mehreren Begleitfahrzeugen fuhren wir, bevor es in Richtung Grenze ging, nach Frauenstein, um bei meinen Freunden Ingrid und Bernd Albani die Kinder abzuholen. Während einer Rast auf der Autobahn kurz vor Dresden musste ich meine Entlassung aus dem Gefängnis unterschreiben. Einen Augenblick überlegte ich, ob ich jetzt einfach aussteigen und gehen könnte. Oder unter dem Vorwand, austreten zu müssen, in den Wald gelangen und abhauen könnte.

Ich verwarf den Gedanken wieder, aus Furcht vor den Folgen eines »Fluchtversuches«, aber auch, weil ich wenig Neigung verspürte, mit aller Macht in der DDR bleiben zu wollen. Natürlich hatte ich ein schlechtes Gewissen gegenüber allen, die sich im Stich gelassen fühlen würden. Aber meine Sehnsucht, wenigstens für ein Jahr frei atmen zu können, war größer. In Frauenstein durfte ich aussteigen. Nur ein Mann begleitete mich. Bei Albanis stand die Tür offen wie immer. Ich trat ein. Aus einem Zimmer hörte ich die Stimmen meiner Kinder. Mir wurden die Knie weich. Ich öffnete die Tür und sah als Ersten Jonas, dessen Haare länger waren, als ich sie in Erinnerung hatte, und der mir um den Hals flog.

Ich ließ mir Zeit bei Bernd und Ingrid, irgendwer kochte Tee, und wir saßen noch eine halbe Stunde zusammen, nachdem alle Sachen gepackt waren. Bernd fragte zweifelnd, ob ich wiederkommen würde. Natürlich, wo würde ich wieder solche Freunde finden? Was wir gesprochen haben, kann ich mich kaum erinnern, dafür aber umso deutlicher an das Gefühl des Wohlbehagens, das ich empfand. Die ganze Familie brachte uns zur Fahrzeugkolonne. Bei unserem Abschied fing Anja, die Große, zu weinen an.

Dann folgte eine mehrstündige Fahrt über die Autobahn nach Herleshausen, einem Grenzübergang im Thüringischen. Endlich an der Grenze angekommen, wurden wir in ein Geviert geladen, das mit doppelt mannshoher Wellplaste eingezäunt war und über eine Flutlichtanlage verfügte.

Das Gefühl des Ausgeliefertseins schlug noch einmal mit aller Macht über mir zusammen. Wir mussten lange warten. Wieder wurden uns keinerlei Erklärungen gegeben. Mein Sohn Jacob, damals fünf Jahre, hatte gehört, dass an der Grenze Menschen totgeschossen würden, und hatte Angst. Es war weit nach Mitternacht, als ein VW-Bus mit westdeutschem Kennzeichen eintraf. Ihm entstiegen Martin Braune, der Leiter der Bodelschwinghschen Anstalten Bielefeld-Bethel, und sein Fahrer. Martin Braune hatte einen Anruf seines Bruders, dem Leiter der Bodelschwinghschen Anstalten in Lobetal bei Berlin – der zwei Jahre später den Honeckers Asyl gewährte –, erhalten. Er hatte schon in den vergangenen Tagen, von Freya Klier und Stephan Krawczyk angefangen, alle Abgeschobenen für kurze Zeit beherbergt. Nun kam er, um mich abzuholen. Wir gingen über die Grenze mit dem, was ich auf dem Leibe trug, als ich verhaftet worden war, und was die Kinder bei Albanis an Sachen hatten. Allerdings drückte mir einer der Stasileute, die unseren Transport begleitet hatten, zwei Papiertüten in die Hand, wie sie damals in der HO-Kaufhalle für Lebensmittel verwendet wurden. In einer befanden sich ein paar Äpfel, in der anderen Salamistullen. Offenbar wollte die Stasi nicht, dass wir im Westen verhungern. Die Stasistullen wurden am anderen Morgen unter Witzchen von Martin Braune und seinem Fahrer verzehrt.

Mein Pass war Martin Braune übergeben worden. Ich erhielt ihn erst auf bundesdeutschem Gebiet und bemerkte erst dort, dass ich lediglich ein fünftägiges Besuchsvisum für die BRD hatte. Mein Mann war tief erschrocken. Er rief gleich am anderen Morgen Rechtsanwalt Gysi an. Der beruhigte ihn: Mit dem Visum sei alles in Ordnung. Aber das war es nicht. Gysi hat sich nach dem Mauerfall darauf zurückgezogen, dass er auch nicht genau gewusst hätte, wie ein Visum aussieht. Tatsächlich hat er später selber angegeben, dass seine erste Westreise im Januar 1988 nach Paris ging, wo er über Menschenrechte in der DDR referierte. Ich darf bezweifeln, dass er die kurz zuvor Verhafteten auch nur erwähnte. Jedenfalls hatte er schon ein Ausreisevisum gesehen. Den Stasiakten zufolge soll Gysi vorher im Auftrag der Staatssicherheit auch in Westberlin gewesen sein, was Gysi allerdings bestreitet.

Erst in den ersten Tagen im Westen begriff ich langsam, was sich in der DDR abgespielt hatte, während wir im Gefängnis einsaßen. Das Ausmaß der Solidaritätsaktionen hatte ich nicht im Entferntesten geahnt. Schnur hatte mir immer nur die Aussichtslosigkeit und Hoffnungslosigkeit der Lage klar gemacht. Und wenn ein Mann wie Herbert Mißlitz vor Gericht jede Aussage lieferte, die gebraucht wurde, um mich zu verurteilen, wie sollte ich nicht glauben, dass meine Aussichten tatsächlich hoffnungslos waren?

Auch mein Mann hatte bei unseren »Verhandlungen« mehr von den Aktivitäten und Überlegungen des Konsistorialpräsidenten Stolpe gesprochen als von den Aktionen meiner Freunde. Erst nachdem ich vom Umfang der Solidaritätsbewegung, auf deren Höhepunkt es in etwa 30 Städten und Gemeinden abendliche Protestmeetings in den Kirchen gegeben hat, erfuhr, konnte ich das Ausmaß der Enttäuschung unserer Freunde über unseren Abgang in den Westen erahnen. Wenige Stunden nach meiner Ankunft in Bielefeld-Bethel gab ich eine Pressekonferenz. Ich schilderte dort die Einzelheiten meiner Abschiebung und erwähnte die angebliche Einladung nach England durch den Erzbischof von Canterbury. Daraufhin riefen einige Journalisten in Canterbury an, um eine Bestätigung zu erhalten. So erfuhr ich noch während der Pressekonferenz, dass es so eine Einladung gar nicht gab. Ich konnte nur versichern, dass ich diese Auskünfte von den Rechtsanwälten Schnur und Gysi erhalten hatte, die mir gegenüber nie einen Zweifel daran ließen, dass es sich um Verhandlungsergebnisse des damaligen Konsistorialpräsidenten Stolpe handelte.

Was sich damals hinter den Kulissen abgespielt hat, ist noch nicht umfassend und in allen Details bekannt. Viele Akten sind verschwunden, andere »bereinigt«, viele der maßgeblichen Akteure schweigen sich aus. Klar ist: Wenn sogar unsere »Bearbeiter« miteinander gewettet haben, »wer von uns am längsten durchhält«, gab es auch von Anfang an einen »Maßnahmeplan« der Stasi, der unsere Abschiebung zum Ziel hatte. Ursprünglich war wohl die Ausbürgerung von uns allen angestrebt, deshalb die Androhung hoher Haftstrafen unter dem Vorwand des »Landesverrates«. Möglicherweise wurde deshalb auch bei mir der Strafvorwurf auf »Rowdytum« erweitert. Das und die Hetzkampagne in den Zeitungen gegen uns sollten wohl bewirken, dass sich die meisten von uns, wenn nicht gar alle, beim Gespräch mit dem Honecker-Intimus Wolfgang Vogel für einen Abgang in den Westen entschließen würden, zumal sich Freya Klier, Stephan Krawczyk und Bert Schlegel von der Umweltbibliothek schon vorher dafür entschieden hatten. Als dieser Plan fehlschlug, weil sich alle Verbliebenen für eine Entlassung in die DDR aussprachen, wurde die »Jurek-Becker-Lösung« angeboten. Um uns zu helfen oder um den Maßnahmeplan der Staatssicherheit zu erfüllen? Oder haben verschiedene Fraktionen der Stasi und der SED-Spitze gegeneinander gepokert?

Da man bei Bärbel Bohley die meisten Schwierigkeiten befürchtete, wurde für sie zusätzlich zur »Jurek-Becker-Lösung« das England-Angebot vorbereitet. Bei mir hielt man das anfangs nicht für nötig. Erst als sich meine Abschiebung als schwierig erwies, erfand Schnur die Einladung nach England. Man glaubte wohl, ich würde mich in Anbetracht meiner Lage wegen meiner kleinen Kinder schnell mit den Realitäten abfinden, sobald ich außer Landes wäre, und in Westdeutschland bleiben, wo ich schließlich alle Hilfe erwarten konnte. Ich bekam am zweiten Tag meines Aufenthaltes in Bethel einen Anruf von Paul Oesterreicher, den ich von seinen gelegentlichen Besuchen beim Friedenskreis Pankow flüchtig kannte. Wie ich dazu käme zu verbreiten, dass es für mich eine Einladung nach England gäbe? Das wäre nicht der Fall und er sähe auch keinen Grund dafür. Erst als ich ihm klar machte, dass ich dann wohl klären müsste, wer gelogen hätte, mein Rechtsanwalt

Schnur oder Konsistorialpräsident Stolpe oder beide, lenkte er ein und wurde freundlicher. Tage später kam tatsächlich noch eine Einladung für mich aus Canterbury. Allerdings dauerte es fast vier Wochen, ehe ich endlich ein britisches Visum bekam. Ich hatte nun zwar die Einladung und einen Visa-Antrag gestellt, es war aber immer noch unklar, wohin in England ich sollte. Da bekam ich einen Anruf von meinen Heidelberger Freunden. Als ich in Haft war und jeden Abend in der Tagesschau über mich berichtet wurde, war gerade wieder eine Delegation aus der Partnerstadt Cambridge in Heidelberg.

Die Politikerin der Grünen, die ich ein Jahr zuvor beim österlichen Lammessen kennen gelernt hatte, saß mit meinen Freunden vor dem Fernseher, als die Nachricht von meiner Abschiebung und der angeblichen Einladung nach England kam. Sie sagte meinen Freunden, dass ich zu ihr kommen könne, wenn ich nicht wüsste, wohin. Sie habe ein großes Haus. Es stellte sich heraus, dass Margret Wright, so hieß unsere Retterin, tatsächlich der einzig mögliche Anlaufpunkt in England war. Bis dahin hatte ich noch einiges zu klären. Aus Furcht, Vorwände für eine Ausbürgerung zu liefern, meldete ich mich nicht bei den westdeutschen Behörden und nahm auch kein Begrüßungsgeld im Empfang. Nach meiner Ankunft hatte es eine Welle von Solidaritätsbekundungen gegeben. Es wurde mir in Lippe-Detmold sogar ein Haus mit Sauna und Swimmingpool angeboten, wo ich mit meinen Kinder wohnen könnte. Auch Kleidung war bald kein Problem mehr. Nur an Geld fehlte es. Martin und Johanna Braune, die uns so großmütig aufgenommen hatten, waren bereit, mir weiter Unterkunft zu gewähren, bis alle meine Angelegenheiten geklärt waren. Schließlich wurden vier Wochen daraus. Ich bin ihnen heute noch für ihre Hilfsbereitschaft und Fürsorge dankbar. Zwei Tage nach unserer Abschiebung kam mein Sohn Philipp zu Besuch. Er hatte tatsächlich sofort den geforderten Pass bekommen und nutzte die letzten Tage der Winterferien, um uns wieder zu sehen.

Von Philipp erhielt ich erstmals einen zusammenhängenden Bericht aller Ereignisse in Berlin während meiner Inhaftierung.

Wir beschlossen, sofort alles aufzuschreiben. Ich schrieb mein Gefängnistagebuch, mein Mann die Berichte über die Aktivitäten »draußen«, die von Philipp ergänzt wurden. Es begann eine umfangreiche Korrespondenz mit Freunden, die alle um den Punkt kreisten, warum wir in unsere Abschiebung eingewilligt hatten. Ich verstand die Frustration derer, die sich für uns eingesetzt hatten und sich nun im Stich gelassen fühlten. Ich war aber auch der Meinung, dass niemand außer mir selbst entscheiden konnte, ob ich im Gefängnis zu bleiben und meine Haftstrafe abzusitzen hatte oder nicht. Und niemand außer mir konnte entscheiden, ob ich in der DDR bleiben oder das Land verlassen wollte.

Solange ich in der DDR war, hatte ich versucht, das Gefängnis zu meiden, als ich drin war, wollte ich so schnell wie möglich wieder raus – wenn auch nicht um jeden Preis. Ich wäre im Gefängnis geblieben, statt meine Kinder aufzugeben, aber ich bin sofort gegangen, als klar war, dass ich meine Kinder mitnehmen konnte. Das Gefängnis war eine sinnlose, überflüssige Erfahrung. Zu meinen, dass man sich als »Revolutionärin« erweisen und für ein abstraktes Ziel einen Gefängnisaufenthalt auf sich nehmen müsste, ist unmenschlich. Ich konnte mit dieser abstrakten Revolutionärsromantik nie etwas anfangen. Die vom linken Flügel der Bürgerbewegung erhobenen Vorwürfe, ich sei eben keine »richtige« Revolutionärin gewesen, trafen mich deshalb nicht. Nachdem sich die Enttäuschung und Depression über unseren Abgang gelegt hatten, stellte sich heraus, dass der Staatssicherheit der erhoffte »Enthauptungsschlag« gegen die Bürgerrechtsbewegung nicht gelungen war. Es handelte sich eben um keine straff organisierte Bewegung, wie sie aus der bisherigen politischen Geschichte bekannt war, sondern um autonome Gruppen, die, wenn überhaupt, nur lose miteinander verbunden waren.

Die Erbitterung, mit der die Linke unsere Einwilligung in die Abschiebung verurteilte und geißelte, wurde längst nicht von allen geteilt. So gelang es der Staatssicherheit nicht einmal, die Abgeschobenen dauerhaft von der Bürgerbewegung zu isolieren. Wir hielten jeder für sich enge Kontakte zu den jeweiligen Freunden zu

Hause. Dabei hatte die Staatssicherheit im März 1988 extra für die Abgeschobenen einen so genannten »Zentralen Operativen Vorgang« angelegt, der das Ziel hatte, Maßnahmen zu entwickeln und zu ergreifen, die geeignet waren, uns den eventuellen Wunsch nach Rückkehr auszutreiben. Auch über nachträgliche Ausbürgerung wurde nachgedacht. Die geeigneten Inoffiziellen Mitarbeiter der Staatssicherheit im Westen bekamen die Anweisung, mit uns Kontakt aufzunehmen und uns auf öffentlichen Veranstaltungen zu Äußerungen gegen die DDR zu animieren. Einem solchen IM-Einsatz war ich zum ersten Mal kurz nach meiner Abschiebung ausgesetzt.

Ich wurde von der Gruppe »Ost-West-Dialog« nach Zürich zu einer Veranstaltung »Prager Frühling – Moskauer Perestroika« eingeladen, wo ich u. a. mit dem Tschechen Jiří Pelikan im Podium saß. Ich konzentrierte mich in meinem Vortrag auf die Darstellung der oppositionellen Tätigkeit als hoffnungsvollen Ansatz für gesellschaftliche Veränderungen in der DDR, sprach auch über meine Erfahrungen mit den Möglichkeiten und Grenzen einer Politik von Glasnost und Perestroika in der DDR. Zum Glück für den »IM im Operationsgebiet« habe ich vergessen, wer es war, der mich noch während und vor allem nach der Veranstaltung heftig kritisierte und meinte, ich wäre viel zu zurückhaltend gewesen, hätte die Machthaber in der DDR entlarven müssen. Jiří Pelikan beendete diese Debatte, indem er sagte: »Vera hat gut gesprochen und richtig gehandelt. Sie will ja wieder zurück«, was meinen Kritiker augenblicklich zum Verstummen brachte.

Während ich mich nicht wunderte, die Zürcher Veranstaltung in den Akten ausgewertet zu finden, traf es mich bei einer anderen ganz unerwartet. Als ich mich schon in England aufhielt und in Birmingham ein Sprachkolleg besuchte, rief mich ein Südafrikaner aus London an: Er sei gerade auf einem Kongress und würde mir gern persönlich Grüße von Herbert Mißlitz überbringen. Er wäre vor zwei Tagen in Ostberlin gewesen und hätte sich mit ihm getroffen. Zola Sonkosi kam – und wurde eine meiner wichtigsten Kontaktpersonen in Westberlin. Er kannte sich sehr gut unter den

Gruppen aus, und seine politischen Einschätzungen kamen meinen sehr nahe. Vor allem beeindruckte mich seine Geschichte: Der Stamm seiner Familie wäre aus den Dörfern, in denen er seit Jahrhunderten lebte, vertrieben worden, um deutschen Siedlern Platz zu machen. Er hätte deshalb gemeinsam mit seinen Freunden, als sie Aktivisten des PNC (People's National Congress) waren, Häuser und Scheunen dieser Siedler in Brand gesteckt. Sie wären erwischt und alle zu lebenslangen Aufenthalten auf der Gefängnisinsel »Robben Island« verurteilt worden. Er wäre einer der wenigen Menschen gewesen, denen es gelungen sei, von »Robben Island« zu flüchten. Er erzählte mir zahlreiche dramatische Einzelheiten dieser Flucht und dem anschließenden Weg quer durch Afrika bis nach Europa. Er war inzwischen Politikwissenschaftler und hielt Seminare an der Westberliner »Freien Universität« ab. Natürlich nahm ich seine Einladung an, im Rahmen seiner Lehrveranstaltung im Dezember 1988 einen Vortrag zu halten. Bei diesem Vortrag war ich viel weniger vorsichtig als in Zürich. Nach fast einem Jahr »Exilerfahrung« hatte ich die Ängstlichkeiten der ersten Wochen abgelegt, und neben einem Mann, der in seinem Leben so viel riskiert hatte, wollte ich erst recht kein Blatt vor den Mund nehmen. Natürlich hatte ich auch nichts dagegen, dass er meinen Vortrag mitschnitt. Ich weiß nicht, ob er sich auch die Mühe machte, die »operativ relevanten« Stellen selbst rauszufiltern. Sie finden sich jedenfalls in den Akten. Im September 1988 forderte Sonkosi mich auf, für die Zeitung der «Alternativen Liste« in Berlin »Stachel« einen Artikel über die »Kirche von unten« zu schreiben. Ich kam seinem Wunsch nach, und der Artikel erschien einen Monat später. Und prompt, durch einst dunkle Kanäle, sickerte die entsprechende genaue Information ins Stasi-Hauptquartier.

III

Volkskammer und Bundestag

In England

Als ich endlich das britische Visum bekam, hatte ich das Problem, kein Geld zu haben, weder für eine Fahrkarte noch für den Aufenthalt in England. Das Fahrkartenproblem löste sich auf originelle Weise. Ich erinnerte mich, die Fahrkarte für meine Westreise im vergangenen Jahr ohne Vorlage meiner Reiseberechtigung bekommen zu haben. So war es auch. Man konnte in der DDR eine Fahrkarte zu jedem mit der Eisenbahn erreichbaren Ziel kaufen, auch wenn man die Fahrt gar nicht antreten konnte. So bat ich meinen Sohn Philipp, Fahrkarten für mich und seine Brüder zu kaufen. Es funktionierte. Zwar hatten wir dann die Strecke Berlin–Hannover umsonst bezahlt, aber da war nichts zu machen. Für die Fahrkarte von Bielefeld nach Hannover reichte mein Geld, aber viel mehr war nicht mehr drin. Ich beschloss, mit meinen jüngeren Söhnen einfach zur Zentrale der Evangelischen Kirche Deutschland in Hannover zu gehen und mein Problem vorzutragen. Schließlich hatte die Evangelische Kirche den Abgang der Bürgerrechtler ausgehandelt. Ich hatte von meinen Schicksalsgefährten Wolfgang und Lotte Templin erfahren, dass in der EKD ein gewisser Konsistorialrat Hartmut Löwe für uns zuständig sei. Die erste Frau, die uns im Gebäude der EKD über den Weg lief, fragte ich nach dem Büro von Löwe. Da ich die Kinder bei mir hatte, bot sie mir an, auf die Jungs aufzupassen, solange ich bei Herrn Löwe vorsprach. Zum Glück war Herr Löwe da und ich wurde sofort vorgelassen. Ich schilderte ihm meine Situation und meine Gründe, warum ich, wie offiziell bekannt gegeben, nach England gehen würde. Löwe war sichtlich bewegt. Er gestand, dass sich bisher niemand Gedanken gemacht hatte, wie es mit uns weiter gehen sollte. Mir wurde noch einmal klar, dass der angebliche England-Aufenthalt bisher eine reine Fiktion gewesen war. Herr Löwe hatte kein Geld, das er mir anbieten konnte, außer sein eigenes. Er war an diesem Morgen am Geldautomaten gewesen und hatte 400 Mark abgehoben. Die drückte er mir in die Hand und versprach, sich darum zu kümmern, das ich für ein Jahr finanziell abgesichert sein würde.

Um eine Riesensorge weniger fuhr ich los. Diese Reise war besonders für die Kinder ein Abenteuer. Sie genossen die Schifffahrt ab Hoek van Holland. In der DDR hatte ich dieses Reiseziel öfter am Ostbahnhof gesehen, wenn gerade der Zug aus Moskau Richtung Westen einlief. Nun saß ich selbst in einem solchen Zug, und in Holland war die Reise noch nicht zu Ende. In London wurde ich von einem Freund Paul Oesterreichers in Empfang genommen und zum Zug nach Cambridge gebracht. Auf den ersten Blick sah England so aus, wie ich es mir von den Erzählungen meines Lehrers Dr. Busse vorgestellt hatte. Sogar die Taxis, die ich aus den Hitchcock-Filmen kannte, fuhren tatsächlich herum. In Cambridge erwartete mich Margret Wright auf dem Bahnhof. Sie überreichte mir einen Blumenstrauß und fuhr mit mir zu ihrem Haus. Dort hatte sie im dritten Stock ein Zimmer für mich und die Kinder frei gemacht. Ich war froh, dass sie uns aufgenommen hatte, war aber irritiert von dem unsäglichen Chaos im Haus. Ich musste erst einmal räumen und putzen, ehe ich mich irgendwo niederlassen konnte. Ich übernahm sofort die Rolle der guten Hausfee und war froh, dass ich mich auf diese Weise nützlich machen konnte. Margret hatte ausnahmsweise für ihre Gäste gekocht. Ich steuerte zum Mahl zwei Flaschen Saale-Unstrut-Wein bei, die ich als Geschenk mitgebracht hatte.

Wir waren gerade mit dem Essen fertig, als das Telefon klingelte. Zu meiner großen Überraschung sagte Margret, ein Reinhard Diestel wolle mich sprechen. Ich kannte den Namen nicht, ich kannte überhaupt niemanden in Cambridge. Margret wollte den Anrufer schon abwimmeln, aber ich hatte schnell überlegt, dass es eigentlich nicht schaden könne, wenn ich mit jemandem spräche. Eine halbe Stunde später erschien der junge Mann. Er war Mathematiker am Cambridger St. John's College und der Neffe jener

Frau, die in Hannover auf meine Kinder aufgepasst hatte, während ich bei Konsistorialrat Löwe war. Mein Sohn Jacob hatte der Frau erzählt, dass wir nach Cambridge führen. Wohin genau, konnte er aber nicht sagen. Wegen der außergewöhnlichen Situation, in der ich mich befand, rief die Frau ihren Neffen an und bat ihn, mich ausfindig zu machen und sich um mich zu kümmern. Reinhard Diestel machte sich tatsächlich auf den Weg zum Cambridge City Council, um zu erfahren, wo ich einquartiert würde. Er musste aber feststellen, dass niemand von mir wusste. Reinhard gab nicht auf und fragte weiter. Schließlich kam er zu einer Frau, die auch nichts von mir wusste, aber sagte, sie kenne nur eine Frau in Cambridge, der sie zutrauen würde, etwas von mir zu wissen – Margret Wright. Sie gab ihm die Telefonnummer, und ich war tatsächlich dort.

Wir sprachen den ganzen Abend miteinander. Natürlich musste ich ausführlich meine Geschichte erzählen, aber auch von der DDR, die Reinhard bisher wenig und Margret gar nicht kannte. Es blieb nicht aus, dass die Frage gestellt wurde, was ich jetzt machen wolle. Ich wusste es nicht. Ich erwähnte den angeblichen Studienaufenthalt, der aber nur eine Fiktion sei. Als er hörte, dass ich Philosophie und Theologie studiert hatte, bot Reinhard mir an, mit dem Chef der Theologischen Fakultät Stephen Sykes zu reden, der wie er Fellow des St. John's College war. Vielleicht hätte der ja Lust, mich zu treffen, und wüsste etwas für mich. Zwei Tage später empfing mich Stephen Sykes in seinem Studierzimmer im College. Ich hatte meine einzigen guten Sachen, in denen ich auch vor Gericht gestanden war, angezogen. Etwas Vergleichbares wie das St. John's College hatte ich noch nie gesehen. Die Umgebung schüchterte mich zwar nicht ein, erfüllte mich aber mit Ehrfurcht. Zum Glück fiel mein Blick auf einen alten Kupferstich mit einem Bildnis Friedrich Schleiermachers. Es gab mir die Gelegenheit, nach der Begrüßung und den Eingangsfloskeln die Frage zu stellen, was einen englischen Theologieprofessor mit dem deutschen Moralphilosophen verbindet. Schon befanden wir uns in einem Gespräch über Schleiermacher. Ich hatte zum Glück meine erzwungene Untätigkeit an der Akademie der Wissenschaften unter anderem damit überbrückt, dass ich über Schleiermacher gearbeitet hatte. Ich konnte Professor Sykes einige Einzelheiten aus Schleiermachers Berliner Leben erzählen, die er tatsächlich noch nicht kannte. Ich dankte im Geiste meinem Lehrer Gerd Irrlitz, der mich so nachdrücklich auf Schleiermacher aufmerksam gemacht hatte.

Schließlich sprachen wir auch noch über mein Schicksal und darüber, was nun werden würde. Am Ende unseres Gespräches bot Professor Sykes mir an, mich für das nächste Studienjahr als sein »Nominee« vorzuschlagen. Als Chef der Fakultät hatte er die Möglichkeit, jedes Jahr einen Studenten zu benennen, der ohne die Aufnahmeprüfungen absolvieren zu müssen immatrikuliert würde. Bis dahin hätte ich allerdings noch einiges zu tun: Ich müsste mein Englisch so verbessern, dass ich in der Lage wäre, die Essays über philosophische und theologische Themen zu schreiben. Und ich müsste für die Studiengebühren und das Stipendium sorgen. Von Studiengebühren hatte ich noch nie gehört. Sie waren in meinem Fall besonders hoch, denn ich kam aus einem Nicht-EU-Land. 7000 Mark waren für mich eine astronomische Summe. Ich hatte keine Wahl. Deshalb schrieb ich an Konsistorialrat Löwe, dass ich ab Oktober in Cambridge studieren könnte, wenn ich die Studiengebühren aufbrächte und ein Stipendium bekäme. Die Antwort ließ nicht lange auf sich warten. Ich sollte beides bekommen – aber erst ab Oktober. Dass ich mich in England so schnell und entschlossen einem neuen Leben zuwandte und nicht verzweifelt an der anderen Seite der Mauer klebte, haben mir viele Daheimgebliebene übel genommen. Ich hatte nun die Chance bekommen, an einer der berühmtesten und besten Universitäten der Welt zu studieren. Davon konnte man in der DDR nicht einmal träumen.

Da die wenigsten wussten, wie es kam, dass aus meinem angeblichen ein wirklicher Studienaufenthalt in England wurde, kursierte immer wieder die Vorstellung, die DDR-Behörden hätten meinen Aufenthalt bezahlt. Das führte vor allem außerhalb der

Bürgerbewegung zu Irritationen. Dass »Provokateure« und »Staatsfeinde« mit Studienaufenthalten in Großbritannien und in der BRD belohnt würden – das war selbst den treuesten Genossen nicht mehr zu vermitteln. Die Diskussionen in den Parteiversammlungen waren so heftig und kontrovers, dass die SED sich gezwungen sah, eine »Parteiinformation« zu unserer Abschiebung herauszugeben. Allerdings konnte ihre Argumentation nicht überzeugen. Besonders heftig waren die Reaktionen an den Universitäten. Immer wieder wurde von Studenten in öffentlichen Versammlungen gefragt, ob jetzt staatsfeindliche Aktivitäten die notwendige Voraussetzung für ein Auslandsstudium seien. Bis zum Ende ihrer Tage hat die DDR diese Diskussion nicht mehr ersticken können. Das Regime hatte seine Glaubwürdigkeit endgültig verspielt. Unsere Abschiebung sollte Friedhofsruhe im Lande herstellen. Aber es war die Ruhe vor dem Sturm, der das System wenige Monate später hinwegfegte.

Bevor ich mein Studium im Oktober aufnehmen konnte, wollte ich die Zeit nutzen. Fürs Erste kam ich ins Woodbrook College in Birmingham. Es wurde von den Quäkern betrieben und bot für zukünftige Missionare aus aller Welt die Möglichkeit, Englisch zu lernen. Die Kinder konnten einen nahe gelegenen Kindergarten besuchen. Die College-Gemeinschaft war angenehm. Nach den Wochen der Unsicherheit hatten wir erstmals eine Perspektive. Es würde jetzt nur noch von mir abhängen, ob ich das Studium im Oktober bewältigen würde. Ich konzentrierte mich darauf, meine Englischkenntnisse auf Cambridge-Niveau zu bringen. Sprechen konnte ich in den Kursen und mit vielen Bewohnern des Colleges. Abends zog ich mich meist auf mein Zimmer zurück und las. Meine Kinder lernten die Sprache auch schnell, sodass wir bald Englisch miteinander sprechen konnten. In die Stadt kam ich selten. Ich machte Stadtgänge mit, lernte das Kanalsystem kennen, das die Fabrikstadt prägt. Auf der Höhe der Rezession wirkte die Stadt stellenweise schäbig, ja abstoßend. Sie begann aber bereits eine Atmosphäre zu entfalten, die viel versprechend war. An wenigen Abenden ging ich zu den Konzerten, die Simon Rattle gab. Als

Studentin bekam ich Tickets, die für mich bezahlbar waren. Ich lernte auch eine deutsch-englische Familie kennen, die in einem Haus in der Nähe des Colleges wohnte. Der Mann war vor Jahren aus Dresden ausgereist, nach einem zermürbenden Kampf mit den Behörden. Materiell ging es der Familie nicht besonders gut. Für mich war neu, dass in der freien Marktwirtschaft ein Auto und Telefon, ein Haus, Kühlschrank, Fernseher, Wasch- und Spülmaschine zur selbstverständlichen Ausstattung von Sozialhilfeempfängern gehörten. Die Tochter der Familie bereitete sich auf ihr Studium vor. Mit wirklicher Armut hatte das alles nichts zu tun. Ich lernte, dass Sozialhilfeempfänger statt Steuererklärungen auszufüllen Anträge auf verschiedene Zuwendungen stellen mussten. Wer das Geschäft beherrschte und alle Tricks kannte, war in beiden Fällen besser dran als andere. Die Familie verfügte mitten in der Rezession über mehr Kaufkraft als eine Doppelverdienerfamilie in der DDR. Und sie konnte Dinge tun, von denen die DDR-Bürger nicht einmal träumten. Mir wurde klar, dass die DDR keinem Systemvergleich standhalten konnte.

Im Woodbrook College lernte ich die Untergangsstimmung der westlichen bürgerlichen Mittelschichten kennen. Im Englischunterricht übten wir beim Thema Umwelt die Weltuntergangsvokabeln. Alle Kursteilnehmer wie Lehrer waren überzeugt, dass die Menschheit keine Zukunft habe. Denn wenn es wider Erwarten nicht zum Atomkrieg käme, dann ganz bestimmt zum ökologischen Kollaps. Ich fragte die Ehepaare, die in der Regel über zwei Autos verfügten, ob man die Umweltkatastrophe nicht durch Konsumverzicht verhindern oder wenigstens hinauszögern könne. Theoretisch schon, war die ziemlich einhellige Antwort. Aber warum sollen wir uns einschränken, wenn die anderen es nicht tun? Ich verlor sehr bald die Lust an solchen Diskussionen, fand es auch nicht lohnend, mir die Lamenti über die Furcht erregenden Perspektiven der Gesellschaft anzuhören von Leuten, die nicht bereit waren, sich selbst zu ändern, wenn sie Änderungen in der Gesellschaft für überlebensnotwendig hielten. Ich fühlte mich fremd unter den Missionaren, aber gleichzeitig auch wohl, weil niemand von mir eine Integration in die Gemeinschaft erwartete, zu der ich weder bereit war noch die Energie hatte.

Während ich mich in Woodbrook allmählich von den Strapazen der letzten Wochen erholte, Abstand gewann und auf die Zukunft vorbereitete, war das Interesse an den Vorgängen um unsere Abschiebung in Deutschland noch nicht erloschen. Vor allem sollte geklärt werden, warum unsere Vertreibung so scheinbar reibungslos funktioniert hatte, wer, wie, warum beteiligt war. Auch wir Abgeschobenen hatten großes Interesse an einer solchen Diskussion. Wir waren unabhängig voneinander verhaftet worden, hatten uns während der Haft nicht gesehen und waren danach in alle Winde zerstreut worden, ohne einmal alle zusammengekommen zu sein. Ich war deshalb der Evangelischen Akademie in Mühlheim an der Ruhr sehr dankbar, als sie die Initiative ergriff und zu einer Zusammenkunft aller Abgeschobenen einlud. Ich sollte meine Kinder mitbringen, man würde sich für die Dauer der Tagung um sie kümmern. Unerfahren, wie ich war, ließ ich mich, um der Akademie Geld zu sparen, darauf ein, die Flugkarten in Birmingham zu kaufen, im Vertrauen darauf, dass ich sofort nach meiner Ankunft in Mühlheim das Geld zurückbekäme. Allerdings wurde die Tagung zwei Tage vor Beginn abgesagt. Vermutlich war einer entscheidenden Stelle das Thema zu heiß. Katastrophaler als die entgangene Gelegenheit, etwas Licht in das mysteriöse Dunkel der Vorgänge um unsere Vertreibung zu bringen, war für mich damals die Tatsache, dass die Evangelische Akademie mir nicht das Geld für die Flugtickets erstattete. Ende Juni musste ich mit den Kindern Woodbrook verlassen und die Monate bis zum Oktober überbrücken, auch wenn ich noch nicht wusste, wie. In dieser Zeit war der Verlust von mehreren 100 Mark, fast meiner gesamten Barschaft, ein Gau. Aber weder Briefe noch Telefonate halfen. Die Evangelische Akademie verwies kühl darauf, keinerlei vertragliche Verpflichtungen mir gegenüber zu haben. Glücklicherweise war in meinem Leben immer eine Rettung da, wenn die Not am größten war. In diesem Falle legten die Kursteilnehmer, denen meine Aufregung nicht entgangen war, stillschweigend zusammen und schoben mir einen Umschlag unter der Zimmertür durch. Mit dem Geld konnte ich unsere Unterkunft für die nächsten 14 Tage bezahlen. Danach würde ich weitersehen. In den drei Monaten von Ende Juni bis Anfang Oktober führten wir ein regelrechtes Zigeunerleben. Ich zog mit meinen Kindern in England hin und her. Wir wohnten in Ferien-Caravans, weil das am billigsten war, oder bei Leuten, die uns für ein oder zwei Wochen bei sich aufnahmen. Wir waren in Yorkshire bei Bekannten von Freunden aus Siegen, wir waren in Süd-Wales, weil das Ehepaar aus Yorkshire dort eine Freundin hatte, deren Ferienhaus gerade für eine Woche leer stand. In Süd-Wales lernten wir einen Busfahrer kennen, der fand, dass wir in so einer schönen Umgebung nicht ohne Auto sein dürften, und uns für zehn Tage seinen alten Ford zur Verfügung stellte plus Spielzeug für die Kinder und Verpflegung für mehrere Tage. Zwischendurch verdiente ich mit Vorträgen und Artikeln etwas Geld. Über meine Ankunft in England war im Fernsehen und den Zeitungen breit berichtet worden. Überall, wohin ich kam, war die Lokalpresse an meiner Geschichte interessiert. So ergab sich immer eine Möglichkeit, das Notwendigste zu verdienen. Nebenbei durfte ich mein Ziel, Cambridge-fähiges Englisch zu lernen, nicht aus dem Auge verlieren. Das war nicht einfach in einer Situation, in der ich oft nicht wusste, wo wir die nächste Woche verbringen würden.

In Süd-Wales schien es dann nicht mehr weiterzugehen. Die Ferienwohnung, die wir eine Woche bewohnt hatten, musste für zahlende Gäste geräumt werden. Meine Gastgeber gaben noch eine Abschiedsfete für mich und telefonierten mit den Caravanparks der Umgebung, ob es freie Plätze gäbe. Zufällig kam ein Journalistenehepaar aus London auf die Feier. Sie waren gerade angekommen, um in der Nachbarschaft Urlaub zu machen. Sie drückten mir sofort den Schlüssel ihres Hauses in Stoke Newington in die Hand, das ich in den zwei Wochen benutzen konnte. Als ich abends mit meinen Kindern in London ankam, wussten die Nachbarn schon Bescheid. Wir bekamen Besuch, Geschenke, Einladungen. Stoke Newington ist eine vorwiegend jüdische Gegend.

Wir lernten koschere Spezialitäten und Restaurants und in verschiedenen Häusern eine Vielzahl von jüdischen Gerichten kennen. Ich wurde in die Geheimnisse des Londoner Kulturlebens eingeweiht und konnte so für wenig Geld Konzerte und Theateraufführungen erleben. Das Schönste war, dass mein ältester Sohn Philipp Ferien hatte und uns besuchen kam. Gemeinsam erkundeten wir London. Ich erinnere mich an einen Abend, als wir ein Konzert besuchten, bei dem es in der Pause Wein zu trinken gab. Wir standen in der Abendsonne vor dem Konzerthaus, tranken Wein, hatten den rot-gold beschienenen Tower vor Augen.

Die DDR lag wie ein Albtraum hinter uns. Ich fühlte mich wie von einer langen schweren Krankheit genesen und konnte wie alle Rekonvaleszenten mein Glück kaum fassen. Alles, was ich sah, hätte ich nach dem Willen der DDR-Machthaber nie sehen sollen. Bis heute bin ich dieses triumphale Gefühl, etwas Verbotenes zu genießen, nicht ganz losgeworden.

Je weiter der Sommer voranschritt, desto schwieriger wurde meine Lage. Wir kamen nicht zur Ruhe, meine Kinder und ich wurden des Reisens müde. Ich sehnte den Oktober herbei, wo ich nach Cambridge gehen und mich niederlassen konnte. Aber noch war unsere Zukunft keineswegs sicher. Zwar war klar, dass das St. John's College mich aufnehmen und die EKD mir Studiengebühren und ein Stipendium zahlen würde, aber die Universität musste ihre Zustimmung geben. Das zuständige Referat wollte wenigstens eine Bestätigung haben, dass ich tatsächlich einen Studienabschluss an der Humboldt-Universität hatte. Die konnte ich nicht beibringen. Schließlich wurde ich doch immatrikuliert, vermutlich als die einzige Studentin, die keinerlei Zeugnisse oder akademische Nachweise beibringen konnte.

Das war für Professor Sykes, dessen »Nominee« ich war, eine schwere Bürde. Er hatte sich ganz auf seinen Eindruck von mir verlassen, und ich wollte ihn auf keinen Fall enttäuschen. Dennoch konnte ich mich unter den Umständen, in denen wir lebten, keineswegs ungestört auf die kommenden Herausforderungen vorbereiten. Je näher der Oktober rückte, den ich so sehr ersehnte, desto mehr wuchsen meine Zweifel daran, ob ich es tatsächlich schaffen würde, mich an einer der besten Universitäten der Welt zu bewähren. Als ich eine Woche bei Roland Jahn in Westberlin verbrachte, überlegte ich ernsthaft, ob ich mich nicht einfach in der Stadt niederlassen sollte. Mein Sohn Philipp wäre ganz in der Nähe, ich hätte ein paar Freunde, die Kinder könnten öfter von ihrem Vater und den Großeltern väterlicherseits besucht werden. Ich könnte sicher auch ein Jahr an der Freien Universität studieren, ohne mich so unmenschlich anstrengen zu müssen.

Ossietzky-Schule-Affäre

Kaum war bei mir ein bisschen Sehnsucht nach der Heimat aufgekommen, wurde sie schon wieder im Keime erstickt. In Westberlin erreichten mich die Vorboten neuen Unheils. Diesmal braute es sich direkt über meinem Sohn Philipp zusammen, der damals 16 Jahre alt war. Nach der Öffnung der Stasiakten fand ich einen »Maßnahmeplan« der Staatssicherheit, der darauf abzielte, mir die Lust auf Rückkehr in die DDR auszutreiben. Bärbel Bohley und Werner Fischer waren im August nach einem halben Jahr zurückgekehrt und hatten damit für viel Wirbel gesorgt. Nun fürchtete die Staatssicherheit, die anderen Abgeschobenen könnten Bärbels Beispiel folgen.

In meinem Falle schien die Gefahr am größten, weil Philipp in der DDR geblieben war. Also entwickelte die Staatssicherheit Maßnahmen, um auch Philipp außer Landes zu treiben. Schon als ich noch im Gefängnis saß, war die Staatssicherheit bei der Direktorin von Philipps Schule vorstellig geworden, um sie zu bewegen, Philipps Zulassung zur Erweiterten Oberschule, an der er ab September sein Abitur machen wollte, zu widerrufen. Die Frau weigerte sich allerdings. Sie ging sogar so weit, Philipp in einem unbeobachteten Moment auf dem Schulflur zu warnen, sich ruhig zu verhalten, um keinen Vorwand für eine Relegierung zu liefern. Philipp hielt sich daran und konnte in Ruhe seine 10.-Klasse-Prüfungen machen und die Schule beenden.

Anders als seine Kollegin war der Direktor der »Carl-von-Ossietzky-Schule«, Rainer Forner, bereit, sich zum willigen Helfer der Staatssicherheit zu machen. Der Pädagoge nahm dabei in Kauf, dass sich die Maßnahmen der Staatssicherheit auch gegen die Freunde meines Sohnes richteten. Als nach den großen Ferien die Schule begann, hielt der Direktor in der Aula vor der versammelten Schüler- und Lehrerschaft eine Rede. Er hätte darüber nachgedacht, wie Glasnost in seiner Schule Einzug halten könnte, und beschlossen, eine »Speaker's Corner« einzurichten. In dieser »Speaker's Corner« könnten alle Schüler frei und offen ihre Meinung sagen und diskutieren. Wenig später nahmen Philipp und seine Freunde das Angebot wahr. Es näherte sich der 39. Jahrestag der DDR, der traditionell mit einer großen Militärparade gefeiert wurde. Philipps Freund Kai schrieb einen Artikel, in dem er die Abschaffung der Militärparade forderte. Um diese Forderung zu bekräftigen, initiierten seine Freunde gleich eine Unterschriftenaktion unter ihren Mitschülern.

Die Reaktion ließ nicht lange auf sich warten. Die Ketzerjagd begann mit »Aussprachen«, in denen die Schüler von der Schulleitung verwarnt und darauf hingewiesen wurden, dass von Abiturienten der DDR »eine positive Einstellung zur Politik der Partei der Arbeiterklasse« erwartet wird. Als ich davon erfuhr, war mir klar, dass Philipp in die Falle gegangen war und seine Freunde mit hineingezogen wurden. Ich beschwor ihn, auf weitere Beiträge in der »Speaker's Corner« zu verzichten. Aber es war schon zu spät. Zwar schien es ein paar Tage so, als würde den Gesprächen nichts folgen. Aber das täuschte.

Heute weiß ich, dass die ehemalige Volksbildungsministerin der DDR, Margot Honecker, selbst die Anweisungen im Falle der Ossietzky-Schüler gab. Sie war es, die den Gang des Verfahrens anordnete. Es begann mit FDJ-Versammlungen, in denen der Ausschluss der Schüler aus der FDJ beschlossen werden sollte. An den Versammlungen nahmen nicht nur Vertreter der FDJ-Bezirksleitung, erwachsene Berufsfunktionäre, sondern auch Herren von der Staatssicherheit teil. Man hatte die Tage scheinbarer Ruhe offensichtlich für die Vorbereitung der Versammlungen genutzt. Die Anklagen wurden hauptsächlich von den Funktionären vorgetragen, wobei Schüler und Lehrer mit verteilten Rollen einbezogen wurden. Trotzdem liefen die Verfahren nicht ganz nach Plan. In Philipps Klasse stimmte ein Mädchen gegen den Ausschluss ihrer Schulkameraden, in einer anderen Klasse kam zunächst die Mehrheit für den Ausschluss gar nicht zusammen, das wurde später nachgeholt. Nach dem Ausschluss aus der FDJ war klar, dass Schulstrafen folgen würden. In dieser Situation war mein Sohn, ebenso wie sein Freund Kai, dessen Mutter aus anderen Gründen als ich im Westen war, fast auf sich allein gestellt. Zwar kümmerten sich viele Freunde um die Jungen, aber das konnte die Mutter nicht ersetzen.

Ich spürte, dass Philipp von mir erwartete, zurückzukehren und ihm gegen seinen Direktor und die Staatssicherheit zu helfen. Auch ich wollte bei meinem Kind sein und nicht nur am Telefon und bei seinen Besuchen in Westberlin mit ihm sprechen. Ich rief Bischof Forck an, der schon über die Ossietzky-Schule-Affäre unterrichtet war, und beschwor ihn, sich beim Staatssekretär für Kirchenfragen, Klaus Gysi (Gregor Gysis Vater), dafür einzusetzen, dass ich drei Tage in die DDR einreisen dürfte, um meinem Sohn beizustehen. Immerhin war es auch nach den Gesetzen der DDR so, dass bei der Relegierung von Minderjährigen die Eltern angehört werden mussten. Ich allein hatte das Erziehungsrecht für Philipp. Wieder einmal sollten sich die DDR-Behörden nicht an ihre eigenen Gesetze halten.

Zunächst wurden Bischof Forck aus dem Büro Gysi Hoffnungen gemacht. Wahrscheinlich würde ich einreisen können, die endgültige Genehmigung würde noch ein bis zwei Stunden dauern. Bischof Forck rief mich unverzüglich an, um mir die frohe Botschaft mitzuteilen. Ich begann, meine Sachen zu packen und mich auf den Grenzübertritt vorzubereiten. Roland Jahn und Rüdiger Rosenthal, bei dem ich wohnte, gaben mir Ratschläge, wie ich mich verhalten solle, und statteten mich mit einem kleinen Aufnahmegerät aus, damit ich die kommenden Gespräche mitschneiden könnte.

Als die Vorbereitungen beendet waren, sahen wir, dass die zwei Stunden längst vorüber waren. Ich rief wieder bei Bischof Forck an, um zu erfahren, ob die Genehmigung schon erteilt sei, aber er hatte noch keine Nachricht erhalten. Von da an begann eine qualvolle Wartezeit. Mein Körper war verkrampft, ich konnte meinen

Blick kaum vom Telefon lösen. In meinem Inneren begann sich die Erkenntnis auszubreiten, dass ich nicht zu Philipp dürfte, aber ich wehrte mich dagegen, weil ich die Hoffnung wider besseres Wissen nicht aufgeben wollte. Genauso hatte ich im Gefängnis auf meine Freilassung gewartet, die dann nicht kam.

Tatsächlich hat es, wie ich nach der Aktenöffnung erfuhr, eine »Vorlage« aus dem Büro des Staatssekretärs Gysi gegeben, mit dem Vorschlag, mir für drei Tage die Einreise zu gestatten, wenn sich Bischof Forck verpflichtete, auf mich einzuwirken, »dass sie den genehmigten Aufenthalt in der DDR ausschließlich zur Regelung ihrer familiären Probleme nutzt und nicht für negativ-feindliche Aktivitäten missbraucht«. Allerdings wurde dieser großzügige Vorschlag von den wirklichen Entscheidungsträgern nicht akzeptiert. Als mich die Absage erreichte, war ich vom stundenlangen Warten erschöpft. Trotzdem wollte ich noch nicht aufgeben. Ich fuhr zum Bahnhof Friedrichstraße, ging zum Einreiseschalter, legte meinen Pass hin und sagte, dass ich zurückkehren wolle, um meinem Sohn beizustehen. Der junge Schalterbeamte war vollkommen verwirrt. Nach meinem Visum, das auf fünf Tage BRD-Aufenthalt lautete, hätte ich schon seit Monaten zurück sein müssen. Er fingerte an der Tastatur seines Computers herum, starrte hilflos auf den Bildschirm, telefonierte mehrmals und drückte schließlich auf einen Knopf, um Unterstützung herbeizuholen. Sein Vorgesetzter ließ nicht lange auf sich warten. Ehe ich zu einer erneuten Erklärung ansetzen konnte, wurde ich höflich gebeten, doch mit zur Seite zu kommen. Es müsste noch »einiges geklärt« werden. Ich wurde zu einer Art gläserner Kabine geführt, wo ich stundenlang warten musste. Endlich erschienen drei Uniformierte. Einer hielt meinen Pass in der Hand, den ich zurückbekam mit dem Bescheid, meine Einreise in die Hauptstadt sei nicht erwünscht. Dann geleiteten sie mich auf den S-Bahnsteig und schoben mich in die S-Bahn. Sie blieben vor der Tür stehen, bis die Bahn abgefahren war.

Als ich ausstieg, war der von mir bewunderte südafrikanische Freund an meiner Seite, der sich rührend um mich kümmerte und mich nicht mehr aus den Augen ließ, solange ich noch in Westberlin war. So sicherte er ab, dass die Staatssicherheit vor weiteren unliebsamen Überraschungen geschützt war. Ich musste nun versuchen, Philipp von Westberlin aus zu helfen. Ich rief Rechtsanwalt Gregor Gysi in seiner Privatwohnung an. Ich beschwor ihn, dafür zu sorgen, dass die Behörden das Gesetz einhielten und mich zur Relegierung meines Sohnes von der Schule selbst anhörten. Gysi tat, als könne er mir nicht helfen. Er gab vor, nicht einmal genau zu wissen, ob die Erziehungsberechtigten tatsächlich angehört werden müssten. Vielleicht würde es ja ausreichen, den nicht erziehungsberechtigten leiblichen Vater zu hören. Diese Unkenntnis der Gesetzeslage verblüffte mich bei einem Mann, der sonst über alle Einzelheiten des Falles bemerkenswert gut informiert war.

Nach der Aktenöffnung fand ich eine ausführliche Wiedergabe dieses Telefonats in meinen Stasiakten. Es gibt keinen Hinweis darauf, dass das Privattelefon von Gysi jemals abgehört wurde.

Nach Gysis Absage versuchte ich, den Direktor Forner telefonisch zu erreichen. Es gelang mir tatsächlich, ihn an die Leitung zu bekommen, er legte aber gleich auf, als er hörte, dass ich es war, die ihn anrief. Der ausgewiesene Förderer von Glasnost und freier Meinungsäußerung verbreitete übrigens seit Beginn der Ossietzky-Schule-Affäre, die Aktionen der Schüler seien durch mich aus dem Westen gesteuert gewesen. Hinter mir stünden westliche Geheimdienste. Ich schrieb ihm deshalb einen geharnischten Brief, den Philipp persönlich übergab. Natürlich erhielt ich nie eine Antwort. Seit der Aktenöffnung weiß ich aber, dass dieser Brief postwendend bei der Staatssicherheit gelandet ist. Er wird in den Akten mehrmals zitiert. Zum Glück kümmerte sich Philipps leiblicher Vater sehr intensiv um seinen Sohn. Er führte auch die Gespräche mit der Schulleitung. Allerdings waren die Herren von der Staatssicherheit immer dabei.

Solange ich noch in Westberlin war, kam Philipp ab und zu über die Grenze, meistens abends. Er blieb über Nacht, um nicht allein zu Hause sein zu müssen. Wir konnten beide nicht schlafen, sondern erschöpften uns in endlosen Diskussionen, die immer wieder um dieselben Punkte kreisten. Philipp wirkte müde und verbittert. Vor kurzem war er noch so voller Hoffnung und Elan gewesen. Ich war über die Veränderung höchst beunruhigt und versuchte ihn abzulenken. Wir fuhren nach Charlottenburg, machten im Schlossgarten einen langen Spaziergang und suchten anschließend bei dem von uns beiden sehr geliebten Caspar David Friedrich Trost. Friedrichs Melancholie trug nicht zur Aufhellung unserer Stimmung bei. Philipp stand sehr lange, sehr versunken vor dem »Mönch am Meer«. Als ich ihn behutsam fragte, was er denke, antwortete er: »Ich will alles hinter mir lassen.« Das ging jedoch nicht so einfach. Vorher musste er das Verfahren bis zum bitteren Ende durchstehen.

Im Nachhinein weiß ich nicht zu sagen, ob es gut oder schlecht war, dass sich die Schriftstellerin Maja Wiens so intensiv um die Schüler kümmerte. Ihr eigener Sohn Shenja war ebenfalls betroffen, kam aber schließlich mit einer Versetzung an eine andere Schule davon. Ich war einerseits dankbar für alles, was Maja Wiens für Philipp und die anderen tat. Andererseits hatten wir von Anfang an Schwierigkeiten miteinander. Sie setzte große Hoffnungen auf ihre Verbindungen zum FDJ-Zentralrat, die geeignet sein könnten, die Relegierung rückgängig zu machen. Es gelang ihr auch, die Jugendlichen zu überzeugen, dass ihr Fall nicht in die Öffentlichkeit gehöre. Mir warf sie immer wieder vor, nur die Westmedien bedienen zu wollen, obwohl ich nichts dergleichen tat. Ich war allerdings der Auffassung, dass dieser Skandal unbedingt publik gemacht werden sollte. Deshalb war ich der Redaktion der »Umweltblätter« dankbar, als sie vier Wochen nach der Relegierung einen Artikel über die Vorgänge an der Ossietzky-Schule veröffentlichte. Dieser Beitrag löste eine große Solidaritätswelle mit den gemaßregelten Schülern aus. Wieder fanden Veranstaltungen in Kirchen statt. Allerdings vermied man zu erwähnen, dass Philipp mein Sohn war und dass Zusammenhänge zwischen meinem und seinem »Fall« bestehen könnten. Als die Veranstaltungen in den Kirchen begannen, war auch Konsistorialpräsident Manfred Stolpe damit befasst. Er besuchte die Gottesdienste, hielt Reden und verhandelte mit staatlichen Stellen. Ihm kann damals die Rolle von Egon Krenz nicht entgangen sein, die auf alles andere als auf reformerische Ambitionen schließen ließ. Mir ist auch bis heute ein Rätsel, wieso Herr Stolpe sofort am 19. Oktober 1989, wenige Stunden nach der Amtsübernahme durch Krenz, medienwirksam zum neuen SED-Generalsekretär eilte, mit ihm, von Kameras begleitet, im Park des Jagdschlosses Hubertusstock spazieren ging und damit der Legende, Krenz sei ein Reformer, durch seine Autorität Glaubwürdigkeit zu verleihen suchte.

Für mich waren diese Tage eine der schwersten Zerreißproben meines Lebens. Ich musste nach England zurückkehren. Ich war fortan nur noch über das Telefon mit Philipp verbunden. In dieser Zeit ist der größte Teil unserer Ersparnisse von Jahren für die Telefonate zwischen der DDR und England draufgegangen. Von Cambridge aus zu telefonieren, war undenkbar. Ich musste also immer warten, bis ich angerufen wurde, was meine Lage nicht gerade verbesserte. Die Unterstützung seitens meiner Freunde aus der Opposition hielt sich in Grenzen.

Während meiner Inhaftierung hatte es viele Spenden aus allen Teilen der Bevölkerung gegeben. Es war eine beträchtliche Summe zusammengekommen. Dieses Geld, das für die Inhaftierten bestimmt war, wurde von einem besonderen Gremium verwaltet, das aus drei Frauen bestand. Später stellte sich heraus, dass zwei der Frauen Inoffizielle Mitarbeiterinnen der Staatssicherheit waren, die dritte zog nach der Vereinigung für die PDS ins Berliner Abgeordnetenhaus, wo sie noch heute für die SED-Fortsetzungspartei Politik macht. Diese Frauen legten fest, dass Philipp für seine Telefonate keine Unterstützung bekäme. Es wäre nicht zwingend nötig, mit seiner Mutter zu sprechen, denn es gäbe genügend andere Erwachsene, die ihm zur Verfügung stünden. Auch Besuche bei mir fanden die Damen – die spätere PDS-Abgeordnete war immerhin Mutter von drei Kindern – nicht so wichtig. Es reiche aus, wenn mich Philipp dreimal jährlich besuche.

Unter diesen Umständen gelang es mir, Philipp zu überzeugen, zu mir nach England zu kommen. Das tat er, bald nachdem die Relegierung vollzogen worden war. Vorher musste er noch die Zeremonie seiner Ausstoßung aus der Schule durchstehen. Sie wurde nach übelstem stalinistischen Strickmuster vollzogen. Philipp und seine Freunde wurden vor der Vollversammlung der Schule relegiert. Jeder musste einzeln vortreten; die Verfehlungen und Anklagen wurden vorgelesen und die Strafe verkündet. Dann wurde der betreffende Schüler bis zur Tür der Aula geführt und dort sich selbst überlassen. Zwar gab es auch in der DDR ein Gesetz, dass Minderjährige nach einer Schulstrafe von einem Erwachsenen nach Hause begleitet werden müssen, um einer eventuellen Selbstmordgefahr vorzubeugen. Aber wieder einmal hielt man sich nicht an das Gesetz. Für etliche Schüler und Lehrer, die diese Zeremonie mit ansehen mussten, war dies eine schiere Zumutung. Einige Mitschülerinnen fingen an zu weinen. Es gab vereinzelte Proteste. Noch größer war die schweigende Missbilligung.

In der Öffentlichkeit erwies sich die Ossietzky-Schule-Affäre für die Staatssicherheit als Bumerang. Menschen, die bisher nicht bereit oder mutig genug gewesen waren, die Opposition zu unterstützen, kamen nun zu den Veranstaltungen in den Kirchen. Dass sich die Staatssicherheit an Minderjährigen vergriff, wurde in den Achtzigerjahren nicht mehr ohne weiteres hingenommen. Als größter Zugewinn für die Opposition erwies sich Professor Jens Reich, der spätere Mitbegründer des »Neuen Forums«. Er erklärte, dass er nicht mehr schweigend zusehen könne, wenn sich die Staatsmacht an Jugendlichen vergreife. Er riskierte damit seine Stellung an der Akademie der Wissenschaften. Dass es zu keinem Berufsverbot für ihn kam, zeigt, wie geschwächt diese Staatsmacht inzwischen war. Sie konnte sich längst nicht mehr alles erlauben.

Republikweit wurde der Skandal noch monatelang in Jugendklubs diskutiert. So geriet Philipp durch Zufall in Eisenach in eine Veranstaltung, wo der Moderator von den Ossietzky-Schülern erzählte und ein Gedicht vorlas, das Philipp damals an die Wandzeitung in der »Speaker's Corner« gepinnt hatte. Als Philipp sich zu erkennen gab, war die Begeisterung groß.

Nach der Wende stellte sich heraus, dass sogar ein Fotograf der »Jungen Welt« eine Aktion der Ossietzky-Schüler im Bild festgehalten hatte: Auf die traditionelle jährliche Kundgebung am Tag der Opfer des Faschismus Anfang September 1988 auf dem Ostberliner Bebelplatz waren sie mit einem selbst gemalten Transparent »Neonazis raus aus der DDR!« gegangen. Sie konnten es aber nicht einmal eine Minute lang hochhalten, da wurden sie schon von »erregten Umstehenden« aufgefordert, diese »Provokation« zu unterlassen. Ein Bild war am Montag darauf in der »Jungen Welt« erschienen, zeigte jedoch die Schüler ohne Plakat. Nach der Wende veröffentlichte die Redaktion das andere Foto, das Sekunden vorher aufgenommen worden war.

Ich konnte nicht in Westberlin bleiben und kehrte nach England zurück. Die letzten Septemberwochen verbrachte ich in Cromer an der Nordseeküste. Freunde von Paul Oesterreicher hatten dort ein Ferienhaus, die Saison war zu Ende und so gab es Platz für uns. Cromer liegt in der Nähe der Wash, dem Zentrum des mysteriösen Robbensterbens von 1988. Die Zeitungsmeldungen über sterbende Robben und einen abstürzenden sowjetischen Satelliten vermischten sich mit Sorgen um Philipp und verdüsterten die schönen Spätsommerwochen. Aber die elementare Freude meiner Kinder an unseren Strandspaziergängen, an der bewegten See und den schönen Feuerstein-Fassaden der alten Häuser übertrug sich auf mich. Ich hatte mehr Zeit zum Lernen und fühlte mich, als der Tag der Abreise nach Cambridge kam, den Dingen, die da kommen sollten, einigermaßen gewachsen.

Cambridge

In Cambridge angekommen, konnten wir nicht gleich das Haus beziehen, das uns vom College zugewiesen worden war. Wie immer gab es aber auch jetzt eine Lösung für uns. Wir wurden für ein paar Wochen in Westcott House, einem kirchlichen College, aufgenommen. Der Leiter des College stammte aus Deutschland. Wir bezogen zwei traumhafte Zimmer in dem mittelalterlichen Gebäude und wohnten erstmals in unserem Leben ganz von Antiquitäten, schönen Gemälden und kostbaren alten Büchern umgeben. Wir konnten an den College-Mahlzeiten teilnehmen, Jacob und Jonas wurden in eine Spielgruppe aufgenommen und ich hatte genügend Zeit, alle Formalitäten zu erledigen. Ich schrieb mich in der Universität und im College ein und absolvierte alle Willkommensveranstaltungen. Das College tat alles, damit sich seine Studenten ganz auf ihr Studium konzentrieren konnten. Jeder bekam die Möglichkeit, schnell Bekanntschaft mit anderen zu schließen und sich an das College-Leben zu gewöhnen. Auf der ersten Party für Overseas-Studenten, also allen Studenten, die nicht aus Großbritannien kamen, lernte ich Mark Müller kennen, Medizinstudent aus dem Ruhrgebiet mit Spezialisierung auf Krebsforschung, der noch nie einen Menschen aus der DDR getroffen hatte, und Patrick, Physikstudent aus Sydney. Beide sorgten in den kommenden Monaten dafür, dass ich nicht nur am Schreibtisch und im Kinderzimmer saß, sondern auch ab und zu ins Kino, Theater oder in den Pub ging. Man achtete im College sehr dezent darauf, dass niemand allein blieb. Normalerweise ging ich mit Patrick oder Reinhard Diestel und seiner Frau mittagessen. Wenn ich allein kam, setzte sich immer jemand zu mir, stellte sich vor und begann ein Gespräch. Ich habe die feine englische Art, Zurückhaltung zu üben, aber stets hilfsbereit zu sein, sehr schätzen gelernt. Von der menschlichen Kälte, die in der kapitalistischen Gesellschaft angeblich herrschen sollte, habe ich nichts gespürt.

Von Patrick erfuhr ich, wie ich den nötigsten Hausrat erwerben konnte. Das College-Haus war mit Möbeln ausgestattet. Bettwäsche konnte ich vom College mieten, die Wäsche im College-Waschsalon für graduierte Studenten waschen. Ich brauchte aber Geschirr, Töpfe, Pfannen, Besteck und die tausend Kleinigkeiten, die ein Haushalt mit Kindern benötigt. Patrick nahm mich auf die »Jumble-Sales« mit. Das sind eine Art Flohmärkte, die an bestimmten Tagen von Kirchengemeinden, gesellschaftlichen Organisationen, Gewerkschaften oder Vereinen veranstaltet werden. Dort geben die Besserverdienenden alles hin, was sie nicht mehr benötigen: Kleidung, Wäsche, Möbel, technische Geräte, Geschirr, Spielzeug, Sportartikel. Abgegeben wird alles für zehn Pence, nur für größere Dinge wie Fernseher oder Fahrräder musste man ab und zu ein Pfund bezahlen. In Deutschland wären solche Märkte von Schnäppchenjägern übervölkert. Nicht so in England: Auf den »Jumble-Sales« kauften wirklich nur die Bedürftigen. Ich fand schnell heraus, dass viele Qualitätswaren im Angebot waren, und wurde bald wählerisch: Kaschmirpullover, Seidenblusen, Wollblazer. Kleidersorgen hatte ich bald keine mehr. Auch Spielzeug für die Kinder hatten wir bald reichlich und alles, was wir sonst noch brauchten. Die Kinder aßen ihr Müsli aus schönen englischen Wegdewood-Schalen. Als wir zwei Jahre später Cambridge verlassen mussten, versuchte ich so viel wie möglich von unseren Schätzen mit nach Hause zu nehmen. Gemessen am Durchschnitt bewegte ich mich auf der untersten Einkommensstufe. Ich lebte mit den Kindern von einem Stipendium, das für eine Person berechnet war.

Trotzdem litten wir keinen Mangel. Ich war in vieler Hinsicht besser versorgt als in der DDR, wo wir, was das Einkommen betraf, eher zum oberen Durchschnitt gehört hatten, jedenfalls seit wir von der Imkerei gelebt hatten. Gleicherweise beginnt die Schule in England für Kinder ab drei Jahren. Ich konnte Jacob und Jonas also in der Schule anmelden. Was die Kinder in der Schule brauchten, bezog ich größtenteils durch Care-Pakete aus der DDR. Den Rest übernahmen stillschweigend die Eltern der anderen Kinder in der Klasse. Zu Beginn jedes Schuljahres ziehen die Besserverdienenden diskret Erkundigungen ein, wer die Bedürftigen in der Klasse sind, und bezahlen Ausflüge, Festbeiträge u. Ä. für die betreffenden Kinder mit. Weder meine Kinder noch ich haben jemals zu spüren bekommen, dass wir materiell schlechter gestellt waren als die meisten anderen Familien. In England wird jeder ungeachtet seines Einkommens mit dem gleichen Respekt behandelt. Wir fühlten uns also von Anfang an in Cambridge wohl. Wenn ich abends an meinem Kamin saß und Tee trank, der auf einem Tischchen stand, das dem College im Jahre 1831 übereignet worden war, und mich in dem Lehnsessel aus dem gleichen Jahr zurücklehnte, konnte ich die Absurdität der Situation kaum fassen. Dies sollte die Strafe für Renitenz gegenüber der Macht der angeblich besseren, menschlicheren Alternative zum Kapitalismus sein? Es fiel mir nicht schwer, mich von der Überlegenheit einer Gesellschaftsordnung zu überzeugen, die zum Untergang verurteilt sein sollte. Die materielle Seite unseres Lebens in Cambridge war also von Anfang an kein Problem. Ich kam mit dem Stipendium der EKD gut aus.

Als postgraduale Studentin konnte ich zweimal die Woche die Bibliotheksaufsicht über die jungen Studenten übernehmen und hatte so ein kleines Taschengeld für mich allein. Die Schule beginnt in England um neun Uhr und endet um 15 Uhr. Ich konnte also tagsüber ungestört die Lehrveranstaltungen besuchen. Der Nachmittag gehörte den Kindern, und abends schrieb ich die erforderlichen Essays. Die Essays waren die Leistungsnachweise, die jeder Student regelmäßig zu erbringen hatte. Die Betreuung der Studenten in Cambridge ist perfekt: Jeder Student hat einen persönlichen Tutor, der immer ansprechbar ist und sich notfalls auch um persönliche Probleme der Studenten kümmert. Dafür wird von den Studenten erwartet, dass sie sich auf das Studium konzentrieren und die geforderte Leistung ohne Wenn und Aber bringen. Ich hatte innerhalb der ersten zwei Wochen meinen ersten

Essay zu liefern. Er war über Kierkegaard. Obwohl Kierkegaard nicht auf dem philosophischen Lehrplan der sozialistischen Humboldt-Universität stand, hatte ich schon von ihm gehört und sogar sein Grab in Kopenhagen besucht. Gelesen hatte ich noch nichts von ihm, denn seine Schriften waren in der DDR kaum zu bekommen, aber eine ungefähre Vorstellung von seinem Denken. Nun musste ich innerhalb von 14 Tagen Kierkegaard auf Englisch lesen und anschließend etwa 20 Seiten zu den philosophischen Aspekten seines theologischen Denkens schreiben. Als ich die Arbeit begann, wusste ich nicht, wie ich das schaffen würde, nur, dass ich es schaffen musste. Ich las in jeder verfügbaren Minute und machte mir laufend Notizen. Jeden Gedanken schrieb ich entgegen meiner sonstigen Gewohnheit sofort auf. Es dauerte aber zehn Tage, bis mir eine Idee kam, die ich für tragfähig hielt. Zwei Tage vor dem Abgabetermin begann ich zu schreiben. Am Abend vor der Abgabe war ich gegen 22 Uhr fertig. Ich hatte mit meiner Freundin Margret Wright, die Englisch für Ausländer unterrichtete, vereinbart, dass sie den fertigen Text auf Fehler durchsehen würde. Sie wohnte eine Viertelstunde zu Fuß von mir entfernt. Ich lief die Strecke wie in Trance, denn die Erschöpfung drohte mich kurz vor dem Ziel zu überwältigen. Glücklicherweise fand Margret weniger Fehler als erwartet. Ich verabschiedete mich bald, denn ich musste den Text noch abschreiben, um ihn in einer präsentablen Form abgeben zu können. Morgens zwischen zwei und drei Uhr war ich fertig. Ich konnte in den verbleibenden Stunden trotz meiner Müdigkeit kaum schlafen. Margret hatte meinen Text zwar gut gefunden, das hieß aber nicht, dass mein Tutor auch zu dieser Meinung kommen würde. Ich hatte noch keine Vorstellung von den akademischen Maßstäben in Cambridge. Zwar hatte ich mich selbst viel mit Philosophie beschäftigt, meine Ausbildung aber innerhalb der Schranken des so genannten marxistisch-leninistischen Denkens erhalten. Ich war halb bewusstlos, als ich bei meinem Tutor eintraf. Ich saß ihm in seiner Bibliothek gegenüber, während er meinen Essay las. Aus seinen Fragen entwickelte sich eine Diskussion, in der ich meine These weiter untermauern konnte. Am Schluss unseres Gespräches merkte ich, dass es bereits darum ging, ein Thema für den nächsten Essay festzulegen. Ich schlug Nietzsche vor, und das wurde akzeptiert. »Not bad«, nicht schlecht für den Anfang, war der Schlusskommentar meines Tutors. Kaum war ich zu Hause, rief mich Professor Sykes an, um mir zu gratulieren. Er hatte bereits von seinem Kollegen erfahren, dass ich die erste Hürde genommen hatte. Ich war zu müde, um mich richtig freuen zu können. Ich schlief gleich nach dem Telefonat im Sessel ein und verschlief beinahe den Schulschluss meiner Kinder.

Am Abend fanden sich alle meine Freunde bei mir ein, um zu erfahren, wie die Prüfung gelaufen war. Ich hatte nicht einmal etwas zum Anstoßen im Haus, also zogen wir zum Pub um die Ecke. Hier sah ich zum ersten Mal Gentlemen mit Schirm und, ich glaubte es kaum, mit Melone, die seit Jahren ihre Stammplätze am Kamin hatten. Weil ich die neue Nachbarin war, wurde mir ein Sitz neben dem Kamin frei gemacht, der fortan immer für mich frei geräumt wurde, wenn ich nach getaner Arbeit kurz vor Ausschankschluss auftauchte, um ein Pint zu trinken. Die Feiern in Cambridge unter der Woche sind immer kurz. Jeder hat zu arbeiten, für durchzechte Nächte bleibt da kein Raum. Das kam mir entgegen, denn ich war noch längst nicht über den Berg. In 13 Tagen musste ich meinen Essay über Nietzsche abgeben. Ich hätte nach dem Gespräch mit meinem Tutor eigentlich schon damit beginnen müssen. Nun war der Tag vorbei und ich musste mit der verbleibenden Zeit auskommen.

Auch Nietzsche war in meinem Studium nicht behandelt worden, außer eine Stunde im Kurs »Kritik der bürgerlichen Philosophie«. Von Nietzsche hatte ich aber schon etwas gelesen, denn mein Mann besaß eine Werkausgabe aus dem Westen. Von Nietzsches Gott-ist-tot-Theorie hatte ich damals nur eine vage Vorstellung. Wieder las ich fieberhaft und machte Notizen. Auch diesmal begann ich erst zwei Tage vor der Abgabe mit dem Schreiben, und alles wiederholte sich wie beim ersten Mal. »Again not bad«, bekam ich am Ende der Stunde mit meinem Tutor zu hören: »Ich sehe, Sie können philosophisch denken und Sie haben Ideen. Aber Sie werden verstehen, dass wir uns nun etwas Ernsterem zuwenden müssen – wie ist es mit Ludwig Wittgenstein? Hat er etwas von Nietzsche aufgenommen oder eine ganz andere Philosophie der Religion?« Von Ludwig Wittgenstein hatte ich nur gehört, dass er im Nachbarcollege gelehrt hatte, dass es eine unklare Faszination für den Bolschewismus bei ihm gab und eine noch unklarere Beziehung zu Hitler. War er ein Schulkamerad Hitlers gewesen oder ihm in dessen Wiener Zeit begegnet? War er der Grund für Hitlers Antisemitismus? Logik war meine Schwachstelle in der Philosophie. Mathematisches Denken war mir fremd, ich hatte mich frühzeitig darauf kapriziert, das eben nicht zu können. Und nun das! Wittgenstein in 14 Tagen! Unter normalen Umständen hätte ich Wittgenstein kaum verstanden, wenn ich ihn in Deutsch gelesen hätte. Um überhaupt warm zu werden, las ich erst zwei Tage Biografisches und kleinere Artikel. Ich hatte seinerzeit im Philosophiestudium, als ich mit Kant kämpfte, mich diesem Philosophen schließlich genähert, als ich seine Lebensumstände studierte und die heitere Ironie als Grundzug seines Wesens erkannte. Es musste auch einen Zugang zu Wittgenstein geben. Aber das Leben, das er in Cambridge geführt hatte, war seinen Zeitgenossen ein Rätsel geblieben. Blieb also die Sprache. Auch die war rätselhaft, beinahe hermetisch. Klar war nur seine Frage: Wie ist Sprache möglich? Wenn alles nur eine aus Erfahrung abgeleitete Vorstellung ist, kann nichts als Tatsache akzeptiert werden, sondern nur als behauptete Aussage.

Meine Notizbücher füllten sich diesmal nur spärlich, dafür wurden die Phasen, in denen ich nachdenken musste, immer länger. Aber ich fand keinen Zugang zu dem Mann, von dem alle anerkannten, dass er ein Genie war, der aber ein Solitär in der Philosophiegeschichte geblieben war. Es gibt keine Wittgensteinianer. Am Abend vor der Abgabe war mein Kopf leer. Ich hatte zwar einige Bruchstücke, aber keine Idee und keine einzige Zeile für den Essay geschrieben. Nachdem ich eine Stunde früher als sonst meine Kinder zu Bett gelegt hatte, wo sie pflichtschuldig einschliefen, lief ich zum nahe gelegenen Friedhof, wo sich das Grab Wittgensteins befand. Dort kniete ich völlig ratlos nieder und flehte: Wittgenstein, hilf mir. Ich weiß nicht, wie lange ich dort blieb, vermutlich nur ein paar Minuten. Ich kann auch nicht behaupten, dass mir eine geheimnisvolle Kraft aus der Tiefe der Erde zugeströmt wäre. Tatsache ist, dass ich nach Hause ging, mich an den Schreibtisch setzte und schrieb. Ich schrieb bis morgens um vier Uhr. Es war nicht mehr daran zu denken, den Essay noch auf Sprachfehler überprüfen zu lassen. Nicht einmal an das Abschreiben war zu denken. Als ich fertig war, blieb ich einfach am Schreibtisch sitzen. Ich stand erst auf, als die Kinder aufwachten und versorgt werden mussten. Ich brachte sie zur Schule und fuhr zu meinem Tutor. Ich hatte keine Ahnung, wie ich irgendeine Frage beantworten sollte. Mein Tutor muss mir angesehen haben, dass ich bis an meine Grenzen gegangen war und nicht mehr konnte. Er stellte mir keine Fragen, sondern erklärte mir nur, dass ich mit diesem Essay meine Aufnahmeprüfung bestanden hätte. Er rief sofort Professor Sykes an, um ihm zu sagen, dass er sich in seinem »Nominee« nicht getäuscht hatte. Den nächsten Essay brauchte ich erst in vier Wochen zu liefern. In ein paar Tagen, wenn ich mich erholt hätte, sollte ich wieder kommen, um das nächste Thema zu besprechen.

Ich hatte mich an einer der besten Universitäten der Welt durchgesetzt unter erschwerten Umständen. Im Augenblick war ich aber zu schwach, um mich zu freuen. Ich hatte in den letzten Wochen ebenso wenig auf mich geachtet wie Wittgenstein. Wie er war ich abgemagert, weil ich immer wieder vergessen hatte, zu essen. Ich beschloss, das sofort zu ändern. Bis zum Mittagessen war es noch Zeit und so setzte ich mich zum ersten Mal in ein Café an der Cam. Bald kam Margret dazu, die schon besorgt herumtelefoniert hatte, weil ich am Abend vorher nicht bei ihr erschienen war. Während sie mir die neusten politischen Klatschgeschichten aus dem beginnenden Kommunalwahlkampf erzählte, tauchte ich allmählich aus meiner Erstarrung auf und begann wieder, meine Umgebung wahrzunehmen. Ich wusste nun, dass ich den Rest des

Studiums schaffen würde – und dass das leichter wäre als das, was ich in den letzten Wochen bewältigt hatte.

Es waren sechs Wochen gewesen, in denen ich wenig an die DDR gedacht hatte. Philipp war inzwischen bei mir in Cambridge, ich hatte also erstmals wieder alle meine Söhne beisammen. Es war Philipp, der immer in Gedanken zu Hause war, obwohl es ihm in Cambridge auf Anhieb gefiel und er einen guten Start in der Schule hatte. Philipp plagte das schlechte Gewissen gegenüber seinen Freunden, die keine Chance mehr hatten, eine Schule zu besuchen oder zu studieren. Wegen Philipp ließ mich die DDR nicht los, die ich ansonsten vielleicht einfach vergessen hätte.

Nachdem der Einstieg geschafft war, begann ich mich in meinem Leben in Cambridge einzurichten. Da der Ernst des Lebens in England erst um neun Uhr beginnt, hatten wir jeden Morgen ausreichend Zeit für einen gemütlichen Tagesbeginn. Ich brachte die Kinder zur Schule und fuhr dann in einem Cambridge-typischen Fahrrad-Pulk zur Universität. Mit jedem Tag fiel es mir leichter, den Vorlesungen zu folgen und mitzudiskutieren. Keiner der Essays, die ich im Laufe des Jahres noch zu schreiben hatte, bereitete mir nennenswerte Probleme. Nachmittags unternahmen wir Streifzüge durch die Stadt, die Colleges und vor allem die College-Gärten. Natürlich nutzten wir auch die Gelegenheit, auf der Cam mit den Kähnen zu fahren, den »punts«. Allmählich lernte ich meine Nachbarn kennen. Schräg gegenüber wohnte eine pakistanische Einwandererfamilie mit Kindern in Jacobs und Jonas' Alter, nebenan lebte eine Familie, deren jugendliche Töchter gern ab und zu auf Jacob und Jonas aufpassten, wenn ich abends ausgehen wollte. Der bizarrste Bewohner der Straße war Fred, ein ehemaliger Physiker, der jetzt Sozialhilfe bezog und in einem stadteigenen Haus wohnte. Fred war unglaublich schmutzig, das Innere seines Hauses glich einer Müllhalde. Wenn meine Söhne ihn besuchten, zog er die abenteuerlichsten Geräte aus dem Gerümpel: ein von Newton entworfenes astronomisches Gerät, eine kostbare Geige, medizinische und naturwissenschaftliche Instrumente aller Art. Er unterwies meine Kinder in den Naturwissenschaften. Er hatte eine magische Art, komplizierte, naturwissenschaftliche Zusammenhänge auf verständliche Weise zu erklären. Nachdem er Fred kennen gelernt hatte, begann mein Sohn Philipp, der bis dahin Historiker werden wollte, darüber nachzudenken, ob er nicht doch lieber Physik studieren sollte. Fred begleitete mich, wenn die Universität Vorträge mit Noam Chomsky oder Stephen Hawking veranstaltete. Dank seiner Erklärungen konnte ich den Ausführungen folgen. Ich merkte, dass ich doch nicht ganz so naturwissenschaftlich unbegabt war, wie ich immer glauben wollte. Stephen Hawking hatte gerade sein Buch »Eine kurze Geschichte der Zeit« veröffentlicht und begonnen, zur Legende zu werden. Für meine religionsphilosophischen Studien war natürlich seine unerwartete Hinwendung zu Gott interessant. Noch bemerkenswerter fast als die klugen Männer, die ich hören durfte, fand ich die praktizierte Toleranz: Wer einmal College-Mitglied war, wurde überall eingelassen, egal, in welchem Zustand sich sein Äußeres befand. Die Fragen von Fred mit seinem schmutzigen Pullover wurden genauso ernsthaft und höflich beantwortet wie Fragen eines Fakultätschefs. Selbst wenn man Freds Skurrilität unappetitlich fand, ließ man es sich nicht anmerken. Ich war da weniger duldsam. Als Fred mir seine Babysitterdienste in meinem Haus anbot, bestand ich darauf, dass er erst baden müsste. Er erschien dann tatsächlich gründlich gewaschen und in strahlend weißer Kleidung und hielt es fortan in unserer Gegenwart immer so.

Seit mir meine wachsende Studienroutine mehr Freiraum ließ, nahm ich mehr von den Eigenheiten der Stadt wahr, in der ich lebte. An einem Freitagabend hatte ich meinen Sohn Philipp, der an den Wochenenden bei »Whimpy«, einer englischen Fastfood-Restaurantkette arbeitete, abzuholen. Es war kurz vor 22 Uhr, eine halbe Stunde vor Ausschank des letzten Bieres. Die Pubs waren überfüllt. Trotz der fortgeschrittenen Jahreszeit, es war Anfang Dezember, standen Trauben von jungen Männern mit großen Bierkrügen in der Hand auf der Straße. Am Freitagabend flippten die hart arbeitenden Studenten, die ihre Abende in der Woche in der Bibliothek oder am Schreibtisch verbrachten, völlig aus. Die wohlerzogensten Jungen, denen ich je begegnet bin, verwandelten sich in grölende Rowdys, die oft genug einfach auf den Grünflächen oder in Hauseingängen liegen blieben, wenn der Alkohol sie fällte. Wie ich erfuhr, gehörte das seit Jahrhunderten zu den Cambridger Ritualen. Die Colleges hatten auch für diese Freitagabende Vorsorge getroffen. Spezielle Einsatztrupps sorgten dafür, dass niemand lange liegen blieb und jeder schließlich in seinem Bett landete, auch wenn er nicht mehr in der Lage war, es aus eigener Kraft aufzusuchen.

Als Weihnachten herannahte, hatten wir uns bereits so eingelebt, dass wir kaum Sehnsucht nach den heimatlichen Gefilden verspürten. Cambridge ist in der Adventszeit noch zauberhafter als sonst. Wir wurden von der deutschen Gemeinde zum traditionellen Adventskranzflechten eingeladen. Als ich im Kreis der Menschen saß, die seit Jahrzehnten hier zusammenkamen, spürte ich etwas Sehnsucht nach dem ruhigen Leben, das sie führten und das mir nie beschieden war. Umgekehrt verkörperte ich für sie das Abenteuer, das sie selbst nicht erlebt hatten. Und wieder machte ich die erstaunliche Erfahrung, dass ich in Cambridge fremd, aber nicht allein war. Weihnachten feierten wir ganz englisch, mit Pute und Christmas Pudding, der uns allerdings nicht schmeckte. Der »Guardian«, den ich regelmäßig las, hatte sich eine besondere Weihnachtsgeschichte ausgedacht. Er ließ uns wissen, dass der Braten auf unseren Teller der direkte Nachfahre des Tyrannosaurus Rex war, was die Fantasie meiner Kinder tagelang beschäftigte. Für mich war die Geschichte der Beweis, dass der schwarze Humor der Briten auch um Weihnachten keinen Bogen macht.

Das Studienjahr in Cambridge ist in drei »Terms« eingeteilt. Die Weihnachtsferien waren die erste große Pause. Die Studenten waren fast alle nach Hause gefahren; wer in Cambridge blieb, rückte näher zusammen. Wir waren gut beschäftigt, allen Einladungen von Freunden, Unbekannten und Nachbarn nachzukommen. Wo wir hinkamen, mussten wir von der DDR und unsere Geschichte erzählen. Gerade bei diesen Gesprächen wurde mir mehr und mehr bewusst, wie fern ich der DDR gerückt war. Ich hatte nur ab und zu Sehnsucht nach Haus und Garten meines Großvaters, aber keinerlei Verlangen, in mein altes Leben zurückzukehren. Die Weihnachtspause benutzte ich, um nach London in die DDR-Botschaft zu fahren. Mein Auslandsaufenthalt war ursprünglich auf ein Jahr begrenzt. Ich hätte im Februar zurückkehren müssen. Bärbel Bohley und Werner Fischer waren schon im August wieder eingereist und hatten damit Maßstäbe gesetzt. Ich wollte aber erst meinen Kurs beenden und dann weitersehen. Auf jeden Fall wollte ich mir die eventuelle Möglichkeit zur Rückkehr nicht verbauen, mehr um Philipps willen, als dass ich selber davon Gebrauch machen wollte. Es war dann unkomplizierter, als ich dachte. Ich trug der Empfangsdame mein Anliegen vor, wurde nach kurzer Wartezeit zum zuständigen Konsul geführt und bekam die gewünschte Zusage. Mein Ausreisevisum war ja ohnehin verkehrt gewesen und, formal gesehen, längst nicht mehr gültig. Also bestand ich auch nicht auf einem neuen. Ich wunderte mich nicht, dass es keine Schwierigkeiten gab, denn ich hatte Bischof Forck vorher telefonisch von meinem Vorhaben unterrichtet. Nachdem die Formalitäten geklärt waren, fragte der Konsul, ob er mir eine private Frage stellen dürfte. Ich erlaubte es ihm. Er hatte natürlich irgendwie von meinem Fall gehört und auch Frau Bohley wäre ja bei ihm gewesen. Aber, ob ich ihm nicht erzählen wollte, was eigentlich passiert sei und was ich jetzt täte? Ich hatte keine Probleme, ihm meine Darstellung der Ereignisse zu geben, einschließlich der Vorgänge um die Relegierung meines Sohnes, und ersparte ihm nicht meine Kommentare. Ob ich mir denn wirklich vorstellen könne, wieder in der DDR zu leben, wollte er schließlich wissen. Ja, weil ich die DDR ändern wolle – eine Antwort, die er mit einem ungläubigen Lächeln quittierte. Dieser Unglauben begegnete mir immer wieder, wenn ich Vorträge hielt. Natürlich war auch ich weit davon entfernt, im Jahre 1988 die kommenden Ereignisse vorauszusehen. Eine schnelle Vereinigung beider Teile Deutschlands lag ohnehin außerhalb meiner Überlegungen. Ich hatte zwar die Thesen einer Gruppe Charta-77-Leute und die ähnlichen Thesen von Peter Brand, dass die Vereinigung der beiden deutschen Staaten der Ausgangspunkt für die Vereinigung Europas sei, zur Kenntnis genommen und diskutiert, war aber der Meinung, dass diese Vereinigung der Endpunkt einer europäischen Vereinigung sein würde, nicht der Beginn. Abgesehen davon hatte sich meiner Ansicht nach in der DDR so viel Veränderungspotenzial angehäuft, dass es zu einer Transformation der Gesellschaft kommen musste. Ungewiss war nur, wie schnell und in welcher Form sich diese Transformation vollziehen würde.

Bei den Diskussionen stellte ich immer wieder fest, wie naiv der Westen gegenüber dem kommunistischen System war. Eine besondere Form dieser Naivität war die Begeisterung für Gorbatschow und die maßlose Überschätzung bzw. Fehlinterpretation seiner Rolle. Kaum jemand erkannte, dass Gorbatschow nicht aufgebrochen war, um das kommunistische System in die Demokratie zu überführen und die Freiheit zu bringen, sondern um den Kommunismus zu retten. Veränderungen wurden von den Parteifunktionären erwartet, nicht von den Menschen, die ihr Schicksal in die eigenen Hände nehmen könnten. Bis heute hat sich der Westen nicht von seiner Gorbimania erholt. Auch die historischen Tatsachen trugen wenig dazu bei, das falsche Bild zurechtzurücken. Im Gegenteil: dass Gorbatschow beim Putsch 1993 eine äußerst dubiose Rolle spielte, wurde nicht wahrgenommen. Es tat seiner Beliebtheit keinen Abbruch. Seinen vorläufigen Höhepunkt fand das groteske Missverständnis bei den Feierlichkeiten zum 10. Jahrestag des Mauerfalls. Es wurde eine Huldigungsveranstaltung für Helmut Kohl und Michail Gorbatschow, obwohl beide Herren vom Mauerfall überrascht wurden und nichts dazu beigetragen hatten. Selbst George Bush, der in Vertretung von Ronald Reagan Gorbatschow immerhin aufgefordert hatte, die Mauer niederzureißen, geriet darüber in den Hintergrund. Die eigentlichen Akteure, die Menschen, die durch ihr massenhaftes Erscheinen am Todesstreifen die Mauer zum Einsturz brachten, spielten bei den Feierlichkeiten höchstens eine Nebenrolle.

Das Studienjahr ging schneller als gedacht zu Ende. Im Mai begann ich darüber nachzudenken, was aus uns werden sollte. Mein Kurs endete Anfang Juli. Danach wollte ich auf jeden Fall noch im Westen Urlaub machen. Und dann nach Hause zurückkehren? Meine Neigung dazu hielt sich in engen Grenzen. Philipp hatte in der Schule große Erfolge. Er sehnte sich zwar immer mal nach seinen Freunden, die er in den Ferien regelmäßig besuchte, aber der Gedanke, in der DDR nicht studieren zu dürfen, schreckte ihn ab. Zu meiner Erleichterung bewarb er sich – »nur um mal zu sehen, ob ich gut genug bin« – an verschiedenen Universitäten, auch in Oxford. Cambridge kam für ihn, gerade weil er als Kind einer »Johnian«, einer Angehörigen des St. John's College, gute Chancen gehabt hätte, angenommen zu werden, nicht infrage. Ich hoffte, dass die Würfel gefallen wären, wenn Philipp zum Studium zugelassen würde. Auch meine Freunde machten sich Gedanken. Reinhard Diestel, dem ich mein Dasein in Cambridge zu verdanken hatte, machte mich auf die Möglichkeit aufmerksam, meinen Einjahreskurs in einen Zweijahreskurs mit Masterabschluss umzuwandeln. Ich setzte sofort alles daran, diese Möglichkeit Wirklichkeit werden zu lassen. Ich sprach mit Professor Sykes und meiner Betreuerin vom College. Beide wollten mich unterstützen. Ich bewarb mich um eine Begabtenförderung des Colleges und wurde tatsächlich angenommen. Das bedeutete, die Studiengebühren würden mir erlassen werden und ich würde einen monatlichen Zuschuss zum Stipendium bekommen. Damit war aber noch nicht geklärt, woher ich das Stipendium bekommen würde. Dass die EKD ein weiteres Jahr dafür aufkommen würde, bezweifelte ich, aber ich wollte es immerhin versuchen. Ich war im Juni zum Kirchentag in Berlin eingeladen und sollte auf einem Forum mit Rita Süßmuth eine Rede halten. Am Rande dieses Forums würde ich Bischof Forck treffen.

Die Droge Freiheit

Das Treffen verlief allerdings enttäuschend. Der Bischof hatte mir zweierlei zu sagen: erstens, dass – womit ich gerechnet hatte – die EKD mich nicht weiter unterstützen würde, und zweitens, dass ich, wenn ich in die DDR zurückkäme, mein Studium an der Kirchlichen Hochschule nicht fortsetzen könnte. Bestenfalls könnte ich mich für das nächste Jahr für das Paulinum, die Fachschule, bewerben. Eine Annahme sei allerdings nicht sicher. Er machte mich auch noch einmal nachdrücklich darauf aufmerksam, dass Philipp keine berufliche Perspektive in der DDR hätte, es sei denn, er entschlösse sich, das Kirchenabitur zu machen und an einer kirchlichen Hochschule Theologie zu studieren. Sein englisches Abitur könne nicht anerkannt werden. Ich schloss aus diesem Gespräch, das inzwischen auch Bischof Forck den Wunsch, ich solle in die DDR zurückkehren, aufgegeben hatte. Für mich gab dieses Gespräch den Ausschlag, mich auf mein Bleiben in Cambridge zu konzentrieren. An einem der Abende machte ich mit Stephan Krawczyk eine Tour durch das nächtliche Westberlin. Am Brandenburger Tor stiegen wir auf die Aussichtsplattform und schauten Richtung Osten. Stephan hatte mir eben erklärt, dass von der Siegessäule über das Brandenburger Tor eine gerade Linie bis nach Warschau und Moskau führte. Und dann sagte er unvermittelt: »Guck dir das an! Willst du dahin zurück? Ich nicht.« Ich wollte auch nicht! Wenn es noch eines Beweises bedurfte hätte, wäre es dieser Augenblick gewesen. Ich war erleichtert, dass ich Richtung Westen davonfahren konnte.

Mein Mann, der meine wachsende Abneigung in die DDR zurückzukehren spürte, versuchte mich umzustimmen. Am 26. Juni 1989 wurde mein Großvater 85 Jahre alt. In der DDR waren solche Geburtstage Anlass, Anträge auf Besuchsreise in den Westen zu stellen. Knud tat das Gegenteil. Er stellte im Polizeipräsidium in Berlin für mich einen Antrag auf dreitägigen Besuchsaufenthalt in der DDR. Überraschenderweise wurde dieser Antrag genehmigt. Aber erst drei Tage vorher. Knud hatte mir zwar erzählt, dass er so etwas versuchen würde, wir hatten aber dann nicht weiter darüber gesprochen. Als Knuds Anruf kam, musste ich wieder einmal alles stehen und liegen lassen, um noch rechtzeitig bei meinem Großvater zu sein. Die Nachbarn sprangen ein und boten Übernachtung für Jacob und Jonas an. Der College-Kaplan organisierte mit Studenten einen Schul-Bring- und -Abholdienst. Meine pakistanische Nachbarin wollte für Philipp sorgen. Ein Nachbar brachte mich im Auto nach Harwich, weil ich mit dem Zug die nächste Fähre nicht mehr geschafft hätte. Auf dem Schiff versuchte ich, zur Ruhe zu kommen und zu überlegen, was passieren könnte, wenn ich hinter der Mauer sein würde. Der Gedanke, die Kinder zurückzulassen, war mir unbehaglich. Aber ich sagte mir, dass ich auf jeden Fall wieder rausgelassen werden würde. Der Skandal wäre zu groß gewesen. Knud holte mich in Westberlin vom Zug ab. Wir fuhren zum Haus seiner Eltern; unsere Wohnung bekam ich auf diese Weise nicht zu sehen. Obwohl es schon spätabends war, kamen noch ein paar Freunde nach Berlin-Buch, um mich zu sehen. Wir mieden heikle Punkte im Gespräch, um die Wiedersehensfreude nicht zu trüben. Wir saßen bis in die Morgenstunden zusammen, obwohl wir früh aufstehen mussten, um nach Sondershausen zu fahren. Meinen Großvater hatte ich bereits angerufen, nachdem ich bei meinen Schwiegereltern angekommen war. Eine Stunde, bevor wir in Sondershausen eintrafen, riefen wir noch einmal an. Ich wusste, dass meine Eltern bei meinem Großvater waren, und wollte ihnen die Gelegenheit geben, zu verschwinden, bevor ich ankam. Doch sie waren da, als wir das Haus erreichten. Meine Überraschung und Freude waren riesengroß. Schließlich waren uns die Genossen der Staatssicherheit von Berlin in zwei Wagen gefolgt, und nun standen örtliche Kräfte um das Grundstück herum. Meinem Vater machte das nichts aus. Er lästerte über die vergreisten Politbüromitglieder, die nicht einsähen, dass ihre Zeit vorbei sei. Ich kam aus dem Staunen nicht heraus. Meine Verhaftung und Abschiebung, Philipps Relegierung hatten bei meinem Vater einen Bewusstseinswandel bewirkt. Er sah das Regime, dem er so treu und bis zur Selbstaufgabe, was seine Gesundheit betraf, gedient hatte, zunehmend kritisch. Die jahrelangen Zerwürfnisse waren überwunden. Wir waren wieder eine Familie. Ich bin Knud heute noch dankbar dafür, dass er für mich diesen Besuch arrangiert hat. Er brachte mir neben der Freude, mit meinem Großvater feiern zu können, die Gewissheit, dass meine Eltern keine Wendekonvertierten sind, obwohl ich es auch für ehrenvoll halte, erst nach dem Mauerfall zu kritischen Erkenntnissen gekommen zu sein. So weiß ich aber, dass bei meinen Eltern dieser Prozess schon vorher eingesetzt hatte. Mein Vater hat dann in den letzten Jahren seines Lebens vor allem zwei Bücher immer wieder gelesen: Wolfgang Leonhards »Die Revolution entlässt ihre Kinder« und die Doppelbiografie über Hitler und Stalin von Alan Bullock. Er wollte sich nicht einfach abwenden vom System, er wollte seine Fehler begreifen.

Als ich Jahre später das ehemalige Politbüromitglied Günter Schabowski kennen lernte, stellte ich fest, dass auch bei ihm diese zwei Bücher eine große Rolle bei seinem Umdenkungsprozess gespielt haben. Als die Nachbarn meines Großvaters gegangen und wir ganz »in Familie« waren, begann mein Vater Tricks zum Besten zu geben, wie man seinen Bewachern entkommt. Er bestand darauf, mir vorzuführen, wie man Schatten mit dem Auto abhängt. Meine Mutter und mein Mann hatten zwar Bedenken, was uns beide aber nicht davon abhielt, die Probe aufs Exempel zu machen. Allerdings kehrten wir nach vollbrachter Tat recht bald zum Haus zurück, um keinen Großalarm auszulösen. Dafür war ich am nächsten Morgen, als ich das Grab meiner Großmutter besuchte, regelrecht umzingelt. Erst als wir schon auf der Autobahn nach Berlin waren, stellten wir fest, dass unsere Bewacher verschwunden waren. Dafür begann unser Trabant plötzlich merkwürdig zu reagieren. Glücklicherweise war Knud ein geübter Fahrer und brachte das Auto rechtzeitig am Randstreifen zum Stehen. Wir stellten fest, dass am rechten Vorderrad manipuliert worden war. Es fehlte nicht mehr viel und es wäre abgegangen. Knud hatte glücklicherweise nicht nur den Ersatzreifen, sondern auch Ersatzmuttern dabei, sodass er den Schaden beheben konnte. Wir kamen nachmittags in Berlin an.

Mein Zug nach Hoek van Holland sollte erst Mitternacht gehen. Wir hatten verabredet, uns bei Silvia Müller zu treffen, die damals in Weißensee wohnte. Die Bewacher waren wieder da, vor allem als ich mit meinen Freundinnen am Weißensee spazieren ging. Ich war hin- und hergerissen. Einerseits freute ich mich, meine Freunde zu sehen. Der Gedanke, sie ganz zu verlassen, fiel mir schwer. Es meldete sich auch wieder das schlechte Gewissen. Ich hätte hier eine Aufgabe, die ich annehmen müsste. Andererseits spürte ich, besonders seit ich wieder in Berlin war, Beklemmungen. Ich wollte nicht in ein überwachtes Leben zurückkehren. Die Droge Freiheit hatte mich bereits süchtig gemacht. Nicht nur das. Ich war nicht mehr bereit, mich geistig einengen zu lassen. Nicht mehr die Bücher zu bekommen, die man lesen wollte, bei jeder Formulierung überlegen müssen, ob sie noch möglich oder bereits verboten war. Als wir in Silvias Wohnung beim Kaffeetrinken saßen, kam unerwartet Ibrahim Böhme zur Tür herein. Er hatte eine wunderschöne Rose in der Hand, die er mir schenkte, »damit du zurückkommst«. Ich war gerührt und versprach, es mir gut zu überlegen. Beim Abschied mischten sich Schmerz und Erleichterung. In Westberlin traf ich mich noch mit Roland Jahn und Rüdiger Rosenthal. Roland sagte, dass er mir ansehe, dass ich für die DDR verloren sei.

Zurück in Cambridge, begann ich, mich um ein Stipendium zu kümmern. Nach vielen Absagen bei den verschiedensten Stiftungen kam mir die rettende Idee. Kurz nach meiner Abschiebung aus der DDR, als ich noch in Bielefeld-Bethel wohnte, erreichte mich eine Einladung nach Bonn. Oscar Lafontaine wollte dort im Raum der Bundespressekonferenz sein neues Buch präsentieren. Zu dieser Präsentation lud er alle abgeschobenen Bürgerrechtler ein. Ich war neugierig, die Bundeshauptstadt oder wenigstens das Regierungsviertel kennen zu lernen. Sobald ich den Saal betreten hatte, wurde ich von einem Mitarbeiter erkannt und nach vorn auf die Bühne geschoben, wo Björn Engholm bereits seine Laudatio hielt. Aus irgendeinem Grunde wollte sich Lafontaine mit uns zeigen. Anschließend lud er uns zum Essen in die Saarländische Landesvertretung ein. Er konnte sich unsere Namen nicht merken, redete mich wiederholt mit »Frau Bohley« an und erzählte mir, dass seine Frau auch Malerin sei. Er wurde dann von seiner Frau darauf hingewiesen, dass ich die Philosophin sei, was er im nächsten Augenblick wieder vergessen hatte. Klaus Staeck, der ebenfalls an dem Essen teilnahm, tröstete mich, indem er mir ein Bild von sich schenkte. Entscheidend aber war, dass mir ein Mitarbeiter sagte, ich könne mich in Zukunft immer an Lafontaine wenden, wenn es Probleme gäbe. Jetzt war dieser Moment gekommen. Ich schrieb also an das Büro Lafontaine, ob sie mir bei der Beschaffung eines Stipendiums behilflich sein könnten. Die Antwort ließ nicht lange auf sich warten. Durch Lafontaines Vermittlung bekam ich für ein Jahr ein Stipendium der Friedrich-Ebert-Stiftung. Die Möglichkeit, einen richtigen Cambridge-Abschluss zu machen, eröffnete mir eine wirkliche Perspektive. Um das Maß der Freude voll zu machen, bekam Philipp nach einem Vorstellungsgespräch in Oxford die Studienzulassung an der dortigen Universität.

Nun konnten wir beruhigt in den Urlaub fahren. Wir hatten zwei Einladungen: von einer Westberliner Grünen in ihr Ferienhaus am Gardasee und zu Freunden aus Siegen, die jetzt im spanischen Baskenland als Lehrer arbeiteten. Also wollte ich meine sechs Wochen Ferien zwischen Italien und Spanien teilen. Mangels Westgeld kaufte Knud die Fahrkarten wieder in Ostberlin. Wir legten die weite Strecke in Etappen zurück. Italien überwältigte mich. Ich las Goethes »Italienische Reise« und suchte einige seiner Stationen auf. Knud hatte ein Zelt aus der DDR mitgebracht, und so konnten wir noch ein paar Orte ansteuern, die ich immer schon hatte sehen wollen. Venedig zog mich mit seinem morbiden, düsteren Charme für immer in seinen Bann. In Verona beschlossen wir, uns das Opernspektakel auf keinen Fall entgehen zu lassen. Schon bei Tag war die Arena di Verona, das ehemalige Amphitheater, in dem jetzt Opernaufführungen stattfinden, ein imponierender Anblick. Ich perfektionierte die Kunst, mich mit wenig Geld und Kindern durch das Land zu bewegen. In Verona freundeten wir uns mit einem malerischen Bettler an, der uns verbilligte Operntickets besorgte und uns sagte, wo die besten Schlafplätze wären, wo es etwas zu essen gäbe und wie man umsonst in Museen und Ausstellungen käme. So lernte ich Italien von unten kennen und habe dabei wenig entbehrt. Leider wurde ich in der zweiten Woche unseres Aufenthaltes sehr krank. Ich musste die geplante Gebirgstour mit Philipp streichen und an den Gardasee zurückkehren. Es dauerte über eine Woche, ehe ich halbwegs wieder auf den Beinen war. Vermutlich war meine Krankheit eine Reaktion auf den Stress des zurückliegenden Jahres. Obwohl ich gern nach Spanien gefahren wäre, fühlte ich mich nicht in der Lage, wieder einen Aufenthaltswechsel vorzunehmen. Lieber wollte ich nach Cambridge zurückkehren. Unsere Gastgeberin bot uns aber an, bis zum Ende der Ferien in Malcesine zu bleiben. Ich bin ihr heute noch dankbar dafür. Ich hatte vor, die verbleibenden Wochen ganz ruhig zu verbringen.

Äußerlich war das auch der Fall. Aber innerlich versetzten mich die Nachrichten über die DDR-Flüchtlinge in Ungarn in Aufruhr. Täglich gab es neue Meldungen in den Zeitungen, über Botschaftsbesetzungen, wilde Camps in Budapester Parks und in der Nähe der österreichischen Grenze. Immer mehr Menschen gelang es, den Eisernen Vorhang zu überwinden. Ich wusste, nun begannen die Veränderungen, auf die ich gewartet hatte. Ich musste mich erneut der bereits entschiedenen Frage stellen, ob ich in die DDR zurückkehren oder mein Studium fortsetzen wollte. Sooft ich mir die Frage stellte, immer lautete die Antwort, die ich mir selbst gab: zurück nach Cambridge. Ich fühlte, dass ich genug getan hatte für die Änderung der Verhältnisse. Nun sollten andere ran. Philipp dagegen zog es zurück in die DDR. Wenigstens bis zum Ferienende wollte er dabei sein. Als die Schule begann, waren wir alle wieder in Cambridge. Obwohl das Universitäts-Trimester erst im Oktober begann, traf ich mich mit meinem Tutor und fing unverzüglich mit den Vorbereitungen für meine »Master-Dissertation« an. Knud hatte sich auch entschlossen, nach Cambridge zu kommen. Als EG-Bürger war er berechtigt, Sozialhilfe zu beantragen, sodass wir erstmals über ausreichend Geld verfügten. Selbst in der elitären akademischen Welt von Cambridge waren die Ereignisse in Osteuropa Gesprächsthema Nummer eins. Ich wurde zur gefragten Diskussionspartnerin und häufig zu Diskussionsveranstaltungen eingeladen. Auch britische Fernsehstationen ließen mich ab und zu die politischen Entwicklungen kommentieren. Nebenbei interessierten sie sich wieder für meine Geschichte. Das St. John's College war jetzt stolz, dass es mich aufgenommen hatte. Ich war froh, dass ich Professor Sykes und dem College seine Großzügigkeit mir gegenüber so gut danken konnte.

Die folgenden Wochen waren merkwürdig: Ich saß in meinem Arbeitszimmer und schrieb fieberhaft an meiner Magisterarbeit. Meinem Unterbewusstsein war schon klar, dass unser englisches Leben schneller zu Ende gehen würde, als mir lieb war. Vorher wollte ich mein Studium geschafft haben. Nebenan verfolgten Knud und Philipp die Fernsehnachrichten. Wenn sich etwas besonders Aufregendes ereignete, klopfte einer von den beiden an die Wand. Ich sprang dann auf und stürzte ins Nebenzimmer. Wir diskutierten dann heftig die Geschehnisse. Ich spürte immer noch kein Verlangen zurückzukehren. Bei Philipp war das anders. Während seines letzten Aufenthaltes in Berlin hatte er auf einer Party ein Mädchen kennen gelernt, das ihn sehr beschäftigte. Sie hatte ihm einiges von sich erzählt, aber er wusste nicht einmal ihren Nachnamen. Sie hatte auch vergessen, ihm ihre Telefonnummer zu geben. Dann entdeckte er in einem »Spiegel«, den wir jetzt immer kauften, um mehr Informationen über die Vorgänge in der DDR zu bekommen, einen Artikel über Jens Reich. Er kam ganz aufgeregt zu mir, zeigte mir den Beitrag und erklärte mir, warum Jens Reich der Vater des Mädchens war, das er getroffen hatte. Aus dem Geschriebenen ging hervor, dass Jens Reich in Pankow wohnte. Philipp setzte sich also hin und schrieb einen Brief an das Mädchen. Er adressierte den Umschlag mit Steffi Reich, Tochter von Professor Reich, 110 Berlin-Pankow – die Staatssicherheit weiß, welche Straße. Der Brief kam tatsächlich an, und Steffi antwortete.

Auch von anderen bekamen wir jetzt Post. Eine ehemalige Klassenkameradin von Philipp beschrieb uns die Feierlichkeiten zum 40. Jahrestag der DDR, die sie im FDJ-Block mitgemacht hatte. Danach war mir klar, dass die Erosion des Systems schon die treuesten Kader erfasst hatte. Andere berichteten uns von den Prügelszenen im Umfeld der Erlöserkirche. Die Depression, die viele Oppositionelle nach unserer Ausweisung und dann noch einmal nach den dreisten Wahlfälschungen bei den DDR-Kommunalwahlen im Mai erfasst hatte, war vollständig verflogen. Ich wurde wieder häufiger um Rat gefragt, spürte aber nach wie vor kein Verlangen, aktiv teilzunehmen. Philipp dagegen wurde immer unruhiger. Nach den ersten Montagsdemos begannen in Berlin die Spekulationen darüber, ob die Ossietzky-Schüler wieder an die Schule zurückkehren durften. Aber keiner der Anrufer, auch nicht die aus der Kirchenleitung, konnten Genaueres sagen. Dann erschien sogar in der »Berliner Zeitung« ein Artikel über die Ereignisse an der Ossietzky-Schule, verbunden mit der Frage, ob die Relegierung nicht rückgängig gemacht werden müsste. Die Unruhe von Philipp steigerte sich zur Qual. Ich konnte das nicht mehr mit ansehen. Kurz entschlossen sagte ich zwei Einladungen zu, die ich bereits abgesagt hatte. Die eine Veranstaltung war an der TU Berlin am 8. November, die andere in Osnabrück am 10. November. Die Veranstalter bezahlten mir die Flugreise.

Am 4. November fand eine große Demonstration in Berlin statt, die als Gegenstück zu den Leipziger Montagsdemos gedacht war und bei der auch Gregor Gysi und Markus Wolf als Redner auftraten. Obwohl Gysi Rechtssicherheit statt Staatssicherheit forderte, erwähnte er die Ossietzky-Schüler, die seine Mandanten waren, mit keinem Wort. Auch sonst weiß ich nichts von Bemühungen Gysis, das Unrecht, das an den Schülern begangen wurde, rückgängig zu machen. Ich beschloss, die Sache selbst in die Hand zu nehmen. Ich wollte einfach nach Ostberlin einreisen, in das Volksbildungsministerium gehen und die Rehabilitierung der Schüler fordern. So stand ich am Morgen des 9. November am Kontrollschalter des Bahnhofs Friedrichstraße und begehrte Einreise in die DDR. Wie schon einmal wusste der Posten nicht, was er tun sollte. Er starrte hilflos auf seinen Computer, telefonierte, fingerte wieder am Computer herum, telefonierte wieder. Schließlich kam ein Vorgesetzter und sagte, ich solle doch in den Nebenraum kommen. Mein Fall sei kompliziert, und ich müsste die Klärung abwarten. Ich antwortete, dass ich mich nur in eine Richtung bewegen würde, und zwar zu der eisernen Tür, hinter der das Gebiet der »Hauptstadt der DDR« lag. Hinter mir staute sich bereits eine längere Schlange. Die Menschen begannen, ungeduldig zu werden und zu murren. Ob ich meine Papiere nicht in Ordnung halten könnte, ich würde hier doch alles aufhalten. Ich drehte mich um, erklärte kurz, wer ich sei und warum ich Schwierigkeiten hätte, durchgelassen zu werden. Darauf gab es vereinzelte Rufe »Durchlassen, Durchlassen«, die zum Sprechchor wurden. Innerhalb einer halben Minute stand ich auf der anderen Seite des Bahnhofs Friedrichstraße.

Mauerfall

Der Bahnhof Friedrichstraße sah trist aus wie immer. Ich musste einen Anflug von Panik unterdrücken und ich erinnere mich, dass ich dachte: So viel hat sich nicht verändert. Die Nachrichten in den Zeitungen sind aufregender als das hier! Den Vormittag verbrachte ich im Polizeipräsidium am Alexanderplatz, um ein Visum nach Großbritannien zu bekommen. Es dauerte Stunden, bis ich es erhielt. Zwischenzeitlich hatte ich eine unerwartete Begegnung: Ich lief Ibrahim Böhme buchstäblich in die Arme. Er war hier, um für eine Reihe frisch gebackener DDR-Sozialdemokraten Visa zum Besuch von Veranstaltungen sozialdemokratischer Parteien Westeuropas zu beantragen. Er begann sofort, mich für die SPD zu werben. Sie bräuchten noch Frauen wie mich, ich solle es mir überlegen. Dann fuhr ich in meine Wohnung am Amalienpark, die ich erstmals seit fast zwei Jahren wieder betrat. Als ich die Tür öffnete, blieb mir fast das Herz stehen. Die Wohnung bot einen Anblick der Verwüstung. Die Möbel waren fast alle beschädigt, darunter die wenigen Erinnerungsstücke von meiner Großmutter, die Bücher waren aus den Regalen gerissen, teilweise zerfetzt, die Wäsche zerrissen und verstreut, das Porzellan zerschlagen. Ich watete knietief in den Trümmern meiner früheren Existenz. Später fragte ich mich, wann die Verwüstung meiner Wohnung stattgefunden hatte – in den wenigen Stunden, die ich im Polizeipräsidium verbracht hatte? Um mir zu zeigen, dass ich nicht willkommen war in der DDR? Um mich von meinem Schock abzulenken, begann ich fieberhaft aufzuräumen und richtete wenigstens das kleine Zimmer, in dem ich schlafen wollte, notdürftig her, räumte in der Küche eine Ecke frei und säuberte das Bad. Dann hielt ich es nicht mehr aus. Ich fuhr zu Maja Wiens, einer Schriftstellerin, die ich seit langem kannte und deren Sohn auch von der Affäre an der Ossietzky-Schule betroffen war. Bei Maja Wiens sah ich die Pressekonferenz mit SED-Politbüromitglied Günter Schabowski. Wir sahen, wie Schabowski der Zettel von links gereicht wurde, hörten ihn die Notizen vorlesen, bemerkten, wie er stutzte, hörten die Fragen der Journalisten, die schon fast im Wegrennen gestellt wurden.

Wir wussten, dass dies ein entscheidender historischer Augenblick war, und diskutierten, was zu tun sei. Dann brachen wir auf zu Christa Wolf, um sie zu fragen, ob sie bereit wäre, Präsidentin der DDR zu werden. Christa Wolf wohnte seit einiger Zeit im Amalienpark, meiner Wohnung gegenüber. Sie hatte vor Jahren Honig bei mir gekauft und bei dieser Gelegenheit festgestellt, dass sie lieber im Amalienpark wohnen würde als in der Friedrichstraße, wo sie damals lebte. Gerhard Wolf öffnete die Tür und sagte, dass seine Frau zwei Tage zuvor einen Herzanfall erlitten hätte. Sie könne uns leider nicht empfangen, ließ aber ausrichten, dass sie sich gesundheitlich nicht in der Lage fühle, neue Verpflichtungen zu übernehmen. Wir gaben nicht auf und suchten ihre älteste Tochter Annette, die um die Ecke wohnte. Aber Annette machte uns keine Hoffnungen: Ihrer Mutter ginge es schlecht, sie könne wirklich nicht mehr tun, als sie schon getan habe. Als wir Annette verließen, war es gegen halb elf Uhr. Wir liefen die ausgestorbene Berliner Straße entlang, als uns zwei ausgelassen tanzende junge Männer auffielen. Als sie dicht genug herangekommen waren, fielen sie uns um den Hals und teilten uns mit, dass an der Bornholmer Straße eben die Mauer gefallen sei. Wir begaben uns umgehend dorthin. Inzwischen hatte sich die Nachricht schon herumgesprochen. Ein breiter Menschenstrom wälzte sich in Richtung Bornholmer Brücke. Als wir die Brücke fast erreicht hatten, fiel mir eine kleine Gruppe auf, die sich den Weg Richtung Osten bahnte. Ich erkannte Bärbel Bohley und ein halbes Dutzend andere Oppositionelle. Ich wollte mich bemerkbar machen, überlegte es mir aber anders. In diesem magischen Moment war mir nicht nach Diskussionen zumute.

An den Grenzanlagen standen die Dienst habenden Soldaten und Offiziere mit dem Rücken an der Wand. Sie waren alle mit Blumen geschmückt, die Vorübergehende in ihre Knopflöcher und unter die Achselstücke geschoben hatten. Alle hatten Bier- oder Weinflaschen in der Hand, aus denen sie aber nicht tranken. Ihre Mienen waren so versteinert wie ihre Haltung. Man hätte sie für Wachsfiguren halten können. Ich suchte den Ranghöchsten und fragte ihn, was er jetzt fühle. Er antwortete nicht, verzog auch keinen Muskel in seinem Gesicht. Allerdings wusste ich selbst nicht genau, was ich fühlte. Mein erster klarer Gedanke war Bedauern, dass ich den ganzen Vormittag auf dem Polizeipräsidium zugebracht hatte, um ein Visum zu erhalten, das ich jetzt nicht mehr brauchte. Auf der Westseite der Brücke schockierte mich eine Vereinigungsorgie von Ost- und Westneonazis. Ich ging zur ersten Telefonzelle, die ich fand, und rief in Cambridge an. Knud war noch wach. Er hatte bereits im Fernsehen die Nachricht gehört, dass die Mauer in Berlin gefallen sei. Philipp, erfuhr ich, hatte schon vorher die Sachen gepackt und war mir nachgefahren. Allerdings wurde er in Harwich aufgehalten, weil die Fähre wegen eines Sturmes nicht fuhr. So erlebte er, statt dabei zu sein, den Mauerfall am Fernseher in einem Hotel in Harwich. Am nächsten Vormittag würde er in Berlin eintreffen. Dann stieg ich in einen Doppelstockbus, der bereits voll mit übermütigen Menschen besetzt war. Der Fahrer verließ seine übliche Route und machte mit uns eine Sightseeing-Tour durch Westberlin. Ich ließ mich von der Fröhlichkeit der Menschen anstecken. Als wir in Kreuzberg landeten, stiegen wir auf Majas Wunsch aus und besuchten die Schwester von Bettina Wegner.

Claudia war vor Jahren Bettina nach Westberlin gefolgt. Sie fand es aber gar nicht gut, dass die Mauer gefallen war. Was sollte aus der DDR werden? Wer würde da noch leben wollen? Das war aus Claudias Sicht, die das DDR-Regime offensichtlich immer noch für die bessere Alternative zum Kapitalismus hielt, unverzeihlich. Seit sie ihn nicht mehr aushalten musste, hatte sie sich in eine Verteidigerin des Sozialismus verwandelt. Ich hatte keine Lust auf diese Diskussionen und verabschiedete mich bald. Eigentlich hatte ich am Brandenburger Tor die Grenze zurück in den Osten überqueren wollen, war dann aber zu müde. Also ging ich zum nächstgelegenen Übergang, Heinrich-Heine-Straße, und erlebte wieder einen Anfall von Panik, als ich mich auf der Ostseite bewaffneten Grenzern, die alle ihre MP im Arm, nicht auf dem Rücken hatten, gegenübersah. Diese Soldaten waren nicht mit Blumen geschmückt und starr, sondern sahen zu allem entschlossen aus. Ich unterdrückte den Impuls, sofort in den Westen zurückzukehren. Aber auf der Heimfahrt plagte mich das Schreckenszenario, die Grenze würde wieder abgeriegelt und die sozialistische Ordnung wiederhergestellt. Ich schlief kaum. Am Vormittag holte ich Philipp am Grenzübergang Friedrichstraße ab. Er kam mit einem großen Koffer: Er hatte seine Zelte in Cambridge offensichtlich abgebrochen.

Am Nachmittag fuhr ich zum Volksbildungsministerium. Dort wurde ich ohne weiteres eingelassen. Allerdings wurde mir wortreich erklärt, dass das Ministerium mit der Ossietzky-Schule-Affäre nie befasst gewesen sei. Mich erstaunte die Devotion, mit der ich behandelt wurde. Sie sahen in mir offensichtlich eine neue Machthaberin und bemühten sich, einen guten Eindruck zu machen. Margot Honecker war nicht im Hause. Sie hatte es vorgezogen, an diesem Tage nicht zur Arbeit zu erscheinen. Ich wurde ins Rote Rathaus verwiesen, an die dortige Abteilung Volksbildung. Dort beteuerte man ebenfalls, nichts mit der Sache zu tun zu haben, und wollte mich an den Stadtbezirk Pankow verweisen. Ich war der Sache aber überdrüssig geworden und bestand auf einer sofortigen Klärung und einer vollständigen Rehabilitierung der Schüler. Vorher würde ich das Gebäude nicht verlassen. Mein Sohn würde der Öffentlichkeit eine entsprechende Mitteilung machen, wenn ich nicht nach Hause käme. Letzteres konnte ich zwar bestenfalls hoffen, denn wir hatten nichts dergleichen verabredet. Aber die Drohung wirkte. Nach einer Stunde stand fest, dass die Ossietzky-Schüler rehabilitiert würden. Ich bestand auf einer Veranstaltung in der Aula der Schule. So geschah es. Als ich später in der ersten Reihe saß und der Rehabilitation meines Sohnes und seiner Freunde beiwohnte, fiel eine Last von mir ab. Ein Triumphgefühl breitete sich aus, nicht nur bei mir. Wir hatten das System in die Knie gezwungen.

Am Abend des Tages, an dem Philipp und seine Freunde rehabilitiert wurden, war ich in Osnabrück. Die Veranstaltung, für die ursprünglich ein kleiner Raum vorgesehen war, musste in einen großen Saal verlegt werden. Der war zum Bersten voll. Alle bewegte die Frage, wie es weitergehen solle. Würde die DDR Bestand haben? Davon war ich überzeugt. Eine schnelle Wiedervereinigung konnte ich mir nicht vorstellen. Erst müsste die DDR demokratisiert werden, dann würden wir weiter sehen. Ich rechnete mit einer jahrelangen Entwicklungsphase. Ich würde immer noch genug Zeit haben, daran mitzuwirken. Zunächst wollte ich mein Studium in Cambridge beenden.

Zurück in Cambridge, kam mir unser Haus ohne Philipp leer vor. Es tat mir weh, dass unsere Familie wieder getrennt war. Ich bemühte mich, diesen Gefühlen wenig Raum zu lassen. Ich arbeitete fieberhaft an meiner Magisterarbeit. Ich überließ weitgehend meinem Mann den Haushalt und die Kinderbetreuung. Das war eine erhebliche Erleichterung. Ich konnte konzentriert arbeiten, ohne gleichzeitig an all die Dinge denken zu müssen, die Familienleben und Haushalt erforderten. Ich kam gut voran. Als die Weihnachtsferien begannen, fuhr ich wieder in die DDR. Patrick und ein Bekannter von Margret, Dominic Johnson, heute für Außenpolitik bei der »tageszeitung« zuständig, begleiteten mich. Sie wollten sich an Ort und Stelle über die aufregenden Vorgänge in der DDR informieren. Wir fuhren nach Leipzig, um an der Montagsdemo teilzunehmen. In der Nikolaikirche, dem Ausgangspunkt jeder der Demonstrationen, sah ich ein paar bekannte Gesichter. Pfarrer Christian Führer, den ich ebenfalls von früher kannte, begrüßte mich freundlich, aber zurückhaltend. Ob ich zurückgekehrt sei? Ich antwortete, dass ich in jedem Fall erst mein Studium abschließen wollte, bevor ich endgültig wiederkäme. Ob ich auf der Demonstration auch reden wolle? Ich zögerte. Aber Dominic drängte mich, es zu tun. Also gab ich nach.

Wir liefen mit bis zum Karl-Marx-Platz. Dort hatte sich eine unübersehbare Menge angesammelt, die sich ganz erheblich von den Kirchenbesuchern unterschied. Während wir in der Kirche mindestens ebenso viele Frauen wie Männer gesehen hatten, überwiegend hell gekleidet, dominierten jetzt eindeutig die Männer. Vom Balkon, von dem die Redner sprachen, war das Bild noch eindeutiger. Die Losungen für eine schnelle Wiedervereinigung waren in der überwältigenden Mehrzahl. Als ich als Rednerin angekündigt wurde mit dem Zusatz, dass ich aus England zurückgekehrt sei, gab es die ersten Pfiffe. Noch mehr gepfiffen wurde bei dem, was ich sagte. Ich berichtete von den britischen Vorbehalten gegen eine Vereinigung, von der Stimmung in der Presse. Viel Sympathie für die demokratische Bewegung, wenig für die Vereinigung. Während ich redete, merkte ich, wie sehr das Modell einer selbstständigen, sich demokratisierenden DDR, die neben der Bundesrepublik existierte, auf Ablehnung stieß. Die Mauer war gefallen, ein gewaltsames Rollback Anfang Dezember nicht mehr zu befürchten – also artikulierte die Mehrheit ihren Willen. Dominic gratulierte mir zu meiner Rede. Ich war weniger sicher, dass sie angemessen gewesen war. Ich erschien abends in der »Tagesschau«, als Symbol dafür, was die Bürgerrechtsbewegung wollte. Für mich war dieser Auftritt aber der Beginn meines Umdenkens. Ich begann mich mit der Möglichkeit einer schnellen Vereinigung auseinander zu setzen.

In diesen Tagen trat ich der Grünen Partei der DDR bei, die sich kurz zuvor gegründet hatte. Anlass war ein Brief von Carlo Jordan, einem Gründungsmitglied, der mich für seine Partei warb. Wir kannten uns seit Jahren aus der Ökologiebewegung der DDR, wo wir mehrere Ökoseminare gemeinsam vorbereitet hatten und an der Gründung der Umweltbibliothek beteiligt waren. Wer von den aktiven Oppositionellen im Herbst 1989 in welche neu gegründete Partei ging, hing sehr vom Zufall, persönlichen Bekanntschaften oder Antipathien ab. Wie uneinheitlich die Opposition vor der Herbstrevolution war, beweist sich auch darin, dass sie im Herbst 1989 nicht zu einem gemeinsamen Handeln fand. Ohnehin war niemand auf eine Revolution vorbereitet. Es gab nicht einmal theoretische Überlegungen, was im Falle des Falles zu tun sei. Wir wurden vom Tempo der Ereignisse förmlich überrollt. Wir handelten im Versuch-und-Irrtum-Verfahren. Als der Umweltminister der Regierung abgelöst werden sollte, fand meine Idee, dass die eben gegründete Grüne Partei der DDR diesen Posten für sich reklamieren sollte, keinerlei Resonanz. Als wenige Wochen später der frisch gekürte Regierungschef Modrow eine Regierung der »Nationalen Verantwortung« ausrief und den fünf neu gegründeten Bürgerrechtsparteien fünf Ministerposten ohne Ressort anbot, wurde gar nicht mehr diskutiert, ob eine solche Regierungsbeteiligung überhaupt ratsam sei.

Ich war inzwischen wieder in Cambridge, als mich ein Anruf von Carlo Jordan erreichte. Ich sollte sofort nach Berlin kommen, wo in zwei Tagen eine Vollversammlung der Grünen Partei stattfinden würde. Er wolle mich als Ministerin vorschlagen. Ich bat mir Bedenkzeit aus. Ich wollte unbedingt mit jemandem sprechen. Ich ging zu Professor Sykes und bat ihm um Rat. Er war unschlüssig und kam auf die Idee, Anthony Lovius, eine Galionsfigur der britischen Umweltbewegung, anzurufen. Wir konferierten am Telefon etwa eine Stunde miteinander. Ich blieb unschlüssig. Wenn es ein konkretes Ressort, etwa Umwelt, gewesen wäre, hätte ich mich positiv entschieden. Aber was sollten Minister ohne Geschäftsbereich tun? War es wirklich nötig, als Bürgerrechts-Galionsfigur in eine SED-Regierung zu gehen? Ich entschloss mich, das Schicksal entscheiden zu lassen. An dem Abend, als ich in Berlin zur Ministerin gekürt werden sollte, hatte ich einen Vortrag in Oxford zugesagt. Also teilte ich Carlo mit, ich könne den Vortrag keinesfalls absagen, sie sollten ohne mich entscheiden. Natürlich waren die Grünen sauer, dass ich nicht zur Kür erschien, und nach vielen Beratungen und Telefonaten nominierten sie den ebenfalls nicht anwesenden Mathias Platzeck.

Meine Entscheidung, zur Wahl nicht anzutreten, war eher eine des Gefühls als des Verstandes. Allerdings bin ich heute froh darüber, nicht in die Regierung Modrow gegangen zu sein. Tatsächlich dienten die Bürgerrechtsminister als Deckung, hinter der sich relativ ungestört Vermögensverschiebungen und andere Abwicklungstransaktionen verbergen ließen. In der Zeit der Regierung Modrow wurden die entscheidenden Strukturen für das Überleben der SED-Fortsetzungspartei PDS geschaffen. Die Anwesenheit eigener Minister in der Regierung hinderte die Bürgerrechtsbewegung, diese Regierung wirklich anzugreifen. Ein weiteres Instrument zur ungestörten Abwicklung und Transformation des SED-Systems wurde der Runde Tisch. Nach polnischem Vorbild war dieser Runde Tisch im Dezember 1989 installiert worden. Alle Parteien, neue und alte, waren daran vertreten, die Kirche übernahm die Moderation. Sich auf den Runden Tisch eingelassen zu haben, war der zweite schwere Fehler, den die Bürgerbewegung machte. Die wenigen Entscheidungen, die wirklich getroffen wurden, waren Regelungen zugunsten der Altkader, wie etwa die Erlaubnis für die Hauptverwaltung Aufklärung, der Auslandsspionage der Staatssicherheit, ihre Datenträger vernichten zu dürfen.

Ich wurde von der Grünen Partei in die Verfassungskommission des Runden Tisches geschickt. Diese Kommission sollte innerhalb kürzester Zeit eine neue Verfassung für die DDR schreiben. Auch die Verfassungskommission war heftig durchsetzt von alten SED-Kadern wie Rosemarie Will, die heute auf Vorschlag der PDS Verfassungsrichterin in Brandenburg ist. Die Diskussionen, die ich in diesen Wochen um eine neue Verfassung führte, zähle ich zu den aufregendsten meines Lebens. Ich bekam einen Crashkurs in Verfassungsgeschichte, las und verglich erstmals die verschiedenen demokratischen Verfassungen und sorgte dafür, dass in den Verfassungsentwurf des Runden Tisches etliche illusionäre Forderungen, die sich an die Vorstellungen der Bürgerrechtsbewegung über einen möglichen dritten Weg für die DDR anlehnten, aufgenommen wurden. Wir formulierten ein Recht auf Arbeit, Recht auf Wohnen und – der Vorschlag stammte von mir –

eines auf selbstbestimmtes Sterben. Dass der Entwurf nicht ganz und gar unrealistisch wurde, ist vor allem Richard Schröder zu verdanken, der für die SDP, wie die sozialdemokratische Partei der DDR damals noch hieß, in der Kommission saß. Ich habe, indem ich viel mit ihm stritt, viel von ihm gelernt, denn wenn ich abends unsere Dispute noch einmal überdachte, musste ich ihm oft Recht geben. Konsequenterweise verhinderte Richard Schröder als Fraktionsvorsitzender der SPD-Volkskammer später, dass der Verfassungsentwurf des Runden Tisches zur letzten Verfassung der bereits absterbenden DDR wurde. Eine Entscheidung, die ich damals nicht gebilligt habe, heute aber für richtig halte. Der Verfassungsentwurf des Runden Tisches ist ein Dokument der überwiegend illusionären, utopisch-romantischen Vorstellungen des harten Kerns der Bürgerbewegung. Mit den Vorstellungen und Wünschen der Mehrheit der DDR-Bevölkerung hatte das nichts zu tun. Während sich die Bürgerrechtsbewegung auf den Runden Tisch vorbereitete, wurde in der SED fieberhaft am Erhalt der Partei und der DDR gearbeitet. Im Herbst 1989 überwog das Gefühl von Reue und Scham bei der Mehrheit der SED-Mitglieder. Einerseits gab es massenhafte Austritte, andererseits ein ebenso deutliches, von der Mehrheit getragenes Bestreben, die Verbrechen des SED-Regimes offen zu legen. Auf Druck der Parteibasis wurde eine Kommission zur Untersuchung von SED-Verbrechen eingesetzt, deren Vorsitz Rechtsanwalt Gregor Gysi übernahm. Allerdings kam die Kommission zu keinerlei Ergebnissen und wurde später »eingeschläfert«.

Um die drohende Auflösung der SED zu verhindern, wurde von den SED-Bezirkssekretären ein »Arbeitsausschuss« eingesetzt, in dem neben Gysi auch Markus Wolf und Lothar Bisky mitarbeiteten – drei Personen, die direkt oder indirekt mit der Staatssicherheit gearbeitet hatten. Dem Arbeitsausschuss und Gysi gelang es auf dem Parteitag der SED im Dezember 1989, die Auflösung der Partei zu verhindern, mit Hinweis auf das Vermögen, die Strukturen und die Immobilien, die nicht aufgegeben werden dürften. Die Bürgerrechtsbewegung machte ihren dritten großen Fehler, als sie nicht auf die verhinderte Auflösung der SED reagierte, sondern die SED/PDS am Runden Tisch akzeptierte. Kaum war die SED gerettet, drängte Ibrahim Böhme (IM »Maximilian«) von der Sozialdemokratischen Partei der DDR auf eine schnelle Neuwahl der Volkskammer. Dies entsprach dem Wunsch der SED/PDS, die sich größere Chancen versprach, je schneller gewählt wurde. Es gelang am Runden Tisch, eine schnelle Neuwahl durchzusetzen.

Wenigstens kam kurz darauf ein Wahlbündnis der neu gegründeten Parteien gegen die Altparteien zustande. Allerdings war das Bündnis von Anfang an fragil und hatte keinen Bestand. Schon im Januar, als Meinungsumfragen der SDP eine absolute Mehrheit der Stimmen voraussagten, verließ sie das Wahlbündnis. Gleichzeitig wurde die West-SPD aktiv. Bis dahin hatte sich die Ost-SPD, die SDP, keiner großen Gegenliebe bei ihrer Schwester im Westen erfreut. Nun beschloss Lafontaine, die Volkskammerwahl zur Vorentscheidung für die Bundestagswahl im Dezember 1990 zu machen. Die SDP benannte sich in SPD um und bekam von Stunde an massive Wahlkampfhilfen. Als eine Art Wahlkampfauftakt diente ein Treffen der Sozialistenführer Westeuropas in der Ostberliner Volksbühne. Ich ging mit Dominic Johnson hin, um mir das Spektakel anzuschauen. Auf der Bühne war ein riesiger, hufeisenförmiger Tisch aufgebaut, in dessen Mitte Ibrahim Böhme saß; links und rechts von ihm alle Sozialistenführer: Kinnock, Brundtland, Papandreou, Mitterrand und die anderen.

Es war für mich merkwürdig, Ibrahim, den ich hauptsächlich kochend, den Abwasch organisierend und ab und zu eine kleine Rede haltend erlebt hatte, nun in einer völlig entrückten Rolle zu sehen. Dieser Abend war der Höhepunkt seines Lebens. Er bewies in einem Augenblick, da er im Mittelpunkt des öffentlichen Interesses stand, Format. Er moderierte die Diskussion, als hätte er nie etwas anderes getan. Wir hatten uns weit vorn hingesetzt. Als Böhme mich im Zuschauerraum sah, nickte er mir zu. Gegen Ende der Veranstaltung bedankte er sich für die Aufmerksamkeit, die ihm entgegengebracht worden war, und sagte, es gäbe Menschen im Saal, die das auch verdient hätten. Dann nannte er ein paar

Namen, meinen zuerst, und bat uns aufzustehen. Die Sozialistenführer zollten uns höflich Beifall, das Publikum ebenfalls. Es war ihnen jedoch anzusehen, dass sie Böhmes Geste rührend, aber unprofessionell fanden. Nach Ende der Veranstaltung trafen wir uns kurz hinter der Bühne. Wir hatten kaum Zeit, ein paar Worte miteinander zu wechseln, da wurde Ibrahim Böhme von einem Pulk wichtiger Personen förmlich weggespült. Er fuhr in einem Konvoi schwarzer Limousinen davon. Als die Flut abgeebbt war, sah ich Markus Meckel einsam am Straßenrand stehen. Er blickte voller Hass dem Konvoi hinterher. Böhme spielte eine Rolle, die, davon war Meckel überzeugt, ihm selbst gebührte. An diesem Abend ahnte ich nicht, wie nahe Ibrahim Böhme seinem Fall bereits war.

In der letzten Volkskammer

Nachdem der Wahltermin festgelegt war, begannen wir fieberhaft mit der Wahlvorbereitung. Ich war inzwischen zur Pressesprecherin der Grünen Partei gewählt worden. Ich bekam ein Büro im »Haus der Demokratie« in der Friedrichstraße. Zu DDR-Zeiten hatte in dem repräsentativen Gebäude die SED gesessen; nun schenkte es die PDS großzügig den neu gegründeten Parteien und Gruppen. Als ich meinen Posten als Pressesprecherin der Grünen Partei antrat, hatte ich kaum Hilfsmittel zur Verfügung. Es gab eine Schreibmaschine, dann auch einen Computer, ein Radio, ein Telefon. Das war neben den Sprelacart-Büromöbeln aus SED-Zeiten alles.

Als Helmut Kohl seinen 10-Punkte-Plan vorstellte, saß ich neben dem Radio, krampfte meine Hand um den Kugelschreiber und versuchte, das Wichtigste mitzuschreiben, um anschließend eine Stellungnahme abzugeben. Resigniert musste ich feststellen, dass alle West-Parteien sofort auf den Plan reagierten, während ich noch fieberhaft an meiner Stellungnahme schrieb. Ich bemühte mich in meiner kurzen Zeit als Pressesprecherin, mir wenigstens das elementarste Handwerk anzueignen. Ich wäre damit gescheitert, wenn mir der Pressesprecher der Grünen, Heinz Suhr, nicht ein paar Nachhilfestunden gegeben hätte.

Als wir die Liste für die Volkskammerwahlen aufstellten, wurde ich zur Spitzenkandidatin der Grünen Partei der DDR gekürt. Ich hatte den Wahlkampf in Berlin fast allein zu bewältigen. Die Grüne Partei hatte die Grundsatzentscheidung getroffen, keinen Personen-, sondern einen Themenwahlkampf zu führen. Schon damit gerieten wir gegenüber allen anderen Parteien ins Hintertreffen, die die Köpfe ihrer Kandidaten plakatierten, wenn auch, wie im Falle des Neuen Forums, nur als Gemeinschaftsplakat mit einem Dutzend postkartengroßer Bilder. Auf den Diskussionspodien konnte ich mich gegen die Vertreter der anderen Parteien durchaus behaupten. Jedenfalls ließ der Beifall, den unsere Positionen bei den Anwesenden fanden, nicht auf das kommende Debakel schließen. Während SPD und CDU professionell Straßenwahlkampf machten, bei dem an den Ständen verschiedenste Geschenke verteilt wurden, hatten wir nicht einmal genügend Handzettel, die ich an meinem Tapeziertisch verteilen konnte. Ich versuchte wenigstens, den Tisch wirkungsvoll zu dekorieren: mit einem grünen Tuch, schönen Zweigen, Steinen, sodass mein Tisch eher einer Werbung für naturnahe Party-Dekoration als einer politischen Botschaft glich. Ich war zufällig auf Wahlkampftour in Halle, als die Großkundgebung der »Allianz für Deutschland« stattfand, auf der sich Wolfgang Schnur, inzwischen Spitzenkandidat des Demokratischen Aufbruchs, selbst als zukünftigen Ministerpräsidenten ausrief. Ich hatte ihn nach meiner Abschiebung erst wenige Male am Runden Tisch gesehen, an dem er für den Demokratischen Aufbruch saß. Nach diesem Auftritt in Halle nahm ich mir vor, ihn bei der nächsten Gelegenheit anzusprechen und ihm wegen seines Verhaltens vor und nach meiner Abschiebung zur Rede zu stellen. Die Gelegenheit ergab sich in der nächsten Woche. Es war in der Mittagspause einer der letzten Sitzungen des Runden Tisches. Das Gespräch verlief erwartungsgemäß unerfreulich. Womit ich nicht gerechnet hatte, war, dass er mir drohte, »mit allem, was er wisse«, an die Öffentlichkeit zu gehen. Weil ich keine Ahnung hatte, was er meinte, blieb ich gänzlich unbeeindruckt. Erst im Nachhinein meine ich, dass er wusste, dass mein damaliger Mann Inoffizieller Mitarbeiter bei der Staatssicherheit gewesen war, und annahm, ich wüsste es ebenfalls. Was Schnur während unseres Gespräches nicht ahnte, war, dass ich wohl die geringste Sorge darstellte, die er hatte.

Ein paar Tage später, der Abend war schon fortgeschritten, kam ein Vorstandsmitglied des Demokratischen Aufbruchs in mein Büro im »Haus der Demokratie«. Ich kannte ihn nur flüchtig, er aber wusste genau, wer ich war. Er wirkte seltsam fahrig, als er mir sagte, dass er mich unbedingt sprechen müsse. Dann erzählte er mir stockend, dass ihm, er könne mir nicht sagen von wem, die Mitteilung gemacht worden wäre, Wolfgang Schnur sei Stasispitzel gewesen. Ob ich das für möglich hielte? Das wäre doch eine Katastrophe! Ich erzählte dem Mann, was ich mit Schnur erlebt hatte und dass Freya Klier den gleichen begründeten Verdacht hegte. Nach einer halben Stunde verließ der Mann völlig aufgelöst den Raum. Er hatte Schnur immer bewundert, war aber jetzt entschlossen, nicht zuzulassen, dass der Mann weiter Vorsitzender des Demokratischen Aufbruchs blieb. Ich hörte einige Tage nichts von der Angelegenheit, dann trat Schnur kurz vor der Volkskammerwahl als Vorsitzender des Demokratischen Aufbruchs zurück, nahm auch sein Volkskammermandat nicht an. Der politische Fall zog den persönlichen Fall nach sich. Zwar gelang es Schnur zwischenzeitlich, eine Anwaltskanzlei am Kurfürstendamm aufzumachen, sie wurde ihm aber schließlich wegen mehrfach erwiesenen Mandantenverrats entzogen. Der Mann, der so gern Schicksal bei anderen gespielt hatte, war nicht in der Lage, sein Schicksal in die Hand zu nehmen und sich einen würdigen Abgang zu verschaffen. Bereut hat er übrigens nie. Als sich später herausstellte, dass er einen Teil der Dinge, die von der Staatssicherheit während der Haussuchung nach meiner Verhaftung beschlagnahmt worden waren, von der Staatssicherheit ausgehändigt bekommen, mir aber nie zurückgegeben hatte, versuchte ich, gerichtliche Hilfe in Anspruch zu nehmen, um diese Dinge, hauptsächlich Briefe, Fotos, Aufzeichnungen, Bücher mit Anmerkungen, zurückzubekommen. Vergeblich, der Diebstahl sei verjährt und nicht mehr verfolgbar. Ich ließ es dabei, weil ich keine Lust hatte, weiter Zeit und Kraft mit dieser Auseinandersetzung zu vergeuden.

Das Ergebnis der ersten und letzten freien Volkskammerwahl der DDR war eine Überraschung für alle. Es war ein heißer Sonntag, weit über 20 Grad warm, ungewöhnlich für den März. Am späten Vormittag, als ich zum Wahllokal ging, fiel mir auf, wie viele Menschen auf der Straße waren. Alle außer mir hatten sich festlich angezogen, manche hielten Blumen in der Hand. Das Volk der DDR feierte still und würdig seinen Triumph. Ich lief nach Hause zurück, um mich ebenfalls fein zu machen. Nach der Wahl bummelte ich durch die Straßen, um die Atmosphäre zu genießen. Am späten Nachmittag fuhr ich zum »Palast der Republik«, um dort gemeinsam mit den Spitzenkandidaten der anderen Parteien auf das Wahlergebnis zu warten. Der »Palast« war überfüllt, hauptsächlich von Journalisten aus aller Welt. Mit Mühe konnte ich mich zum Stand der Grünen Partei durchkämpfen, wo ich mich für Wahlkommentare bereithalten sollte.

Gegenüber residierte Ibrahim Böhme am Stand der SPD. Auch er hatte sich seit geraumer Zeit schon als Ministerpräsident der DDR gesehen. Er war dicht umlagert. Relativ unbeachtet stand Lothar de Maizière in der dritten Ecke. Als kurz nach 18 Uhr das Ergebnis der ersten Hochrechnung bekannt gegeben wurde, war es für einen Augenblick totenstill. Dann brach die Hölle los. Rufend, winkend, stolpernd versuchten Hunderte Journalisten, Kameramänner, Tontechniker und Hilfskräfte so schnell wie möglich zum Stand der CDU zu gelangen. Ibrahim Böhme, der eben noch von einem Meer aus Kameras, Köpfen und Mikrofonen umragt war, stand plötzlich fast allein im Kreis seiner Getreuen. Ich konnte seinen Gesichtsausdruck aus der Ferne nicht richtig erkennen, aber Böhme war in sich zusammengesackt, hatte den Kopf zwischen die Schultern gezogen – eine Haltung, die ich fortan immer an ihm sah, sooft ich ihm noch begegnete.

Auch für die Grüne Partei war das Ergebnis ein Schock. Wir erhielten keine zwei Prozent. Wir wären gar nicht in die Volkskammer eingezogen, wenn unser Vorschlag am Runden Tisch, eine Sperrklausel von drei Prozent einzuführen, eine Mehrheit gefunden hätte. Ich konnte mich bestätigt fühlen, denn ich hatte als Einzige vehement gegen diesen Vorschlag Stellung bezogen, im Verfassungsausschuss auch eine andere Haltung vertreten. Aber unsere Niederlage war so unerwartet herb, dass ich solchen Gedanken wenig Raum gab. Mit jeder neuen Hochrechnung wurde der Triumph der »Allianz für Deutschland« offensichtlicher. Ich sah im Laufe des Abends de Maizière in einem Pulk von Kameraleuten von einer Fernsehstation zur anderen ziehen. Er wirkte noch etwas unsicher, überrascht von der Rolle, die ihm zugefallen war. Von allen infrage kommenden Spitzenkandidaten hatte er sich wohl als Einziger nicht auf einen möglichen Auftritt als Wahlsieger und zukünftiger Ministerpräsident vorbereitet.

Ziemlich schnell fand unser Wahlbündnispartner, der Unabhängige Frauenverband (UFV), eine Vereinigung, die sich im Dezember 1989 gegründet hatte, damit »Frauen« eine Stimme am Runden Tisch hätten, die Sprache wieder. Wir hatten bei der Kandidatenaufstellung auf allen Bezirkslisten den zweiten Platz den Bewerberinnen des Unabhängigen Frauenverbandes überlassen. Nun forderte die Vorsitzende, Ina Merkel, noch in der Wahlnacht von der Grünen Partei ein Drittel aller Mandate: Ein Drittel der gewählten Grünen-Abgeordneten sollte die Wahl nicht annehmen und seinen Platz dem UFV überlassen. In der folgenden Woche wurde diese Forderung sehr vehement auch in den Medien vertreten. Zum Schluss konzentrierte sich der Druck auf mich. Es stellte sich heraus, dass der UFV nicht einfach nur ein Drittel der Plätze haben wollte, sondern speziell den Berliner Platz, also meinen. Das war das »Kompromissangebot«, das der UFV der Grünen Partei schon bald machte. Danach wurde mir nicht nur vom Vorstand der Grünen Partei, der seine Ruhe haben wollte, nahe gelegt, das Damenopfer zu spielen, ich wurde auch von einem halben Dutzend feministischer Journalistinnen geradezu gejagt. Ich sollte Stellung nehmen, warum ich die »Frauen« verhindern wolle. Mein Argument, dass ich auch eine Frau sei, und zwar eine von nur zweien von den künftigen Volkskammerabgeordneten der Grünen, fand kein Gehör. Ich ließ mich nicht unter Druck setzen. Dass es ausgerechnet nötig war, eine Frau zu verdrängen, um »Fraueninteressen« durchzusetzen, wollte mir nicht in den Kopf. Es war das erste, doch nicht das letzte Mal, dass ich Quotenfrauen erleben musste, die ausgerechnet gegen Frauen antraten, die sich aus eigener Kraft durchgesetzt hatten. Ich bin nie anfällig für Feminismus gewesen, diese Erfahrung hätte aber ausgereicht, mich vollständig von allen eventuellen Neigungen zum Frauentümlertum zu kurieren.

Nach der Wahl kehrte ich sofort nach Cambridge zurück, um mein Studium weiterzuführen. Ich hatte die feste Absicht, meinen Masterkurs auf jeden Fall zu beenden. Ich war seit Anfang November immer wieder hin- und hergefahren und hatte, so gut es ging, auch während meiner Zeit am Runden Tisch und während des Wahlkampfes weiter an meiner Magisterarbeit geschrieben. Die beiden Kleinen waren mit ihrem Vater in Cambridge geblieben, damit sie nicht wieder in ein unruhiges Leben hineingezogen würden. An der Universität und im College brachte man mir vollstes Verständnis entgegen. Alle fanden es aufregend, jetzt eine studierende Parlamentsabgeordnete in ihren Reihen zu haben. Zwar war mir inzwischen klar, dass es in absehbarer Zeit zu einer Vereinigung kommen würde, ich rechnete aber mit mindestens zwei Jahren, eher mit mehr. Also wollte ich bis Ende Juni meine Zeit zwischen Volkskammer und Cambridge teilen, erst dann wollte ich mich ganz der Politik widmen. Es gelang mir im Frühjahr, meine Magisterarbeit fertig zu stellen. Sie fand die Billigung meines Tutors und des Wissenschaftlichen Rates. Blieb also »nur« die Abschlussprüfung. Mein Tutor gab mir Fragen aus den Prüfungen vergangener Jahre, damit ich ein Gefühl bekäme, was ich zu bewältigen hätte. Ich fand die Fragen schwierig, aber nicht unlösbar. Allerdings war mir klar, dass ich eine gewisse Vorbereitungszeit bräuchte, in der ich mich ausschließlich auf das Studium konzentrieren könnte. Ich hoffte, dass ich diese Zeit nach der Konstituierung der Volkskammer Anfang Juni finden würde. Das sollte sich als Irrtum herausstellen.

Von Anfang an nahm mich mein Mandat mehr als mir lieb war in Anspruch. Kaum hatte ich klar gemacht, dass ich trotz des feministischen Drucks mein Mandat behalten würde, hatte ich ein neues Problem. Die Grüne Partei war nur mit wenigen Abgeordneten ins Parlament eingezogen. Ich favorisierte von Anfang an eine Fraktionsbildung mit dem Bündnis 90. Nur Matthias Platzeck unterstützte das vorbehaltlos von Anfang an. Die anderen Grünen-Abgeordneten hatten Bedenken oder wussten nicht recht, wie sie sich verhalten sollten. Da war viel von grüner Identität die Rede, die bewahrt werden müsste, von Befindlichkeiten, Vorbehalten, eigenständiger Politik. Ich hielt dagegen, dass ich mir nicht vorstellen könne, wie die eigenständige Politik einer 1,9-Prozent-Partei aussehen sollte. Mit dem Bündnis 90 zusammen hätten wir wenigstens fünf Prozent und damit in etwa die Stärke der Grünen im Bundestag. Der Parteivorstand und die Berliner Grünen vertraten entschieden die Meinung, dass die Grüne Partei eine eigene Gruppe im Parlament bilden sollte. Am liebsten hätte er uns einen Parteiauftrag erteilt. Matthias und ich verwiesen auf unseren Status als frei gewählte Abgeordnete. Nur wir selbst könnten für uns entscheiden. Nach vielen Diskussionen, die sich nächtelang hinzogen, beschlossen wir eine Fraktionsgemeinschaft mit dem Bündnis 90. Der Fraktionsname Bündnis 90/Die Grünen wurde später nach der Vereinigung mit den Westgrünen sogar von der Partei übernommen. Wir wählten ganz in der Tradition der Westgrünen drei Fraktionsvorsitzende: Jens Reich und Marianne Birthler vom Bündnis 90 und mich von der Grünen Partei. Bei der Konstituierung der Volkskammer antworteten wir alle drei auf die Regierungserklärung von Ministerpräsident de Maizière, wobei Jens Reich der kritischste war. Ich hatte mich viel mehr von dem Gefühl, dass wir eine Allparteien-Aufgabe zu bewältigen hatten, leiten lassen.

Die Regierungsbildung hatte lange gedauert und war schwierig gewesen. Die SPD ordnete ihre Verhandlung ganz den Ambitionen von Markus Meckel unter, der unbedingt Außenminister werden wollte. Dafür gab sie das viel wichtigere Innenministerium preis. Das war die Gelegenheit für den Shootingstar der Deutschen Sozialen Union (DSU), einer Neugründung aus Sachsen und Thüringen, Peter-Michael Diestel. Er wurde Innenminister und damit Herr über die Hinterlassenschaften der Staatssicherheit. In den folgenden Monaten verschwanden unzählige Stasiakten aus dem Verantwortungsbereich Diestels. Als der Skandal publik wurde, versuchte eine überparteiliche Initiative von Abgeordneten aller Fraktionen, außer der PDS, den Innenminister abzuwählen. Das scheiterte, weil die PDS ihn mit ihren Stimmen unterstützte. Diestel wechselte von der DSU zur CDU und versuchte nach der Vereinigung eine Fortsetzung seiner politischen Karriere in Brandenburg, bis er durch diverse undurchsichtige Affären endgültig scheiterte. Meckel, der Diestel indirekt zu seinem Ministerposten verholfen hatte, war schon vorher seines Amtes verlustig gegangen. Hierfür waren aber keine Affären der Grund, sondern die trotzigen Versuche von Meckel, die laienhaften Vorstellungen von Außenpolitik der DDR-Oppositionszeit nun tatsächlich umzusetzen. Lothar de Maizière war damit außer Ministerpräsident auch noch der letzte Außenminister der DDR. Als er bei der Konstituierung der Volkskammer seine Regierungserklärung abgab, war ich deshalb so angetan, weil er ein Programm für die nächsten vier Jahre verkündete. Er schien nach dem Wahlkampf mit der »Allianz für Deutschland«, die eine zügige Vereinigung versprochen hatte, nun eine langsamere Gangart anschlagen zu wollen. Die Opposition gewann er damit, die Bevölkerung nicht.

Die Volkskammer tagte, abgesehen von den wenigen sitzungsfreien Wochen, in Permanenz. Dabei waren die Ausschüsse weniger wichtig als das Plenum. Im Plenum wurde tatsächlich diskutiert, argumentiert, zugehört und abgewogen. Dabei kam es immer wieder vor, dass Abgeordnete der gegnerischen Fraktion für Anträge stimmten, die sie für sinnvoll hielten. Das brachte die westlichen Berater der Regierungsparteien auf der Zuschauerbühne fast zur Verzweiflung. Sehr bald wurde die Volkskammer als »Laienspieltruppe« denunziert. Tatsächlich waren fast alle ganz neu in der Politik. Das traf selbst auf die ganz wenigen Abgeordneten der früheren Volkskammer zu, die ja nie wirklich etwas zu entscheiden gehabt hatten. Ich behaupte aber, dass es selten ein engagierteres, ja enthusiasmierteres Parlament gegeben hat. Umbruchzeiten sind schwierig, aber immer spannend. Wir waren dabei, einen der gewaltigsten Umbrüche der politischen Geschichte zu gestalten. Allen war das bewusst. Das prägte die Atmosphäre. Die Debatten gingen oft bis in die frühen Morgenstunden. Ich hatte zwar ein Abgeordnetenbüro im ehemaligen ZK-Gebäude, benutzte es aber nur als Abstellraum. Ich erinnere mich kaum, dort am Schreibtisch gesessen zu haben. Meine Notizen machte ich mir auf dem Schreibtischbrettchen an meinem Sitz im Plenum, während die Debatte lief, oder zu Hause, wenn ich spätabends dort ankam.

Meine Kinder sah ich in dieser Zeit nur morgens und am Wochenende. Selten war ich nachmittags zu Hause. In den sitzungsfreien Wochen fuhr ich nach Cambridge und versuchte, weiter für mein Examen zu lernen. Schon bald wurden die sitzungsfreien Wochen immer wieder für kurzfristig anberaumte wichtige Entscheidungen unterbrochen. Im Mai musste ich einsehen, dass ich meine Doppelexistenz aufgeben und meinen Traum vom Cambridge-Abschluss in weite Ferne verschieben musste. Es war undenkbar geworden, dass ich mich mehrere Wochen freimachen könnte, um mich auf die Abschlussprüfungen im Juni vorzubereiten. Ich vermietete unser Haus, für das wir bis Ende August einen Vertrag hatten, an andere Studenten weiter, räumte alle Sachen, die ich in der Sommerpause mit nach Hause nehmen wollte, in das kleinste Zimmer und kehrte nach Berlin zurück.

Während die Volkskammer in Tag- und Nachtsitzungen immer neue Gesetze machte, modifizierte oder eliminierte, entwickelten sich erhebliche Unruhen im Land. Es verging keine Woche ohne eine oder mehrere Demonstrationen vor der Volkskammer. Besonders derb ging es bei den Bauern zu, die schon mal ihr Vieh vor das Parlament trieben oder auch Mist abluden. Für mich war es eine neue schockierende Erfahrung, dass ich Ziel von Demonstrationen war statt selbst zu demonstrieren. Ich erinnere mich, wie unsere halbe Fraktion fasziniert durch die Glasfenster der Eingangstür schaute, auf die Bauern, die sich gewaltsam Zutritt zum Parlament verschaffen wollten und von Polizisten zurückgedrängt wurden. Ich spürte die wachsende Feindseligkeit der Menschen auf der Straße, die kein Verständnis für immer neue Gesetze hatten, sondern die Vereinigung ohne Wenn und Aber wollten. Sie erwarteten von uns nichts anderes als die Vorbereitung der Vereinigung. Wir hatten über diesen Punkt die heftigsten Diskussionen in der Fraktion. Wir waren mehrheitlich Anhänger einer möglichst langen Eigenständigkeit der DDR, mussten uns aber immer wieder mit der Stimmung im Lande auseinander setzen.

Bei mir führte das zum Umdenken. Ich verabschiedete mich von dem Wunsch nach einem »dritten Weg« und nach Eigenständigkeit der DDR und begann, mich ernsthaft mit den verschiedenen Möglichkeiten einer schnellen Vereinigung auseinander zu setzen. Da mir klar war, dass Übergangszeiten immer rechtsfreie Räume mit sich bringen, überzeugte mich der Gedanke, dass, wenn die Vereinigung unausweichlich war, am besten das Rechtssystem der alten Bundesrepublik sofort übernommen werden sollte. Deshalb unterstützte ich einen parteiübergreifenden Antrag mehrerer Abgeordneter auf sofortigen Beitritt der DDR zum Geltungsbereich des Grundgesetzes am 17. Juni. An diesem Tag war Helmut Kohl erstmals in die Volkskammer gekommen und verfolgte von der Zuschauertribüne aus die Sitzung. Er war offensichtlich überrascht, als der Antrag auf sofortigen Beitritt von einem Abgeordneten der CDU-Fraktion eingebracht wurde. Er verließ daraufhin demonstrativ den Plenarsaal, ohne die Diskussion und die Abstimmung abzuwarten. Wie vorauszusehen war, scheiterte unser Antrag. Die notwendigen außenpolitischen Gespräche mit den Besatzungsmächten hatten noch gar nicht stattgefunden. Von daher war unser Begehren natürlich unrealistisch. Den Grundgedanken, dass die Übernahme des bundesdeutschen Rechtssystems rechtsfreie Räume minimiert hätte, finde ich nach wie vor richtig. Die Überlegung, wie viel Vereinigungskriminalität uns damit erspart geblieben wäre, ist dennoch müßig. Es gab zu dem Weg zur Vereinigung, wie er schließlich bis Anfang Oktober 1990 beschritten wurde, kaum eine Alternative. Die Architektur der deutschen Vereinigung ist eine der bedeutendsten politischen Leistungen des vorigen Jahrhunderts.

Im Frühjahr 1990 gab es nicht nur Demonstrationen vor der Volkskammer, es gab auch Aufstände in den Gefängnissen. Eines Samstagabends, ich saß gerade mit Gästen aus England beim Kartenspiel, erreichte mich ein Anruf des Direktors der Haftanstalt Rummelsburg. Ehe ich mich von meinem Erstaunen erholen konnte, hatte er mir schon die dramatische Lage in seinem Gefängnis geschildert. Ein Gefangener sei auf einen Schornstein gestiegen und wolle dort bleiben, bis die Forderungen der Häftlinge erfüllt seien – oder eben runterfallen. Die Häftlinge stünden kurz vor der Rebellion, der Häftlingsrat verlange ausdrücklich nach mir. Warum? Sie kannten meine Geschichte und hätten Vertrauen zu mir. Außerdem wäre ich selbst im Gefängnis gewesen. Ich fuhr also unverzüglich nach Rummelsburg. Es war ein merkwürdiges Gefühl, als freie Abgeordnete die Haftanstalt zu betreten, deren Keller ich nur zu gut kannte. Der Direktor erwartete mich bereits ungeduldig und führte mich gleich in die Kantine, wo der Häftlingsrat versammelt war. Ich wurde gebeten, über Megafon mit ihrem Kameraden auf dem Schornstein zu sprechen und ihn zum Heruntersteigen zu bewegen. Der Direktor versicherte mir, er sei bereit, die Forderungen der Häftlinge weiterzuleiten, entscheiden könne er selber nicht.

Draußen auf dem Hof spielte sich eine unwirkliche Szene ab. Erhebliche Teile des Wachpersonals waren versammelt, viele Häftlinge, Journalisten, Beamte. Zwei Scheinwerfer waren auf die Spitze des Schornsteins gerichtet, auf dem der Häftling saß. Jemand hatte ein Megafon in der Hand und gerade auf den Mann eingeredet. Dann wurde mir das Megafon in die Hand gedrückt. Ich nannte meinen Namen, sagte, dass der Häftlingsrat mich gebeten hätte, herzukommen, und versuchte, ihn zum Runterklettern zu bewegen. In diesem Augenblick betrat Innenminister Diestel mit großem Gefolge den Hof. Meine Bemühungen wurden buchstäblich hinweggeschwemmt. Das Wachpersonal begann hektisch, die Gefangenen in Richtung Kantine zu treiben. Der Innenminister und seine Mannen folgten in sicherem Abstand. Ich wurde unauffällig, aber heftig beiseite gedrängt. Der Direktor flüsterte mir zu, der Innenminister, von dessen Kommen er mich leider zu unterrichten vergessen hatte, wollte allein mit dem Häftlingsrat sprechen. Ich antwortete, dass ich von den Häftlingen um Unterstützung gebeten worden wäre und der Minister einer Abgeordneten gegenüber kein Weisungsrecht hätte. Nur wenn der Häftlingsrat ebenfalls mit Diestel allein sprechen wolle, würde ich gehen. Der Sprecher des Häftlingsrates bestand auf meiner Anwesenheit. Als der Innenminister wissen wollte, warum, kam die erstaunliche Antwort: »Weil wir uns vor Ihnen fürchten.« Das verschlug dem redegewandten Diestel die Sprache. Bei den Verhandlungen kam nicht mehr heraus, als vorher auch schon klar gewesen war. Immerhin stellten wir in Aussicht, dass wir in der Volkskammer einen Antrag zu den Problemen in den Haftanstalten der DDR stellen würden. Das haben wir in der folgenden Woche auch getan.

Irgendwann standen wir wieder alle auf dem Hof. Inzwischen war es weit nach Mitternacht. Ich redete wieder mit dem Megafon auf den Schornsteinbesetzer ein, nach mir versuchten es noch andere. Was ihn schließlich überzeugte, oder ob die Kälte ihn bewog, blieb unklar, als der Häftling schließlich signalisierte, dass er absteigen würde. Er bewegte sich ziemlich steif und brauchte recht lange. Als er fast unten war, klatschten die Häftlinge Beifall. Am anderen Tag stand in der »Berliner Zeitung«, es hätte Beifall für den Innenminister gegeben. Die alte Hofberichterstattung funktionierte immer noch. Für mich hatte die Episode in Rummelsburg ein viel interessanteres Nachspiel. Ob sie aus den Zeitungen erfahren hatten, dass ich in Rummelsburg vermittelt hatte, oder aus anderen Kanälen, weiß ich nicht. Jedenfalls wurde ich kurze Zeit später nach Brandenburg gerufen, wo es einen viel ernsteren Häftlingsaufstand gab. Diesmal hatten Häftlinge das Dach besetzt. Im Gegensatz zu Rummelsburg gab es politische Gefangene in Brandenburg. Natürlich fuhr ich hin. Hier hatten Honecker und Havemann gesessen. Als Honecker vom Kalfaktor zum Staatschef geworden war, benutzte er seinen Knast, um Gegner seines Regimes wegzusperren. Im Unterschied zu Honecker genossen sie aber nicht so großzügige Freigangsregelungen wie ihr prominenter Vorgänger. Auf der Fahrt nach Brandenburg rief ich mir ins Gedächtnis, was ich von den Haftumständen Honeckers und Havemanns wusste. Während der zum Tode verurteilte Havemann in seiner Forschungszelle heimlich ein Radio baute und seine Mitgefangenen mit Nachrichten von Radio Moskau versorgte, ließ sich

Honecker beim Freigang von Berliner Witwen verwöhnen. Er erwog sogar, im Chaos des bombardierten Berlins unterzutauchen, kehrte aber ins Gefängnis zurück, weil dort das Essen besser war. Nun lernte ich seine politischen Gefangenen kennen. Ich hörte an diesem Tag mehrere Schicksale; unauslöschlich hat sich mir eines eingeprägt. Ein Mann in meinem Alter, Sohn eines Parteifunktionärs und einer Staatsanwältin aus Thüringen: Als Junge hatte er Schwierigkeiten mit seinen Funktionärseltern und versuchte immer wieder, von zu Hause zu fliehen. Die Eltern reagierten und wiesen ihn in einen Jugendwerkhof ein. Das war keineswegs ungewöhnlich für ein DDR-Funktionärskind. Als Lektorin hatte ich mit Mitarbeitern und Autoren des Verlages »Neues Leben« einmal einen Jugendwerkhof in Lehnin in der Nähe Berlins besucht. Im Gespräch mit den Betreuern und Jugendlichen erfuhr ich, dass etwa 30 Prozent der Insassen der DDR-Jugendwerkhöfe aus SED-Funktionärsfamilien stammten. Der Mann aus Thüringen hatte dennoch ein extremes Schicksal. Als er zu alt für den Jugendwerkhof war, kam er ins Jugendgefängnis, und als er 18 wurde, beschloss seine Mutter, sich ihren Sohn endgültig vom Hals zu schaffen. Überraschend wurde der Junge nachts aus der Zelle geholt und in den Verhörtrakt geführt. Dort erwartete ihn ein Vernehmer mit einem vorbereiteten Geständnis. Er sollte unterschreiben, einen Ausbruch aus dem Gefängnis und einen anschließenden gewaltsamen Grenzdurchbruch geplant zu haben. Als der Junge sich weigerte, zu unterschreiben, wurde er unvermittelt mit Benzin übergossen. Sein Vernehmer zündete sich eine Zigarette an, drehte das brennende Streichholz zwischen Daumen und Zeigefinger und fragte: »Unterschreibst du jetzt, oder soll ich es fallen lassen?« Der Mann unterschrieb und wurde anschließend zu zweimal lebenslänglich verurteilt.

Als er mir das erzählte, färbte sich seine Gesichtshaut mit roten Flecken. Er hat von dieser Episode eine Hautallergie zurückbehalten, die sich bei Nervosität oder Unruhe bemerkbar macht. Ich versuchte anschließend, dieses Schicksal publik zu machen. Es half nicht viel. Sein Gnadengesuch an die Präsidentin der Volkskammer, Frau Bergmann-Pohl, wurde wie eine Reihe anderer Gnadengesuche von politischen Häftlingen abschlägig beschieden. Ich versuchte noch, dagegen zu opponieren, aber da war die DDR schon zu Ende. Nach der Vereinigung musste leider alles seinen juristischen Gang gehen. So wurde der Mann erst im Februar 1991 entlassen. In Brandenburg ging es den Häftlingen weniger um bessere Verpflegung und andere Annehmlichkeiten, sondern sie wollten auf ihre Schicksale als politische Häftlinge aufmerksam machen. Leider ist es nie gelungen, angemessene Aufmerksamkeit für die düsteren Kapitel politischer Verfolgung in der DDR zu gewinnen. Es gehört zu den Schattenseiten der Vereinigung, dass diese Menschen vergessen wurden, während parteiübergreifend die PDS-Phrasen von Ostalgie, Kolonialisierung, Siegerjustiz und Bürgern zweiter Klasse nachgeplappert wurden.

Im Frühsommer 1990 gab es auch Unruhen unter den Bergleuten. Schächte wurden besetzt, u.a. die bei Sondershausen. Die Parlamentsferien hatten gerade begonnen. Ich nutzte die freien Tage, um bei meinem Großvater zu sein; er war ziemlich hinfällig geworden. Ich bewunderte die Energie, mit der er sich aufrecht hielt und sich selbst versorgte. Er hatte nur noch ein paar Monate zu leben. Die Nachrichten von den Bergwerksbesetzungen verfolgte er mit größtem Interesse. Er war stolz darauf, von den Chefs des Kali-Kombinates immer noch zurate gezogen zu werden. Ich traf sie in diesem Sommer zum letzten Mal in der Wohnstube meines Großvaters. Seit Anfang der Siebzigerjahre war bekannt gewesen, dass sich die Kalivorräte Anfang der Neunzigerjahre so erschöpft haben würden, dass sich ein Abbau selbst unter den Bedingungen der geschlossenen DDR-Gesellschaft nicht mehr lohnen würde. Es war von den zuständigen Funktionären aber kein Gedanke daran verschwendet worden, was nach dem Zusammenbruch der Monostruktur Kali aus der Gegend werden sollte. Nun stand überdies die freie Marktwirtschaft vor der Tür, was die Ungewissheiten vergrößerte. Mein Großvater riet, rechtzeitig kleine, überlebensfähige Einheiten aus der Kaliforschung auszugründen und im Übrigen die Kumpel darauf vorzubereiten, dass sie sich demnächst nach einem anderen Beruf umsehen müssten. Das wagte die Kombinatsleitung natürlich nicht. Niemand wollte der Überbringer der schlechten Botschaft sein.

Ich nutzte die Gelegenheit, um endlich ein Bergwerk von unten kennen zu lernen. Mein Großvater hielt nichts davon: Frauen in der Grube bringen Unglück. Ich fuhr dennoch ein. Ich begriff, schon als ich in den Förderkorb trat, warum Bergbau den Menschen nie wieder loslässt. Hier unten war eine eigene, faszinierende Welt. Das unterirdische Straßennetz der Grube Sondershausen entsprach dem von Leipzig. Es überwand Höhenunterschiede von mehr als 100 Metern. Die Bergleute fuhren kilometerweit, um vor Ort zu gelangen. Die Fördermaschinen sahen aus wie Dinosaurier, die lärmend grasten. Als ich mit den Kumpel sprach, spürte ich das erste Mal diesen irrationalen Erwartungsdruck auf Politiker, dem ich in den folgenden Jahren immer wieder begegnen sollte. Sie glaubten, Politiker müssten nur richtig entscheiden, dann ginge alles weiter wie bisher. Dass ich nicht die Macht hatte, in Wirtschaftsabläufe einzugreifen, ja diese Macht nicht haben wollte, weil die Art und Weise, wie Politik die Wirtschaft in der DDR dominierte, zum Ruin der Volkswirtschaft geführt hatte, das wollten sie nicht wissen. Ich wusste, dass ich ein Thema gefunden hatte, das mich nicht mehr loslassen würde. Die Frage, ob es sich lohne, die überkommenen DDR-Wirtschaftsstrukturen aufrechtzuerhalten oder von Anfang an auf neue zu setzen, beantwortete mein Großvater mit der ihm eigenen Rigorosität. Ich brauchte, wie in der Atomenergiefrage, etwas länger, ehe ich seinen Überlegungen folgte. Es bedurfte erst der eigenen Anschauung, wie demoralisierend und kontraproduktiv die Null-Kurzarbeit auf die Menschen wirkte, die Vollbeschäftigung gewohnt waren und die als Lehrlinge in den Betrieb eingetreten waren in der Überzeugung, ihn erst als Rentner zu verlassen.

Wie man ein bankrottes, marodes Wirtschaftssystem in eine funktionierende Marktwirtschaft überführt, dafür gab es keine historischen Beispiele. Im Nachhinein stellte sich heraus, dass der Übergang desto besser klappte, je schneller und gründlicher das

Alte zusammenbrach und dem Neuen Platz machte. Natürlich konnte das 1990 kaum jemand wissen. Jedenfalls brachte niemand den politischen Mut für einen radikalen wirtschaftlichen Umschwung auf. Vielleicht war sogar die relative Beharrung auf überkommene wirtschaftliche Strukturen die einzige Möglichkeit, den radikalen politischen Umschwung friedlich zu halten.

Wie tief greifend die politischen Veränderungen in der Noch-DDR waren, wollte ich selbst ausprobieren. Ich betrieb meine Rehabilitierung vor dem Obersten Gericht der DDR. Das ging erstaunlich schnell, weil meine Gerichtsakten gleich gefunden werden konnten. Vom Obersten Gericht der DDR wurde das Urteil des Bezirksgerichtes Lichtenberg gegen mich für Unrecht erklärt. Mein anschließender Antrag auf Staatshaftung zur Wiedergutmachung der durch Inhaftierung und Exil erlittenen materiellen Schäden fiel dann der Vereinigung zum Opfer. Weil es mir durch meine Abgeordnetenbezüge gegenüber vielen anderen Verfolgten des DDR-Regimes relativ gut ging, verzichtete ich darauf, nach dem neuen Entschädigungsgesetz Ansprüche geltend zu machen.

Kurz nach meiner Rehabilitierung bekam ich in der Volkskammer Besuch aus Aachen. Ein Mitglied des Komitees des Aachener Friedenspreises eröffnete mir, dass ich als Empfängerin des diesjährigen Friedenspreises vorgesehen sei. Ich war sprachlos. Mit einer solchen Würdigung hatte ich nicht gerechnet. Die Verleihung sollte traditionell am 1. September 1990 stattfinden. Ich hatte gerade genug Zeit für die Planung. Ich musste Ende August das Haus in Cambridge geräumt haben. Wir borgten uns einen Lada-Kombi und fuhren vorläufig zum letzten Mal die Strecke Berlin–Hoek, und dann nach Cambridge. Wir nahmen auch die Kinder mit, um ihnen die Gelegenheit zu geben, sich von ihren Cambridger Freunden zu verabschieden.

Erschwerend kam hinzu, dass ich seit langem als Referentin zu einem Treffen der englischen Friedensbewegung bei Durham eingeladen war, das ich nicht absagen wollte. Die große Hast, in der wir unsere Sachen ins Auto verstauen und die Hinterlassenschaften unseres Cambridger Lebens auflösen mussten, dämpfte meinen Schmerz, den Ort endgültig verlassen zu müssen. Zum letzten Mal versammelte ich all meine Cambridger Freunde im Garten des Hauses, das schon nicht mehr unsere Wohnung war, zum letzten Mal besuchten die Kinder Fred und fuhren auf seinem alten Boot auf der Cam. Abends gab Professor Sykes für mich einen kleinen Abschiedsempfang in seinem Studierzimmer. Ich wollte unbedingt glauben, dass ich innerhalb der nächsten zwei Jahre zurückkommen und mein Abschlussexamen machen würde.

Wir übernachteten bei Margret und fuhren am Morgen vollbepackt nach Durham. Beim Friedenstreffen hatte ich kaum Zeit, meinen Vortrag zu beenden, da mussten wir schon weiter nach Edinburgh zur Fähre. Auf dem Schiff hatten wir zum ersten Mal seit Tagen Ruhe. Im Gegensatz zu früher konnten wir uns eine Kabine mit vier Betten leisten. Ich war kaum in der Kabine, da überfielen mich heftige Schmerzen. Die Überfahrt verbrachte ich in Agonie. Ich konnte vor Schmerzen kaum sehen. Als wir in Aachen ankamen, hatte sich an meinem Zustand nichts geändert. Die hinzugezogene Ärztin war ratlos. Sie fand keine organischen Ursachen für meine körperliche Qual. Sie bestätigte damit meine Ahnung, dass der Auslöser meiner Schmerzen die Reaktion meiner Seele auf den Abschied von Cambridge war. Diese Erkenntnis half mir nicht weiter. Ich musste, statt das für mich zusammengestellte Besuchsprogramm zu absolvieren, den Abend auf meinem Hotelzimmer verbringen, wo mir eine Fledermaus Gesellschaft leistete, die sich durch das Fenster meines Zimmers verirrt hatte und nun in den Gardinen hing. Ich fragte mich, ob ich das symbolisch finden sollte, wusste aber keine Antwort darauf. Am nächsten Tag ging es mir besser, sodass ich die Zeremonie der Preisverleihung einigermaßen überstand. Selbst meine Rede, die ich auf dem Schiff und im Hotelzimmer unter fortwährender Pein geschrieben hatte, kam gut an. Nur als ich angemessen auf die Absage der Aachener CDU-Ratsherren, an meiner Ehrung teilzunehmen, reagieren sollte, drohte ich zu scheitern. Mir fiel schlicht nicht ein, was ich dazu sagen sollte. Glücklicherweise sprang ein Mitglied des Preiskomitees mit einem Kommentar ein, den ich zwar nicht richtig fand, dem ich aber nicht widersprach.

Beim anschließenden Essen mit dem Preiskomitee und der Laudatorin, der Grünen-Bundestagsabgeordneten Christa Nickels, war ich zum Glück nicht sehr gefordert. Man hatte genug Themen ohne mich. Leider habe ich fast nichts von Aachen gesehen und bedauere das noch heute. Es ist mir nur einmal gelungen, an einer der folgenden Friedenspreisverleihungen, teilzunehmen, weil Anfang September immer die Klausurtagungen zum Auftakt des neuen Sitzungsjahres stattfanden. Die erfreuliche Folge dieser Ehrung war für mich, dass ich eingeladen wurde, als Václav Havel den Karlspreis verliehen bekam. Die unerfreuliche Folge war, dass ich nicht bei der Fraktionssitzung anwesend war, als das Drittel Abgeordnete bestimmt wurde, das nach der Vereinigung in den Bundestag einziehen würde. Mein Ärger darüber, dass die Sitzung in meiner Abwesenheit angesetzt worden war, obwohl man problemlos auf meine Rückkehr hätte warten können, verflog sofort, als ich hörte, dass ich trotzdem gewählt worden war.

Der September verging mit den Vorbereitungen auf die Vereinigung. Die Festlegung auf den Vereinigungstermin war zum Kuhhandel geraten. Die Bürgerrechtler favorisierten natürlich den Tag des Mauerfalls, den 9. November. Der Tag wäre für uns Deutsche beziehungsreich gewesen: als Tag des Gedenkens an die weniger glücklichen Momente unserer Geschichte und als Tag der Freude über die demokratische Selbstbefreiung des deutschen Volkes. Wir hatten keine Chance, denn die CDU wollte, auf besonderen Wunsch von Helmut Kohl, der keinen weiteren Jahrestag der DDR wünschte, einen Termin vor dem 7. Oktober. In der Nacht der Festlegung tagten alle Fraktionen stundenlang. Emissäre liefen hin und her. Als alle merkten, dass die Sache peinlich zu werden begann, einigte man sich auf den 3. Oktober. Es war ein Kunsttermin, und seither hat der 3. Oktober den Geruch des Emotionslosen nicht losbekommen. Nachdem die Terminhürde überwunden war, wurden alle anderen Vorbereitungen in großem Einvernehmen getroffen. Ich wurde von der Fraktion beauftragt, bei den Gesprächen dabei zu sein. Alle waren sich der besonderen Situation bewusst. Wir waren ohne unser Zutun in diesen Staat hineingeboren worden, jetzt wickelten wir ihn ab. Am Abend des 2. Oktober sollte eine Minute vor Mitternacht die DDR-Fahne auf dem Staatsratsgebäude eingeholt werden, ab der ersten Minute des 3. Oktober sollte die Flagge des vereinigten Deutschland wehen. Ich hatte Fahnenappelle immer gehasst, aber als wir das beschlossen, war mir feierlich zumute.

Während die Volkskammer zielbewusst ihre Auflösung betrieb, liefen die Plenumdebatten dennoch weiter. Den Bürgerrechtlern war besonders daran gelegen, sicherzustellen, dass die Stasiakten geöffnet wurden. Aus Zeitgründen musste das nach der Vereinigung geschehen. So beschlossen wir den Auftrag an das erste gemeinsame Parlament, die gesetzlichen Grundlagen dafür zu schaffen. Das wurde mit großer Mehrheit, gegen die Stimmen der PDS, angenommen. In einem anderen Punkt herrschte weniger Einigkeit. Eine parlamentarische Kommission unter Leitung von Joachim Gauck hatte an der Überprüfung aller Volkskammerabgeordneten auf Inoffizielle Mitarbeit bei der Staatssicherheit gearbeitet. Die Fraktion der Bürgerrechtler wollte unbedingt, dass die Namen der stasibelasteten Abgeordneten noch vor der Auflösung der Volkskammer in öffentlicher Sitzung genannt werden sollten. Dagegen gab es in allen anderen Fraktionen erheblichen Widerstand, aber auch in allen Fraktionen, außer der PDS, Abgeordnete, die uns unterstützten. Die entscheidende Sitzung fand am 2. Oktober statt, am letzten Tag der Volkskammer.

Wir waren kurz zuvor aus dem »Palast der Republik«, der plötzlich wegen Asbestverseuchung gesperrt worden war, in das Gebäude des SED-Zentralkomitees umgezogen. Nun mussten wir unsere letzten Gefechte dort bestehen, wo einst das ZK zum Abwickeln der Politbürobeschlüsse getagt hatte. Ironischerweise war die Asbestbelastung dieses Saales noch höher als im Palast der Republik, was jedoch nicht mehr thematisiert wurde. Auf dieser Sitzung versuchte Ministerpräsident de Maizière in großer Eintracht mit seinem alten Freund Gregor Gysi, die Verlesung der Namen der stasibelasteten Abgeordneten zu verhindern. Beide zogen sämtliche Register ihrer rhetorischen Fähigkeiten. Flankiert wurden sie von Sabine Bergmann-Pohl, die ihre Autorität als Volkskammerpräsidentin in die Waagschale warf. Für die Bürgerrechtler stand Wolfgang Ullmann, unser Vizepräsident, am Rednerpult. Er wurde mit immer neuen Einwänden gehindert, die Namen zu verlesen. Auf dem Höhepunkt der Auseinandersetzungen besetzten wir kurzerhand das Podium und verkündeten, unseren Sitzstreik erst aufzuheben, nachdem der letzte Name verlesen war.

Wieder wollte Wolfgang Ullmann beginnen, da versuchte es de Maizière mit einem letzten Trick. Er beschuldigte Wolfgang Ullmann, eine illegale Kopie der Liste gefertigt zu haben. Noch ehe das Argument Eindruck machte, rettete Gottfried Haschke von der DSU, späterer Stasibeauftragter des Landes Thüringen, die Situation. Er hätte alle Namen im Kopf und könnte sie auf Wunsch von A bis Z oder auch von Z bis A vortragen. Damit war der Widerstand gebrochen. Wolfgang Ullmann verlas alle Namen. Von manchen der Genannten wusste oder ahnte man bereits, dass sie für die Stasi gespitzelt hatten, andere waren eine Überraschung. Auch in unserer Fraktion gab es Stasibelastungen, allerdings nur bei einem Hinterbänkler aus Leipzig.

Mit diesem Akt der Selbstreinigung beendete die letzte Volkskammer der DDR ihr kurzes, turbulentes Dasein. Die Abschlussfeier war besonders anrührend. Wir hatten ein halbes Jahr nicht nur miteinander Politik gemacht, sondern in dieser Zeit in einem sehr engen, intensiven Austausch miteinander gestanden. So enge Arbeitsbeziehungen habe ich kaum wieder erfahren können. Ich bin sehr dankbar, dass ich diese Zeit erlebt habe. Selbst wenn meine Volkskammerzeit nur eine Episode in meinem politischen Leben gewesen wäre; für dieses halbe Jahr hat sich alles gelohnt, was ich in meinem Leben davor auf mich genommen habe. Die offiziellen Feierlichkeiten erlebte ich eher am Rande mit. Natürlich war ich beim Festakt im Schauspielhaus dabei. Zum Staatsakt am Brandenburger Tor zu gehen hatte ich weniger Lust. Ich überließ meinen Platz dem Grünen-Abgeordneten Alfred Mechtersheimer, der gern dabei sein wollte, aber von seiner Fraktion für die raren Plätze in der Nähe des Kanzlers und der anderen Großen dieser Welt nicht berücksichtigt worden war.

Inzwischen strömte eine unübersehbare Menschenmenge festlich gestimmt in Richtung Brandenburger Tor. Ich musste mich mit Roland Jahn, der mich begleitete, dem Strom entgegenstemmen. Dabei wurde ich von einem späteren Thüringer Landtagsabgeordneten gesehen, der in der Folge mehrfach öffentlich berichtete, wie sehr ihn mein gegenläufiges Verhalten beeindruckt hatte. Es war allerdings keineswegs Ausdruck meines individuellen Protestes gegen die Vereinigung, die ich längst befürwortete, sondern schlicht der Tatsache geschuldet, dass wir im damaligen »Haus der jungen Talente« am Spittelmarkt an der Feier der Grünen teilnehmen wollten. Das war, wie ich bald feststellte, ein Fehler. Nichts von der feierlichen Erregung, die ich auf der Straße so stark gespürt hatte, war hier zu merken. Es lief eine banale Party ab, auf der über den Anlass, aus dem sie stattfand, nicht oder nur abfällig geredet wurde. Meine Familie fand sich nach und nach ein. Selbst Philipp gefiel es nicht auf dem Fest, sodass wir beschlossen, lieber nach Hause zu fahren und im kleinen Kreis den Rest des Tages zu begehen.

Im Bundestag

Am nächsten Tag flog ich dann als Abgeordnete nach Bonn. Ich war Nachrückerin für Joachim Gauck, der am letzten Tag der Volkskammer zum Bundesbeauftragten für die Stasiakten gewählt worden war und auf sein Bundestagsmandat verzichtete, um sein Amt antreten zu können. Was uns am meisten beeindruckte, war die Höhe der Bezüge der Bundestagsabgeordneten. Auf einen Schlag bekamen wir vier Mal mehr als in der Volkskammer, die Aufwandsentschädigung nicht mitgerechnet, die allein genommen höher war als unsere Volkskammerbesoldung. Als Erstes beschlossen alle Bündnisgrünen, je 10 000 Mark von ihren Bezügen für ein Altenheim in Sachsen zu spenden. Eine Geste, für die uns wohl alle für verrückt gehalten haben, einschließlich des begünstigten Altersheimes, das mir nicht einmal eine Spendenquittung ausstellte.

In der Grünen-Fraktion wurden wir gut aufgenommen. Marianne Birthler wurde sogar als dritte Fraktionsvorsitzende installiert. Wir bekamen auch großzügig Redezeit zur Verfügung. Um uns Probleme mit der Wohnungssuche zu ersparen, boten uns die Grünen Quartier im Haus Wittgenstein an, einer ehemaligen psychiatrischen Anstalt vor den Toren Bonns, das damals den Grünen gehörte. Hier kampierten alle in den Bundestag eingezogenen Abgeordneten und Mitarbeiter gemeinschaftlich in einem ausgebauten Dachboden. Seit meiner Ferienlagerzeit hatte ich nicht mehr so öffentlich gelebt. Als würden knapp 20 Leute in einem Raum nicht genügen, schlichen sich ab und zu Obdachlose ein, um in den frei gebliebenen Betten zu nächtigen. So schlief einer mal die ganze Nacht neben Marianne Birthler, stand morgens als Erster auf und ließ ihr Portemonnaie mitgehen. Marianne trug es mit Humor: »Da liegt die ganze Nacht ein Mann neben mir und dann nimmt er nur mein Geld.«

Andere Quartiere zu beschaffen, lohnte nicht. Wir waren nur noch wenige Male in Bonn, dann begann schon der Wahlkampf. Natürlich wollte ich wieder als Spitzenkandidatin der Grünen antreten. Das war nicht so einfach. Zur entscheidenden Sitzung brachte Carlo Jordan eine Gegenkandidatin mit. Ich entschied die erste Kampfkandidatur in meinem Leben sehr deutlich für mich. Als wir über den Männerplatz abstimmten, gab sich Henry Schramm aus Halle, Vorstandsmitglied der Grünen, alle Mühe, Spitzenkandidat zu werden. Er wurde gewählt. Schon in der darauf folgenden Woche enttarnte er sich als Stasispitzel. Der Zeitpunkt warf die Frage auf, ob das Absicht war oder ob er tatsächlich erst nach seiner Nominierung unter Druck geriet. Glücklicherweise war die Episode schnell vergessen, ohne größeren Schaden anzurichten. Wir mussten andere Schwierigkeiten bewältigen. Die alten Bezirke der DDR waren aufgelöst, 14 Tage nach der Vereinigung die alten Länder wieder gegründet worden. Die Spitzenkandidaten von Bündnis 90/Die Grünen kamen alle aus Berlin. Wir mussten über die verschiedenen Bundesländer verteilt werden. Ich sah gleich, dass es aussichtslos war, auf Berlin bestehen zu wollen. Deshalb meldete ich mich für Thüringen an. Das war das Land, in dem ich geboren worden war, das ich gut kannte und in dem ich inzwischen das Haus meines Großvaters besaß, das er mir überschrieben hatte. Ich war mit der Volkskammer-Abgeordneten Christine Grabe gut befreundet. Christine wollte in den Landtag und unterstützte meine Kandidatur in Thüringen. Mit ihrer Hilfe und der jenes Thüringer Landtagsabgeordneten, den ich am 3. Oktober so beeindruckt hatte, bekam ich leicht die Mehrheit bei der bündnisgrünen Basis. Die eingesetzte Kommission, die in endlosen Verhandlungen die Abgeordneten-Kandidaten über das Land verteilte, entschied aber anders. Ich sollte nach Brandenburg gehen, weil Christina Schenck vom Frauenverband, für die ich schon auf mein Volkskammermandat verzichten sollte, in Thüringen antreten wollte. Wieder ließ ich mich nicht einfach verschieben. Eine Kandidatur in Thüringen hatte für mich Sinn, denn ich war hier verwurzelt. In Brandenburg kannte ich mich kaum aus. Auf irgendeine Liste zu gehen, nur um des Mandats willen, war mir zu wenig. Ich wollte mich mit dem Land identifizieren können. Ich ließ es auf eine weitere Kampfkandidatur ankommen, die ich mit allen Stimmen gewann.

Ich versprach Schenck, zur Nominierungsversammlung nach Potsdam zu kommen, um sie dort zu unterstützen. Das hätte ich nicht tun sollen. Meinem Großvater war es von Woche zu Woche schlechter gegangen. Er wurde immer schwächer, es ging sichtbar zu Ende. Ich war, sooft ich konnte, in Sondershausen. Ihm war klar, dass ich mich um meine Zukunft kümmern musste. Er war sehr stolz auf mich und glücklich über meine erneute Nominierung. So musste er sich keine Sorgen machen, wie es mit mir weitergehen sollte. Als ich von Potsdam zurückkam, hatte sich mein Großvater ins Krankenhaus einweisen lassen. Zum ersten Mal seit meiner Kindheit war er nicht im Haus. Er würde auch nicht wiederkommen. Als ich im Krankenhaus ankam, fiel ihm das Sprechen schon schwer. Er wollte mir unbedingt noch ein paar Dinge ans Herz legen: Wie ich die Fuchsien zu pflegen hatte, die noch von meiner Großmutter stammten, wie ich mit der Wasserversorgungsanlage – wir mussten uns das Wasser selbst auf den Berg pumpen – umzugehen hatte, was mit seinem Hund geschehen solle. Er trug mir noch Grüße an meinen Mann, meine Kinder und an die Freunde auf, die seine Billigung gefunden hatten, und verbat sich weitere Besuche. Er fiel bald darauf ins Koma, starb aber erst drei Tage später. Ich hätte ihm einen leichteren Tod gewünscht, musste aber später bei meinen Eltern erleben, dass leichte Tode, wie ihn meine Großmutter hatte – die in ihrem Bett einfach einschlief, nachdem sie im letzten Sommer ihres Lebens noch einmal nacheinander alle ihre Enkel und Urenkel zu sich geholt hatte, um sich zu verabschieden –, in der Familie eher selten sind. Ich beerdigte meinen Großvater und musste gleich darauf in den Wahlkampf – eine Tour quer durch Thüringen.

Rüdiger Rosenthal, ein Freund aus Oppositionstagen, hatte mir angeboten, mich zu fahren. Ohne seine Hilfe hätte ich die Tour durch Thüringen nicht geschafft. Sein Auto, das er sich extra für diese Gelegenheit angeschafft hatte, war sehr bequem und bot sieben Personen Platz. Wieder waren die materiellen Mittel, auf die wir zurückgreifen konnten, eher spärlich. Wir versuchten das auszugleichen, indem wir möglichst viele kulturelle Veranstaltungen an den Orten, die wir passierten, organisierten. Rüdiger ließ alle seine Beziehungen spielen. Er gewann sogar Eva-Maria Hagen. Nachdem sie in Arnstadt für uns gesungen hatte und die Resonanz entsprechend gut war, ließ sie sich überreden, mit uns nach Sondershausen zu kommen, wo wir mithilfe eines Freundes im Kulturamt auf die Schnelle ein zweites Konzert für sie organisieren konnten. In meinem Haus aßen wir Wickel-Klöße, das Leibgericht meines Großvaters, der es sehr genossen hätte, mit der Schauspielerin zu plaudern. Er wäre stolz auf diesen Gast gewesen, weil Eva-Maria Hagen immer zu den Lieblingsschauspielerinnen der Familie gehört hat.

Der Wahlkampf brachte mir noch eine zweite wichtige Begegnung. Die zentrale Wahlkampfkommission hatte eine Mittelaltertruppe angeheuert, die auf einer großen Tour durch die neuen Bundesländer den bündnisgrünen Wahlkampf unterstützen sollten. In den drei Tagen, die wir miteinander verbrachten, wurden wir Freunde. Als zwei Mitglieder der Truppe, Robert und Titus, ein Jahr später eine eigene Band gründen wollten und auf Punk-Rock umstiegen, finanzierte ich ihnen das Demotape. Mein Vertrauen in ihre künstlerischen Fähigkeiten wurde nicht enttäuscht. Mit ihrer ersten CD »Inchtonamie« wurden die »Inchtobaktobles«, wie sie sich nannten, ziemlich berühmt. Leider wurde mir die Kassette, mit der sie damals zu mir kamen, um ihre Stücke vorzuspielen, später bei einer Party gestohlen. Ein Verlust, der mich heute noch schmerzt.

Einmal bekam ich während des Wahlkampfes Unterstützung der Westgrünen. Sie waren mit einem »Klimazug« durch Deutschland unterwegs, unter dem Motto »Alle reden von der Vereinigung, wir reden vom Wetter«. An einem Sonntagvormittag machte der Klimazug für zwei Stunden in Erfurt Station. Die Erfurter Bündnisgrünen und ich warteten auf dem Bahnsteig. Dem Zug entstiegen allerlei abenteuerlich gekleidete Gestalten, das Motiv der Verkleidung war unklar. Sie begannen schon am Zug mit ihrem Trommelwirbel. Dann bewegte sich der bunte Haufen trommelnd und Flöte spielend bis zum Anger. Die Zugbesatzung war sehr von sich beeindruckt. Überall hätten sie großes Aufsehen erregt, selbst die Eisenbahner wollten jetzt Grün wählen.

In Erfurt allerdings hielt sich die Resonanz in engen Grenzen. Das mochte am Sonntagvormittag liegen. Als wir unsere Kundgebung auf dem Anger improvisierten, blieb kaum einer stehen. Die professionellen Redner aus dem Zug spulten ihr Programm dennoch ab. Als ich dran war, wusste ich nicht recht, was ich sagen sollte. Die Szenerie hatte etwas Unwirkliches an sich. Mehr als ein paar Sätze zur Notwendigkeit des heimatlichen Umweltschutzes brachte ich nicht zustande. Erleichtert gab ich das Mikrofon an den Listenzweiten weiter, der für die politische Moral warb, für die er stehen wollte. Noch während er sprach, machte sich die Truppe zum Abmarsch fertig. Wir hatten keine Lust, sie zum Bahnhof zurückzubegleiten. Wir harrten noch eine Stunde an unserem Stand aus, wo wir immerhin mit ein paar Leuten ins Reden kamen. Die Bürger hatten im Augenblick ganz andere Probleme als den Klimaschutz. Sie erlebten gerade einen epochalen Umbruch, der ihr privates Leben vollkommen umstülpte. Über Nacht mussten sie zwischen verschiedenen Versicherungen und Krankenkassen wählen. Sie mussten lernen, wie man eine Steuererklärung ausfüllt und dass es keine Einheitspreise mehr gab. Statt der gewohnten Sparkasse warben verschiedene Banken für ihre Dienstleistungen. Dazu kam die vorher unbekannte Sorge um die Arbeitsplätze. Viele wussten, wie marode der Betrieb war, in dem sie arbeiteten. Unsicherheit begann sich breit zu machen. Auf viele Fragen wusste ich keine Antwort.

Nach dem Erlebnis mit der Volkskammerwahl sah ich mit Bangen dem Wahlabend entgegen. Im Ergebnis der Verfassungsklage des Neuen Forums fand die erste gesamtdeutsche Wahl in zwei getrennten Wahlgebieten statt. Die allgemeine Erwartung war, dass es die Grünen West sicher schaffen würden, die Bündnisgrünen

Ost aber um ihren Einzug in den Bundestag bangen müssten. Die Grünen West hatten deshalb zwei ostdeutschen Kandidaten Plätze auf ihrer größten Landesliste in Nordrhein-Westfalen eingeräumt. Ich war auch für dieses Angebot im Gespräch gewesen, hatte mich aber lieber für Thüringen entschieden. Der Wahlabend brachte wieder eine Überraschung. Die Bündnisgrünen Ost schafften die Fünf-Prozent-Hürde und zogen mit acht Abgeordneten in den Bundestag ein. Die Westgrünen scheiterten mit 4,9 Prozent.

Als wir nach Bonn flogen, um unser Mandat anzutreten, umgab uns in den Räumen der Grünen-Fraktion eine eigenartige Stimmung. Die Abgeordneten, die fest mit ihrem Wiedereinzug in den Bundestag gerechnet hatten, mussten packen und ihre Büros räumen. Wir acht bekamen eine Etage im Hochhaus im Tulpenfeld zugewiesen, das vorher fast ausschließlich von den Grünen belegt gewesen war. Mein Büro füllte sich schnell mit Pflanzen, die bei der Auflösung einfach auf dem Flur stehen geblieben waren. Sie wuchsen in den zehn Jahren, die ich in Bonn blieb, zu stattlichen Exemplaren heran, sodass mein Büro zum Schluss einem Dschungel glich. Leider gingen die Pflanzen auf dem Umzug nach Berlin verloren.

Am Tag unserer Ankunft in Bonn hatte uns die Grünen-Fraktion in Auflösung wunderschöne Blumensträuße überreicht und Fotos von uns machen lassen. Meines hängt heute in meinem Sondershäuser Arbeitszimmer. Von den Strapazen der letzten Wochen ist mir wenig anzusehen, eher Neugier und Lust auf die Zukunft. Wir waren von Anfang an wenig beeindruckt davon, ohne Fraktion dazustehen. Wir waren acht Individualisten, die entschlossen waren, das Beste aus der Situation zu machen. Selbstbewusst lehnten wir den Vorschlag ab, uns eine Think-Tank-Gruppe aus Grünen-Mitarbeitern an die Seite stellen zu lassen. Wir stellten unser Personal aus den zahlreichen Bewerbern so zusammen, dass für alle Politikfelder, die wir bearbeiten wollten, Spezialisten dabei waren. Ich wollte wie zu Volkskammerzeiten weiter Außen- und Sicherheitspolitik machen. Alfred Mechtersheimer empfahl mir seinen wissenschaftlichen Mitarbeiter Achim Schmillen, eine Wahl, die ich nie bereut habe. Als eine Legislaturperiode später die Westgrünen in den Bundestag zurückkehrten und ich mich wieder der Umweltpolitik zuwenden wollte, gab ich Achim Schmillen an Joschka Fischer ab. Heute ist er Fischers Büroleiter im Auswärtigen Amt.

Wir stürzten uns in die Parlamentsarbeit, die wir, trotz Volkskammer noch nicht richtig kannten. Anfangs glaubten die ostdeutschen Abgeordneten, ihren besonderen Stil im Bundestag weiterpflegen zu können. Das sollte sich sehr bald als Irrtum herausstellen. Sehr eindrücklich blieb mir in Erinnerung, wie bei einem Hammelsprung – das ist eine Abstimmung, wo bei unklaren Mehrheitsverhältnissen die Stimmen gezählt werden, indem die Abgeordneten durch drei verschiedene Türen »Ja«, »Nein«, »Enthaltung« gehen müssen – ein junger CDU-Abgeordneter aus Thüringen durch eine andere Tür gehen wollte, als von seiner Fraktion beschlossen worden war. Er wurde von Kollegen aus dem Westen davon abgehalten und sanft in Richtung Fraktionsmeinung gedrängt. Unsere Bundestagsgruppe war dagegen in der privilegierten Position, dass wir tatsächlich nach unserem Gewissen entscheiden konnten. Wir sahen auch keinen Grund, uns an Empfehlungen der Grünen zu halten, wenn wir anderer Meinung waren. Das sorgte bald für Ärger. Als ich in meiner Funktion als verteidigungspolitische Sprecherin einen Antrag in den Bundestag einbrachte, dass künftig Blauhelmeinsätze mit deutscher Beteiligung möglich sein sollten, hagelte es Forderungen, mein Mandat niederzulegen und aus der Partei auszutreten. Das wiederholte sich, als ich am Ende der Legislaturperiode in Anbetracht der Völkermordsituation in Bosnien für Kampfeinsätze stimmte.

Ohne Fraktionszwang arbeiten zu können, war meist von Vorteil. Der Nachteil war, dass wir keine erfahrenen Kollegen an der Seite hatten, die uns in die Arbeit des Bundestages einweisen konnten. Ich bekam aber viele Hinweise und Tipps von Kollegen aus der CDU. Überhaupt wandelte sich das Verhältnis der Kollegen zu uns, je länger wir da waren. Anfangs wurde ich im Verteidigungsausschuss ziemlich herablassend behandelt, als eine weitere verrückte Pazifistin, wie sie in den vergangenen Jahren den Verteidigungsausschuss genervt hatten. Ich war allein im Ausschuss, die Tagesordnung war stets so umfangreich, dass wir bis in den Nachmittag hinein tagten. Wenn ich den Sitzungssaal kurzzeitig hatte verlassen müssen, wurde prompt mein Antrag aufgerufen und niedergestimmt, ohne dass ich Gelegenheit hatte, etwas dazu zu sagen. In der zweiten Hälfte der Legislaturperiode änderte sich das allerdings, da wurde umgekehrt gewartet, bis ich wieder da war, damit ich meinen Standpunkt vortragen konnte. Es war die spannende Phase der Abwicklung der Nationalen Volksarmee der DDR, der Verschrottung von Waffen und der Überprüfung von Truppenübungsplätzen in die zivile Nutzung. Bei den Truppenübungsplätzen war ich besonders engagiert, weil ich möglichst viele Flächen in zivile Nutzung überführt haben wollte. Besonders lag mir Weberstedt in Thüringen am Herzen. Im Hainich, wo ich vor dem Mauerfall unter sowjetischen Beschuss geraten war, sollte ein Nationalpark für Thüringen entstehen. Mein zweites Objekt besonderer Aufmerksamkeit war der Flugplatz auf dem Darß, der ebenfalls in das beschlossene Nationalparkgebiet einbezogen werden sollte. Dass Volker Rühe Verteidigungsminister wurde, erleichterte mein Vorhaben beträchtlich. Wir fanden schnell einen persönlichen Draht zueinander. Er war noch als Generalsekretär der CDU bei der Königswinterkonferenz in Cambridge 1991 mein Tischherr gewesen, und wir hatten überraschend viele Übereinstimmungen in verteidigungspolitischen Fragen festgestellt. Jetzt konnte ich an unser Gespräch anknüpfen und ihn überzeugen, Weberstedt und den Flugplatz Darß aus dem Konzept für die Truppenübungsplätze zu nehmen.

Als ich 1995 auf dem Darß eine Kur machte und das vom Militär befreite Gebiet mit dem Fahrrad befuhr, war ich stolz auf mein politisches Wirken. Das Gleiche empfand ich, als nach langen Geburtswehen endlich der erste Thüringer Nationalpark zustande kam. Ich hatte meinen Teil dazu beigetragen. Seitdem besuche ich die Gebiete in Abständen immer wieder und staune, wie schnell die Natur das ehemals zerstörte Gelände wieder erobert. Diese Truppenübungsplätze zeigten mir die Kraft des Lebens. Nach jahrzehntelanger Verwüstung wurden die Flächen wieder gewonnen: erst von Gräsern und Blumen, dann von Sträuchern, und schließlich von Bäumen. Diese Sukzessionsflächen gehören zu den interessantesten Biotopen.

Die Arbeit in einer Abgeordnetengruppe fordert Allroundfähigkeiten. Wir mussten häufig zu Themen sprechen, die nicht unser unmittelbares Arbeitsgebiet betrafen. Dafür ließ ich mich vom jeweiligen Mitarbeiter intensiv unterrichten, um eventuelle Zwischenfragen im Plenum beantworten zu können. Allerdings eignete ich mir auch die Fähigkeit an, Fragen abzublocken bzw. zu umgehen, die ich nicht beantworten wollte. Das schulte meine Reaktionsfähigkeit. Besonderen Spaß machten mir Debatten am Abend, wenn im Plenum die Fachpolitiker unter sich waren und der Ton familiärer wurde. Die CDU-Geschäftsführer hatten damals noch die Angewohnheit, mit Schokoladenbonbons in das Plenum zu kommen, die in einem DIN-A4-Kuvert steckten. Der dicke Umschlag wurde von vorn nach hinten gereicht, damit sich jeder, der wollte, die Debatte versüßen konnte. Manchmal, wenn ein CDU-Abgeordneter, den ich kannte, in der Nähe saß, bekam auch ich ein Bonbon.

Mein Bonner Leben bestand hauptsächlich aus Arbeit. Weil ich mich in den sitzungsfreien Wochen zu Hause vor allem auf meine Kinder konzentrieren wollte, nahm ich mir Arbeit mit nach Bonn statt nach Hause. Ich verließ mein Büro erst, um zum Schlafen nach Hause zu gehen. Sehr selten ging ich mit einem Kollegen in die Kneipe. Noch seltener nahm ich an parlamentarischen Essen teil. Ich hatte eine Wohnung in Kessenich bezogen, in einem Mietshaus, das Anfang der Fünfzigerjahre für die Bonner Beamten gebaut worden war; ein Zimmer mit integrierter Kochnische und Bad. In der ersten Woche hatte ich mich mit Schwung ans Einrichten gemacht. Einige Möbel hatte ich von meiner Vormieterin Angelika Beer übernommen, die ebenfalls überraschend aus dem Bundestag gefallen war. Die heutige verteidigungspolitische Sprecherin der Grünen verlangte gepfefferte Preise für ihre Hinterlassenschaften. Schon bald ließ mein Elan nach, als ich merkte, dass ich mich nicht in der Wohnung aufhalten würde. Allein zu frühstücken machte mir sowieso keinen Spaß, also aß ich lieber im Bundestag. Nachts, wenn ich heimkam, hatte ich schon gegessen. Die Wohnung verließ ich nach zehn Jahren, ohne in ihr gelebt zu haben. Noch extremer ging es bei Gerd Poppe zu, der im Nachbarhaus wohnte. Er hatte lediglich eine Matratze auf dem Fußboden, einen Koffer und eine Lampe.

Als ich einmal morgens auf der Straße stand und lesend auf mein Auto wartete, kam Gerd Poppe dazu und fragte ungläubig, ob ich wirklich noch Romane läse! Er käme schon lange nicht mehr dazu. Das wäre für mich kein Leben gewesen. Ich habe immer darauf geachtet, dass mir genügend privater Freiraum bleibt. Ich las weiterhin sehr viel, ging ins Kino, besuchte Konzerte, Museen und Ausstellungen. Ich wollte keinesfalls auf die parlamentarische Routine reduziert werden. Politik kann süchtig machen. Sie kann wie jede Sucht zerstörerisch sein. Im Laufe meiner Parlamentsjahre begegneten mir genug Kollegen, die an heftigen Entzugserscheinungen litten, wenn sie aus diesen oder jenen Gründen gegen ihren Willen aus dem Parlament ausscheiden mussten. Ich nahm mir fest vor, dass mir das nie passieren sollte.

An ein bis zwei Abenden in den Sitzungswochen besuchte ich westdeutsche Kreisverbände der Grünen. Das war anstrengend und für mich wenig ergiebig. Aber die Teilnehmer der jeweiligen Diskussionsrunden waren immer dankbar. Ich fühlte mich zu diesen Besuchen verpflichtet, weil ich damit den Westgrünen zeigen wollte, dass wir durchaus auch ihre Vertreter im Parlament waren. Am Ende der Legislaturperiode hatte ich über 100 Kreisverbände und Grünen-nahe Vereinigungen besucht. Eine Anstrengung, die wenig gewürdigt wurde, als die Westgrünen 1994 in das Parlament zurückkehrten und wir eine gemeinsame Fraktion bildeten.

In der ersten Legislaturperiode reiste ich kaum. Wenn ich schon während der Sitzungswochen von meinen Kindern getrennt war, wollte ich in der übrigen Zeit ganz bei ihnen sein. Als die Jungs noch kleiner waren, nahm ich sie in den Herbst- oder Frühjahrsferien mit nach Bonn. Ich absolvierte dann nur das Notwendigste meiner parlamentarischen Aufgaben. In dieser Zeit waren die Kinder in meinem Büro und sahen fern oder spielten Tischtennis auf der Platte, die uns die Grünen hinterlassen hatten. Sobald ich von meinen Aufgaben freikam, unternahmen wir Ausflüge in die schöne Umgebung Bonns. Auf diese Weise kam ich in das Siebengebirge, auf den Drachenfels, in die kleinen Dörfer am Rheinufer. Gern besuchten wir auch »Phantasialand«, den romantischsten Vergnügungspark, den ich kenne. Abends gingen wir ins Kino. Dann waren die Möglichkeiten, die wir in Bonn hatten, schon fast erschöpft. Als die Jungs größer wurden, hatten sie keine Lust mehr auf diese Besuche. Ihnen war Bonn zu langweilig. Was das Kinoprogramm betraf, hatten sie Recht. Sonst fand ich Bonn reizend. Ich liebte die intakten Gründerzeit-Straßen, durch die ich abends vor dem Schlafengehen gern schlenderte. Ich kaufte gern auf dem Markt ein, schaute mir die schön dekorierten Schaufenster in den Straßen, die auf den Markt mündeten, an. Manchmal machte ich lange Spaziergänge in der Rheinaue. Jedes Mal ging ich an den Grabstellen der römischen Krieger vorbei, die nach über 1000 Jahren aus der Erde geholt und wieder aufgestellt worden waren. An diesem Ort spürte ich die Geschichte stärker als an den für sie geschaffenen Gedenkstätten. Besonders schön war die Rheinaue zur Fliederblüte, denn die Sträucher waren inzwischen zu Riesenexemplaren ausgewachsen. Bundestagskollegen sah ich hier fast nie, auch in der Stadt traf man sie selten. Das Leben der Abgeordneten spielte sich eher im Regierungsviertel ab. Manche Kollegen verließen morgens ihre Abgeordnetenbüros in der Heussallee, gingen ins Büro auf der anderen Straßenseite, 100 Meter weiter zum Plenum oder in den Langen Eugen zur Ausschusssitzung. Abends aßen sie im Presseklub und saßen dann in der Parlamentarischen Gesellschaft. Es soll Kollegen gegeben haben, die das Regierungsviertel, außer zu parlamentarischen Veranstaltungen außerhalb, nie verließen.

Eine der spannendsten Entscheidungen der ersten Legislaturperiode war die Bonn-Berlin-Abstimmung. Ich gehörte zu den Erstunterzeichnern des Berlin-Initiativantrages »Vollendung der deutschen Einheit« von Wolfgang Thierse. Schon von Beginn der Legislaturperiode an hatte sich die Stadt Bonn alle Mühe gegeben, die Abgeordneten zu überzeugen, dass Bonn Regierungssitz bleiben müsse. Wir wurden auf extra für die Abgeordneten veranstaltete Stadtteilfeste eingeladen, wo uns Bildbände überreicht wurden, die uns in unseren Abgeordnetenwohnungen an die Schönheiten von Bonn erinnern sollten. Wir durften die regionalen Verkehrsmittel umsonst benutzen und bekamen Ausflüge in die Bonner Umgebung angeboten. Die Debatte wurde heftig und auf allen Ebenen geführt. Ganz aktiv waren die Fahrer des Bundestagsfahrdienstes. In der Zeit der Entscheidungsfindung konnte man nicht in ein Auto steigen, ohne sofort mit der Frage Bonn oder Berlin konfrontiert zu werden. Wer sich als Berlin-Befürworter zu erkennen gab, wurde heftig attackiert. Es kam sogar vor, dass uneinsichtige Abgeordnete auf halber Strecke zwischen Bonn und dem Flughafen auf der Autobahn abgesetzt worden. Schließlich musste Bundestagspräsidentin Süßmuth eingreifen und per Erlass den Fahrern verbieten, das Bonn-Berlin-Thema mit den Abgeordneten zu besprechen. In jeder Fraktion gab es heftige Diskussionen zwischen Berlin-Befürwortern und -Gegnern. Keiner gelang es, eine gemeinsame Linie zu finden, außer der PDS, die geschlossen für Berlin stimmte. Es war klar, dass bei dieser Abstimmung der Fraktionszwang aufgehoben werden würde. Jeder Abgeordnete konnte nach seinem Gewissen entscheiden. Erstmals erlebte ich im Plenum, dass wie seinerzeit in der Volkskammer der Saal prall gefüllt war mit Abgeordneten, die der Debatte zuhörten und die Argumente abwogen. Als Wolfgang Schäuble sein eindrückliches Plädoyer hielt, soll er noch etliche Schwankende auf die Berliner Seite gezogen haben. Jeder, der wollte, durfte reden. Das nutzten viele Hinterbänkler, die sonst zu wenig am Rednerpult standen. Als die Debatte endlich zu Ende war und die Abstimmung begann, war die Luft im Plenarsaal wie elektrisiert vor Spannung. Alle blieben bis zur Auszählung im Saal. Ich war glücklich, als feststand, dass eine Mehrheit für Berlin votiert hatte. Seit ich zwischen Bonn und Thüringen pendelte, war ich viel zu selten in Berlin gewesen. Am Ende der Legislaturperiode würde der Bundestag umziehen. Dann wäre ich in den Sitzungswochen in der Nähe von Philipp, in den sitzungsfreien bei Jacob und Jonas.

Niemand hatte mit dem hinhaltenden Widerstand der Bonner Beamten gerechnet. Es dauerte acht Jahre, bis das Parlament endlich in der Hauptstadt ankam. Dann erlebte ich das Phänomen, dass sich die vehementesten Gegner Berlins, etwa die CSU-Landesgruppe, dort sofort sehr wohl fühlten. Noch ein anderes Phänomen fand ich bemerkenswert: Während in Bonn die Abgeordnetenwohnungen in der Heussallee so begehrt waren, dass es Wartelisten gab bzw. sie bevorzugt an Privilegierte vergeben wurden, blieben die Abgeordnetenwohnungen in Berlin weitgehend leer. Die Parlamentarier verteilten sich über die Stadt, das Bonner Regierungsviertel wurde auf diese Weise en passant beseitigt. Viele finden heute die Entscheidung, den Reichstag mit Bürokomplexen zu umbauen, bedauerlich. Wenn alle Blöcke fertig sind, wird wieder ein neues Abgeordnetenviertel entstehen.

Kurz nach der Berlin-Entscheidung kam der Künstler Christo auf die Idee, den Reichstag zu verpacken. Er brauchte dazu die Erlaubnis des Bundestages. Christo gewann seinen Freund Gerd Poppe dafür, die Idee der Parlamentspräsidentin vorzutragen. Ich war dabei, als eine kleine Gruppe Abgeordneter mit Rita Süßmuth zusammensaß und das Projekt beriet. Rita Süßmuth war leicht zu gewinnen. Für Christo sollte ein anstrengendes Jahr folgen. Er quartierte sich mit seiner Frau Jean-Claude in Bonn ein und begann eine einjährige Überzeugungsarbeit. Er sprach mit jedem Abgeordneten. Auf Wunsch fuhr er mit in den Wahlkreis und referierte dort über seine Idee. Ich bewunderte, mit welcher Beharrlichkeit Christo sein Ziel verfolgte. Langsam gewann er die Mehrheit der Abgeordneten für sich. Wieder wurde eine Debatte mit freier Abstimmung angesetzt. Christo und Jeanne-Claude verfolgten sie auf der Tribüne. Diesmal war Wolfgang Schäuble ein vehementer Gegner des Projektes. Zum Glück konnte er seinen Erfolg von der Berlin-Debatte nicht wiederholen. Im Gegenteil: Er wirkte wenig überzeugend, seine Argumente waren künstlich und rückwärts gewandt. Auch Bundeskanzler Kohl war gegen die Reichstagsverhüllung. Er soll sie sich nicht einmal angesehen haben, obwohl sie ein überwältigender Erfolg wurde. Wieder warteten die meisten Abgeordneten das Ergebnis der Auszählung im Plenarsaal ab. Um Christo die quälende Wartezeit zu verkürzen, hatte ich mich neben den Auszählern postiert und übermittelte ihm das Ergebnis, bevor es bekannt gegeben wurde. Nie werde ich die tiefe Freude auf seinem Gesicht vergessen. Sein Lebenstraum war in Erfüllung gegangen. Ich war glücklich, Anteil daran gehabt zu haben. Die Verhüllung übertraf alle Erwartungen. Der Reichstag sah nicht nur spektakulär aus, sensationell war auch die Reaktion des Publikums. Rings um den Reichstag lagerte das Volk, bewunderte, spielte, diskutierte, sang, tanzte. Die Deutschen zeigten, dass sie ganz anders geworden waren, als ihr Bild in der Geschichte es widerspiegelt: spielerisch, tolerant und offen. Vor dem Reichstag begriff ich endgültig, wie verfehlt die linken Ängste vor der Vereinigung gewesen waren. Hier demonstrierte ein Volk freundliche, entspannte Heiterkeit und Gelassenheit statt verbissener Großmachtgelüste. Der Nachwendefrust war eine Zeit lang wie weggeblasen.

Eine weitere freie Abstimmung gab es im Bundestag, die über den Paragrafen 218. Eine der Schwierigkeiten der Vereinigung waren die unterschiedlichen Abtreibungsregelungen in Ost und West. Während in der DDR Abtreibung seit 1972 grundsätzlich bis zum dritten Monat möglich war und in den neuen Bundesländern auch blieb, war sie in den alten Bundesländern immer noch verboten. Während der Diskussion erlebte ich im Zeitraffer die Diskussionen der feministischen Bewegung der letzten 20 Jahre. Ich war für die Abtreibung, aber mit erheblichen Bauchschmerzen. Ich sah, dass es Situationen gab, wo es unzumutbar für die Mutter war, ein Kind auszutragen. In diesem Falle stellte ich die Rechte der

Mutter höher als die des ungeborenen Kindes. Ich war dennoch abgeschreckt von der platten Mein-Bauch-gehört-mir-Rhetorik der Feministinnen und noch abgestoßener von ihrer Sicht auf die Kinder als Belastung, die der Staat den Frauen abnehmen müsse. Ich entschied mich deshalb, in der Debatte zu reden. Ich fragte, ob Kinder denn nicht in erster Linie Glück und Gewinn im Leben einer jeden Frau seien, jedenfalls hätte ich es immer so empfunden, ein Glück, dass auch manche Unbequemlichkeit aufwiege. Natürlich musste besonders allein erziehenden Frauen geholfen werden, aber Kinderbetreuung generell dem Staat zuschieben zu wollen, lehnte ich ab. Zweitens wies ich darauf hin, dass es Leben sei, das im Mutterleib entstünde, und dass die Entscheidung über Abtreibung eine Entscheidung über Leben sei. Das brachte mir begeisterten Applaus bei der CDU und die unversöhnliche Feindschaft von Alice Schwarzer ein. Sie schrieb bei der Auswertung der Paragraf-218-Debatte in »Emma«, ich hätte die reaktionärste Rede gehalten; nicht einmal der Papst wage es zu behaupten, die Zellhaufen im Uterus seien Leben. Kurioserweise sind zehn Jahre später dieselben Leute, die bei der Abtreibungsdebatte darauf bestanden, dass die »Zellhaufen« kein Leben seien, bei der Stammzellenforschung im Gegenteil der Meinung, dass Leben sofort mit der Verschmelzung von Ei- und Samenzelle beginne, also sakrosankt und damit nicht für die Forschung zu benutzen sei.

In der Paragraf-218-Debatte war die Spannung im Plenarsaal fast unerträglich. Als das Abstimmungsergebnis verkündet wurde, entschieden sich die Sieger, auf Beifall zu verzichten. Für die CDU/CSU war die Abstimmung eine Zerreißprobe, aber auch in unserer Gruppe gab es Probleme. Konrad Weiß, der gegen die Abtreibung gestimmt hatte, wurde mit wüsten Protesten der Grünen-Basis förmlich überschüttet. Die meisten Einsprüche kamen aus dem Westen, der Osten reagierte viel gelassener.

Bei einer weiteren freien Abstimmung ging es um ein Thema, das mich in besonderer Weise betreffen sollte: die Öffnung der Stasiakten. Die Volkskammer der DDR hatte dem ersten gemeinsamen deutschen Parlament das Vermächtnis hinterlassen, in einem

Stasiunterlagengesetz die Öffnung der Stasiakten gesetzlich zu regeln. Trotz dieses klaren politischen Auftrages, der sich auf eine überwältigende Mehrheit gestützt hatte und eine Forderung der demokratischen Revolution gewesen war, gab es in allen Fraktionen Bestrebungen, dieses Anliegen auf die lange Bank zu schieben und dort in Vergessenheit geraten zu lassen. Offensichtlich hatte niemand mit der Hartnäckigkeit unserer kleinen Parlamentsgruppe gerechnet. Wir setzten das Thema beharrlich auf die Tagesordnung und fanden in allen Fraktionen Unterstützer. Nur in der Bundestagsgruppe der PDS unter dem Vorsitz von Gregor Gysi fand sich kein Verfechter für dieses Vorhaben. Damit hatten wir nicht ernsthaft gerechnet.

Unsere Bundestagsgruppe Bündnis 90/Die Grünen ist ein einmaliges Kuriosum in der Parlamentsgeschichte. Wir waren wegen der getrennten Wahlgebiete in den Bundestag eingezogen, ohne eine Fraktion bilden zu können. Dazu hätte es mindestens 32 Abgeordneter bedurft. Wir hatten auch keine Lust, uns einer anderen Fraktion anzuschließen. Also musste unser Status geregelt werden. Mit materieller Ausstattung wurden wir sehr großzügig bedacht. Aber man billigte uns keinesfalls alle parlamentarischen Rechte zu. Für bestimmte Initiativen brauchten wir ein Quorum von 32 Antragstellern. Die mussten nicht nur unterschrieben haben, sondern beim Aufruf der Initiative im Plenum sein und die Hand heben. Am leichtesten bekamen wir Unterstützung bei der CDU und FDP, mit der SPD war es überraschenderweise viel schwieriger. Ich erlebte, dass SPD-Abgeordnete, die uns unterstützen wollten, unter Druck gesetzt wurden, es nicht zu tun. Ich erinnere mich an eine Situation, wo Fraktionsgeschäftsführer Peter Struck von der SPD aufsprang und durch heftige Gesten die Abgeordneten hindern wollte, mit uns zu stimmen. Dies passierte bei der CDU nie. Eine Unterschrift von der CDU war immer eine sichere Stimme im Plenum. Es gelang uns, alle parlamentarischen Hürden zu nehmen. Schließlich wurde mit großer Mehrheit das Stasiunterlagengesetz beschlossen. Es sah eine Öffnung der Akten am 2. Januar 1992 vor.

Die Stasiakten

Ich dachte eigentlich nicht, von meinem Recht auf Akteneinsicht Gebrauch zu machen. So gut es ging, hatte ich versucht, die Staatssicherheit zu ignorieren. Zwar wusste ich, dass wir besonders bespitzelt worden waren, manche Spitzel waren sogar schon vor dem Mauerfall enttarnt worden, es interessierte mich aber nicht besonders, wer warum spionierte. Ich war sicher, dass unter meinen engen Freunden kein Spitzel war, und damit hatte ich Recht. Dass es einen Spitzel gab, der noch enger an mir war, wäre mir nicht einmal im Traum eingefallen. Ich hatte meinen Mann Knud geheiratet, weil ich ihm vertraute. Ich habe mich normal verhalten in einer anormalen Situation. Natürlich hatte ich George Orwells »1984« gelesen, eines der heimlich in der DDR kursierenden Exemplare, und darin das Problem von Liebe und Verrat in den Zeiten der Diktatur literarisch behandelt gesehen. Mir war bekannt, dass es Verrat in allen Beziehungen geben konnte. Dieses abstrakte Wissen hatte jedoch nichts mit meinem Leben zu tun. So dachte ich.

Zugeben muss ich, dass ich in der ersten Hälfte der Achtzigerjahre mit dem Verdacht konfrontiert wurde, mein Mann könnte ein Stasispitzel sein. Es war auf einer Feier in einem Bauernhaus in Französisch-Buchholz, das damals auf sein Adjektiv verzichten musste. Das Haus gehörte der früheren Geliebten meines Mannes. Es war eine wilde Punkparty. Sogar ein Kamerateam der BBC war da, um das Untergrundleben im wilden Osten zu filmen. Meine Vorgängerin forderte mich auf, mit in eine stillere Ecke zu kommen, wo sie mir die Geschichte einer verratenen Untergrundparty erzählte, bei der ein paar Punks verhaftet worden waren. Bei den Verhören sollen sie Indizien dafür gefunden haben, dass Knud es war, der sie verraten hatte. Die Einzelheiten waren wirr, die Anschuldigungen so konfus, dass ich das Ganze für eine neue, seltsame Blüte der merkwürdigen Hassbeziehung hielt, die das frühere Liebespaar jetzt pflegte. Es gab auch keine Konsequenzen nach dieser Mitteilung. Wir pflegten unsere Bekanntschaft weiter, als hätte es das Gespräch nicht gegeben. Wäre ich besorgt gewesen, hätte sich meine Unruhe spätestens nach ein paar Wochen gelegt. Ich war aber nicht besorgt. Also vergaß ich das Ganze schnell wieder und wurde nie mehr daran erinnert. Ich blieb auch arglos, als mir ein Medizinstudent, der kurze Zeit in meiner Umweltgruppe mitgearbeitet hatte, bei einem zufälligen Treffen mitteilte, in unserer kleinen Gruppe müsste ein Spitzel sein. Ich war nicht überzeugt, wusste ich doch, dass unser Telefon abgehört wurde, und glaubte eher an eine Raumüberwachung, die im Dachboden nebenan leicht installiert worden sein könnte.

An dem Herumraten »Wer ist der Spitzel?« hatte ich mich nie beteiligt, weil ich das für eine Zeitverschwendung und Aufwertung der Staatssicherheit hielt. Ich kämpfte mit ganzer Kraft für das Stasiunterlagengesetz ohne die geringste böse Vorahnung. Ich erinnere mich genau, wann mich die erste Hiobsbotschaft erreichte. Es war in einer sitzungsfreien Woche im Oktober. Ich harkte im Garten Laub, Knud war weiter oben auf dem Tennisplatz, wo er mit Jacob und Jonas ein Laubfeuer angemacht hatte. Ich hatte im Frühjahr aus den USA ein Mobiltelefon mitgebracht, das auf meinem Lieblingssitz unter der Linde lag. Als es klingelte, ahnte ich nichts Böses. Mein Sohn Philipp war am Apparat. Ich merkte seiner Stimme sofort an, dass etwas passiert war. Er erzählte mir, dass sein Schulfreund Tom, der inzwischen mit dem Chef der Berliner Umweltbibliothek Wolfgang Rüddenklau eng befreundet war, ihm erzählt hätte, dass dieser behauptet habe, Knud sei ein Stasispitzel. Ich versprach Philipp, Knud sofort zur Rede zu stellen. Er reagierte Vertrauen erweckend, indem er anbot, bei der Gauck-Behörde um seine Überprüfung zu bitten. Das schien auch mir der einzige Weg zu sein. Bei der nächsten Fahrt nach Berlin wollte Knud alles Nötige in die Wege leiten.

Philipp dauerte das zu lange. Er wollte sofortige Gewissheit und drängte mich, umgehend nach Berlin zu kommen und Wolfgang Rüddenklau zur Rede zu stellen. So geschah es. Ich fuhr am nächsten Tag los und war am Abend mit Philipp in Rüddenklaus Stammkneipe. Er hatte keine Möglichkeit, dem Gespräch auszuweichen, was ihm sichtlich unangenehm war. Wir sollten lieber in die Umweltbibliothek gehen, dort hätten wir mehr Ruhe. Ich eröffnete das Gespräch mit der direkten Frage, warum er Knud einen Stasispitzel genannt hätte. Er versuchte das abzustreiten, räumte aber schließlich ein, tatsächlich so etwas gesagt, es aber nicht ernst gemeint zu haben. Er sei betrunken und kaum Herr seiner Sinne gewesen. Philipp und ich beschworen ihn stundenlang, uns die Wahrheit zu sagen. Ich wusste, dass Rüddenklau mich seit meiner Entscheidung, aus dem Stasiknast in den Westen zu gehen statt meine Strafe abzusitzen, für eine Verräterin hielt, die keiner fairen Behandlung mehr wert war. Ich hoffte aber, dass er Philipp in seine Rachsucht nicht mit einbeziehen würde. Er wusste, wie übel Philipp im Ossietzky-Schule-Skandal mitgespielt worden war. Das sollte ihn doch bewegen, dem Jungen neuen Ärger zu ersparen.

Aber Rüddenklau blieb so hartnäckig bei seinem Leugnen, dass ich schließlich dazu neigte, ihm zu glauben. Er verabschiedete uns mit der Versicherung, es sei nichts dran. Ich war beruhigt, bat aber Joachim Gauck, eine Überprüfung einzuleiten. Das dauerte wochenlang. Ich hatte noch kein Ergebnis, als eines Abends im Dezember 1991 das Telefon klingelte. Klaus Wolfram war am Apparat, ein Mann, den ich kannte, seit ich 17 Jahre alt war, mit dem ich an der Humboldt-Universität in einer Seminargruppe studiert hatte und der immer noch ein enger Freund von Philipps Vater war. Er hatte nach dem Mauerfall eine linke Zeitung »Die Andere« gegründet. Klaus Wolfram teilte mir knapp mit, dass in der morgigen Ausgabe seines Wochenblattes stehen würde, dass Knud ein Stasispitzel war, und fügte hinzu, nun müsste ich wohl mein Mandat niederlegen. Im ersten Augenblick war ich betäubt, dann wütend über die Umstände dieser Mitteilung. Warum konfrontierte mich ein alter Bekannter mit so einer furchtbaren Nachricht, ohne mir die Gelegenheit zu geben, mich mit diesem Schicksalsschlag auseinander zu setzen, bevor die Geschichte an die Öffentlichkeit kam? Seine Frage, wann ich mein Mandat niederlegen würde, machte mir den Grund sofort klar: Die Art der Enttarnung sollte mich für meinen »Verrat«, im Gefängnis meiner Abschiebung in den Westen zugestimmt zu haben, strafen. Ich fragte ihn noch, welche Beweise er hätte, ohne darauf eine Antwort zu bekommen. Ich sagte ihm, ich dächte nicht daran, mein Mandat niederzulegen, und beendete das Gespräch.

Glücklicherweise schliefen die Kinder schon. Ich forderte Knud zu einem Spaziergang auf. Ich erzählte ihm, was morgen in der Zeitung stehen würde, und beschwor ihn, mir die Wahrheit zu sagen. Er erwiderte, dass er kein Stasispitzel gewesen sei. Ich wollte Gewissheit, egal, wie sie aussähe. Deshalb würde ich am nächsten Tag nach Berlin fahren und nicht eher ruhen, bis ich die Wahrheit wüsste. Als ich ihm das sagte, fing ich einen Seitenblick von Knud auf, der mir das Gefühl gab, es müsste doch etwas an dem Gerücht dran sein. Alles in mir rebellierte gegen diese Vorahnung. Ich wollte es nicht wahrhaben. Ich fragte Knud, ob er bereit sei zu schwören, dass er nie für die Staatssicherheit gearbeitet hätte. Wir waren inzwischen wieder in unserer Wohnung angelangt und standen neben dem Bett mit unseren schlafenden Kindern. Da schwor Knud tatsächlich, dass er kein Stasispitzel gewesen sei. Mein komisches Gefühl blieb. Ich versuchte mich zu beruhigen und traf die Vorbereitungen für die Reise.

In Berlin angekommen, fuhr ich als Erstes zur Redaktion der »Anderen«. Als ich sein Büro betrat, kam mir Klaus Wolfram mit ausgebreiteten Armen entgegen. Er wollte mich tatsächlich umarmen. Ich wich ihm aus und forderte ihn auf, mir die Beweise für Knuds Spitzeltätigkeit vorzulegen. Er lehnte ab mit dem Satz, er müsse seine Quellen schützen. Ich sah, dass ich hier nicht weiterkommen würde. Nun konnte nur noch Joachim Gauck helfen. In der Behörde wurde ich sofort zu ihm vorgelassen. Die Zeitung lag auf seinem Tisch. Er wusste bereits Bescheid. Er hatte noch kein

Ergebnis seiner Recherche vorliegen. Ich fragte, ob in Anbetracht der Umstände die Untersuchungen nicht beschleunigt werden könnten? Er versprach mir, alles Notwenige dafür zu veranlassen. Wie gerädert kam ich in unserer Wohnung im Amalienpark an. Die vertraute Umgebung beruhigte mich etwas. Ich war froh, dass Philipp bald kam. Als wir gerade beim Abendbrot saßen, kam Dieter Krause, ein ehemaliger Studienkollege, der in der Nachbarschaft wohnte. Er hatte eine meiner Schulkameradinnen geheiratet und gehörte zur Clique um Philipps Vater. Er mochte Knud und war entsetzt über diese Veröffentlichung. Anfangs hatte er für die »Andere« gearbeitet, inzwischen war er beim »Stern« und recherchierte vorzugsweise im Stasimilieu. Er hatte von keinem Gerücht gehört, das Knud als Stasispitzel bezeichnete. Das machte mir wieder etwas Mut. Ich erzählte ihm vom Verhalten unseres Studienfreundes Wolfram. Er bot mir sofort seine Hilfe an. Er würde für mich die Wahrheit herausfinden. Er würde anrufen, sobald er etwas wüsste.

Am nächsten Tag las ich in der »taz« das Interview einer Mitarbeiterin der »Anderen«, das auf mich zielte. Diesmal wurde die Forderung, ich solle mein Mandat niederlegen, öffentlich erhoben. Obwohl ich mehr tot als lebendig war, beschloss ich, in die Offensive zu gehen. Ich beschrieb in einer öffentlichen Stellungnahme einerseits meinen Zustand nach dem Bekanntwerden des Vorwurfs, wies andererseits alle Forderungen an mich, mein Mandat niederzulegen, als absurd zurück. Das empfanden andere offensichlich auch so. Niemand griff diese Forderung auf. Obwohl meine Welt zusammenbrach, ging das Leben weiter. Die Sitzungswoche begann, ich musste nach Bonn. Kaum war ich dort angekommen, erreichte mich der Anruf von Dieter Krause. Er hatte in einem langen Gespräch Klaus Wolfram überzeugt, seine Beweise vorzulegen. Es stellte sich heraus, dass Knud von seinem letzten Führungsoffizier denunziert worden war. In unserem Fall war das Interesse der Staatssicherheit, mich doch noch zu »zersetzen«, stärker als das Credo, ihre Informanten unter allen Umständen zu schützen. Als mich die Nachricht erreichte, hatte ich das

Schlimmste schon hinter mir. Alles war besser als die Hölle der Ungewissheit der letzten Tage.

Als Erstes rief ich die Kollegen unserer Gruppe in meinem Bonner Abgeordnetenbüro zusammen und sagte ihnen, was ich eben erfahren hatte. Keiner wusste so recht, wie er reagieren sollte, die meisten sahen betreten auf den Boden oder zur Seite. Nur Werner Schulz, der wie ich ein Mitglied des Friedenskreises Pankow gewesen war, griff sich mein Exemplar der »Anderen«, las die Namen der enttarnten Spitzel und sagte zu meiner größten Überraschung, das seien doch die Namen, die man seit längerem kennen würde. »Wie bitte? Und warum hast du mir nie etwas davon gesagt?« Weil es eben nur Gerüchte gewesen wären. Später erfuhr ich, dass er zu den Personen gehört hatte, die bereits vor über einem Jahr von Reinhard Schult informiert worden waren, einem selbst ernannten Stasijäger, der seinerzeit eine unsägliche Kampagne im »Friedrichsfelder Feuermelder« gegen mich gestartet hatte, weil ich in den Westen gegangen war. Werner Schulz brachte es fertig, ein Jahr mit mir in der Abgeordnetengruppe zusammenzuarbeiten, ohne mich merken zu lassen, dass er wusste, welche Zeitbombe über mir schwebte. Auch meine alten Freunde Hans und Ruth Misselwitz gehörten zu den Informierten; die Seelsorgerin Misselwitz sah keinen Grund, mir Gelegenheit zu geben, mit meinem Schicksalsschlag selbstbestimmt umzugehen. Hans und Ruth redeten sich ebenfalls damit heraus, dass sie diesen Informationen keinen Glauben geschenkt hätten. Das kann ich ihnen wiederum nicht glauben.

Nachdem meine Kollegen von der Bundestagsgruppe unterrichtet waren, blieb mir das Schwerste zu tun: Ich musste Knud mit meinem Wissen konfrontieren. Meine damalige Sekretärin Christine und mein Mitarbeiter Achim Schmillen erklärten, dass sie mich nach Thüringen begleiten würden. Wir fuhren mit dem Auto. Wir machten zweimal während der Fahrt Rast. Worüber wir sprachen, kann ich mich nicht erinnern. Ich konnte mir nicht vorstellen, wie die kommende Aussprache verlaufen würde. Wir kamen gegen 20 Uhr in Sondershausen an. Die Kinder schliefen.

Wir wohnten damals in einer Notwohnung, die uns der Landrat des Kyffhäuserkreises zur Verfügung gestellt hatte, weil sich während der Rekonstruktionsarbeiten an meinem Haus die Bausubstanz als so marode herausgestellt hatte, dass es fast vollständig abgerissen werden musste. Für mich war das ein Glück. So ist das Erlebnis einer der dunkelsten Stunden in meinem Leben nicht mit einer vertrauten Umgebung verknüpft.

Als wir die Wohnung betraten, kam Knud uns auf dem langen Flur entgegen. Er schien gerade nach den Kindern gesehen zu haben. Er muss sofort gewusst haben, warum ich mitten in der Sitzungswoche mit meinen beiden Mitarbeitern bei ihm aufgetaucht war. Er begrüßte uns aber ganz ruhig und fragte, ob wir einen Tee wollten. Ich verneinte, bat ihn sofort in ein unbewohntes Nebenzimmer, in dem noch Tische und Stühle standen. Wir setzten uns einander gegenüber. Ich sagte ihm, was ich erfahren hatte. »Wir müssen uns wohl trennen«, war seine erste Reaktion. Auf meine Frage nach dem Warum antwortete er, die DDR wäre für ihn die Antwort auf Auschwitz gewesen und er hätte als Spross einer jüdischen Familie alles getan, um diesen Staat zu erhalten. Mir wurde schwarz vor Augen, vom weiteren Verlauf des Abends weiß ich nichts mehr.

Der nächste Tag war kalt und sonnig. Der Arzt, der mich behandelte, schrieb mich krank. Die Kinder freuten sich, dass ich mit Besuch da war. Ich beschloss, mir Zeit zu lassen, ehe ich sie mit der bevorstehenden Trennung von ihrem Vater konfrontierte. Ich wusste überhaupt nicht, wie es weitergehen sollte. Gottseidank stand die Weihnachtspause bevor. Bis zu ihrem Ende in fünf Wochen hoffte ich klarer zu sehen, wie es mit meinem Leben weitergehen sollte. Meine Mitarbeiter blieben ein paar Tage in Sondershausen und halfen mir über die ersten schweren Stunden hinweg. Achim Schmillen spielte den Botschafter zwischen mir und Knud. Sobald die wichtigsten Dinge geregelt waren, schickte ich Knud nach Berlin. Ich konnte seine Nähe nicht mehr ertragen.

Am schlimmsten war, dass wir von Journalisten förmlich belagert wurden. Sie fanden uns zwar nicht gleich, weil sie uns in Berlin oder im Haus vermuteten. Ich sollte Stellung nehmen für die verschiedenen Blätter, Kameraleute folgten meinen Kindern, um Bilder von ihnen einzufangen. Erst als ich mir entschieden die Belästigung meiner Kinder verbat, hörte das auf. Ich war nicht nur gezwungen, mit einer schmerzhaften Situation fertig zu werden, ich musste es auch noch öffentlich tun. »Bild« und andere Boulevardblätter befragten die Nachbarn und diskutierten am nächsten Tag in ihrem Blatt. Warum ich »den Kerl« nicht längst rausgeschmissen hätte, ob ich dies oder jenes tun müsste. Ich enthielt mich weitgehend aller Äußerungen, ich hatte in meiner ersten Stellungnahme bereits alles gesagt. Ich machte eine Ausnahme für Elke Hockertz-Werner vom WDR. Sie hatte zur Volkskammerzeit einen sehr schönen Film über mich gemacht, dann noch einen über meinen Einzug in den Bundestag. Für sie erklärte ich mich bereit, vor der Kamera etwas zu sagen. Ich hätte es lieber bleiben lassen sollen, denn nun wurde ich von Angeboten förmlich überschüttet. Ich hätte das Stasiopfer vom Dienst werden und alle Talkshows in Deutschland besuchen können. Ich habe das nicht getan, weil ich keine Lust auf die Opferrolle hatte. Ich war auf schlimme Art verraten worden, aber als Opfer fühlte ich mich nicht. Ich habe immer anerkannt, dass Widerspruch und oppositionelles Handeln sanktioniert werden können. Ich habe diese Sanktionen als den Preis für mein selbstbestimmtes Handeln in Kauf genommen.

Konsequenzen

Ich reichte sofort die Scheidung ein und bekam zugestanden, dass in unserem Fall ein Trennungsjahr nicht zumutbar sei. Wir regelten unsere Vermögensfragen allein. Knud sollte die Wohnung in Berlin samt Inhalt behalten, mir blieb mein Haus in Sondershausen.

Dieses Haus war symbolisch für meine Situation. Als es vor Beginn der Bauarbeiten von einem Architekten, der in Sondershausen als »der« Fachwerkspezialist galt, untersucht wurde, befand der, dass es von der Zeit arg mitgenommen, aber in der Grundsubstanz solide sei. Die Balken machten einen intakten Eindruck. Nach Beginn der Arbeiten stellte sich heraus, dass der Anschein trog. Die Balken waren von innen morsch. Fast das ganze Haus musste abgerissen werden. Zum Schluss standen nur noch eine Südwand, ein Rest vom Kerngebäude und der Fußboden im ehemaligen Wohnzimmer. Ich musste ganz neu bauen. Ich baute auf den alten Fundamenten, die sich als solide erwiesen. Ich wollte retten, was zu retten war, aber sonst keine Kompromisse machen. Mein Architekt erwies sich als überfordert. Ich beschaffte mir Fachliteratur, und der Bauleiter musste lernen, sich meinen Anweisungen zu fügen. In der Gegend sprach es sich herum, dass eine »Verrückte« ein Haus auf »alt« baute. Das sollte sich bei der Suche nach geeigneten Baumaterialien als eine Hilfe zeigen. Wo ich hinkam, um eine bestimmte Sorte Stein für meine Fensterbänke zu bekommen oder geeignetes Holz für die Dielen, hatte man von mir gehört und sich alter Bestände erinnert. Es kamen auch Handwerker zu mir, die in ihrer Lehrzeit noch in alten Techniken unterwiesen worden waren und mir ihre Fähigkeiten nun anboten. So bekam ich Holztüren nach dem alten Vorbild, Glasbilder für Türen mit Jugendstilmotiven, die täuschend echt aussahen. Meine

Haustür, die ich mit dem Tischler selbst entwarf, avancierte sogar zum Ausstellungsstück auf einer Handwerkermesse, bevor sie bei mir eingebaut wurde. Ich entschied mich nach gründlichem Studium aller Möglichkeiten ganz unideologisch für Fensterrahmen aus tropischem Plantagenholz – immerhin zu Zeiten der Tropenholz-Boykotte durch Grüne und Umweltverbände. Nur in einem Punkt konnte ich meine Vorstellungen nicht ausführen: Ich hatte einen großen Kachelofen mit Bank als Mittelpunkt des Hauses gewollt, betrieben von einer Ölheizung, die auch das übrige Haus wärmen sollte. Da hatte sich noch mein Mann in einem früheren Planungsstadium durchgesetzt. Ich vermisse den Ofen heute noch.

Als ich Ende Dezember 1991 mit Jacob und Jonas in das Haus einzog, war es leer bis auf Küchenherd, Spüle und ein paar Möbel, die von meinen Großeltern übrig geblieben waren. Die Gasheizung war noch nicht angeschlossen. Ich hatte als Ersatz für den entgangenen Kachelofen einen Kaminofen aufstellen lassen, der mit Holz geheizt wurde. Der wärmte die ganze untere Etage. In den oberen Stockwerken war es eiskalt. Wir erwachten morgens oft mit Reif auf der Bettdecke. Das kannte ich aus meiner Kindheit und nahm es nicht weiter tragisch.

Mein Leben war augenblicklich so leer wie das Haus. Ich musste es neu füllen. An all die Sachen, die ich über die Jahre für unsere Wohnung im Amalienpark zusammengetragen hatte, dachte ich ohne großes Bedauern zurück. Ich wollte nicht an mein Leben dort erinnert werden. Ich richtete mich ganz allmählich ein. Lieber ließ ich die Leere etwas länger bestehen, als dass ich etwas kaufte, nur um die Lücke zu füllen. Das zahlte sich aus, denn schließlich entstand ein harmonisches Ganzes mit dem Charme eines alten und der Bequemlichkeit eines neuen Hauses. Viel Arbeit machte die Entrümpelung des Gartens. Mein Großvater hatte über Jahrzehnte alles angeschleppt und eingelagert, was er für brauchbar hielt: von alten Schienen, Transformatoren, Drahtzaun, Motoren, bis hin zu aller Art von Möbeln, die er aus dem Haus seiner verstorbenen Nachbarin geholt hatte, nachdem es von den Haushaltsauflösern verlassen worden war. All dieser Krempel stand mit Planen und Dachpappe oder Wachstuch abgedeckt im Garten herum, teilweise schon eingewachsen. Er hatte in den letzten Jahren seines Lebens nur noch die Flächen für die Orchideen offen gehalten, sonst war alles zugewachsen. Sogar der Tennisplatz war als solcher nicht mehr zu erkennen. Das Gerümpel füllte zehn große Container, die Fällarbeiten beschäftigten uns einige Monate. Ich ertrank in Arbeit, aber genau das war es, was mich rettete. Ich formte die mir vertraute Umgebung und heilte so Stück für Stück meine Seele.

Neben dem Hausbau musste ich mein ganzes Leben neu organisieren. Jacob und Jonas waren erst neun und sieben Jahre alt. Jemand musste sich um die Kinder kümmern, wenn ich in Bonn war. Meine Eltern schieden aus Alters- und Krankheitsgründen aus. Philipp wollte nicht sein Studium in Berlin aufgeben, um in Sondershausen seine Brüder zu betreuen. Er kam nur als zeitweilige Hilfe in Betracht. Blieb nun, eine Kinderfrau zu finden. Es musste nicht nur eine Frau sein, die mit meinen Söhnen umgehen konnte, sondern die auch bereit war, während meiner Abwesenheit im Haus zu wohnen. Trotz der hohen Frauenarbeitslosigkeit im Kyffhäuserkreis fand ich zunächst niemanden in Sondershausen. Es kamen Mädchen aus der Verwandtschaft, die aber aus unterschiedlichsten Gründen nur jeweils ein Jahr blieben.

Das lag nicht an meinen Söhnen. Jacob und Jonas benahmen sich bei den Kinderfrauen wie die Engel. Sie wussten, dass ich mein Mandat nicht ausüben könnte, wenn es Schwierigkeiten gäbe. Das Geheimnis meiner guten Beziehung zu meinen Söhnen ist, dass sie das Wichtigste in meinem Leben waren und sind und nie das Gefühl hatten, für die Karriere geopfert oder auch nur beiseite geschoben zu werden. Größere Probleme als die, dass die Schulzensuren nie so gut waren, wie sie hätten sein können, gab es nie. Erst im vierten Anlauf fand ich mithilfe eines Bekannten eine Frau in Sondershausen, die meinen Haushalt und die Kinder übernahm. Ich hatte bis dahin nach dem Motto gelebt, dass ich meinen Dreck allein wegräumen müsste, und mich damit hoffnungslos überfordert. Ich erinnere mich, dass ich zu Beginn der Osterpause nach Hause kam und das Haus in einem ziemlich verwahrlosten Zustand vorfand. Ich putzte, wusch und bügelte drei Tage, bis ich vor Erschöpfung heulte. Danach wusste ich, dass sich etwas ändern musste. Doch erst als ich auf einer Mutter-Kind-Kur meine Westberliner Freundin Gabi kennen lernte, brachte die mir bei, dass ich nicht alles bewältigen konnte. Ich solle mir Hilfe organisieren. Richtige, nicht nur sporadische. Seitdem rate ich allen berufstätigen Frauen zur Haushaltshilfe. Die Rede vom »Dienstmädchenprivileg« ist töricht. Es geht ja nicht darum, sich bedienen zu lassen, sondern Zeit für seine eigentlichen Aufgaben und für sich selbst zu haben. Ohnehin hat man als Mutter immer nebenbei zu tun, die ganze Arbeit kann einem keiner abnehmen.

Glücklicherweise bekam ich viel Hilfe von den unterschiedlichsten Menschen. Etwa 100 Personen schrieben mir, um mir Mut zu machen. Diese Post konnte ich erst nach Monaten beantworten. Zu den ersten Anrufern gehörte Lukas Beckmann, der für unsere Parlamentsgruppe als Geschäftsführer arbeitete. Er sprach mir Mut zu und bot mir seine Hilfe an. Leider wurde er kurz nach unserem Telefonat selbst schwer krank und brauchte seine ganze Kraft, um wieder auf die Beine zu kommen. Das Schlimmste an meiner Situation war, dass Weihnachten vor der Tür stand und ich nicht wusste, wohin. Wir hatten in den Jahren unserer Ehe das Weihnachtsfest immer bei meinen Schwiegereltern in Berlin-Buch verbracht, im Kreise der großen Familie, die mit Schwiegersöhnen und Enkeln stetig gewachsen war. Daran war in diesem Jahr nicht zu denken. Meine Eltern feierten Weihnachten nicht, sie rafften sich kaum zu Weihnachtsschmuck auf. Deshalb nahm ich dankbar an, als Achim Schmillen mir anbot, Weihnachten im Gästehaus seiner Schwiegereltern in der Eifel zu verbringen. Hier waren wir weit weg von allem. Das Haus war hübsch. Wir putzten es feierlich heraus und verbrachten auf diese Weise ein stilles, aber keineswegs trostloses Weihnachten. Die raue Natur der Eifel wirkte beruhigend auf mich. Es gab sogar Schnee. Ich schöpfte Kraft für die bevorstehende Öffnung der Stasiakten.

Am Morgen des 2. Januar 1992 fand ich mich in der Glinkastraße ein, wo die Gauck-Behörde für zehn ausgewählte Oppositionelle symbolisch die Aktenöffnung begann. Ich kam absichtlich etwas später, um den Journalisten, die den Einzug der Auserwählten in die Gauck-Behörde filmten, zu entgehen. Leider standen sie immer noch vor der Tür, als ich ankam. Es gelang mir trotzdem, unbemerkt bis zur Tür zu kommen. Aber die war verschlossen. Ich musste erst klingeln und meinen Namen sagen, da hatten sich schon alle Kameras auf mich gerichtet. Ich ignorierte die Fragen und betrat das Haus. Ich wurde zu dem Tisch geführt, auf dem meine Aktenordner gestapelt waren. Bärbel Bohley, Katja Havemann, Jürgen Fuchs, Gerd Poppe, Sarah Kirsch und Hans Joachim Schädlich lasen schon in ihren Akten. Wir begrüßten uns kurz, dann setzte ich mich. Achim Schmillen war mitgekommen, um mir beizustehen, falls das nötig war. Ich saß etwas ratlos vor dem Aktenberg. Ein Mitarbeiter der Gauck-Behörde erklärte mir, was ich wissen musste, und gab mir eine Liste mit den IM-Namen, die in meinen Akten vorkamen. Es waren 49. Später erlebte ich abstruse Wettbewerbe, wer wohl die meisten IM hatte, die auf ihn angesetzt waren. Ich beteiligte mich nie daran, ja fand diese Betrachtungsweise absurd, denn sie räumte der Staatssicherheit in meinen Augen zu viel Kredit ein. Ich griff als Erstes zu einem schmalen Schnellhefter, auf dem »Bündel« stand. Der Gauck-Mitarbeiter erklärte mir, dies sei Teil der Handakte eines unbekannten Offiziers aus der Stasizentrale in der Normannenstraße gewesen. Sie hätten den Hefter in einem Bündel im Keller gefunden, wo er mit den anderen Papieren verbrannt werden sollte.

Schon auf der zweiten Seite fand ich einen Bericht von »Donald«, das war einer der IM-Namen von Knud, über unseren Aufenthalt in Malcesine, meine Krankheit, die Gespräche mit Philipp. Hätte ich vorher noch nichts geahnt, bei diesem Bericht wäre mir sofort klar geworden, dass er nur von Knud stammen konnte. Wenn es noch Zweifel gegeben hätte, nun wären sie beseitigt gewesen. Die folgenden Stunden sollten mein Leben verändern. Die schrecklichste Entdeckung lag längst hinter mir, aber was ich in den Akten an Gemeinheiten und Banalitäten des Bösen las, übertraf mein Vorstellungsvermögen. Vieles war handgeschrieben, anderes lag in fünf verschiedenen Versionen vor: voneinander abgeschrieben und dabei verändert. Ich lernte Zersetzungspläne kennen und erfuhr, dass es eine Zersetzungsmaßnahme gegen mich war, das Gerücht zu streuen, ich sei bei der Stasi gewesen. Ich sah zu Bärbel Bohley hinüber, die das geglaubt hatte. Wie würde sie reagieren? Sie kam im Laufe des Tages ein paar Mal an meinen Tisch, um mich zu fragen, ob dieser oder jener Vorgang auch in meinen Akten vorhanden sei, oder um mir etwas zu zeigen. Nach Schließung der Gauck-Behörde standen wir nebeneinander auf der Straße. Als Bärbel zu einer Erklärung ansetzte, sagte ich, dass wir alles unter »dicht daneben ist auch vorbei« verbuchen sollten. Damit war dieses Kapitel erledigt. Ich lernte die Zersetzungsmaßnahmen kennen, die die Freundschaft zwischen Ruth und Hans Misselwitz und mir zerstört hatten. Hier war die Staatssicherheit dauerhaft erfolgreich gewesen.

Während ich weder an diesem Tag noch später einen weiteren IM entdeckte, der mir wirklich nahe gestanden hatte, war das bei anderen nicht so. Am späten Nachmittag kam Hans Joachim Schädlich an meinen Tisch. Er wusste, wer ich war, wir waren uns zu DDR-Zeiten manchmal auf Lesungen begegnet. Er erzählte mir zutiefst erschüttert, dass er eben entdeckt hätte, dass sein Bruder, mit dem er ein enges Verhältnis gehabt hatte, von der Stasi auf ihn angesetzt worden war. Ich hatte diesen Bruder kennen gelernt. Ein gebildeter Kulturwissenschaftler, der mich ein paar Mal von Veranstaltungen des Friedenskreises nach Hause gebracht hatte. Sarah Kirsch dagegen konnte »IM Hölderlin«, der intime Dinge über sie berichtet hatte und mit dem sie eng befreundet gewesen sein musste, bevor sie die DDR verließ, nicht gleich identifizieren. Später stellte sich heraus, das es die Jungdichterin der Sektion Philosophie war, mir der ich auch befreundet gewesen bin. Bei alldem wurden wir ununterbrochen von Kameras und Journalisten beobachtet. Einem Journalisten, den ich gut kannte und der für die Opposition viel getan hatte, gab ich schließlich ein Interview über meine ersten Eindrücke aus den Stasiakten. Dabei sagte ich, dass mir die schlimmste Überraschung erspart geblieben war, denn dass mein Ehemann ein Stasispitzel war, hätte ich schon vorher gewusst. Das wurde dann für das ZDF in »heute« so zusammengeschnitten, dass ich gewusst hätte, dass mein Mann ein Stasispitzel gewesen sei. Ob das Unwissenheit, Schussligkeit oder Absicht war, wird nie zu klären sein. Jedenfalls fügte mir diese Berichterstattung neuen überflüssigen Schmerz zu. Obwohl es einige Proteste an das ZDF gab, wurde die Meldung nie richtig gestellt und man hat sich auch nicht bei mir entschuldigt. Leider ist dieses Erlebnis mit der ZDF-Meldung keineswegs ein Einzelfall. In der Folge fielen ganze Heerscharen von Berichterstattern, Sensationsmachern, Hobbypsychologen und Deutungsspezialisten über mich her. Den Anfang machte Jürgen Leinemann, der Chefporträtist vom »Spiegel«. Er hatte sich schon vorher bei mir angemeldet und Achim Schmillen hatte mir erklärt, dass ich dem »Spiegel« im Allgemeinen und Leinemann im Besonderen nicht ausweichen könne. Damals kannte ich die Porträts Leinemanns, aus denen, wie ich später feststellte, ein geradezu pathologischer Politikerhass spricht, noch nicht.

Mir war klar, dass ich einer ausführlichen Stellungnahme sowieso nicht aus dem Weg gehen konnte. Leinemann erwartete mich auf der Straße, als die Gauck-Behörde geschlossen wurde. Wir gingen ins »Grand-Hotel«. Dort sezierte er mich mit Worten und Blicken. Kein Zucken in den Augenwinkeln entging ihm, keine Veränderung in der Stimme. Ohne Zeit gehabt zu haben, das eben Gesehene überhaupt zu reflektieren, musste ich Rede und Antwort stehen. Ich beschrieb einen Aktenfund, der mich besonders berührt hatte. Nach dem Mauerfall taucht ein neuer Inoffizieller Mitarbeiter »Frank« in meiner Akte auf. Er beschreibt meine Situation, als ich in meiner verwüsteten Wohnung in Pankow angekommen war und fassungslos in den Trümmern meiner Besitztümer stehe. In dieser Situation haben mich nur vier Menschen gesehen: Mein Sohn, seine Freundin Steffi Reich und zwei alte Freunde.

Den veränderten Gesichtsausdruck von Leinemann werde ich nie vergessen, das Glänzen in den Augen, die plötzliche Spannung in seinem Körper, als er sich vorbeugte und mit bedeutungsvollem Unterton fragte: »Ist es möglich, dass Ihr Sohn IM gewesen ist?« Leinemann konnte nicht ahnen, wie nahe er in diesem Augenblick einer Ermordung war. Der gute Beobachter muss aber immerhin etwas in meinen Augen gesehen haben, das ihn Abstand von der Frage nehmen ließ. Ohne Übergang bot er psychologische Hilfe für Philipp an. Seine Frau wäre Psychologin und würde sich bestimmt für den Fall interessieren. Ich hatte kein Interesse. Leinemanns Porträt wirkte erst verheerend auf mich, später machte es mich einfach wütend. Es war leider typisch für den Ton, der bald in den Stasiuntersuchungen angeschlagen wurde. Mit voyeuristischer Lust wühlte man im Leben der Verfolgten und beschäftigte sich mit der IM-Jagd, statt die kriminelle Dimension der Staatssicherheit offen zu legen. Die Enttarnung Inoffizieller Mitarbeiter wurde zur Obsession, während die Stasioffiziere, die Ideen- und Befehlsgeber im Hintergrund blieben.

Was die Staatssicherheit mit ihren Maßnahme- und Zersetzungsplänen ausgerichtet hat – exakte Planungen zur Zerstörung von Karrieren, Ehen, Freundschaften, Familien, manchmal Leben –, ist weitgehend unbekannt geblieben. Natürlich war es richtig, Inoffizielle Mitarbeiter zu enttarnen und aus der Politik sowie dem Öffentlichen Dienst zu entfernen. Dass die Staatssicherheit aber keineswegs ein normaler Geheimdienst war, sondern ein brutales Instrument zur Sicherung der Macht der SED, ist selbst den Verfassungsrichtern unseres Landes offensichtlich unbekannt geblieben. Für mich ist die Aushebelung des Beschlusses, dass es den Verfolgern nicht gestattet sein soll, von ihrem Judaslohn in Form staatlicher Zuwendungen für ihre Rente zu profitieren, und es ihnen nicht besser gehen soll als den Verfolgten, eines der bittersten Kapitel nach der Vereinigung.

Leinemann gab auch in anderer Beziehung den Ton an: Es wurden endlose Betrachtungen darüber angestellt, ob ich den Verrat meines Mannes hätte merken müssen. Leinemann kam zu dem

Schluss, dass ich es nicht hätte merken können, weil ich durch Elternhaus und Schule zu sehr indoktriniert gewesen sei. Antje Vollmer, die mich anrief, um mich zu bestärken, sagte, dies sei die politisch wichtigste Aussage des Artikels gewesen. Das wäre gut für mich. Ich fand die Diskussion, ob die Bespitzelten hätten merken müssen, ob sie bespitzelt werden, einfach absurd. Sie lenkte von der eigentlichen Frage ab, was für ein System dies war, das eine flächendeckende Bespitzelung seiner Bürger organisierte, Eheleute, Geschwister oder Eltern und Kinder aufeinander hetzte.

Nach Leinemann schrieben Dutzende Journalisten »Porträts« über mich. Ich gewöhnte mir an, sie gar nicht mehr zu lesen. Ich beteiligte mich an der Stasidiskussion, wenn es nötig war, aber nur mit grundsätzlichen Beiträgen. Ich wurde im Laufe der Jahre immer wieder zu Sendungen eingeladen, in denen mein Schicksal im Mittelpunkt stehen sollte. Ich lehnte sie alle ab. Wenn jemand hartnäckig blieb, wie Alfred Biolek, der mich ein Jahr nach meiner Absage wieder einlud, oder Günther Jauch, stellte ich die Bedingungen, dass von meiner Arbeit als Politikerin insgesamt die Rede sein sollte und dass das Thema nicht auf die Stasiproblematik eingeengt werden dürfte. Beide sind mir als sensible Gesprächspartner in Erinnerung geblieben. Es gab auch andere Erfahrungen. Eine inzwischen verstorbene Berliner Kult-Moderatorin lockte mich in ihre Sendung mit dem Versprechen, es ginge um meine Projekte als Politikerin. Als ich dann im Studio saß, wurde ich als Stasiopfer anmoderiert und gesagt, es ginge um den Verrat meines Ehemannes. Ich wehrte mich, indem ich zu Beginn der Sendung sagte, dass ich zu einem anderen Thema eingeladen worden sei und nur darüber spreche. Ich war entschlossen zu gehen, wenn diese Verabredung nicht eingehalten würde. Beim Zusammensein nach der Sendung sagte mir die Moderatorin, dass sie große Angst gehabt hätte, die Sendung würde platzen. Warum ich so empfindlich sei? Die Stasigeschichte wäre doch das, was die Leute von mir hören wollten. Ich erwiderte, dass ich keine Lust hätte, mich auf meine Erlebnisse mit der Stasi reduzieren zu lassen. Ich habe der Stasi keinen großen Raum in meinen Überlegungen gegeben, als ich noch mit ihr leben musste, ich habe nicht vor, der Stasi noch Macht über mich einzuräumen, nachdem sie glücklich verschwunden ist.

Ich habe alles, was ich konnte, zur Aufklärung der Stasimachenschaften in meinem Fall beigetragen. Als mich im zeitigen Frühjahr 1992 ein ehemaliger Studienkollege, Thomas Heubner, anrief und mich fragte, ob ich nicht ein Buch über meine Stasiakte schreiben wollte, sagte ich sofort zu. Ich war ohnehin den Fragen der Journalisten ausgesetzt und musste mich mit dem Geschehenen auseinander setzen. Ich ließ mir alle mich betreffenden Akten in der Gauck-Behörde ablichten und widmete einen ganzen Sommer dem Studium des unappetitlichen Themas und dem Schreiben des Buches. Ich rekonstruierte meine Oppositionsgeschichte, seit ich meinen Mann kennen gelernt hatte bis zum Mauerfall. Dem bitteren Kapitel, wie die Enttarnung des Spitzels genutzt werden sollte, uns, die Bespitzelten, zu Fall zu bringen, konnte ich mich noch nicht stellen. Ich deutete es nur an. Ich brauchte noch Zeit, um das zu verarbeiten.

Ich rekonstruierte die Geschichte des Friedenskreises Pankow und meiner anderen Aktivitäten aus den Stasiakten, vor allem aber aus meinen Tagebüchern, aus dem Gedächtnis und aus Gesprächen mit meinen Freunden. Ich hatte sofort gemerkt, dass die wirklichen Ereignisse in den Stasiakten nur grotesk verzerrt widergespiegelt wurden. Alle Angaben, welche die Teilnehmerzahlen an unseren Veranstaltungen betrafen, waren gefälscht, auf absurde Weise nach unten revidiert. Im Extremfall sollte das Publikum bei einem meiner Vorträge nur aus einer Person bestanden haben. Tatsächlich waren 20 da gewesen. Wenn in den Akten von zehn die Rede ist, kann man davon ausgehen, dass es mindestens 100 waren. Von daher sind Stasiakten als historische Quelle äußerst zweifelhaft. Ich kann die Argumente, sie seien ein unverzichtbarerer Fundus für Historiker, nicht teilen. Die Stasiakten gehören den Verfolgten, über die sie angelegt wurden. Nur die Verfolgten sollten entscheiden dürfen, welche Akten sie veröffentlichen wollen oder nicht. Anders ist es bei den IM-Vorgängen, also den Täter-Akten. Die müssen publiziert werden, um die Informanten zu entlarven.

Ich erzählte die Geschichte meiner Oppositionstätigkeit und wie sie in den Stasiakten widergespiegelt wurde. Ich bemühte mich, besonders die kriminelle Dimension des Staatssicherheitsdienstes herauszuarbeiten. Für viele Leser war erstaunlich und erfreulich, dass ich mit Humor erzählte. Pathos ist mir ohnehin unerträglich, als Leidende fühlte ich mich auch nicht – also schrieb ich keine Leidens-, sondern eine Widerstandsgeschichte. Thomas Heubner redigierte sensibel und half mir an wenigen Stellen mit eigenen Erinnerungen. Obwohl ich das Buch »Virus der Heuchler« unter ungewöhnlichem Druck geschrieben habe, kann ich es heute noch ohne rot zu werden lesen. Es erschien im Elefanten-Press-Verlag, in dem Thomas damals Lektor war. Ich kannte den Verlag bis dahin nicht. Weder Thomas noch ich wussten, dass der Verlag zum größten Teil der SED/PDS gehörte. Das Buch erschien zur Frankfurter Buchmesse im Herbst 1992. Es verkaufte sich nicht sensationell, aber gut. Auf eine Lesereise verzichtete ich bewusst. Ich wollte mit meiner Geschichte nicht hausieren gehen. Die Auseinandersetzung mit den Akten, die Gespräche und das Schreiben waren für mich vor allem eine Art Therapie. Ich tauchte ein in die Welt des Verrates und der Gemeinheit – ich setzte mich mit jeder Seite meines Selbst und meiner Handlungen auseinander. Ich ersparte mir nichts. Ich wollte nicht verdrängen, ich wollte wissen und begreifen. Am Ende musste ich mich damit abfinden, dass es Dinge gibt, die ich nie verstehen werde.

Als das Buch fertig war, fühlte ich mich wie befreit. Ich hatte mich an den eigenen Haaren aus dem Sumpf gezogen. Ich bekam mehrere Einladungen zu Lesungen und Diskussionen. Als mir bei solchen Gelegenheiten zum dritten Mal gesagt wurde, man hätte mein Buch so gern verkauft, aber es wäre leider vergriffen, wurde ich stutzig. Nach den Abrechnungen, die mir der Verlag regelmäßig schickte, war erst etwas mehr als die Hälfte der Auflage verkauft. Das Buch konnte gar nicht vergriffen sein. Ich fragte in Buchhandlungen nach und bekam dieselbe Auskunft – vergriffen.

Ich stellte den Verlag zur Rede. Man gab vor, nicht zu wissen, wie die Auskünfte der Buchhandlungen zustande kamen. Die Wahrheit erfuhr ich von einem Mitarbeiter, der mich anrief. Im Buch hatte ich das erste Mal den Verdacht ausgesprochen, dass der damalige PDS-Chef Gregor Gysi Inoffizieller Mitarbeiter der Staatssicherheit gewesen sein könnte. Als Gysi erfuhr, dass solches von einem Verlag publiziert wurde, der zum Teil von der PDS finanziert wurde, soll er einen Tobsuchtsanfall bekommen haben. Danach wurde mein Buch offenbar stillschweigend aus dem Verkehr gezogen. Aus einem bestimmten Grund ärgerte ich mich nicht darüber. Inzwischen war Hollywood an mich herangetreten und wollte meine Story kaufen. Ich schrieb dem Verlag und forderte die Rechte an meinem Buch zurück, was umgehend geschah. Der Verlag war ein Problem los und ich musste den Verlag nicht an den Filmrechten beteiligen. Es bewarben sich ein Dutzend Regisseure um den Stoff. Ich entschied mich für die Nachwuchs-Regisseurin Matia Karell, die für ihren Debütfilm gerade einen Preis bekommen hatte. Die Stoffe, die sie bearbeitete, gefielen mir. Ich hatte bei ihr das Gefühl, dass sie meine Geschichte mit dem nötigen Einfühlungsvermögen bearbeiten würde. Sie vermittelte mir auch eine Literaturagentin, die den Vertrag aufsetzen und die weiteren Verhandlungen führen sollte.

Ich konnte den Termin der Vertragsunterzeichnung so legen, dass er parallel zu einer Veranstaltung der Friedrich-Ebert-Stiftung in New York stattfand, für die ich einen Vortrag hielt. Auf der Veranstaltung lernte ich einen damaligen Staatssekretär bei Kurt Biedenkopf kennen, der mir »sein« New York zeigte. Ich erzählte ihm von dem Vertrag und er bot mir an, ihn sich anzusehen. Er sah auf den ersten Blick, wo zu meinen Gunsten nachgebessert werden musste. Unter anderem empfahl er mir, auf dem »Right of last option« zu bestehen, das mir die endgültige Entscheidung über das Projekt einräumte. Er führte die Nachverhandlungen für mich und setzte sich in allen Punkten durch.

Ich habe in der Folgezeit oft dankbar an ihn gedacht, als es Schwierigkeiten mit dem Drehbuch gab. Matia wollte eigentlich am liebsten einen deutschen Drehbuchautor. Die Gewerkschaft der Drehbuchautoren erhob Einspruch. Es gäbe genügend eigene Leute. Die Wahl fiel auf eine Freundin von Matia. Die lieferte drei Versionen, die Matia mir nicht einmal zeigen wollte. Auch die vierte Fassung war nicht akzeptabel. Nun versuchte Matia über einen Kooperationsvertrag mit den Filmstudios Babelsberg wenigstens einen deutschen Koautor zu beteiligen. Inzwischen war aber der Produzent abgesprungen, weil sich das Projekt zu lange hinzog und mit dem Drehen nicht begonnen werden konnte. Ich selbst verlor immer mehr das Interesse an dem Film. Ich hatte mich hauptsächlich darauf eingelassen, um die Rechte auf diese Geschichte zu blockieren. Ich wollte nicht, dass mein ehemaliger Mann auch noch an seinem Verrat verdiente. Deshalb erhielt ich den Vertrag mit Matia, als sie in materielle Schwierigkeiten kam und für die Rechte nicht mehr bezahlen konnte, aufrecht. Ich wich nicht auf einen anderen Regisseur aus, denn ich war froh, dass das Projekt ruhte. Ich will der Opferrolle entkommen, nicht sie bedienen.

Natürlich wird mich das Thema Staatssicherheit und SED-Regime mein Leben lang begleiten. Ich kann und will mich der Verantwortung nicht entziehen, sondern daran mitwirken, dass sich weder eine kommunistische Diktatur noch solch ein Verbrecherapparat wie die Staatssicherheit wiederholt. Ich denke jedoch nicht daran, dem Kampf gegen beides mein ganzes Leben zu widmen. Dafür ist das Leben zu schön. Ich habe mich gründlich genug mit meiner Verfolgungsgeschichte auseinander gesetzt, um sie nicht den Rest meines Lebens mit mir herumschleppen zu müssen.

Das Besondere an meiner Geschichte ist, dass sie eine private und eine öffentliche Seite hat. Es gelingt nie ganz, diese beiden Seiten zu trennen, besser gesagt, es ist meine bleibende Aufgabe, dies immer wieder auseinander zu halten. Hätte ich das nicht sehr klar getan, wäre meine Oppositionstätigkeit auf einen einzigen Aspekt reduziert worden. Privat habe ich mein Problem durch die sofortige Trennung von meinem Mann gelöst. Meine Kinder haben das zu meiner nicht gelinden Überraschung von Anfang an respektiert. Jacob und Jonas hatten die DDR im Alter von fünf bzw. drei Jahren verlassen. Sie waren nun neun und sieben. Sie wussten gar nicht, was die Staatssicherheit war. Sie erfassten das Problem erstaunlich schnell und mit dem feinen Empfinden für Recht und Unrecht, das Kinder noch haben, entschieden sie sich ohne Zögern, bei mir zu bleiben.

Ich hatte mir für das Gespräch mit meinen Kindern nicht nur ihren älteren Bruder Philipp, sondern auch Jürgen Fuchs zu Hilfe geholt, der immer noch als Psychologe mit Kindern und Jugendlichen arbeitete. Jürgen war skeptisch, wie meine Kinder reagieren würden, er riet mir sogar, zu überlegen, ob es nicht besser sei, sie dem Vater zu überlassen. Das kam für mich keine Sekunde infrage. Es waren meine Kinder, egal, was der Vater mir angetan hatte. Ich fürchtete insgeheim nur, dass eines von ihnen erklärte, es würde lieber mit dem Vater leben. Ich hätte nicht gewusst, wie ich dann reagieren sollte. Glücklicherweise trat das nicht ein. Mit meinem Mann habe ich wenig über seine Stasigeschichte gesprochen. Seine einzige Erklärung, er hätte als Sohn eines jüdischen Vaters in der DDR eine Garantie für die Nicht-Wiederkehr des Nazismus gesehen und alles getan, um diesen Staat zu erhalten, konnte ich nicht akzeptieren. Was hatte der Kampf gegen den Nazismus mit unserem Privatleben zu tun? Ich hatte keine Kraft, mit ihm zu diskutieren, ich musste erst einmal mir selbst helfen, mein auseinander brechendes Leben rekonstruieren. Es stellte sich heraus, dass dazu schier endlose, erschöpfende Gespräche mit meinem Sohn Philipp gehörten, warum ich diesen Mann geheiratet habe, warum ich nie seine Gedichte las, aus denen, davon war Philipp überzeugt, ich hätte merken können, dass mit diesem Mann etwas nicht stimmte, warum ich so und nicht anders gelebt habe. Wenn ich je den Gedanken gehabt hätte, etwas zu verdrängen, hätte Philipp das nicht zugelassen. Knud bin ich seit unserer Trennung nur noch selten begegnet. Am Anfang war es unvermeidlich, weil wir unsere Sachen auseinander sortieren mussten. Ich nahm dann immer jemanden mit, meist Philipp.

Auch die Kinder sahen ihren Vater selten. Er nahm sich am Anfang in Sondershausen eine kleine Wohnung, um ihnen nahe zu sein, gab das aber bald auf. Er litt unter der Trennung, es war die schlimmste Strafe für ihn. Ich habe aber meinen Kindern nie den Umgang mit ihrem Vater verboten. Ich hatte nur kein Vertrauen mehr, sie mit ihm allein zu lassen. Wenn wir in Berlin waren, übernachteten Jacob und Jonas bei ihren Großeltern, wo ihr Vater sie besuchen konnte.

Knuds Eltern waren von Anfang an mit mir solidarisch, das erleichterte die Sache. Nie werde ich vergessen, wie Knuds Vater, damals fast 80 Jahre alt, nach der Enttarnung seines Sohnes zu mir kam, bis ins Mark erschüttert. Er war Kommunist seit seiner Jugend. Er gestand mir, dass er sich schäme, dem kommunistischen Regime gedient zu haben. Er, dem so viele andere Möglichkeiten in seinem Leben offen gestanden hatten, verpflichtete sich einer Sache, die es nicht wert war. Immerhin brachte er die Kraft zu diesem Eingeständnis auf. Darin glich er meinem Vater. Die beiden alten Herren trafen sich häufig, bis zum Tode meines Vaters, um lange Gespräche zu führen, über ihr verfehltes Leben. Knuds Vater war resignativ, mein Vater rebellisch. Er wollte mit der ihm eigenen unbändigen Energie noch einmal neu anfangen. Doch die Krankheit meiner Mutter und seine eigenen Krankheiten ließen das nicht zu. So genoss er das, was ihm blieb, in vollen Zügen. Knuds Vater war das nicht möglich. Zwischen Vater und Sohn gab es, soweit ich weiß, keine Gespräche über Knuds Stasitätigkeit. Auch sonst wollte kaum jemand mit Knud darüber sprechen. Er lud einmal »alle Freunde« in den Gemeindesaal ein, in dem sich der Friedenskreis Pankow immer getroffen hatte, um mit ihnen über seine IM-Tätigkeit zu sprechen. Niemand kam.

Die Kinder stellten ihm erst Fragen, als sie größer waren. Besonders Jonas wollte Genaueres wissen. Ich hörte mir die Berichte über diese Gespräche an und vermied eine Kommentierung. Wenn – was in den ersten Jahren häufiger vorkam – die Kinder bei häuslichen Verrichtungen oder anderen Gelegenheiten auf ihren Vater zu sprechen kamen, unterhielt ich mich mit ihnen ganz normal. Knud ist ein guter Vater gewesen. Es gab keinen Grund, das im Nachhinein zu bestreiten. Ich verglich unsere Situation mit einem Unfall, bei dem ein Arm verloren geht. Bis eben war noch ein intakter Arm da, nun gab es ihn nicht mehr. Die Trennung war endgültig. In der Erinnerung bleibt der Arm intakt, selbst wenn sich nach der Abtrennung herausgestellt hat, dass er innen ganz von Krebs zerfressen war.

Als Jacob und Jonas größer waren, gestattete ich ihnen, bei ihrem Vater zu übernachten. Sie hatten selten von sich aus das Bedürfnis, ihren Vater zu sehen. Ich drängte sie verständlicherweise nie dazu. Aber wenn wir in Berlin waren, gab es meist auch ein Treffen mit Knud. Ich sah ihn höchstens von weitem. Er schickte mir ab und zu ein Gedicht, dem ich jedes Mal entnahm, dass er seine Schuld von sich wies. Das steigerte sich bis zu Anklagen gegen mich. Ich reagierte selten, meist nur die Kinder betreffend. Nach ein paar Jahren ließ das nach. Knud hatte endlich eine Arbeit gefunden, die nichts mehr mit seinem alten Leben zu tun hatte. Er wurde Film-Cutter. Das war überraschend, denn er hatte nie die geringste Neigung zum Filmgeschäft gezeigt.

Die Vergangenheit ließ ihn nie los. Sie machte ihn buchstäblich krank. Eines Tages kam Jonas mit der Nachricht nach Hause, sein Vater knicke ab und zu unkontrolliert um. Nur wenige Monate später bekam ich von Knud einen Brief. Er bat mich zum ersten Mal um Verzeihung. Er hätte mir nie wehtun wollen. Wenn ich noch Bücher oder anderes aus unserem früheren Besitz haben wollte, könnte ich mir das gern abholen. Er müsste in nicht allzu ferner Zukunft seine Wohnung aufgeben. Bei ihm wäre eine Art galoppierender Parkinson festgestellt worden, der ihn bald an den Rollstuhl fesseln könnte. Als Jacob und Jonas ihn daraufhin besuchten, stellten sie fest, dass sich sein Zustand innerhalb von zwei Monaten tatsächlich sehr verschlechtert hatte. Er sprach und bewegte sich wie ein Betrunkener, obwohl er es nicht war.

Seine Krankheit brach meine Versteinerung ihm gegenüber auf. Er war ein Stasispitzel, jetzt ist er der hilfebedürftige Vater meiner Kinder. Dass ich ihm verzieh, war für mich keine Frage. Ich konnte es noch nicht über mich bringen, ihn zu treffen, aber das wird irgendwann nicht ausbleiben. Er war immerhin einer der wenigen Stasispitzel, die es wenigstens eingestanden haben. Diese Ehrlichkeit schadet ihm bis heute, während die leugnenden Stasispitzel ehrenvolle Positionen bekleiden oder anstreben. Markus Wolf, der Verantwortliche für die Planung und Durchführung von Verbrechen tourt als sozialistischer James Bond durch die Talkshows. Gregor Gysi gibt den begnadeten Alleinunterhalter, der sein Publikum in kollektive Amnesie versetzen kann, Manfred Stolpe den gütigen Landesvater.

Knud ist der Sündenbock für sie alle. Was folgt daraus? Ich weiß es ehrlich gesagt nicht. Ich weiß nur, dass ich Klarheit haben musste. Ich wollte mit der Wahrheit leben und muss die Folgen akzeptieren.

Ist Gysi, der ruhelos von Ort zu Ort hetzt und im Dauerkrampf versucht, everybody's darling zu werden, wirklich besser dran? Ruhelosigkeit ist nicht umsonst eine gefürchtete Plage; die ständige Flucht vor der Wahrheit und damit vor sich selbst zerstört am Ende mehr, als die entschlossene Übernahme der Verantwortung für vergangene Verfehlungen je könnte. Knud ist nicht an seinem Eingeständnis krank geworden, sondern daran, dass er danach versucht hat, es von sich wegzuschieben. Es hat fast zehn Jahre gedauert, bis er seine Schuld anerkannt hat. Ich hoffe, dass sich dies positiv auf den Verlauf seiner Krankheit auswirkt.

Nachwort

Der öffentliche Teil meiner Geschichte wird mich weiter begleiten. Die Stasidiskussion ist trotz aller Schlussstrich-Debatten noch lange nicht beendet. Unser Versuch, offen mit der Geschichte umzugehen, ist nur zum Teil geglückt. Zwar liegt mit der Öffnung der Stasiakten die Anatomie eines Unterdrückungssystems bloß, die öffentliche Debatte hat es dennoch vermieden, sich wirklich mit den Hinterlassenschaften der zweiten deutschen Diktatur zu befassen. Es ist tatsächlich möglich, die richtige Forderung nach Entschädigung der NS-Zwangsarbeiter zu stellen und gleichzeitig die Zwangsarbeiter des kommunistischen Regimes nicht zu erwähnen. Es ist möglich zu fordern, dass es nie einen Schlussstrich unter die Verbrechen des NS-Regimes geben darf, gleichzeitig aber einen Schlussstrich unter die Debatte über die zeitlich viel nähere SED-Diktatur ziehen zu wollen. Wer sich der Diktatur anpasste oder ihr diente, kann mit Nachsicht, ja Verständnis rechnen. Der Satz, man wüsste ja nicht, ob man unter diesen Umständen nicht auch zum IM geworden wäre, war sogar von Bundeskanzler Schröder zu hören. Sein Vorgänger hätte nach eigenem Bekunden die Stasiakten am liebsten verbrannt. Demnächst darf mein Stasirichter aus Kuba zurückkehren. Seine illegalen Finanztransaktionen sind verjährt, seine Willkürurteile sowieso, und er darf hier eine Anwaltspraxis aufmachen. Vermutlich wird er gegen alle prozessieren, die über seine Vergangenheit reden wollen. Als Gysi in Berlin um einen Senatorenposten kämpfte, verging kaum ein Tag, ohne dass eine Gegendarstellung von ihm in der Zeitung erschien. Nun darf der letzte SED-Vorsitzende Gysi, immerhin Chef einer Partei, die eine ganze Volkswirtschaft ruiniert und in den Bankrott getrieben hat, ausgerechnet Wirtschaftssenator von Berlin werden. Bekannt gegeben hat er seine

Kandidatur am 17. Juni, dem Jahrestag des gescheiterten Volksaufstandes gegen das DDR-Regime. Inthronisiert wurde er am 17. Januar 2002, dem Jahrestag der Massenverhaftung von Bürgerrechtlern in Ostberlin. Was von Gysis Seite – sein Berater André Brie ist sehr geschichtsbewusst und überlässt nichts dem Zufall – als ultimative Demütigung der Widerständler der SED-Herrschaft gedacht war, könnte sich als problematisch für ihn erweisen. So wie sich das SED-Politbüro mit der »Enthauptung« der Bürgerrechtsbewegung den ersten Nagel zum eigenen Sarg einschlug, könnte das Medienprodukt Gysi seiner Selbstüberschätzung erliegen. Ein Regierungsamt ist kein Talkshow-Auftritt, wo es nur auf kurzlebige Effekte ankommt. Auch die ihm gewogensten Moderatoren werden ihn eines Tages an seinen Leistungen messen müssen.

Natürlich hat Gysi die Möglichkeit, erst einmal Investoren nach Berlin zu holen. Unter seiner politischen Verantwortung als letzter SED-Chef ist ein Teil des heute vermissten, auf mindestens 24 Milliarden DM geschätzten DDR-Vermögens verschwunden. Von dem Geld sind etliche Unternehmen gegründet worden, die inzwischen international erfolgreich tätig sind. Vor dem Untersuchungsausschuss im Bundestag verweigerten Gysi und Genossen allerdings die Aussage. Sie dürfen bis heute, weitgehend unbehelligt von den Medien, die jeder Mark in der CDU-Spendenaffäre hinterherrecherchierten, ihr brisantes Wissen für sich behalten.

Abgesehen davon wird Gysi immer wieder von seiner geleugneten Vergangenheit eingeholt: Aus Zernsdorf, wo bereits zerrissene Stasiakten wieder zusammengesetzt werden, taucht immer mal wieder neues Material auf. Noch bleibt Gysi dabei: Er sei kein Spitzel gewesen, er hätte sich nie konspirativ mit der Staatssicherheit getroffen, die Feststellung des Deutschen Bundestages, der seine Zusammenarbeit mit der Staatssicherheit als erwiesen ansieht, sei nur eine parlamentarische Bewertung. Gysi besteht auf einer Welt, die mit den Geschehnissen der Vergangenheit nichts zu tun hat. Für ihn kommt es nicht mehr darauf an, die Welt zu verändern, sondern sie neu zu interpretieren. Die Uminterpretation der Vergangenheit ist in vollem Gange. Forderte der Kommunismus von allen Menschen in seinem Machtbereich, ihr Leben in den Dienst der angeblich besten Sache der Welt zu stellen, versuchen die Postkommunisten durch Uminterpretation ihr Scheitern zu leugnen.

Alle, die ihr Leben in den Dienst der kommunistischen Sache gestellt haben, müssen mit der Erkenntnis leben, dass es ein fataler Fehler war, dies zu tun. Viele können den Gedanken nicht ertragen, dass sie sich selbst aufgegeben hatten, um der angeblich besten Sache zu dienen, die sich als der fatalste Irrweg der menschlichen Geschichte erwies. Auf der anderen Seite gibt es viele, die es nicht verwinden können, dass mit der DDR die angeblich bessere Alternative zum bundesdeutschen Staat verschwunden ist. Sie können es den Bürgerrechtlern nicht verzeihen, das SED-Regime erfolgreich zu Fall gebracht zu haben. Noch weniger, dass die friedliche Revolution ihre Kinder nicht gefressen, sondern in die Freiheit entlassen hat. Das ist die eigentliche Kränkung, die sie den Apologeten des SED-Regimes in Ost und West zugefügt hat. Das Aggressionspotenzial, das sich daraus ergibt, ist beträchtlich. Kaum eine Gruppe wurde in den Medien so mit Hass überschüttet wie die Bürgerrechtler.

Jürgen Fuchs wurde von den Attacken nicht einmal verschont, als er schon todkrank war. Sogar einige Nachrufe auf ihn waren von Gift und Galle getränkt. Bärbel Bohley ist vor der Dauerhäme ins Ausland geflüchtet. Sie sagt sich mit Recht, dass sie es nicht nötig hat, sich für das, was sie getan hat, begeifern zu lassen. Ich musste mir eine Technik zulegen, unberechtigte Angriffe an mir abtropfen zu lassen, sonst hätte ich schon längst das Handtuch geworfen. Müssen wir uns deshalb als Verlierer der nachrevolutionären Zeit fühlen? Nein. Ich wollte Pressefreiheit und akzeptiere dafür, dass diese Freiheit in unfairer Weise missbraucht werden kann. Die Hassartikel wiegen umso weniger, als auf der anderen Seite die große Reputation der Bürgerrechtsbewegung steht. »Unser Ruf ist unzerstörbar«, hat mich Jürgen Fuchs oft getröstet, wenn ich glaubte, Angriffe nicht mehr ertragen zu können. Ich habe seither immer wieder festgestellt, dass er Recht hat. Zwar werden Bürgerrechtler viel geschmäht, aber wenn es darauf ankommt, möchte jeder am liebsten selbst ein Bürgerrechtler gewesen sein.

Besonders grotesk ist der Versuch der Umdeutung bei der PDS, die versucht, ihre Kontinuität zur SED vergessen zu machen, indem sie sich zur »Partei des Herbstes 89« stilisiert. Schon früh gab es Behauptungen, die eigentlichen Reformer hätten in der SED gesessen. Nach 1989 adaptierte die PDS die Merkmale der Bürgerrechtsbewegung: Sie übte sich in Basisdemokratie, suchte die Nähe zur Kirche, gab vor, pazifistisch, feministisch und ökologisch geworden zu sein, benutzte neue Gesichter als Camouflage für die alte Fratze der Unterdrückerpartei, die ihren harten Kern bildet. Wenn die PDS im Bund der Regierung ist, wird sie sich endgültig zu den Siegern der Geschichte zählen. Aber sie wird nicht wissen, woraus der Sieg eigentlich besteht. Denn sie will an die Macht, aber sie lehnt die Gesellschaft ab. Auch in der Regierung will sie »Systemopposition« sein. Aber sie wird in der Regierung dem demokratischen System dienen müssen, das sie verabscheut. Das wird sie bis zur Unkenntlichkeit verändern.

Ich dagegen bin trotz aller scheinbaren Brüche dieselbe geblieben. Als ich anfing, mich gegen das SED-Regime aufzulehnen, habe ich nie gedacht, dass ich erheblichen Anteil daran haben würde, dass es schließlich zerbricht. Als sich nach dem Ende der alten DDR herausstellte, dass es keine »neue, bessere« geben konnte, habe ich das aus tiefstem Herzen akzeptiert. Auch eine zweite Illusion habe ich, wenn auch unter größeren Schwierigkeiten, aufgegeben: die Vorstellung, dass mit der Bürgerrechtsbewegung der DDR ein neues politisches Projekt entstanden sei, das bisherige Unzulänglichkeiten in Politik und Gesellschaft heilen könnte.

Ich hatte in der Arbeit der verschiedenen Gruppen in der DDR immer über eine bloße Opposition hinaus auch Ansätze möglicher neuer Formen der Organisation des menschlichen Zusammenlebens in der Gesellschaft gesehen. Ich wollte den Staat durch Veränderung überwinden, später, nach der Vereinigung und der Erfahrung, wie demokratische Systeme funktionieren, den demokratischen Staat effektiver machen durch weniger Bürokratie und größere Transparenz. Das macht den Rückzug des Staates aus einer Reihe von gesellschaftlichen Bereichen unvermeidlich. Die frei werdenden Räume müssten dann durch eine Vielfalt von Initiativen aus der Bürgergesellschaft gefüllt werden. Um solche Aktivitäten zu befördern, brauchte die Politik keine Rezepte liefern, nach denen sich die Bürger zu organisieren hätten, sondern es müsste nur durch entsprechende steuerpolitische und arbeitsrechtliche Gesetzgebung eine möglichst große Pluralität gewährleistet werden. Deregulierung von unten, Einbeziehung möglichst vieler Einzelinitiativen, liberale Erneuerung, Spielräume für selbstständige Existenzen …

Die Grünen waren als Produkt einer selbstinitiativen Bürgerbewegung die vermeintlich idealen Partner für die Bürgerrechtsbewegung. Sie schienen geeignet zu sein, ein neues Lebensgefühl nach dem Zusammenbruch der alten Systeme zu befördern. Doch schon während der einjährigen Vereinigungsverhandlungen zwischen Bündnis 90/Die Grünen Ost und den Grünen West machte sich Ernüchterung breit. Hier sollte nicht gemeinsam an einem neuen Projekt gearbeitet, sondern die Strukturen möglichst geräuschlos kompatibel gemacht werden, damit für die Grünen alles so weitergehen konnte wie bisher. Es stellte sich sehr schnell heraus, dass sich zwei zusammentaten, die nicht zusammengehörten und nie zusammenwuchsen.

Als die Grünen nach vierjähriger Pause in den Bundestag zurückkehrten, gab es zwar ein paar laue Dankesworte an die wenigen Abgeordneten der Bundestagsgruppe Bündnis 90/Die Grünen, die in den vergangenen Jahren erheblichen Anteil an der Verbesserung des grünen Images hatten, aber von wirklicher Dankbarkeit war nichts zu spüren. Wir störten nur beim Postenverteilen. Zwar bedienten sich manche Parlamentsneulinge in der Fraktion gern alter Anträge der Bundestagsgruppe aus der vergangenen Legislaturperiode, die ein wenig aktualisiert erneut eingebracht wurden. In der Regel wurden aber nicht einmal diejenigen, die diese Anträge entwickelt hatten, gefragt, ob sie namentlich auf dem Antrag erscheinen wollten. Störend war vor allem die Kluft zwischen dem pragmatischen Politikansatz, wie er für Bündnis 90/Die Grünen Ost typisch war, und der machtorientierten Politik der Grünen. Besonders extrem war das in der Frage der Friedenssicherung durch Militäreinsätze.

Als mein Kollege Gerd Poppe und ich im Jahre 1993 nach einem Besuch in Bosnien, unter dem Eindruck der dort geschehenen Massaker, für die Möglichkeit militärischen Eingreifens bei drohendem Völkermord plädierten, wurden wir auf einem eigens einberufenen Länderrat der Grünen in Bonn wüst beschimpft. Eine spätere Ministerin brach am Rednerpult sogar in Tränen aus, als sie uns anklagte, ihre letzten ideologischen Gewissheiten zerstören zu wollen. Es hagelte Austrittsforderungen. Als die Grünen in der Regierung waren, stellten die gleichen Personen einen Antrag, den Einsatz der Bundeswehr im Kosovo zu beschließen, ohne dass das Parlament jährlich die Möglichkeit haben sollte, zu überprüfen, ob der Einsatz noch sinnvoll und gerechtfertigt ist. Vom Fundamentalpazifismus zur Befürwortung unbeschränkter Militäreinsätze in nur sieben Jahren. Und nun bekamen alle, die nach wie vor für strenge parlamentarische Prüfungen von Militäreinsätzen plädierten, vorgeworfen, dass sie zu zögerlich seien.

Unüberwindlich wurden die Differenzen für mich, als sich die Grünen an die PDS annäherten. Es begann mit der Entscheidung in Sachsen-Anhalt 1994, eine rot-grüne Minderheitsregierung zu bilden, die sich von der PDS tolerieren ließ. Damit war der camouflierten SED wieder der Weg zur Rückkehr an die Macht ermöglicht. Ich gehörte zu denjenigen, die von Anfang an vehement die Regierungsbeteiligung in Sachsen-Anhalt kritisierten. Im Bundestagswahlkampf ein Vierteljahr später baute ich meine ganze Kampagne auf dieser Ablehnung einer Zusammenarbeit mit der PDS auf. Ich wurde dafür mit dem besten Ergebnis aller in den neuen Bundesländern angetretenen Kandidaten belohnt. Ich schnitt auch besser als die Thüringer Landtagswahlkämpfer ab, die eine Kooperation mit der PDS befürworteten und prompt den

Einzug in den Landtag verfehlten. Ich habe es in der Folge als klaren Wählerauftrag angesehen, mich gegen eine weitere Annäherung von Bündnis 90/Die Grünen und PDS zu stemmen. Als sich im Spätherbst 1996 mein eigener Landesverband in Thüringen anschickte, auf dem Landesparteitag eine mögliche künftige Kooperation mit der PDS zu beschließen, mobilisierte ich noch einmal alle Kräfte dagegen. Unsere Gruppe unterlag. Ich gab noch nicht auf. Mithilfe von Freunden aus den anderen Landesverbänden versuchte ich, auf dem kurz darauf stattfindenden Bundesparteitag von Bündnis 90/Die Grünen über einen Beschluss abstimmen zu lassen, dass die Bundespartei jegliche Kooperation mit der PDS ablehnt. Die Beschlussvorlage wurde nicht einmal auf die Tagesordnung gesetzt.

Danach wollte ich nicht in einer Partei bleiben, die der SED, gegen die ich fast mein ganzes Leben gekämpft hatte, wieder an die Macht verhelfen wollte. Ich beschloss, die Partei zu verlassen.

In jenen Herbsttagen war ich Gast bei Bärbel Bohley, die seit einiger Zeit in Sarajewo für die UNO arbeitete und nur noch sporadisch in Berlin war. Bei einer Flasche Kognak und einem Obstsalat erzählte ich Bärbel von meinem Konflikt und meinem Entschluss, Bündnis 90/Die Grünen zu verlassen. Bärbel fragte mich, was ich in Zukunft machen wollte. Ich antwortete, dass ich das noch nicht wüsste. Ob ich schon einmal daran gedacht hätte, in die CDU zu gehen? Mehr als einmal. Aber ich hielt das für nicht durchführbar. Bärbel stand auf und kam mit einem Blatt Papier und einem Kugelschreiber zurück. »Mach es, aber mach es nicht allein«, sagte Bärbel zu mir und begann, ein paar Namen aufzuschreiben von Leuten, die für einen Übertritt ansprechbar wären. Schnell waren wir bei 20 Personen, mit denen wir in den folgenden Tagen sprachen. Davon waren sieben bereit, mit mir den Übertritt zu vollziehen. Andere, wie Konrad Weiß, wollten unseren Übertritt publizistisch wohlwollend begleiten. Wir wären neun gewesen, wenn sich am Abend vor dem großen Ereignis, als wir bei Ehrhart und Hildigund Neubert zusammensaßen, nicht herausgestellt hätte, dass CDU-Mitglieder automatisch Mitglieder von CDU-Fraktionen werden müssten. Zwei Übertrittswillige wollten aber ihre kleine Stadtratsfraktion in Potsdam nicht aufgeben, deshalb verschoben sie ihre Absicht auf die Zeit nach der nächsten Kommunalwahl.

Seit Wochen hatte ich den Übertritt vorbereitet. Entgegen den sonstigen Bonner Gepflogenheiten gab es kein Gerücht, das dem Ereignis voranging. Wir hatten natürlich Erkundigungen eingezogen, ob wir in der CDU überhaupt willkommen wären. Das hatte Arnold Vaatz für uns übernommen. Danach traf ich mich mehrmals mit dem damaligen Generalsekretär der CDU Peter Hintze. Das war keineswegs einfach. Wir durften nicht gemeinsam gesehen werden. Also schlich ich mich in Hintzes kleines Abgeordnetenbüro, das in einem Gang lag, der von der Lobby des Neuen Plenarsaals in Bonn gut eingesehen werden konnte, nachdem ich sicher war, dass gerade niemand in der Nähe war. Wir machten unsere Witze darüber, unter welch absurden Umständen sich unsere Unterredungen vollzogen. Zwei Tage vor meinem Übertritt wurde ich vom Fraktionsvorsitzenden Wolfgang Schäuble empfangen. Es war nicht mein erster Besuch in seinem Büro. Ein Jahr zuvor, als ich nach jahrelanger Arbeit mit einer Gruppe von Abgeordneten aus allen Parteien, außer der PDS, eine Gesetzesvorlage zur Änderung des Einigungsvertrages in Bezug auf die dort festgelegten Regelungen im Bergrecht beendet hatte, um in Zukunft überdimensionale Tagebaue in den Neuen Bundesländern zu verhindern, die nach Einigungsvertrag möglich waren, musste jemand mit Schäuble sprechen. Da es von meinen CDU-Kollegen niemand auf sich nehmen wollte, rief ich kurz entschlossen in Schäubles Büro an. Zu meiner Überraschung bekam ich sofort einen Termin. In einer knappen Stunde hatten wir uns geeinigt. Schäuble war exzellent vorbereitet. Er kannte alle heiklen Punkte und fragte gezielt nach den Lösungen, die wir dafür gefunden hatten. Glücklicherweise war meine Vorbereitung auch nicht schlecht, ich konnte ohne zu zögern Rede und Antwort stehen. Schließlich signalisierte Schäuble Zustimmung zu unserem Entwurf. Er würde mit der FDP sprechen. Am Ende wurde die Änderung des Bergrechtes vom Bundestag beschlossen. Es war die einzige Gesetzesvorlage grünen Ursprungs, die jemals im Bundestag Gesetz wurde, solange die Grünen in der Opposition waren.

Nachdem das Fachliche abgehandelt war, wandte sich unser Gespräch persönlichen Dingen zu. Schäuble wollte wissen, wie ich den Verrat meines Mannes verkraftet hatte, und erzählte selbst, wie es ihm nach dem Attentat gegangen sei. Dieses Gespräch mit Schäuble war beileibe nicht der einzige, aber ein wichtiger Grund für meinen späteren Übertritt zur CDU. Er hatte mich nicht nur mit seiner hohen Kompetenz und seinem Pragmatismus, sondern auch als Mensch beeindruckt. Deshalb fiel es mir nicht schwer, jetzt mit ihm über meinen geplanten Übertritt zu sprechen. Schäuble war vor allem besorgt, ob ich persönlichen Kontakt in der Fraktion finden würde. Ich konnte ihn beruhigen. Ich hatte längst mehr Freunde in der CDU als bei den Grünen.

Unseren Übertritt zur CDU gaben wir auf einer Pressekonferenz in Berlin bekannt. Peter Hintze hatte die Idee gehabt, den Saal zu mieten, in dem einst Günter Schabowski die Änderung der Reisebestimmungen bekannt gab. Ich hatte mich symbolisch schwarz-grün gekleidet, was aber keinem der über 100 Medienvertreter auffiel. Unser Schritt kam für alle überraschend. Aus zweierlei Gründen: Erstens, weil tatsächlich niemand etwas von unserem Vorhaben geahnt hatte. Zweitens, weil Parteiwechsel in Deutschland immer noch als anrüchig gilt. Zwar ist den Parteien durch die Verfassung ein klarer Auftrag, Instrument politischer Willensbildung zu sein, zugewiesen. Aber zu solch einem modernen Parteienverständnis kann sich die Mehrheit der Deutschen immer noch nicht durchringen. Parteien werden nach wie vor eher als Schicksalsgemeinschaften gesehen, als politische Heimat, die man nicht verlässt, auch wenn man sich innerlich von ihnen abwendet. Ich weiß allerdings nicht, warum es besser sein soll, mit wachsender Verbitterung in einer Partei zu verharren, mit der einen immer weniger verbindet, als sich ein passenderes Wirkungsfeld zu suchen. Es kam mir entgegen, dass die CDU als Volkspartei ein breites Spektrum an Meinungen abdeckt und integriert. Sie ist deshalb die einzige Partei, in der die DDR-Bürgerrechtler einen Platz in der Mitte gefunden haben und sogar – wie Arnold Vaatz – Minister werden konnten.

Natürlich verlief unser Übertritt nicht problemlos. Einige Thüringer Grüne – vor allem der damalige Landesvorsitzende Olaf Möller und ein ehemaliger NVA-Offizier, damals Vorstandsmitglied – versuchten sogar, eine Kampagne gegen mich loszutreten. In dieser Situation reagierte meine alte Grünen-Fraktion aber vorbildlich. Fraktionschef Joschka Fischer nahm mich persönlich gegen die Angriffe aus seiner Partei in Schutz, der Fraktionsgeschäftsführer Lukas Beckmann gab sogar eine Presseerklärung heraus, in der die erhobenen Vorwürfe zurückgewiesen wurden. Politische Auseinandersetzungen sollten mit politischen Argumenten, nicht mit Schlammschlachten geführt werden – ein Grundsatz, der in der Politik leider viel zu selten beachtet wird. Ich bin allen Grünen, die sich fair verhalten haben, heute noch dankbar. Ich habe die weitere Entwicklung bei den Bündnisgrünen seither mit kritischer Distanz, aber mit innerer Anteilnahme verfolgt. Als der Bürgerrechtler Werner Schulz im Januar 2002 überraschend in Berlin gegen den Altlinken Christian Ströbele zum Bundestagskandidaten gekürt wurde, sah es einen Augenblick so aus, als würde die Partei ihre alten Verkrustungen abstreifen und doch noch zu einer politischen Formation werden, die sich entsprechend der stattgefundenen tief greifenden Veränderungen neu aufstellt. Leider verspielte der Parteivorstand diese Chance schon eine Woche später, als Werner Schulz nicht in das Wahlkampfteam der Partei aufgenommen wurde. Natürlich müssen sich auch die anderen Parteien neu aufstellen und sie tun sich ebenfalls schwer damit. Trotz des schmählichen Endes der Umverteilungsgesellschaften und des verheerenden Erbes, das sie hinterlassen haben, ist die Umverteilungsideologie noch lange nicht am Ende. Sie feiert in Gestalt der Globalisierungsgegner fröhlichen Urstand. Auf der anderen Seite wird die im Systemwettbewerb eindeutig überlegene Marktwirtschaft keineswegs als eindeutiger Sieger anerkannt. Im Gegenteil. Selbst in der Partei

Ludwig Erhards wird kaum noch von freier Marktwirtschaft gesprochen, nur noch von sozialer und womöglich noch ökologischer. Die Tatsache, dass die Marktwirtschaft einen bisher in der menschlichen Geschichte nie da gewesenen Massenwohlstand erzeugt hat, bei gleichzeitiger Heilung vieler ökologischer Schäden der Vergangenheit, ist keineswegs im Bewusstsein der Mehrheit angekommen. Auch der Gleichheitsgedanke ist nach wie vor sehr stark. Nur zehn Jahre nach dem Zusammenbruch des Kommunismus, der an seiner Gleichmacherei gescheitert ist, werten viele Menschen Gleichheit höher als Freiheit.

Dabei ist Freiheit das Wichtigste im menschlichen Leben. Freiheit bedeutet zwar Unsicherheit, aber vor allem Eigenverantwortung und Selbstbestimmung. Freiheit als Leitmotiv menschlichen Lebens garantiert keine sichere, schmerzfreie Entwicklung, im Gegenteil, Freiheit erfordert, Schmerz als Element des Lebens zu akzeptieren. Schmerzen erfordern, sich mit der Bedeutung ihrer Ursache auseinander zu setzen. Nach lebensbedrohlichen Zuständen signalisiert die Rückkehr des Schmerzes die Rückkehr des Lebens. Durch Schmerzen sind wir dem Leben verbunden. Ich hatte bisher kein leichtes Leben und ich erwarte nicht, dass sich das ändert. Aber mein Leben war nie langweilig, ich habe immer gewusst, warum und wozu ich da bin. Ich musste nie nach dem Sinn des Lebens fragen, noch am Zweck meines Daseins zweifeln. Ich brauche nicht jedermanns Liebling zu sein, um meine Existenz zu rechtfertigen. Ich genieße das Älterwerden, die gesammelten Erfahrungen, die innere Gelassenheit. Ich bin glücklich, dass ich jung genug war, als der Umbruch kam, um die neuen Möglichkeiten voll nutzen zu können. Ich bin froh, dass meinen Kindern und Enkeln die Anmaßung, ihr Leben einer übergeordneten Sache widmen zu sollen, erspart bleiben wird. Ich bin sicher, dass der Zusammenbruch der Alten Welt nicht das Ende der Geschichte ist, sondern ein neuer Anfang. Und ich kann sagen, ich bin dabei gewesen.

Personenregister